普通高校工商管理系列规划教材

物流运作管理

张京敏 编著

清华大学出版社
北京

内 容 简 介

《物流运作管理》从供应链管理和企业运营的角度出发,全面、系统地介绍了物流运作管理的基本理论、方法、技术和最新发展。

本书的体系完整、系统。从现代物流的基础术语、主要功能要素到现代物流的最新发展和未来趋势,涵盖了现代物流的规划设计、运作管理的全部内容。全书共包括13章。具体包括现代物流概述、现代物流服务、仓储管理、需求预测、库存管理、运输基础结构、运输合理化、商品包装管理、装卸搬运管理、配送管理、物流信息管理、物流绩效管理和物流的最新发展。

本书的理论前沿,技术先进。书中全面、深入探讨了绿色物流、逆向物流、智慧物流、共享物流等最新的物流运作模式。对射频识别技术、云计算、大数据、物联网、人工智能等最新信息技术在现代物流运作管理中的应用状况进行了较为详细的介绍,有助于读者把握现代物流的前沿动态。

本书的体例安排新颖、实用。每章的开头部分都安排有"学习目标",结尾部分都安排有"本章小结"、"思考题"和企业的真实"案例",以帮助读者把握各章的知识点,开阔视野,了解企业的实际运作实践。在第三、四、五、六、七、九、十章还配有"习题"供读者进行练习,以加深对相关知识、原理与方法的理解和掌握。

本书注重理论分析与实际操作的有机结合。全书从物流运作与管理人员的工作实际出发,紧紧围绕物流运作管理的十一个决策领域组织各部分的内容,既包括基本理论知识,又涉及实际操作工具和方法。

本书推荐了21本经典的专著与教材,便于读者进一步的钻研和学习。

本书可作为高等院校物流管理专业、物流工程专业以及供应链管理专业的教材,也可作为企事业单位物流与供应链管理从业人员的参考书。

本书封面贴有清华大学出版社防伪标签,无标签者不得销售。
版权所有,侵权必究。举报: 010-62782989,beiqinquan@tup.tsinghua.edu.cn。

图书在版编目(CIP)数据

物流运作管理/张京敏编著.—北京:清华大学出版社,2020.6(2024.7重印)
普通高校工商管理系列规划教材
ISBN 978-7-302-55668-8

Ⅰ.①物… Ⅱ.①张… Ⅲ.①物流管理 Ⅳ.①F252.1

中国版本图书馆 CIP 数据核字(2020)第 100792 号

责任编辑:左玉冰
封面设计:李伯骥
责任校对:宋玉莲
责任印制:丛怀宇

出版发行:清华大学出版社
网　　址:https://www.tup.com.cn,https://www.wqxuetang.com
地　　址:北京清华大学学研大厦A座　　　邮　　编:100084
社 总 机:010-83470000　　　　　　　　　邮　　购:010-62786544
投稿与读者服务:010-62776969,c-service@tup.tsinghua.edu.cn
质量反馈:010-62772015,zhiliang@tup.tsinghua.edu.cn

印 装 者:三河市龙大印装有限公司
经　　销:全国新华书店
开　　本:185mm×260mm　　　印　张:25.25　　　字　数:580千字
版　　次:2020年7月第1版　　　　　　　　　　印　次:2024年7月第4次印刷
定　　价:69.00元

产品编号:075706-03

前言
FOREWORD

物流活动的历史源远流长。自从有了人类的活动，物流实践活动就产生了。与物流活动的实践不同，"物流"概念产生和发展的历史却仅有短短的几十年。"物流"这一概念最早出现在二十世纪初，真正形成一个比较完整的概念大约是在二十世纪六十年代。物流概念和理论经过几十年的发展，在经济发达国家已经得到充分的发展和完善。二十世纪七十年代末，物流概念被引入我国，随后，物流概念逐步受到理论界和实业界的普遍重视，物流理论不断丰富，物流实践活动也不断得到深化。

"物流"概念由最初的"Physical Distribution，PD"演变到目前的"Logistics"，不仅是英文名词的变化，其内涵也变得更加丰富和完善。物流包括了物品及其信息进入、离开供应链以及在供应链各环节之间的所有活动。这些活动包括运输、储存、包装、装卸搬运、流通加工和物流信息等。如今全球经济一体化、现代信息技术的发展以及外界环境的变化，特别是互联网技术对物流行业的渗透，不但提高了物流运作管理的智能化水平，实现了智慧物流，而且改变了传统物流的运营模式，产生了全球物流、绿色物流、共享物流、物流金融等物流新模式，促进了物流理论的成熟和发展。

物流活动对所有组织都非常重要。物流活动的管理涉及许多概念、原理和方法，这些概念、原理和方法不仅来源于管理学、经济学、市场营销学、会计学以及采购学等传统学科，也有来自于运筹学、系统学、信息学的规律。本书试图将这些内容整合起来形成一个完整的理论体系，以有效管理组织的物流活动。

本书的作者长期从事物流领域的教学和研究工作，曾参与完成多家企事业组织的物流规划、咨询及实践活动，出版大量物流与供应链相关领域的学术论文及著作，《物流运作管理》是作者多年在物流教学和研究过程中的心血结晶。

本书共包括十二章，各章之间的内容具有一定的连贯性。全书在结构和形式上具有以下特点：

1. 每章的开始部分都有一个学习目标作为导读，向读者介绍本章的主要内容及应达到的目标；
2. 每章的内容都被分成相互连贯的小节；
3. 每章结束时，都有一个内容小结、思考题和典型案例。
4. 对于包含一些定量方法的部分章节，还安排有相关习题。

教师们也可以按照自己的教学大纲与教学要求，灵活地组织教学内容。

许多人都曾对本书的内容做出重要贡献，在此难以一一列举。我要特别感谢我的同事何明珂教授、杨浩雄教授、李文华副教授、张海燕副教授，他们都对本书的完成提供了极大的帮助。北京工商大学管理科学与工程专业、物流工程专业的研究生陈长在同学、岳贝贝同学、王如晖同学、徐临莉同学、安刚同学、李俊平同学和黄彦同学都参与了本书书稿的讨论、编辑和校对工作，在此对他们的辛苦工作表示感谢，没有他们的无私帮助，本书无法按时完稿。

在本书的编写和修订过程中，参考并借鉴了国内外学者的大量最新研究成果，这些研究成果都尽可能在书后的参考文献中一并列出，在此向这些研究者表示衷心感谢。

在本书的出版过程中，得到了清华大学出版社的大力支持和帮助，在此一并表示感谢。

我们希望本书能作为高等院校物流管理、物流工程以及供应链管理专业的教材，也希望能为企事业组织中物流及供应链管理领域的从业人员提供有用的资源。

物流是个新的学科，物流理论和实践活动都在不断发展之中，由于时间匆忙，加之作者水平有限，书中的不足与错误在所难免，期待您的批评与建议。

北京工商大学
张京敏
2020 年 6 月

目录 CONTENTS

第1章 现代物流概述 ·· 1

1.1 现代物流的基本概念 ··· 1
    1.1.1 物流的定义 ·· 1
    1.1.2 物流的地位 ·· 3
    1.1.3 物流的作用 ·· 4
    1.1.4 物流学说 ·· 5

1.2 现代物流的分类及功能 ··· 6
    1.2.1 现代物流的分类 ··· 6
    1.2.2 现代物流的主要功能 ·· 8

1.3 现代物流系统 ··· 10
    1.3.1 现代物流系统的使命 ·· 10
    1.3.2 现代物流系统的要素 ·· 11
    1.3.3 现代物流管理的特征 ·· 13

第2章 现代物流服务 ·· 19

2.1 物流服务概述 ··· 19
    2.1.1 物流服务的重要性 ·· 19
    2.1.2 物流客户服务的定义 ·· 20
    2.1.3 物流客户服务的相关因素 ·································· 21
    2.1.4 物流客户服务的管理 ·· 21

2.2 物流服务水平 ··· 23
    2.2.1 成本—服务的关系 ·· 23
    2.2.2 服务—损失函数 ·· 24

2.3 物流服务战略 ·· 25
　　2.3.1 差异化的物流服务战略 ································ 25
　　2.3.2 应急物流服务 ·· 28
　　2.3.3 物流客户服务战略决策步骤 ························· 29

第3章　仓储管理 ··· 33
3.1 仓储概述 ·· 33
　　3.1.1 仓储设施的相关术语 ··································· 33
　　3.1.2 仓库的类型 ··· 34
　　3.1.3 仓储设施的基本功能 ··································· 38
　　3.1.4 储存能力 ·· 40
　　3.1.5 商品保管合同 ·· 41
　　3.1.6 仓储方案 ·· 41
3.2 物流中心的规划与设计 ·· 44
　　3.2.1 物流中心规模的确定 ··································· 44
　　3.2.2 物流中心选址 ·· 50
　　3.2.3 物流中心的布置 ··· 68
3.3 物流中心的作业管理 ··· 71
　　3.3.1 作业过程管理 ·· 71
　　3.3.2 商品入库作业管理 ······································ 72
　　3.3.3 商品保管作业管理 ······································ 74
　　3.3.4 商品出库作业管理 ······································ 84

第4章　需求预测 ··· 91
4.1 需求预测概述 ·· 91
　　4.1.1 需求预测的概念 ··· 91
　　4.1.2 需求的影响因素 ··· 92
　　4.1.3 需求预测的特点 ··· 92
　　4.1.4 需求预测的分类 ··· 93
4.2 需求预测的定性方法 ··· 93
　　4.2.1 定性需求预测概述 ······································ 93
　　4.2.2 集合意见法 ··· 94
　　4.2.3 德尔菲法 ·· 95
　　4.2.4 市场调查法 ··· 96
　　4.2.5 对比类推法 ··· 96
　　4.2.6 主观概率法 ··· 97
4.3 需求预测的定量方法 ··· 98
　　4.3.1 移动平均法 ··· 98

  4.3.2 指数平滑法 …………………………………………………… 101
  4.3.3 线性趋势线 …………………………………………………… 104
  4.3.4 回归法 ………………………………………………………… 106
 4.4 预测准确度检验 …………………………………………………………… 108
  4.4.1 平均绝对误差 ………………………………………………… 109
  4.4.2 平均绝对偏差率 ……………………………………………… 109
  4.4.3 累积误差 ……………………………………………………… 110
  4.4.4 平均误差 ……………………………………………………… 110

第 5 章 库存管理 …………………………………………………………… 114

 5.1 库存概述 …………………………………………………………………… 114
  5.1.1 库存的基本含义 ……………………………………………… 114
  5.1.2 库存的功能和弊端 …………………………………………… 116
  5.1.3 库存的种类 …………………………………………………… 118
  5.1.4 库存的意义 …………………………………………………… 119
 5.2 库存管理的目标及方法 …………………………………………………… 120
  5.2.1 库存管理的目标 ……………………………………………… 120
  5.2.2 库存价值的核算 ……………………………………………… 121
  5.2.3 库存成本的类型 ……………………………………………… 123
  5.2.4 库存系统的构成 ……………………………………………… 124
  5.2.5 库存问题的类型 ……………………………………………… 125
  5.2.6 库存的总量控制方法 ………………………………………… 125
 5.3 固定订货数量系统 ………………………………………………………… 130
  5.3.1 基本原理 ……………………………………………………… 131
  5.3.2 确定型库存模型 ……………………………………………… 132
  5.3.3 概率型库存模型 ……………………………………………… 150
 5.4 固定订货间隔时间系统 …………………………………………………… 153
  5.4.1 基本原理 ……………………………………………………… 153
  5.4.2 确定型库存模型 ……………………………………………… 154
  5.4.3 概率型库存模型 ……………………………………………… 158
 5.5 库存系统的重建和约束 …………………………………………………… 159
  5.5.1 库存系统的重建 ……………………………………………… 159
  5.5.2 库存系统的约束 ……………………………………………… 161
 5.6 一次性订货问题 …………………………………………………………… 163
  5.6.1 需求量已知，前置时间可变 ………………………………… 164
  5.6.2 前置时间已知，需求量可变 ………………………………… 164
 5.7 物料需求计划系统 ………………………………………………………… 165
  5.7.1 MRP 的产生 …………………………………………………… 165

        5.7.2 MRP 的基本原理 …………………………………………………… 166
        5.7.3 MRP 的编制 ………………………………………………………… 169
        5.7.4 MRP 的调整 ………………………………………………………… 172
    5.8 供应链中的库存管理 ……………………………………………………… 173
        5.8.1 供应链中的库存问题 ………………………………………………… 173
        5.8.2 供应链合作的必要性 ………………………………………………… 175
        5.8.3 库存管理的方法与技术 ……………………………………………… 176

第 6 章 运输基础结构 …………………………………………………………… 188
    6.1 运输概述 …………………………………………………………………… 188
        6.1.1 运输的基本概念 ……………………………………………………… 188
        6.1.2 运输的功能与原理 …………………………………………………… 191
        6.1.3 运输服务组织 ………………………………………………………… 192
    6.2 运输方式 …………………………………………………………………… 193
        6.2.1 铁路运输 ……………………………………………………………… 193
        6.2.2 公路运输 ……………………………………………………………… 203
        6.2.3 水路运输 ……………………………………………………………… 209
        6.2.4 航空运输 ……………………………………………………………… 213
        6.2.5 管道运输 ……………………………………………………………… 215
        6.2.6 五种现代化运输方式的特征比较 …………………………………… 216
    6.3 货物运输管理 ……………………………………………………………… 217
        6.3.1 货物运输业务 ………………………………………………………… 217
        6.3.2 货物运输安全管理 …………………………………………………… 221
        6.3.3 货物运输保险 ………………………………………………………… 222
    6.4 集装箱运输 ………………………………………………………………… 223
        6.4.1 集装箱运输的特点 …………………………………………………… 223
        6.4.2 集装箱运输条款 ……………………………………………………… 224
        6.4.3 集装箱运输的主要单证 ……………………………………………… 225
    6.5 货物运输费用的计算与核收 ……………………………………………… 225
        6.5.1 铁路货物运输运杂费的计算 ………………………………………… 225
        6.5.2 汽车货物运输运杂费的计算 ………………………………………… 227
        6.5.3 水路货物运输运杂费的计算 ………………………………………… 229
        6.5.4 航空货物运输费用的计算 …………………………………………… 231

第 7 章 运输合理化 ……………………………………………………………… 235
    7.1 商品合理运输概述 ………………………………………………………… 235
        7.1.1 商品合理运输的基本概念 …………………………………………… 235
        7.1.2 实现商品合理运输的途径与方法 …………………………………… 237

7.2 运输网络的规划 ………………………………………………………… 239
7.2.1 直接运输网络 …………………………………………………… 239
7.2.2 利用"送奶线路"的直接运送网络 ……………………………… 240
7.2.3 利用配送中心的运输网络 ………………………………………… 240
7.2.4 通过配送中心使用送奶线路的运输网络 ……………………… 241
7.2.5 综合运输网络 …………………………………………………… 242
7.3 运输方式的选择 ………………………………………………………… 242
7.3.1 物流总成本 ……………………………………………………… 243
7.3.2 获利能力 ………………………………………………………… 244
7.4 运输网络流的规划 ……………………………………………………… 245
7.4.1 最短路线问题 …………………………………………………… 245
7.4.2 网络最大流问题 ………………………………………………… 246
7.4.3 最小费用最大流问题 …………………………………………… 249
7.5 产销联系问题的规划 …………………………………………………… 252
7.5.1 产销联系问题的数学模型 ……………………………………… 252
7.5.2 图上作业法 ……………………………………………………… 254
7.5.3 表上作业法 ……………………………………………………… 257
7.5.4 分派问题 ………………………………………………………… 260

第8章 商品包装管理 …………………………………………………………… 267
8.1 商品包装概述 …………………………………………………………… 267
8.1.1 包装的概念 ……………………………………………………… 267
8.1.2 包装的功能 ……………………………………………………… 268
8.1.3 包装的分类 ……………………………………………………… 269
8.1.4 包装的发展 ……………………………………………………… 270
8.2 商品包装技术 …………………………………………………………… 270
8.2.1 防水包装技术 …………………………………………………… 270
8.2.2 防潮包装技术 …………………………………………………… 271
8.2.3 缓冲包装技术 …………………………………………………… 271
8.2.4 防锈包装技术 …………………………………………………… 272
8.2.5 防霉包装技术 …………………………………………………… 273
8.3 商品包装标准化 ………………………………………………………… 275
8.3.1 商品包装标准化的内容与作用 ………………………………… 275
8.3.2 包装尺寸标准化 ………………………………………………… 276
8.4 集合包装 ………………………………………………………………… 277
8.4.1 托盘 ……………………………………………………………… 277
8.4.2 集装箱 …………………………………………………………… 278
8.4.3 集装袋 …………………………………………………………… 280

8.5 运输包装标识 ·· 281
　　8.5.1 运输包装标识的内容 ··· 281
　　8.5.2 运输包装标识的使用要求 ·· 284

第 9 章　装卸搬运管理 ·· 288

9.1 装卸搬运系统概述 ··· 288
　　9.1.1 装卸搬运的意义 ·· 289
　　9.1.2 装卸搬运作业的特点 ·· 289
　　9.1.3 装卸搬运作业方法的分类 ·· 290
　　9.1.4 装卸搬运设备的分类 ·· 291
　　9.1.5 装卸搬运作业合理化的原则 ··· 291
9.2 装卸搬运机械化系统设计 ·· 292
　　9.2.1 装卸搬运系统设计方法 ··· 293
　　9.2.2 装卸搬运机械的选择和配套 ··· 294

第 10 章　配送作业管理 ·· 300

10.1 配送概述 ··· 300
　　10.1.1 配送的概念及特点 ·· 300
　　10.1.2 配送的意义和作用 ·· 303
　　10.1.3 配送的方式 ··· 304
10.2 配送中心 ··· 307
　　10.2.1 配送中心的概念 ··· 307
　　10.2.2 配送中心的类型 ··· 307
　　10.2.3 配送中心的功能 ··· 309
　　10.2.4 配送中心的作业流程 ··· 310
　　10.2.5 配送中心作业过程的管理 ··· 312
10.3 配送合理化 ·· 312
　　10.3.1 配送合理化的概念 ·· 312
　　10.3.2 配送作业的成本构成 ··· 313
　　10.3.3 配送合理化的实现途径 ·· 314
10.4 配送合理化的数学方法 ·· 316
　　10.4.1 扫描法 ··· 316
　　10.4.2 节约法 ··· 317

第 11 章　物流信息管理 ·· 325

11.1 物流信息概述 ··· 325
　　11.1.1 物流信息的概念 ··· 325
　　11.1.2 物流信息的功能 ··· 326

11.1.3　物流信息的特征 ………………………………………………………… 327
11.2　物流信息技术 ………………………………………………………………………… 329
　　　11.2.1　电子数据交换 …………………………………………………………… 329
　　　11.2.2　条形码 …………………………………………………………………… 331
　　　11.2.3　射频识别技术 …………………………………………………………… 333
　　　11.2.4　云计算 …………………………………………………………………… 336
　　　11.2.5　大数据 …………………………………………………………………… 338
　　　11.2.6　物联网 …………………………………………………………………… 341
　　　11.2.7　人工智能 ………………………………………………………………… 343

第 12 章　物流绩效管理 ……………………………………………………………………… 350

12.1　物流绩效管理概述 …………………………………………………………………… 350
　　　12.1.1　物流绩效的基本内涵 …………………………………………………… 350
　　　12.1.2　物流绩效管理的内容 …………………………………………………… 351
　　　12.1.3　物流绩效管理的作用 …………………………………………………… 352
　　　12.1.4　物流绩效管理的基本要求 ……………………………………………… 353
　　　12.1.5　物流绩效管理理论的发展历程 ………………………………………… 353
12.2　物流绩效管理流程 …………………………………………………………………… 354
　　　12.2.1　物流绩效计划 …………………………………………………………… 354
　　　12.2.2　物流绩效计划的实施 …………………………………………………… 357
　　　12.2.3　物流绩效的评价 ………………………………………………………… 358
　　　12.2.4　物流绩效反馈 …………………………………………………………… 359
12.3　物流绩效评价 ………………………………………………………………………… 360
　　　12.3.1　物流绩效评价原则 ……………………………………………………… 361
　　　12.3.2　物流绩效评价标准 ……………………………………………………… 361
　　　12.3.3　物流绩效评价方法 ……………………………………………………… 361
　　　12.3.4　物流绩效的评价指标体系 ……………………………………………… 364
12.4　物流绩效管理的其他问题 …………………………………………………………… 366
　　　12.4.1　物流绩效管理和绩效考核 ……………………………………………… 366
　　　12.4.2　物流绩效评价中的政治行为监控 ……………………………………… 367
　　　12.4.3　物流绩效的改进计划及组织实施 ……………………………………… 368

第 13 章　物流的新发展 ……………………………………………………………………… 371

13.1　绿色物流 ……………………………………………………………………………… 371
　　　13.1.1　绿色物流概述 …………………………………………………………… 371
　　　13.1.2　绿色物流的行为主体 …………………………………………………… 373
　　　13.1.3　绿色物流的内容 ………………………………………………………… 373
　　　13.1.4　绿色物流的技术和方法 ………………………………………………… 374

13.2 逆向物流 375
    13.2.1 逆向物流的产生与发展 375
    13.2.2 逆向物流的定义 376
    13.2.3 逆向物流的分类及特点 377
13.3 精益物流 378
    13.3.1 精益物流的概念及特点 378
    13.3.2 准时制运作 379
    13.3.3 全面质量管理 381
13.4 全球物流 381
    13.4.1 全球物流的产生背景及含义 381
    13.4.2 全球物流的基本活动 381
    13.4.3 全球物流的特征 382
13.5 智慧物流 383
    13.5.1 智慧物流的产生背景 383
    13.5.2 智慧物流的内涵 383
    13.5.3 智慧物流的特点 384
    13.5.4 智慧物流功能体系 384
13.6 共享物流 385
    13.6.1 共享物流的发展背景 385
    13.6.2 共享物流的内涵 386
    13.6.3 共享物流的模式 386

参考文献 390

第 1 章

现代物流概述

本章将介绍现代物流的基本概念和主要功能,物流行业在国民经济中的地位,现代物流的重要作用,不同物流学说的主要观点。对物流系统的使命、要素以及分类进行描述。还将分析现代物流管理的基本特征。

通过本章的学习,读者将能够具备下列能力:
- 掌握现代物流的定义与功能;
- 理解现代物流的地位与作用;
- 了解现代物流的类别和物流学说派别;
- 描述现代物流系统的使命与要素;
- 描述现代物流管理的基本特征。

1.1 现代物流的基本概念

1.1.1 物流的定义

目前为止,还没有一个统一的物流定义。不同国家和地区,对物流定义的描述不同,下面重点介绍几个代表性国家的物流定义。

1. 美国的物流定义

美国对物流的定义以美国物流管理协会为代表。美国物流管理协会1963年成立,英文名称为 National Council of Physical Distribution Management(NCPDM),即(美国)全国物流管理协会。美国物流管理协会的会员大都是美国大学物流管理或相关专业的学术权威或教授、物流管理研究机构的高级专业人员以及美国各大公司的物流主管等。美国物流管理协会 1963 年对物流管理(Physical Distribution Management)的定义是：

物流管理是为了计划、执行和控制原材料、在制品库存及制成品从起源地到消费地的有效率的流动而进行的两种或多种活动的集成。这些活动可能包括但不仅限于顾客服务、需求预测、交通、库存控制、物料搬运、订货处理、零件及服务支持、工厂及仓库选址、采购、包装、退货处理、废弃物回收、运输、仓储管理。

1985 年下半年，该协会对物流的定义进行了修改，用"Logistics"代替了原来的"Physical Distribution"，同时协会的名称也变更为 The Council of Logistics Management (CLM)，即(美国)物流管理协会。修改后的物流(Logistics)定义为：

物流是对货物、服务及相关信息从起源地到消费地的有效率、有效益的流动和储存进行计划、执行和控制，以满足顾客要求的过程。该过程包括进向、去向、内部和外部的移动以及以环境保护为目的的物料回收。

从以上两个定义来看，前者定义了具体的物流活动，后者采取了更为灵活的表述，因此后者所适应的领域更为广泛；前者强调"有效率的流动"，后者强调"有效率的、有效益的流动"；前者的目的是"有效率的流动"；后者的目的是"满足顾客要求"。这些区别体现了现代物流的核心价值，反映了美国物流界对物流认识的深入以及物流内涵和外延的变化。

2002 年，美国物流管理协会对物流的定义再一次进行了修订，将供应链的概念引入物流管理的范畴之中，修订后的物流定义为：

物流管理是供应链管理的一部分，是对货物、服务及相关信息从起源地到消费地的有效率、有效益的正向和反向流动和储存进行的计划、执行和控制，以满足顾客要求。

美国物流管理协会的物流定义在世界上影响较大，具有代表性，许多国家和地区的物流定义都是美国物流管理协会定义的翻版或变种。

1967 年成立的加拿大物流管理协会(The Canadian Association of Physical Distribution Management)(1992 年更名为 The Canadian Association of Logistics Management；CALM，2000 年 5 月进一步更名为"加拿大供应链与物流管理协会"，即 SCL：The Canadian Association of Supply Chain & Logistics Management)基本上采用了美国物流管理协会的定义，现在的定义只是把美国物流管理协会前后两次的定义进行了综合。该协会 1985 年的定义是：

物流是对原材料、在制品库存、产成品及相关信息从起源地到消费地的有效率的、成本有效益的流动和储存进行计划、执行和控制，以满足顾客要求的过程。该过程包括进向(inbound)、去向(outbound)和内部流动。

2. 欧洲物流协会的定义

欧洲物流协会(European Logistics Association，ELA)1994 年发表的《物流术语》(*Terminology in Logistics*)中将物流定义为：

物流是在一个系统内对人员及/或商品的运输、安排及与此相关的支持活动的计划、执行与控制，以达到特定的目的。

欧洲物流协会的这个术语标准已经成为欧洲标准化委员会(The European Normalization Committee，CEN)的物流定义。欧洲物流协会对此术语标准每隔 3 年修改一次，每次都要吸收成员国内的物流定义，争取成为欧洲的物流规范。

3. 日本的物流定义

日本的物流定义，可以追溯到1956年日本向美国派出的"流通技术专业考察团"。该考察团在美国发现，美国人讲的"Physical Distribution(P. D.)"涉及大量的流通技术，对提高流通的劳动生产率很有好处，于是在考察报告中对Physical Distribution(P. D.)进行了介绍，随后，这一概念引起了日本产业界的重视，日本人就把P. D.译成日文"物の流"，1965年更进一步简化为"物流"。

日本日通综合研究所对物流的定义是：

物流是物质资料从供给者向需要者的物理性移动，是创造时间性、场所性价值的经济活动。从物流的范畴来看，包括包装、装卸、保管、库存管理、流通加工、运输、配送等诸种活动。

4. 中国的物流定义

1979年中国开始实行对外开放政策，1979年6月中国物资经济学会派代表团参加在日本举行的第三届国际物流会议，代表团第一次把物流这一概念介绍到了国内，此后有关部门展开了物流研究。

中华人民共和国国家标准《物流术语》(GB/T 18354—2021)将物流定义为：根据实际需要，将运输、储存、装卸、搬运、包装、流通加工、配送、信息处理等基本功能实施有机结合，使物品从供应地向接收地进行实体流动的过程。

1.1.2 物流的地位

任何国家的经济活动和社会活动的正常进行，都离不开物流活动。承担商品位移功能的物流活动，在国民经济的运行中担负着重要的角色，占有十分重要的地位。具体表现在以下几方面。

1. 物流是国民经济的动脉，是连接国民经济各个部分的纽带

一个国家的经济是由众多的产业、部门和企业组成的整体，而这些部门、企业又分布在全国不同的地区，属于不同的所有者。物流通过不断输送各种物质产品，使生产者不断获得原材料、燃料，以保证生产过程的正常进行，同时又不断将生产者生产的产品运送给不同需要者，不但使这些需要者的生产、生活得以正常进行，也使生产者能够进行再生产。这些相互依赖的实体，是靠物流来联系的，物流使国民经济成为一个有内在联系的整体。

2. 物流技术的进步与发展是决定国民经济生产规模和产业结构变化的重要因素

物流技术的进步和发展促进了生产的社会化、专业化和规范化。畅通的物流有利于社会分工和生产的集中化、规模化。同时，社会分工的深化和细化受到物流的制约，对物

流提出了更高的要求,也有许多产业是在物流提供了该产业与消费者的联系条件之后才发展起来的。

3. 物流是企业不断进行生产的前提保证,又是实现商品流通的基础

国民经济是一个不断生产和不断消费的循环过程。物流是企业不断地进行生产的外部环境和前提保证。在生产企业内部,各种物质资料在各个生产场所和工序间的相继传递,是靠生产工艺中不断的物流活动完成的,物流是保证企业生产顺利进行的前提条件。物流是实现商品流通的物质基础。商品流通是商流与物流的有机结合,没有畅通的物流,就无法完成商品流通过程。物流能力的大小,如运输、装卸搬运、包装、储存等能力的大小,直接决定了商品流通的规模和速度,物流是保证市场上商品供给的重要因素。

4. 物流是企业赢得客户、获取竞争优势的关键活动

任何企业的生存和发展都离不开客户,客户满意是企业生存的根本,为客户提供满意的服务是企业赢得客户的重要保障。企业的物流活动是为客户提供商品交付的服务,物流活动的水平直接影响到商品交付的及时性、准确性和完整性,进而影响客户的满意度。此外,企业的物流活动也是耗费资源的活动,也会产生物流成本。物流活动的水平也会影响企业的成本,进而影响企业的整体成本和利润。不断降低企业经营的成本,才能提高企业的市场竞争力,赢取竞争优势,保持企业的持续发展。

1.1.3 物流的作用

商品生产、商品流通和商品消费是社会再生产的三大阶段,这三大阶段相互依存、相互制约,循环往复。在这三大阶段中,商品生产是手段,商品消费是目的,商品流通则是商品生产和商品消费的纽带与桥梁。离开了商品流通,商品生产便无法正常进行,商品消费也不能完成。商品流通是由提供商品所有权转移的商流与提供商品实体移动的物流共同构成的。离开了物流,商品流通就无法进行,社会再生产也不能完成。物流的重要作用具体体现在以下三个方面。

1. 调节商品生产与商品消费在空间上的矛盾,创造商品的空间价值

商品生产与商品消费在空间上存在着背离,这种背离会随着经济全球化的趋势而不断加剧。只有依靠完善的物流系统的正常运行,才能解决这一背离,从而使消费者得到所需要的商品,生产者也才能将所生产的产品销售出去,获得再生产所需的各种资源。

随着物流技术的不断更新、物流设施的逐步提升以及物流管理水平的提高,物流在解决商品生产和商品消费之间在空间矛盾的能力也将不断提高,商品的空间价值得到增加。

2. 调节商品生产与商品消费在时间上的矛盾,创造商品的时间价值

商品生产与商品消费在时间上也存在着不一致的状况,主要表现在两方面:一是商品生产的季节性和商品消费的常年性之间的矛盾;二是商品生产的常年性和商品消费的季节性之间的矛盾。这一矛盾需要依靠发挥物流系统中的储存功能的解决。

依靠物流系统的储存子系统,将商品生产环节生产的商品暂时储存起来,再根据商品消费环节的消费规律向市场提供所需的商品。正是物流系统的存在,才能解决商品生产与商品消费在时间上的矛盾。

3. 调节商品生产与商品消费在方式上的矛盾,创造商品的方式价值

商品生产方式的特点是少品种、大批量、少批次,而商品消费方式的特点是商品的多品种、小批量、多批次;这一矛盾可以通过物流系统中配送功能的发挥得以解决。

配送系统依靠完善的配送设施,将各生产商生产的少品种、大批量商品收集起来,通过分拣、拣选、加工等作业活动,为下游的客户提供所需要的多品种、小批量的商品需求,解决了生产与消费在方式上的矛盾。

1.1.4 物流学说

归纳几十年来国内外学术界对物流理论和实践的分析与研究,可以发现,尽管物流理论研究所涉及的问题复杂繁多,研究的视角也相当广阔,但许多理论与学说已形成了一定的共识,从而成为现代物流业发展的重要推动力量。

1. 黑大陆学说

著名的管理学权威 P.E.德鲁克曾经讲过:"流通是经济领域里的黑大陆。"德鲁克泛指的是流通,但是,由于流通领域中物流活动的模糊性尤其突出,是流通领域中最具潜力的领域,所以,"黑大陆"说法现在转向主要针对物流而言。"黑大陆"的说法主要是指尚未认识、尚未了解的领域。物流的"黑大陆"学说是指物流领域未知的东西还有很多,理论与实践都不成熟。

2. 物流冰山学说

物流冰山学说是日本早稻田大学西泽修教授提出来的。他潜心研究物流成本时发现,现行的财务会计制度和会计核算方法都不可能掌握物流费用的实际情况,因而人们对物流费用的了解是一片空白,甚至有很大的虚假性,就像一座漂浮在水上的冰山,浮出水面的部分人们可以看到,而大量的沉在水面下的是人们看不到的黑色区域。现行的财务会计制度记录的对外支付运费和保管费,只占整个物流成本的30%。而在企业经营过程中消耗的大量的物流成本,由于混入了制造成本、销售成本和管理成本等费用之中,很难进行统计,根本看不到全貌。物流"冰山"学说的出现对企业认识物流成本和对物流进行管理起到了很好的指导作用。

3. 利润中心学说

利润中心学说的含义是,物流可以为企业提供大量直接和间接的利润,是企业经营利润的主要来源。非但如此,对国民经济而言,物流也是国民经济中创利的重要组成部分。物流的这一作用,被表述为"第三利润源"。"第三利润源"的说法主要出自日本。从经济发展历程来看,长期以来能够大量提供利润的领域主要有两个:一个是资源领域;另一个

是人力领域。在这两个利润源潜力越来越小、利润开拓越来越困难的情况下，物流领域的潜力被人们所重视，按时间序列被称为"第三利润源"。

4. 成本中心学说

成本中心学说认为，物流只对企业营销活动的成本发生影响，物流是企业成本的重要的产生点，因而，解决物流的问题，主要并不是要搞合理化或现代化，也并不在于支持保障其他活动，而主要是通过物流管理和物流的一系列活动降低成本。所以，成本中心既是指主要成本的产生点，又是指降低成本的关注点。物流是"降低成本的宝库"等说法正是这种认识的形象表述。

5. 服务中心学说

服务中心学说代表了美国和欧洲等一些国家学者对物流的认识。他们认为，物流活动最大的作用，并不在于为企业节约了消耗，降低了成本或增加了利润，而是在于提高企业对用户的服务水平进而提高了企业的竞争能力。因此，他们在使用描述物流的词汇上选择了后勤一词，特别强调其服务保障的职能。通过物流的服务保障，企业以其整体能力来压缩成本和增加利润。

6. 效益背反学说

效益背反学说是物流领域中经常出现的普遍现象，是这一领域中内部矛盾的反映和表现。效益背反是指物流的若干功能要素之间存在着损益的矛盾，即某一功能要素的优化和发生利益的同时，必然会存在另一个或另几个功能要素的利益损失，反之亦然。效益背反学说要求我们必须从总体的角度出发，以系统的观点看问题，追求整个物流系统总成本的最低，而不是某个功能成本的最低。

7. 物流战略学说

物流战略学说是当前十分盛行的一种说法。越来越多的人已逐渐认识到，物流更具有战略性。对企业而言，物流不仅是一项具体的操作性的任务，更应该是发展战略的一部分。这一学说把物流提升到了相当高的位置，对促进物流的发展具有重要意义。

1.2 现代物流的分类及功能

1.2.1 现代物流的分类

1. 按照现代物流的发生环节分类

1) 供应物流

供应物流(supply logistics)是指为生产企业提供原材料、零部件或其他物料时所发生的物流活动。供应物流活动对企业生产或经营的正常、高效运行起着很大作用。企业供应物流管理的目标有两个：一是要保证企业生产或经营所需的原材料、燃料或商品的及时、准确供应；二是要控制供应或采购过程中的成本支出。为此，企业供应物流就必须解决有效的供应网络、供应方式和零库存的问题。

2）销售物流

销售物流(distribution logistics)是指企业在销售商品过程中所发生的物流活动。在现代社会中，市场是一个完全的买方市场，因此，销售物流活动便带有极强的服务性，以满足买方的需求，最终实现销售。在这种市场前提下，销售往往以送达用户并经过售后服务才算终止。因此，企业销售物流的特点，便是通过包装、配送等一系列物流活动实现销售，这就需要研究送货方式、包装水平、运输路线等，并采取各种诸如少批量、多批次、定时、定量配送等特殊的物流方式达到目的。

3）生产物流

生产物流(production logistics)是指生产企业内部进行的涉及原材料、在制品、半成品、产成品等的物流活动。生产物流和生产流程同步，是从原材料购进开始直到生产成品发送为止的全过程的物流活动。原材料、半成品等按照工艺流程在各个加工点之间不停顿地移动、转移，就形成了生产物流。它是制造产品的生产企业所特有的活动，如果生产中断了，生产物流也就随之中断了。

4）回收物流

回收物流(returned logistics)是针对在生产、供应和销售过程中产生的各种边角余料、废料、残损品的处理等发生的物流活动。对回收物料的处理如果不当会造成资源浪费或污染。

5）废弃物物流

废弃物物流(waste logistics)是指将经济活动或人民生活中失去原有使用价值的物品，根据实际需要进行收集、分类、加工、包装、搬运、储存等，并分送到专门处理场所的物流活动。它仅从环境保护的角度出发，不管对象物品有没有价值或利用价值，而将其妥善处理，以免造成环境污染。

2. 按照物流活动的范围分类

1）宏观物流

宏观物流也称社会物流，是指社会再生产总体的物流活动，物流的业务活动以社会为范围，面向社会。

2）中观物流

中观物流也称行业物流，是指某一行业的物流活动，如家电物流、食品物流、钢铁物流、化工物流等。中观物流具有鲜明的行业特点。

3）微观物流

微观物流也称企业物流，是指流通企业、生产企业等企事业组织范围内的物流活动，物流活动以企业为范围，面向企业。宏观物流与微观物流的区别在于前者是从国民经济宏观角度划分的物流范围，后者是从企业的微观角度划分的物流业务范围。

3. 按照物流活动的主体分类

1) 第一方物流

第一方物流是指由商品的卖方或供应方(生产企业或流通企业)所从事的物流活动。第一方物流往往是伴随着商品的销售活动而进行的。

2) 第二方物流

第二方物流是指由商品的需求方或采购方(生产企业或流通企业)为了满足企业本身生产或经营的商品需要而从事的物流活动。第二方物流往往是伴随着企业的采购活动进行的。

3) 第三方物流

中华人民共和国国家标准《物流术语》(GB/T 18354—2021)对第三方物流(third party logistics)的定义是:由独立于物流服务供需双方之外且以物流服务为主营业务的组织提供物流服务的模式。

4) 第四方物流

第四方物流(fourth party logistics,4PL)是一个供应链的集成商,是供需双方及第三方的领导力量。它不是物流的利益方,而是通过拥有的信息技术、整合能力以及其他资源提供一套完整的供应链解决方案,以此获取一定的利润。它是帮助企业实现降低成本和有效整合资源,并且依靠优秀的第三方物流供应商、技术供应商、管理咨询以及其他增值服务商,为客户提供独特的和广泛的供应链解决方案。

第四方物流具有以下基本特征。

(1) 第四方物流有能力提供一整套完善的供应链解决方案,是集成管理咨询和第三方物流服务的集成商。

(2) 第四方物流是通过对供应链产生影响的能力来增加价值,在向客户提供持续更新和优化的技术方案的同时,满足客户特殊需求。

(3) 成为第四方物流企业需具备一定的条件,如能够制定供应链策略、设计业务流程再造、具备技术集成和人力资源管理的能力;如在集成供应链技术和外包能力方面处于领先地位,并具有较雄厚的专业人才;如能够管理多个不同的供应商并具有良好的管理和组织能力,等等。

1.2.2 现代物流的主要功能

1. 装卸搬运功能

中华人民共和国国家标准《物流术语》(GB/T 18354—2021)对装卸和搬运的定义是:

装卸(loading and unloading)是指在运输工具间或运输工具与存放场地(仓库)间,以人力或机械方式对物品进行载上载入或卸下卸出的作业过程。

搬运(handling)是指在同一场所内,以人力或机械方式对物品进行空间移动的作业过程。

装卸搬运是随运输和保管而产生的必要物流活动,是对运输、保管、包装、流通加工等物流活动进行衔接的中间环节，以及在保管等活动中为进行检验、维护、保养所进行的装卸活动，如货物的装上卸下、移送、拣选、分类等。装卸作业的代表形式是集装箱化和托盘化，使用的装卸机械设备有吊车、叉车、传送带和各种台车等。在物流活动的全过程中，装卸搬运活动不但是派生性、附属性和保障性的活动，也是衔接性、频繁发生的活动，更是会产生费用的活动。对装卸搬运的管理，主要是对装卸搬运方式、装卸搬运机械设备的选择和合理配置与使用以及装卸搬运合理化，尽可能减少装卸搬运次数，以节约物流费用，获得较好的经济效益。

2．包装功能

为使物流过程中的货物完好地运送到用户手中，并满足用户和服务对象的要求，需要对大多数商品进行不同方式、不同程度的包装。

中华人民共和国国家标准《物流术语》(GB/T 18354—2021) 对包装 (package；packaging) 的定义是：为在流通过程中保护产品、方便储运、促进销售，按一定技术方法而采用的容器、材料及辅助物等的总体名称。(注：也指为了达到上述目的而采用容器、材料和辅助物的过程中施加一定技术方法等的操作活动。)

包装分工业包装和销售包装两种。工业包装的作用是按单位分开产品，便于运输，并保护在途货物。销售包装的目的是便于商品的销售。因此，包装的功能体现在保护商品、单元化、便利化和促销等几个方面。

3．储存功能

在物流系统中，储存和运输是其两项核心功能。储存功能包括了对进入物流系统的货物进行堆存、管理、保管、保养、维护等一系列活动。储存的作用主要表现在两个方面：一是完好地保护货物的使用价值和价值；二是为将货物配送给用户，在物流中心进行必要的加工活动而进行的保存。随着经济的发展、技术的进步和需求特点的变化，物流由过去的少品种、大批量物流转变为多品种、小批量、多批次物流；仓储功能也从重视商品的维护保养逐渐变为重视仓库的发货和配送作业。承担储存功能的仓库也由过去的储存型向流通型仓库转化。流通仓库作为物流仓储功能的服务据点，不再以储存保管为其主要目的，而是主要进行商品的分拣、拣选、检验、包装、流通加工等作业，以满足客户对多品种、小批量和多批次的物流需求。

4．运输功能

运输也是物流系统的一项核心功能。选择何种运输方式对于物流效率具有十分重要的意义。在选择运输方式、设计运输方案时，需要权衡运输系统要求的运输服务和运输成本。在具体选择时，可以从不同运输方案的运费水平、运输时间的长短、运输次数的多少、运输的安全性、运输的准确性等方面进行综合考虑。

5．信息服务功能

现代物流是需要依靠信息技术来保证物流体系正常运作的。物流系统的信息服务功能,包括与上述各项功能有关的计划、预测、动态(运量、收、发、存数)以及费用等信息活动。从信息的载体及服务对象来看,该功能还可分成物流信息服务功能和商流信息服务功能。商流信息主要包括进行交易的有关信息,如货源信息、物价信息、市场信息、资金信息、合同信息、付款结算信息等。商流中交易、合同等信息,不但提供了交易的结果,也提供了物流的依据,是两种信息流主要的交汇处;物流信息主要是物流数量、物流地区、物流费用等信息。物流信息中库存量信息、不但是物流的结果,也是商流的依据。物流系统的信息服务功能必须建立在计算机网络技术和国际通用的 EDI(电子数据交换)信息技术基础之上,才能高效地实现物流活动一系列环节的准确对接,真正创造"场所效用"及"时间效用"。可以说,信息服务是物流活动的中枢神经,该功能在物流系统中处于不可或缺的重要地位。信息服务功能的主要作用表现为:缩短从接受订货到发货的时间;库存适量化;提高搬运作业效率;提高运输效率;使接受订货和发出订货更为省力;提高订单处理的精度;防止发货、配送出现差错;调整需求和供给;提供信息咨询,等等。

6. 流通加工功能

中华人民共和国国家标准《物流术语》(GB/T 18354—2021)对流通加工(distribution processing)的定义是:根据顾客的需要,在流通过程中对产品实施的简单加工作业活动的总称。(注:简单加工作业活动包括包装、分割、计量、分拣、刷标志、拴标签、组装、组配等。)

流通加工功能是在物品从生产领域向消费领域流动的过程中,为了促进产品销售、维护产品质量和实现物流效率化,对物品进行加工处理,使物品发生物理或化学性变化的功能。这种在流通过程中对成品进一步的辅助性加工,可以弥补商品在生产过程中加工程度的不足,更有效地满足用户的需求,更好地衔接生产和需求环节,使流通过程更加合理化,是物流活动中的一项重要增值服务,也是现代物流发展的一个重要趋势。流通加工的内容有装袋、定量化小包装、拴牌子、贴标签、配货、挑选、混装、刷标记等。流通加工的主要作用表现在:可以更好地满足客户的需求,提高物流系统的效率,降低物流系统的成本,等等。

1.3 现代物流系统

1.3.1 现代物流系统的使命

任何一个系统、企业和人都有使命,使命涉及一个系统的最高目标。现代物流系统的使命是有关现代物流系统要达到的目的,是指引现代物流系统各项工作和业务活动的方向。现代物流系统的使命包括提高物流服务水平和降低物流总成本。

1. 提高物流服务水平

不断提高物流服务水平是现代物流系统的首要目标,也是现代物流系统的使命之一。根据物流服务的内容,评价现代物流系统服务好坏的标准一般包括以下七个方面。

(1) 适当数量(right quantity)。

(2) 适当产品(right product)。

(3) 适当的时间(right time)。
(4) 适当的地点(right place)。
(5) 适当的条件(right condition)。
(6) 适当的质量(right quality)。
(7) 适当的成本(right cost)。

这七项标准通常也被称为物流的"7R"原则,应用十分广泛。

2. 降低物流总成本

物流总成本包括运输成本、仓储成本、包装成本、装卸搬运成本、流通加工成本以及物流信息处理成本等。物流系统在提供顾客所需的物流服务的同时,还需要考虑物流总成本。物流系统的使命不是追求物流某一环节的成本合理化,而是达到物流系统整体成本的合理化。

在物流总成本的构成中,运输成本和仓储成本通常是其主要成本,降低物流总成本应主要从这两项成本的节约入手。同时,物流总成本构成中的各部分之间存在相互影响的关系,也就是说,在降低运输成本的同时,可能会增加仓储成本,还可能增加包装成本;在寻求降低包装成本和仓储成本的同时,也可能会导致运输成本的上升。因此,必须对物流系统进行一体化的设计和管理,以综合协调物流各子系统成本之间的相互影响,达到物流系统总成本的优化。

1.3.2 现代物流系统的要素

现代物流系统是从原材料采购到生产、流通直至消费的供应链全过程中物的时间和空间的转移。在此转移的过程中包括七个要素:第一要素是流体,即"物";第二要素是载体,即承载"物"的设备和设施,如运输工具、物流中心、港口、车站、装卸设备等;第三要素是流向,即"物"转移的方向;第四要素是流量,即物流的数量表现,或物流的数量、重量、体积;第五要素是流程,即物流路径的数量表现,也即物流的里程;第六要素是流速,即单位时间流体转移的空间距离;第七要素是流效,即物流系统的效益和效果。

1. 流体

物流系统的流体是指物流中的"物",即货物或商品。流体具有自然属性和社会属性。自然属性是指其物理、化学和生物特性。不同流体的自然属性不同,其在物流过程中的稳定性也不同。物流管理的任务之一是要保护好处于物流过程中的流体,使其自然属性不受损坏,因而需要对流体进行维护和保养,根据流体的自然属性合理安排运输、保管、装卸等物流作业。社会属性是指流体所体现的价值属性,以及生产者、采购者、物流作业者与销售者之间的各种关系,有些关系国计民生的重要商品作为物流的流体还肩负着国家宏观调控的重要使命,因此在物流过程中要保护流体的社会属性不受任何影响。

2. 载体

物流系统的载体是指流体借以流动的设施和设备。载体分成两类:第一类载体指基础设施。例如铁路、公路、水路、港口、车站、机场等基础设施,它们大多属于固定设施。物流基础设施的数量、质量、地理分布、网络结构等状况会直接影响物流系统的效率和效益。第二类载体指设备,即以第一类载体为基础,直接承载并运送流体的设备,如车辆、船舶、飞机、装卸搬运设备等,它们大多是可以移动的。物流设备的数量、类型、技术水平、结构比例等状况也会直接影响物流系统的运营水平。

3. 流向

物流系统的流向是指流体从起点到终点的流动方向。物流的流向包括正向和逆向。

正向是指物质实体从供应者向需求者的流动方向。例如原材料从原材料供应商向产品制造商的流动,产品从产品制造商向产品销售企业的流动,等等。物流的正向流动是伴随着企业的生产活动和销售活动进行的,因而具有比较强的计划性,物流的规模也相应比较大。

逆向是指物质实体从需求者向供应者的流动方向。例如,多余商品的退回、有问题产品的召回、包装材料的回收,等等。逆向物流的主要原因是物质实体的数量或质量的异常、包装物的回收再利用、生产和消费过程中产生的伴生品等。逆向物流具有地点分散、时间不确定、数量难以预测等特点,管理难度较大。

4. 流量

物流系统的流量是指通过载体的流体在一定流向上的数量表现。流量与流向是不可分割的,每一种流向都有一种流量与之相对应,因此,流量的分类可以参照流向的分类,分为正向流量和逆向流量。此外,也可以根据管理的要求,将流量分为几种:按照流体统计的流量;按照载体统计的流量;按照流向统计的流量;按照发运人统计的流量;按照承运人统计的流量。流量统计的单位也可视具体统计目的确定,如吨、立方米、元等。

5. 流程

物流系统的流程是指通过载体的流体在一定流向上行驶路径的数量表现。流程与流向、流量一起构成了物流向量的三个数量特征,流程与流量的乘积还是物流的重要量纲。流程的分类与上述流向和流量的分类基本类似,可以分为正向流程和逆向流程。

6. 流速

物流系统的流速是指流体在单位时间内流动的空间距离大小。流速由两部分决定:一是流体流动的空间距离,即流程;二是完成流程所花费的时间,流速就是流程除以时间所得到的值。流体在流动过程中总是处于两种状态:第一种状态是在运输过程中,第二种状态是在储存过程中,流速衡量的就是这两种状态。由于第二种状态需要花费时间,但是并不发生空间位移,因此,第二种状态的存在是导致流速降低的原因,而第一种状态采用的具体运作方式(如不同的运输工具、不同的运输网络布局、不同的装卸搬运方式和工具等)也会对单位时间内流体流动的空间距离产生影响。因此,要提高物流的速度从而提高商品周转速度,就必须从决定流速的两个方面着手进行合理规划。

7. 流效

物流系统的流效是指物流系统中流体的流动效果。评价任何物流系统的运营效果都需要从使用者的角度，也就是物流系统的使命履行的状况出发。具体需要从以下两方面进行评价：一是满足客户需求的程度，也就是物流服务水平的高低；二是物流系统的总成本状况。只有以一定的物流总成本较好地满足了客户的需求，或者以较低的物流总成本满足了客户的基本需求，才能体现物流系统的运行效果较好。

物流的流体、载体、流向、流量、流程、流速和流效七要素之间有极强的内在联系，如流体的自然属性决定了载体的类型和规模，流体的社会属性决定了流向和流量，载体对流向和流量有制约作用，载体的状况对流体的自然属性和社会属性均会产生影响，流体、载体、流向、流程等决定流速。因此，进行物流活动要注意处理好七要素之间的关系，否则就会使物流成本提高、服务降低、效益低下、效率下降。

1.3.3　现代物流管理的特征

现代物流管理从最初的"physical distribution management"到后来的"logistics management"，其管理目标、内容、手段、条件、方式等方面发生了很大变化。归纳起来，现代物流管理具有以下七个基本特征。

1. 以实现顾客满意为首要目标

现代物流管理是以顾客需要为出发点，从顾客服务目标的设定开始，追求顾客服务的差别化战略，以满足顾客个性化需求。现代物流管理通过提供顾客所期望的服务，在积极追求自身交易扩大的同时，强调实现与竞争企业在顾客服务方面的差别化；在了解竞争对手的战略基础上，努力提高顾客的满意度。在现代物流管理中，顾客服务的设定优先于其他各项活动并且为了使物流顾客服务能有效地开展，在物流体系的基本建设上，要求具备并完善物流中心、信息系统、作业系统和组织构成等条件，如在物流系统中必须做到物流作业效率化，应该运用适当的方法和手段使企业能最有效地降低物流成本。

2. 重视整个流通渠道的货物流动

以往我们认为的物流是从生产阶段到消费阶段的货物流动，也就是说物流管理的主要对象是销售物流和生产物流，而现代物流管理的范围不仅包括销售物流和生产物流，还包括采供物流和逆向物流，而且现代物流管理突破了企业内物流的界限，开始从整个供应链的角度构建物流系统，强调成员单位之间双赢式合作，提高整个供应链的物流效率，降低整个供应链的物流成本，从而使各成员组织受益。

3. 追求企业整体最优

充分的分工与合作是当今市场的发展趋势。如果企业物流仅仅追求"部分最优"或"部门最优"，不可能整合自身拥有的内外资源，也无法在日益激烈的市场竞争中取胜。因此，现代物流管理所追求的费用、效益，是针对采购、生产、销售、物流等全体最优而言的，跨越了各部门的分歧与差异。

4. 重视效率更重视效果

现代物流管理从原来重视物流的设备等硬件要素转向重视信息等软件要素；从以前运输、储存为主的活动转向物流的全过程；从原来的作业层次转向管理层次；从原来强调运力确保、降低成本等企业内需求的对应，转变为强调物流服务水平提高等市场需求对应，进而更进一步地发展到重视环境等社会需求的对应。因此，现代物流管理不仅重视效率方面的因素，更强调的是整个流通过程的物流效果，也就是说，从成果的角度来看，有些物流活动虽然使成本上升，但如果它能有利于整个企业战略的实现，那么这种物流活动仍然是可取的。

5. 以信息为中心满足市场实际需要

现代物流管理活动已不是单个生产、销售部门或企业的事，而是包括供应商、批发商、零售商等有关联企业在内的整个统一体（供应链）的共同活动，因而现代物流管理通过这种供应链强化了企业间的关系。如果说部门间的采购、生产、销售、物流结合追求的是企业内经营最优，那么供应链管理则是通过所有市场参与者的联盟追求全过程效率的提高。这种供应链管理带来的一个直接效应是，产需的结合在时空上比以前任何时候都要紧密，并带来了经营方式的改变，即从原来的投机型经营（生产建立在市场预测基础上的经营行为）转向实需型经营（根据订单生产）。同时，伴随着这种经营方式的改变，在经营管理要素上，信息已成为物流管理的中心，因为没有高度发达的信息网络和信息支撑，实需型经营是无法实现的。

6. 对商品运动的一元化管理

伴随着商品实体的运动，必然会出现"场所移动"和"时间推移"这种物流现象。在当今产销紧密联系、流通整体化、网络化的过程中，"时间推移"已成为一种重要的经营资源。因为现代经营的实需型发展模式，不仅要求物流活动能实现经济效率化和顾客服务化，而且必须及时了解和反映市场的需求，并将之反馈到供应链的各个环节，以保证生产经营决策的正确和再生产的顺利进行。所以说，缩短物流时间，不仅决定了流通全过程的商品成本和顾客满意，同时通过有效的商品运动为生产提供全面准确的市场信息。只有这样才能创造出流通网络或供应链价值，并保证商流能持续不断地进行。从物流时间形态上看，只有整体地、全面地把握控制相关的各种要素和生产经营行为，并将之有效地联系起来，才能实现缩短时间的目标。显然，这要求物流活动的管理应超越部门的层次，实现高度的统一管理。现代物流管理所强调的就是如何有效地实现一元化管理，真正把供应链思想和企业一体的观念贯彻到管理行为中。

7. 基于环境保护的绿色物流管理

随着社会的发展，环境问题日益突出，同时人们对环境问题的认识也在不断加深，末端治理模式的局限性逐渐暴露出来，这促使环境治理的模式从单纯的末端治理向源头污染预防和全过程控制转变,同时循环经济的概念也逐渐得到重视。特别是可持续发展概念的提出和向各个领域的推广,标志着综合性的、全面参与性的环境治理模式的展开。物流作为实现社会生产和消费活动中的重要环节同时也是产品生命周期环境管理中的一个重要环境因素,已引起人们的普遍重视。

本章小结

物流是物品从供给者向需求者的实体移动。现代物流包括运输、储存、包装、装卸搬运、流通加工和物流信息六大功能。物流管理理论学说有黑大陆学说、物流冰山学说、利润中心学说、成本中心学说、服务中心学说、效益背反学说和物流战略学说。按照现代物流的发生环节,可把现代物流划分为供应物流、销售物流、生产物流、回收物流和废弃物流;按照现代物流的覆盖范围,可把现代物流划分为宏观物流、中观物流和微观物流;按照现代物流的主体,可将现代物流划分为第一方物流、第二方物流、第三方物流和第四方物流。现代物流系统的使命体现在为客户提供满意的物流服务和不断降低现代物流系统的总成本。现代物流系统由流体、载体、流向、流量、流程、流速和流效七大要素构成。现代物流管理的特征主要表现在以实现顾客满意为第一目标、重视整个流通渠道的货物流动、追求企业整体最优、重视效率更重视效果、以信息为中心满足市场实际需要、对商品运动的一元化管理、基于环境保护的绿色物流。

思考题

1. 物流的基本含义是什么?
2. 现代物流系统包括哪些主要功能?
3. 如何理解物流行业在国民经济中的地位?
4. 物流的作用主要表现在哪些方面?
5. 按照发生的环节,物流可划分为哪几类?
6. 物流包括哪些主要学说?
7. 现代物流系统的使命是什么?
8. 现代物流系统包括哪七个要素?
9. 什么是第三方物流?第三方物流具有哪些优越性?
10. 第四方物流与第三方物流有何不同?
11. 现代物流管理的基本特征有哪些?

美国联合包裹公司

美国联合包裹公司(United Parcel Service,UPS),1907年作为一家信使公司成立于美国华盛顿州西雅图市。目前,UPS总部位于美国佐治亚州亚特兰大市,全球员工超过

43万人,日均递送1910万件包裹和文件,服务220余个国家和地区,运营设施超过1800个,递送车队超过10万辆包裹车、货车、拖拉机、摩托车等,拥有喷气式飞机237架。2018年,以营业收入658亿美元位列《财富》世界500强的138位。UPS的目标行业主要集中在电子产品、汽车零部件、纺织品、玩具、医药保健品、银制品等。UPS是世界上最大的快递承运商与包裹递送公司,同时也是专业的运输、物流、资本与电子商务服务的领导者。

1930年,UPS通过合并纽约市与新泽西州纽瓦克市的几家大型百货商店的递送业务,将其业务扩展到东海岸。然而,由于燃料与橡胶短缺的影响导致零售商店缩减递送业务而鼓励客户自己带包裹回家。为了寻找新的商业机会,UPS决定通过获取在所有客户(包括私人客户与商业客户)之间递送包裹的"公共承运人"权利来扩展UPS服务。此项决定使UPS直接与美国邮政服务竞争,而且直接与州际商业委员会(ICC)的规章对立。1952年,UPS决定首先在那些无须该州商业委员会与ICC授权的城市开展公共承运人业务。1953年,芝加哥成为第一个UPS在加利福尼亚州以外提供公共承运人服务的城市。同时,UPS决定在加利福尼亚州使用法律手段寻求扩展其业务。这触发了UPS为获取合适的认证在足够广阔的地区开展业务以满足公众对其独特服务日益增长的需要而进行的一系列空前的法律大战(针对监督委员会与法庭)。接下来的30年间,UPS进行了100次以上申请,以期获得其他业务授权。1975年,州际商业委员会终于授权UPS从事蒙大拿州到犹他州的州际服务,并将其在亚利桑那州、爱达荷州和内华达州的部分服务区域扩展至全州。UPS还获授权将这五个州内的服务与太平洋沿岸以及东部所有州的现有服务连接起来。由此,UPS成为第一个在美国48个相邻州内的每个地址提供服务的包裹递送公司。

为了满足顾客对更快捷服务的需求,UPS开发了隔夜空运业务。到1985年,UPS在所有48个州和波多黎各开展了隔天空运服务。随后阿拉斯加与夏威夷也加入进来。同年,UPS开展了国际空运包裹与文档服务,将美国与6个欧洲国家连接起来。1988年,联邦航空管理局(FAA)授权UPS运营自己的飞机,UPS成了一家正式的航空公司。今天,UPS横跨大西洋和太平洋,在超过185个国家和地区经营国际小包裹与文件网络。

到1993年,UPS每天为超过100万的固定客户递送1150万件包裹与文档。如此巨大的量使得UPS必须开发新技术才能保持其效率和有竞争力的价格,同时提供新的客户服务。为此,在1986—1991年,UPS共花费15亿美元用于技术改进。UPS开发了小型手持设备,专门设计了包裹递送车以及全球计算机与通信系统。UPS的驾驶员均携带手持的速递资料收集器(DIAD)。这种设备是为向UPS网络快速记录和上载递送信息而开发的。DIAD的信息甚至包括收件人签名的数字图片,这样就向客户提供了关于他们货件的实时信息。这种专有的设备也让驾驶员与他们的总部保持持续的联系,使得更改取件时间表、交通方式与其他重要消息能够保持同步。UPS构建的UPSnet(全球电子数据通信网络)拥有超过50万英里(1英里=1.609 344千米)的通信线路和专用卫星,能够将分布在46个国家或地区的1300余个UPS配送网点联系在一起。该系统每天追踪821 000个包裹。1992年,UPS建立了包裹追溯系统。使用"UPS追踪",客户可在任何时间查询物品的最新状态。一次可追踪25件物品,可以通过电子邮件追踪、在线追踪、WAP(无线应用协议)追踪或无线SMS(短信)追踪。客户还可利用Quantum View接受正在收费包裹的最新信息，看到整个运输过程。

1995年，UPS成立了UPS物流集团，根据客户的个别需要提供全球供应链管理解决方案和咨询服务。通过建立在50多个国家的450多个分拨中心，UPS物流集团为客户提供全面的零配件和产品供应链管理，以及退货、修理等售后服务方面的物流管理，降低客户在流通领域的成本，提高服务质量。

作为物流链管理的专家，UPS物流集团将自身的运输优势发挥到了极致，最大限度地减少运输过程可能造成的延误，创造了所谓的"跑道边效应"，即在机场边建立物流管理中心，与多家高科技公司结成联盟，为他们提供库存、配送甚至售后服务。例如，UPS最大的空运枢纽设在肯塔基州的路易斯维尔机场。每天深夜，90架飞机聚集到这里，在3小时内，每隔两分钟就有一架飞机起降。每天惠普公司将损坏的电脑空运到机场。这些设备被运到机场边的UPS物流中心，由60名技术人员将其修复，再送到机场当天运走。这个部门每天修理800台电脑。

UPS与耐克的合作更能说明其物流服务所起的作用。UPS负责耐克鞋和运动服装的仓储与派送，当消费者单击耐克网站进行网上订购时，其订购信息将自动传送到UPS的系统。每隔一小时，通过互联网订购的商品被装车运送到UPS的分拨中心，进入其运输系统直至派送到消费者手中。此外，UPS还在圣安东尼代替耐克营运一个电话订购中心，接受消费者的电话订购并将订购信息传送到UPS的耐克产品派送中心。BOO.COM是美国的一个时装网站，UPS负责将其供应商的产品运输到UPS的派送中心，对产品作质量检验，并装入印有BOO.COM商标的包装盒中，然后派送到消费者手中。另外，当UPS将商品交付到消费者手中后，其系统将自动给厂商的财务部发出电子确认信息，以便厂商及时发出催款账单。

1997年，UPS推出一套基于互联网的运输"应用程序界面"，名为"UPS在线工具"。这套工具是一个独立的应用程序模块，可以直接嵌入电子商务网站，完成网站的运输派送功能。该工具可以为用户提供各种服务，包括运输服务种类的选择、运费和处理费计算、运输时间计算、UPS收货点的选择、运输标签打印、运件的追踪等。例如顾客到麦克隆电脑公司的网站订购产品，该网站已通过"UPS在线工具"与UPS服务器相连，顾客订货后，为其提供派送服务的事实上就是UPS。顾客会相应地得到一个UPS的追踪号码，并且可以随时在麦克隆的网站上查询到其订购产品的生产进度和派送情况。"UPS在线工具"推出后不到3年时间，就被接入到4万多个网站，既解除了这些网站网下派送的后顾之忧，又使UPS与成千上万的消费者紧密联系起来，扩大并控制了包裹派送业务。"UPS在线工具"是目前世界上最先进、功能最强大的运输应用程序。

1998年6月，UPS推出了"UPS文件交换"系统，为客户提供大容量、快速、安全的文件、图像和软件的网上传送服务。1999年，又在此基础上开发出新一代的"UPS在线专差"，并与Worldtalk合作，使得数据和文件在网上传送的安全性得到实质性的提高。1999年5月，惠普公司宣布与UPS合作开发全球第一个用数字方式在网上传送和追踪纸面文件的系统。此外UPS还开发了专业保证法律文件和发票等在网上安全传送的系统。

2000年2月，福特汽车公司与UPS物流集团结成战略联盟，旨在加快福特汽车公司的成品车交付速度。通过运输网络的优化和信息技术的使用,车辆从福特公司交付到代理商和用户手中的时间可以缩短 40%,并且使准时交货成为可能。同时,战略联盟还提供基于互联网的货物追踪系统,使福特汽车公司和其代理商可以在网上跟踪每辆汽车从生产到运输的全过程。这一系统也向消费者开放。消费者不仅可以在网上订购汽车,还可以在网上查询汽车在生产和运输过程中的状况。

UPS 通过收购不断拓展更宽泛多样的市场。1999 年,收购了 Challenge Air,使 UPS 一跃成为拉丁美洲最大的快递和空运公司。2001 年,并购以零售货运、邮政和商业服务著称的特许经营公司——Mail Boxes Etc.,Inc.(后改名 The UPS Store)进军零售界。1 月,4.5 亿美元收购纳斯达克上市的以提供清关业务著称,且是世界最大的空运、货代公司之一的飞驰公司(Fritz Companies)。4 月,1 亿美元合并瑞士物流公司,进而控制了中欧医药保健品市场。5 月,并购美国第一国际银行(First International Bank),将其改造成 UPS 金融部门。7 月,收购德国排名前五的 Uinda 公司,并接管了其在德国、东欧的配送网络以及大批高科技零部件客户。2004 年,收购万络环球货运有限公司(Menlo Worldwide),并提升了其空运重货的能力。2005 年,收购 Overnite 公司,扩大了公司在北美的地面货运服务成立 UPS Freight。2011 年推出 My Choice 工具,使客户可根据偏好安排递送。自 1999 年成为上市公司以来,UPS 共收购了 40 余家公司,成为包括货车运输和航空货运、零售发运和商业服务、海关报关以及金融和国际贸易服务的行业领军者。

目前,UPS 公司已发展为包括 UPS 资本公司、UPS 物流集团、UPS 货运服务公司、UPS 邮件业务创新公司和 UPS 咨询公司在内的集空运、航运、地面货运和电子服务于一体的综合性企业集团。

(资料来源:https://www.ups.com)

第 2 章

现代物流服务

当前,企业之间的竞争异常激烈,客户服务作为影响企业竞争的因素之一显得尤其重要。从物流的角度来看,客户服务是一切物流活动或供应链流程的产物,其水平高低直接影响企业的市场份额、物流成本及利润目标,因此对物流客户服务进行研究非常必要。本章将阐述物流客户服务的内涵及其重要性,分析如何确定最佳服务水平,并将阐述如何根据产品类型或产品的不同特征来实施差异化的物流客户服务战略。

通过本章的学习,读者将能够具备下列能力:
- 理解现代物流服务的内涵;
- 了解物流服务的构成要素;
- 理解物流服务与物流成本的关系;
- 了解物流服务战略的影响因素;
- 描述应急物流服务的基本要求。

2.1 物流服务概述

2.1.1 物流服务的重要性

物流服务水平不但是衡量物流系统为客户实现空间和时间效用的能力大小的尺度,而且会直接影响企业的市场占用率和物流成本,最终影响到企业在市场上的竞争力和盈利能力。据统计,顾客流失每减少5%,利润就会增加50%。因此,物流服务在企业经营中占有非常重要的地位。

1. 物流客户服务水平直接影响商品的销售

物流客户服务是客户服务中很重要的一部分,虽然我们很难准确说出销售与物流服务之间的关系，但是事实证明物流服务确实会对销售产生一定的影响。例如，京东商城自2004年初正式涉足电子商务领域以来就一直保持高速成长，尤其在2009年京东商城成立了自有快递公司，其物流配送速度、服务质量得以全面提升，自2009年至今，京东商城在我国多座重点城市陆续建立城市配送站，先后推出"211限时达"配送服务、"售后100分"服务承诺、"全国上门取件""先行赔付"、7×24小时客服电话等专业服务，并且对多地的仓储中心进行了扩容，仓储吞吐量全面提升，这些都使得消费者充分享受了"足不出户，坐享其成"的快速购物体验的便捷。事实证明，京东商城的销售额在飞速增长，2010年京东商城跃升为中国首家规模超过百亿元的网络零售企业，虽然这是一个诸多因素造就的成果，但是不可置疑，物流服务质量的提高确实对京东商城销售额的增长起到了很重要的作用。

2．物流服务水平影响客户的忠诚度

企业大部分的业务来自现有的客户，低水平的物流服务将会导致现有客户对企业整体评价的下降，使购买量下降，造成一定的物流客户服务成本；而高水平的物流服务则会促进企业的市场竞争力，提升客户关系水平。企业与其用较高的成本去开发新客户，还不如用较低的成本去提高现有的服务水平并保留住现有的客户。物流管理人员可以从提升物流配送速度、提高售后服务质量、建立物流客户服务组织机构等多方面来满足客户的更高需求，提高客户对企业的忠诚度，促进客户的购买行为。

3．物流服务水平对企业物流成本产生影响

选择合适的物流服务方式可以提高货物的流通率，降低物流成本，增加企业利润，推动企业的发展。随着社会的快速发展，物流服务的重要性日益明显，单一的物流服务方式有时并不能满足所有客户的需求，所以企业寻求与第三方物流公司的合作已经越来越普遍，如随着京东在二级城市或三级城市业务阵营的扩大，其自身的物流能力已不能满足所有客户的需求，如果在这些城市建立自己的物流公司，将要付出很高的成本，并且其利润也不足以维持物流公司的运营，因此京东商城采用与第三方物流公司合作的方式来降低物流成本。

2.1.2　物流客户服务的定义

客户服务以客户为导向，任何能够提高客户满意度的内容都在客户服务的范围之内。物流客户服务是企业客户服务中重要组成部分。美国凯斯威斯顿大学罗纳德·巴罗（Ronald H. Ballou）教授根据美国物流管理协会作出的一项关于客户服务的调查将客户服务分为三个阶段：交易前、交易中和交易后，每个阶段都涵盖不同的构成要素。赫斯凯特（Heskett）将物流客户服务简单地陈述为使（客户）得到所订购产品的速度和可靠程度。中华人民共和国国家标准《物流术语》（GB/T 18354—2021）对物流服务（logistics service）的定义是：为满足客户物流需求所实施的一系列物流活动过程及其产生的结果。

2.1.3　物流客户服务的相关因素

根据巴罗教授的理解，物流客户服务可以划分为交易前、交易中和交易后三个阶段，每个阶段都涵盖不同的服务要素。

1．交易前因素

交易前的物流服务因素主要包括：向客户作出书面陈述，使客户了解可以得到一些什么样的服务。例如，客户订购的货物何时送达，退货或者延期交货的具体处理程序是什么，书面声明应该有明确的服务标准，并且是能够被实施的，这样可以减少客户对某些不切实际的服务的期望；预先做好应急服务计划以应对物流活动中出现的突发事件，避免物流系统瘫痪和企业的巨大损失；建立客户服务组织机构，保证客户服务政策的顺利实施。交易前因素是为保证客户交易顺利进行所做的一些准备活动，目的在于为客户服务营造一个好的氛围。

2．交易中因素

交易中的物流服务因素主要包括建立订单处理程序、设定库存水平、选择运输方式等，这些因素会影响到订单处理和配货的稳定性、交货时间的准确性、存货可得率等。交易中因素是产品从供应商送达客户手中这一过程所涉及的一系列因素，这些因素直接影响着物流客户服务的质量。

3．交易后因素

交易后的物流服务因素主要包括售后访问、产品维修维护、处理索赔、投诉和退货等一切售后服务。此外，随着社会对企业物流管理的可持续性提出越来越高的要求，对可回收的托盘、包装物等的逆向物流越来越受到企业的重视。

物流客户服务包括以上所有的因素，但这些因素的重要性并不是绝对的，在不同的行业中或者对于不同类型的产品是有差别的。例如生鲜品行业的客户比较重视时间性和货品的完好程度、建筑材料行业的客户可能更重视订购过程、购买易燃易爆物品的客户可能更重视货物的安全性。总之，物流客户服务构成因素的重要性在不同的情况下是有差异的。

2.1.4　物流客户服务的管理

1．物流客户服务管理的目的

物流客户服务管理的目的是以适当的成本实现高质量的客户服务。随着物流客户服务水平的提高，物流成本会增加，两者的关系可以用边际效用递减规律来说明。在服务水平较低时，如果物流成本增加一个单位，服务水平将提高 Y 个单位；在服务水平较高时，如果物流成本同样增加一个单位，服务水平将提高 Y' 个单位，且 $Y'<Y$，也就是说随着物流成本的增加，物流服务水平提高的幅度越来越小（两者的关系如图 2.1 所示）。具体来

看,物流客户服务与物流成本的关系包括以下四种类型。

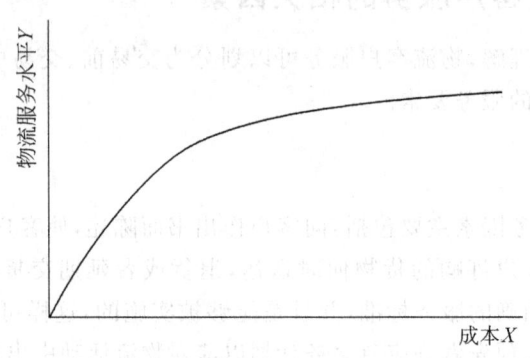

图 2.1 物流服务水平与物流成本的关系图

(1) 为了提高服务水平而牺牲低水平的物流成本,此时物流成本不断增加。
(2) 物流服务水平保持不变,降低物流成本。
(3) 在物流成本一定的情况下,提高物流服务水平。
(4) 在降低物流成本的同时,实现较高的物流服务水准。

物流客户服务管理的目的就是改变第一种类型,通过第二种和第三种类型,争取向第四种类型发展。

2. 物流客户服务管理遵循的原则

物流服务的管理水平直接影响其目的的实现,为此,在物流服务的管理过程中应该遵循以下几项基本原则。

1) 从产品导向向市场导向转变

如果企业提供的物流服务没有从客户的需求角度考虑,就很可能出现客户不满意或服务过剩等情况。为了避免上述情况的发生,企业应该以市场为导向,通过调查了解客户的真正需求以及观察整个市场环境的变化来适时调整对客户的服务内容。

2) 制定多种物流服务组合

现代经济社会高速发展,顾客的需求和产品的类型千变万化,制定统一的物流服务已经不能满足多样化的需求了,因此企业应该制定多种物流服务组合来满足客户多样化的需求和产品的多样化,从而在激烈的市场竞争中得以生存和发展。

3) 物流服务应与社会系统相吻合

21世纪,可持续发展的观念渗透到各种企业各个方面,企业物流服务不仅要考虑企业内物流、采购物流、销售物流,还要考虑环境保护、节省资源等逆向物流。物流服务并不是企业独自的经营行为,它必须与整个社会系统相吻合,企业必须将自身利益与社会利益相结合。物流服务的发展只有建立在保护环境、节约资源的基础上才能得到更全面、快速、持续的发展。

4) 开发竞争性物流服务

任何企业、任何服务都应该有对比性、竞争性。有对比、有竞争的地方才有发展,企业通过开发对比性物流服务与竞争对手展开竞争。这样做,一方面有利于企业自身的提高与发展；另一方面有利于整个物流行业服务水准的提高。

5）建立能把握市场环境变化的物流服务管理体制

物流服务不是静态的，它会随着商品特性、企业竞争状况、市场形势等要素的变化而变化。物流服务管理体制只有与周围环境相吻合才能为客户提供最恰当的服务。因此，建立能把握市场环境变化的物流服务管理体制是有必要的。

6）建设并完善物流中心

物流中心是物流服务的基础设施，完善的物流中心能够确保更高质量的物流服务。物流中心通过提供货物的储存、集中、分拆、混合等功能，实现为客户服务的目的。物流中心的网络布局、内部的设备配置等都会影响其服务水平的发挥。

7）构建完备的信息系统

企业的物流信息系统具有以下功能：订单的快速获取和处理、库存货物实时变动状况的记录、货物追踪等。构建完备的信息系统是高水平物流服务的基础及保证。

8）不断地评价物流服务绩效

固定不变的物流服务是不可能满足客户不断变化的需求的，这就要求企业根据市场的需求，对现有的物流服务作出改进，以使得企业物流服务发挥出最大的作用。企业可以通过调查问卷或其他方法对客户不满意的问题等进行调查，定期或不定期对物流服务的绩效进行评价，然后作出改进，以便为客户提供更好的物流服务。

2.2 物流服务水平

物流服务水平不但直接影响客户的满意度，进而影响企业产品的销售，而且对企业的成本水平也会带来直接的影响。因而，如何确定一个合理的物流服务水平是企业的管理者普遍面临的现实问题。

2.2.1 成本—服务的关系

随着物流服务水平的提高，物流成本逐渐增加，企业经济效益也逐渐增加，但是当物流服务达到一定水平之后，经济效益增加的程度逐渐减小，即企业边际收入呈现递减的态势。物流服务、成本及收入之间的关系如图 2.2 所示。为了确定企业物流最佳服务水平，我们需要找到图中的最大利润点。在数学上，最大利润在收入变化量与成本变化量相等的点上实现，即边际收入等于边际成本之时。

例如，已知销售—服务曲线为 $R=0.5\sqrt{SL}$，其中 SL 是服务水平，表示订货周期时间为 5 天的订单所占的比重，相应的成本曲线为 $C=0.00055SL^2$，那么最大化利润 P 的表达式如下：

$$P = R - C = 0.5\sqrt{SL} - 0.00055SL^2$$

我们对 P 求 SL 的一阶偏导，令其结果等于零，即令

$$\frac{dP}{dSL} = (1/2) \times (0.5)SL^{-1/2} - 2 \times 0.00055SL = 0$$

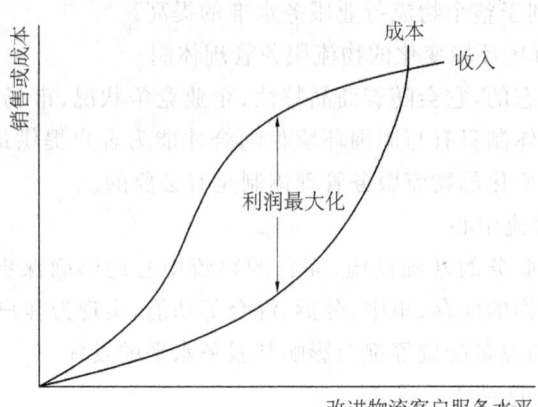

图 2.2 物流服务、成本及收入之间的关系

解得
$$\text{SL}^* = \left(\frac{0.5}{4 \times 0.00055}\right)^{2/3} \approx 37.2 \tag{2.1}$$

上述结果说明,当 37.2% 的订单有 5 天的订货周期时,企业的利润最大。

2.2.2 服务—损失函数

除成本—服务关系外,还有另外一种具有很高价值的决策模型——田口玄一损失函数。日本学者田口玄一认为,企业向客户承诺一个服务水平目标值,只要这个目标值没有达到就会产生费用、声誉损失、机会丧失等。通常,只要服务质量在可以接受的上下范围之内波动,它就是令人满意的,就不会有惩罚成本,这就是有名的田口玄一损失函数(图 2.3)。根据田口玄一的说法,随着服务质量偏离目标值,损失会递增,递增的速度可以用以下公式表示:

$$L = k(Y - M)^2 \tag{2.2}$$

式中:L 为以金额表示的单位损失(惩罚成本);Y 为质量变量的值;M 为质量变量 Y 的目标值;k 为常数,取决于质量变量在财务上的重要性。

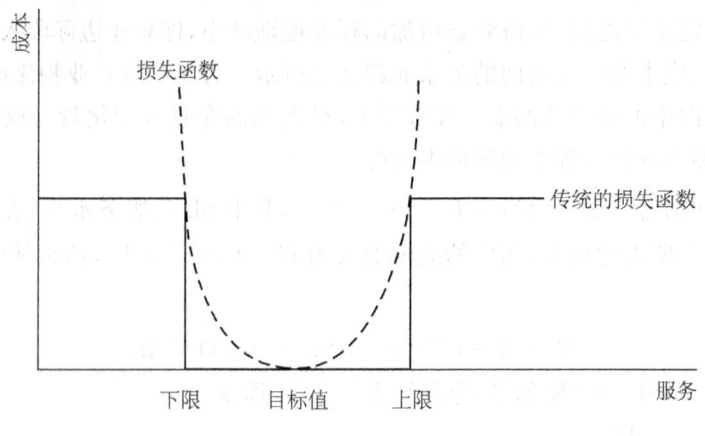

图 2.3 田口玄一损失函数

案例 2.1 某快递公司承诺在取货后的次日上午 10:00 送货。根据过去的经验知道,客户对于送货时间的最大容忍度是超过承诺时间 2 小时。为此,该快递公司向客户承诺,如果没有按承诺的目标送货时间送货,公司就会给予客户 10 元的赔偿。此时,损失函数中的 k 值可以通过以下步骤求出:

$$L = k(Y-M)^2$$
$$10 = k(2-0)^2$$

解出:
$$k = 2.5$$

2.3 物流服务战略

物流服务战略是企业经营战略的重要组成部分,物流机构通过对客户服务的未来需求进行预测,从而制定适用于不同实际状况的物流服务战略。物流服务战略直接关系到客户满意度,进而影响企业经营战略的实现。

2.3.1 差异化的物流服务战略

1. 基于产品需求特点的物流服务战略

传统上,人们将产品和服务分为消费品和工业品两种类型,根据不同的产品类型,需要制定相应的物流服务战略。

1) 消费品

消费品是指直接供应给最终消费者的产品。根据消费者选择产品或服务的方式、原因的不同,可将消费品分成便利品、选购品和特殊产品三种类型。

便利品是指那些消费者直接购买且购买频繁、很少进行比较选择的产品或服务。例如多数食品、日用品、银行服务等。这些产品和服务一般需要广泛的分销渠道和众多的网点,如百事可乐公司和可口可乐公司就是在任何有人聚集的地点直接安放自动售货机,销售他们的饮料。对于这类产品,客户服务水平以产品的可得性和可即性表示,必须保持很高的服务水平以鼓励消费者进行购买。

选购品是消费者愿意寻找并进行比较的商品,消费者通常会逛很多地方,然后比较价格、性能和质量,经过慎重考虑后才购买的。这些产品包括服装、化妆品、家具、汽车等。对于选购品,企业不需要像便利品那样保持众多的、分布广泛的配送网点。在一定的市场区域内,企业只需要提供几个配送网点用来储存选购品并提供服务,它的分销范围不需要很广泛,且供应商的物流服务成本比便利品要低。

特殊产品是指客户愿意等相当长时间,愿意花费大量精力去购买的产品。客户一般会竭力寻找特定类型、特定品牌的产品或服务。例如音乐家会花大量时间和精力去寻找一种特定品牌的乐器,因为他们认为这种乐器会帮助他们发挥出更高的水平。对于特殊产品,企业一般会采取集中化的管理体制,客户服务水平也不如便利品和选购品那么高,物流服务成本也是三者中最低的。

2) 工业品

工业品或服务是那些提供给个人或组织机构以生产其他产品或服务的产品。通常人们会根据工业品介入生产过程的程度进行分类。例如,有的产品不直接进入生产过程,如供应和商业服务;有的产品用于生产过程,如建筑和设备;有的产品是产成品的一部分,如原材料。这种分类对制定销售战略很有用,但是否对制定物流战略有帮助还有待确定。工业品一般是供应商寻找买主,买主似乎对不同类型产品的不同服务水平不感兴趣,这说明传统的工业品分类在区分物流渠道时所起的作用并不像消费品分类那么大。

2. 基于产品特性的物流服务战略

产品的属性包括重量、体积、价值、易腐性、易燃性和可替代性等,这些属性的组合会对仓储、库存、运输、物料搬运和订单处理等提出一定的要求。

1) 重量—体积比

产品的重量—体积比与运输成本、仓储成本直接相关。重量—体积比即密度。密度高的产品,可以充分利用运输设备和仓储设备,运输、仓储成本都偏低,例如钢铁、罐头食品、家电产品等。而密度低的产品很容易在达到运输设备的载重量限制之前就填满了空间,运输、仓储成本相对较高。一般来说,随着产品的重量—体积比增大,运输、仓储成本占销售价格的比重都会降低。

对于重量—体积比不同的产品,在运输服务或者仓储服务中可以采取一些措施来降低运输、仓储成本。例如很多家具公司把家具分拆成各个部分再进行运输(宜家家居公司推行的平板化包装就是一个实例),这样减少了包装产品的体积,降低了运输成本。

2) 价值—重量比

产品的价值对于仓储成本有影响,产品的重量对运输成本有影响。两者之比也是制定物流客户服务战略需要考虑的因素。对于价值—重量比低的产品,如煤炭、铁矿石等,其运输成本占销售价格的比例较高,但仓储成本很低。对于价值—重量比高的产品,如电子设备、珠宝等,仓储成本较高,而运输成本较低。如果经营价值—重量比低的产品,企业会尽力争取优惠的运输费率。如果经营价值—重量比高的产品,企业通常会将库存降至最低,避免付出更高的仓储成本,有的企业则会通过变化包装要求来改变产品重量,或者通过改变会计流程来改变产品的价值,从而寻求更佳的价值—重量比。

3) 风险特征

产品的易腐性、易燃性、爆炸的可能性、易被盗、贬值等都是产品的风险特征。对于产品的不同风险特征,企业通常会采取不同的服务措施来避免可能出现的风险。例如,对于珠宝、手表、香烟这些产品,企业需要在搬运、运输过程中非常小心,仓库储存时也需要设置带围栏的特殊库区进行处理;对于新鲜水果、蔬菜、新鲜血液等易腐产品需要进行冷藏存储和运输;对于易污染其他产品的产品不能与其他产品同时放在一个区域内。需要说明的是,不论是储存过程,还是运输或包装过程,这些特殊处理都会增加产品的物流成本。

4) 可替代性

可替代性很强的产品是指企业提供的与竞争对手区别不大或者没有区别的产品。对于这类产品,如果出现缺货的情况,消费者很可能会选择它的替代品。所以,为了避免客户的流失,企业对于这类产品往往会做很多宣传工作,试图说明他们的产品不同于其他产品。除此之外,企业还可从以下两个方面来解决销售损失的情况。

一方面,改进运输服务。在平均库存水平一定的情况下,供应商可以提高货物运送的速度和可靠性。对于客户来说,商品越容易得到,其购买替代品的可能性就越小,但企业需要在较高运输服务所导致的运输成本与失销成本之间进行权衡。另一方面,控制库存水平。在运输成本一定的情况下,通过控制库存水平,提高对客户供应现货的能力。

3. 基于产品生命周期的物流服务战略

产品生命周期是指产品从投入市场开始到完全退出市场为止所延续的时间。产品在生命周期中通常要经历四个阶段,即导入期、增长期、成熟期和衰退期(图 2.4)。在不同的阶段,产品表现出不同的特性,企业应据此来实施实物分拨战略。

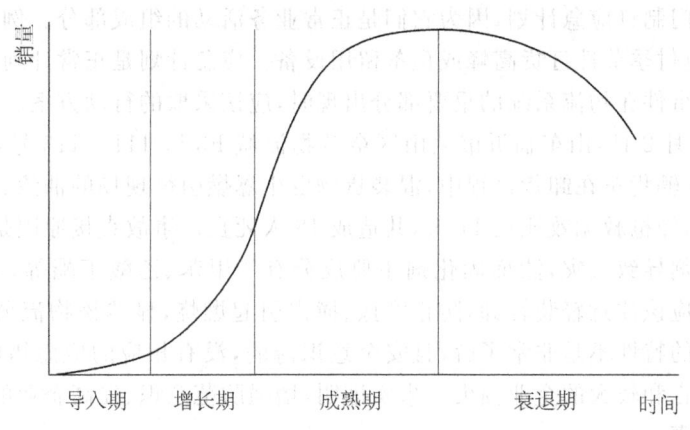

图 2.4　产品生命周期的一般曲线

导入期是指产品刚刚投入市场、销售量最低的一段时间。在这一时期市场对新产品还不太了解,销路尚未打开,此时企业的物流战略需谨慎,库存限制在相对较少的水平,产品的现货供应比率也无须较高。

在增长期时,由于在导入期进行了大量的促销活动,产品已经为广大用户所熟悉,销售量急剧上升,很多地区的现货供应比率会迅速提高,但由于没有销售的历史记录来帮助确定物流网点的设立以及各物流网点的库存水平,所以这个时期的物流工作很困难。这一阶段,物流管理通常是在管理人员的判断和控制下进行的。

成熟期的市场已经渐渐饱和,销售量增长缓慢,甚至停滞不前,产品销量不再剧烈变化,因此可以纳入现有类似产品的物流模式中。此时产品物流渠道最广,存在比较多的物流网点,现货供应率也控制在较好的水平上。

随着市场的饱和、技术变化、消费者兴趣减退等,产品必然进入衰退期。这一时期产品销售量急剧下降,企业通过调整产品运输和存货调度模式来保持高效的物流,此时,物流网点减少且更加集中,产品库存下降。

2.3.2 应急物流服务

客户服务考虑的不应只是在正常运营的情况下满足客户的需要。谨慎的管理者还应该对系统中随时可能出现的意外情况作出预测及事先制订出应急方案。管理人员不可能把控系统中所有的业务情况，一旦意外情况发生，轻则导致货物延误，重则导致车损货失或库损货失。因此，一方面企业要加强对物流系统的监控能力，另一方面要提高自身的应急服务能力。企业运行过程中存在两种较常见的意外事件，分别是系统故障和产品召回。面对这样的意外事件，如果企业能够很好地作出应急服务，将大大地降低损失成本和运营风险，也能够避免对信誉的损害。

1．系统故障

物流系统在运行过程中可能会出现各种故障。有些服务故障注定要出现，但是我们不必对它们专门制订应急计划，因为它们是正常业务活动的组成部分。例如，加快对保留订单的处理、应付季节性订货高峰或预备留用设备。应急计划是正常计划程序以外的、假定不可预测的事件在物流系统的重要部分出现时，应该采取的行动方案。

2009年9月2日，山东临沂市兰山区金兰物流城F3区111～113号，运恒物流有限公司配货站，一辆货车在卸货过程中，混装货物发生爆燃引燃现场的油漆、底色漆等，事故当场死亡7人，经抢救无效死亡11人，共造成18人死亡。事故直接原因是发孔剂引燃化学品漆面固化剂导致火灾，漆面固化剂主要成分有二甲苯、乙酸丁酯等，是易燃有毒品。发孔剂的运输应该注意轻装轻卸，防止摩擦、撞击引起燃烧，显然该物流公司工作人员对于所运送产品的特性不是非常了解，且安全意识薄弱，没有相应的应急措施，最终造成了大量的人员伤亡和较大的企业损失。事实证明，增强防范意识、提高企业的应急能力是刻不容缓的一件事。

2．产品召回

消费者权益保护运动的兴起使得企业认识到对缺陷产品管理不利将导致企业声誉受损，并可能招致法律诉讼。如果企业没有预见产品召回的可能性，那么经营风险会比以前更高。产品召回服务体现了企业服务用户的思想，物流管理人员设计的产品流通渠道不仅满足用户购买前的需要，还要满足购买后的服务需要。物流管理人员基本上是以三种方式参与产品的召回活动：负责产品召回的组织工作、跟踪产品以及设计产品召回渠道。

首先，建立负责产品召回的工作组。该工作组的首要职责是使产品返回制造商处。工作组也可能负责停止生产、开始召回行动、配合相关的管制机构采取必要的措施等。产品跟踪一般有两种方法：一种是根据产品的产地编码进行跟踪，这是多年来企业一直运用的方法。但产地编码仅仅是产品最终位置的一种近似，因为很少有企业会随着产品移动到物流渠道中的不同地点继续编码；另一种是利用保修卡的信息。这种方法也是有缺陷的，它只适用于使用这类卡片的产品，而且并非所有的消费者都会返回卡片。随着计算机技术的运用，产品跟踪管理已经得到了明显的改善，如联邦快递公司的COSMOS包裹跟踪系统利用条形码、卫星通信、手柄式扫描器等可以定位处于系统中任何位置的包裹。设计产品召回渠道时,需要全面考虑很多因素,如产品特征、客户特征以及产品缺陷的性质、市场覆盖面、所需的补救措施、召回类型、现存的物流系统、企业的财力等。虽然利用现有的物流渠道是可行的,但是这样做很可能导致渠道中流动的好产品与被召回的产品混在一起,从而影响物流服务的效率。所以物流管理人员需要设计出多种可行的召回渠道方案,而不仅仅局限于现有的物流渠道。

2.3.3 物流客户服务战略决策步骤

企业在制定物流服务战略时,一般可以按照下列步骤进行。

1. 收集物流服务信息

为了更好地制定物流服务战略,必须掌握更全面的信息,特别是了解客户对于物流活动的认识和要求。需要了解的内容主要包括客户满意度、物流服务的重要性、客户需求以及本企业的物流服务是否具有竞争优势等。这些信息的收集可以通过调查问卷、访问、座谈以及委托专业调查公司进行。

2. 将顾客需求分类

不同的细分市场客户服务的要求不同,同时客户思维方式及行动模式的差异也会导致客户需求多样化,在这种状况下,以什么样的特性为标准来区分客户群成为制定物流服务战略的重要问题。在客户需求分类的过程中,应充分考虑不同客户群体对本企业的贡献度及顾客的潜在能力,即针对本企业重要的客户群体,实现资源、服务的优先配置。

3. 确定物流服务水平

在顾客需求分类之后,针对不同的客户,结合竞争企业物流服务水平的分析,制定出相应的物流服务水平。此后,进入物流服务水准设定的预算分析,特别是商品单位、进货时间、在库服务率等重要物流服务要素的变更会对成本所产生的影响,这样既保证企业实现物流服务的最大化,也能有效地控制物流成本。

4. 动态管理物流服务组合

物流服务组合的过程是一个动态过程,企业要经常进行核查、变更,以保证物流服务的效率。

本章小结

物流客户服务是企业客户服务中的重要部分,它对于企业的销售、客户的购买都产生一定的影响。物流客户服务覆盖产品的交易前、交易中和交易后的全过程。物流管理人员首先可以根据成本—服务关系、服务—损失函数来确定企业的物流服务水平,然后根据不同产品的特征来确定相应的服务战略。值得注意的是,企业不仅要维持正常程序的高效运行,还要对系统故障、产品召回这些意外事件事先制订出应急计划,以免造成企业的较大损失。

 **思考题**

1. 简述物流客户服务的定义及其重要性。
2. 根据罗纳德·巴罗的观点,物流客户服务的相关构成因素有哪些?
3. 物流客户服务的目的和原则是什么?
4. 解释成本—服务关系。
5. 解释服务—损失函数。
6. 根据产品类型,如何实施差异化的物流服务战略?
7. 根据产品特征,如何实施差异化的物流服务战略?
8. 根据产品的生命周期,如何实施差异化的物流服务战略?
9. 阐述应急服务的重要性。
10. 物流管理人员以哪三种方式参与产品的召回?
11. 物流管理人员需要了解客户的哪些信息?如何从客户处收集物流服务信息?
12. 物流客户服务战略决策基本步骤有哪些?

 **案例**

罗宾逊物流公司

1905年,Charles Henry Robinson在美国明尼苏达州创立了C. H. Robinson(罗宾逊公司)。这最初是一家以果蔬批发为主的贸易公司,如今已发展成为全球最大的第三方物流公司之一。公司拥有超过11 500名专业员工,在北美、欧洲、亚洲、南美及中东等地为超过46 000个客户提供货运物流服务、外包解决方案、技术和新鲜果蔬的采购服务。为了满足客户的运输需求,公司在全球拥有超过66 000家运输服务供货商,涵盖卡车运输、铁路运输、航空运输和海运运输。公司每年投入大量资金用于信息系统的开发与建设,确保拥有世界领先的技术平台,整合、优化庞大的运输资源,并提供承运商和货主透明、实时的信息及智能解决方案。2015年,罗宾逊公司的营业收入达到134.76亿美元。

1. 主营业务

公司的收入主要来自三大业务板块,即运输、新鲜果蔬采购以及支付服务,其中运输板块收入占比接近90%。运输的核心业务板块主要包括整车货运、零担货运(LTL)、联合运输、海运、空运、通关服务和其他物流服务。整车货运和零担货运位居净收入前两位,整车货运占运输业务比例超过60%。

在公司大部分业务中,承运人与罗宾逊公司而非货主签约,货主向罗宾逊公司寻求的是整体化的物流解决方案,罗宾逊公司的盈利主要来自对货主收取费用和付给承运人费用的差价。但根据货主的要求,罗宾逊公司也可以扮演"中介"的角色,使货主直接和承运人签约,罗宾逊公司只收一笔服务费用。

罗宾逊公司的运输价格十分灵活,可在一定时期内,根据限定的货物和目的地等条件提供一个固定的价格,也可以根据市场的时点价格进行灵活定价。

2. 公司的转型:由重转轻

在 1905 年创立后的漫长过程中,罗宾逊公司从事农产品及水果蔬菜保鲜运输服务。1980 年,美国开始放开货运业市场管理,允许运输企业以更灵活的形式经营,罗宾逊公司也扩大货代业务,成为"无船承运人"。1997 年,罗宾逊公司把在海运服务领域的"无船承运人"思想移植到公路货运服务领域,向"无车承运人"转型。这一次大胆转型,罗宾逊公司抛弃了自有运输车辆,建立了整合社会运输商的信息系统。结果,企业次年收入不但没有因为放弃自有车辆而降低,反而同比增长了 11%,盈利增长了 200% 以上。

在由重资产向轻资产转变的过程中,罗宾逊公司有两个重要的成功基础。

第一,重资产的运力资源日趋饱和,集成化的物流服务需求日趋突出。到 20 世纪 90 年代,美国公路货运运力已趋近饱和。连沃尔玛、百思买、家得宝等零售商都拥有或整合了运力资源。例如 1997 年沃尔玛销售额首次突破 1 000 亿美元,也拥有了北美地区最大的公路运输车队。传统专线公路企业和区域公路企业已受到工商企业的自营物流车队的冲击。

第二,逐渐成熟的信息技术正在颠覆传统公路运输企业。沃尔玛早在 1987 年就建立了世界最大的私营卫星通信系统,给沃尔玛的公路运输车辆装上了"千里眼"。受益于信息化在公路市场的广泛应用,罗宾逊公司也较早开展了信息化建设,为其 1997 年转型轻资产型平台企业奠定了基础。

3. 轻资产模式

1) 轻车辆

罗宾逊公司超过 80% 的收入来自公路运输,但是其拥有的车辆数是零,实现了无车运营公路物流企业的模式。以"无车承运人"角色整合服务资源的罗宾逊公司,凭借着集成信息服务平台,6.6 万家运输企业签约成为罗宾逊公司的合同承运人,这些企业合计拥有 100 多万辆卡车。罗宾逊公司可承接遍及全美的公路物流服务,也有足够能力掌握服务定价权。随着移动终端的普及,卡车企业能随时通过在线工具注册成为罗宾逊合同承运商。

2) 轻地产

物流中心(物流地产)对公路物流服务链是至关重要的,但罗宾逊公司没有自己的物流中心。罗宾逊公司的服务覆盖美国、加拿大、墨西哥、南美洲,却不在物流地产上大量投资,而是以强势资本和信息平台遥控签约合作企业物流中心。罗宾逊公司在各地设立技术型分支机构和网点,向客户提供上门服务。这些机构和网点不需要车辆、库房,但需要技术性服务人员负责了解当地客户的需求和信息,成为罗宾逊公司深入客户、获取客户需求和区域信息的枢纽。

3) 轻劳力

公路运输业长期属于劳动密集型行业,相关数据显示,截至 2015 年,德邦物流有 3 万员工,中邮速递物流有 10 万员工,我国快运、快递、配送等劳动密集型物流业态,人力成本已经占企业总成本的 50%。而作为全球最大规模公路运输巨头,罗宾逊公司因为没有大量的自有运营车辆以及物流地产,也就减少了日常维护、管理、执行等方面的人力资源投入。到2015年,罗宾逊公司仅有1.1万名员工,而美国最大公路运输企业世能达,仅司机就有1.55万人,在全球28个国家和地区拥有员工2.23万,如今的营业收入尚不及罗宾逊公司的一半。罗宾逊公司已经从劳动密集型企业向技术密集型和资金密集型转变,摆脱了人力资源包袱。

4. 三大基础

罗宾逊公司的物流模式,主要依赖于三大基础:第一是网络信息化,重互联;第二是融资杠杆化,重资本;第三是人力科技化,重人才。

1) 重互联

信息化是现代物流的生命线,是实现互联互通的基础。互联网能够打破传统物流的约束,实现高效快捷的物流。罗宾逊公司的物流信息平台上包括两条互联互通的信息高速路。第一条是TMS(终端远程维护管理系统)信息平台,用于罗宾逊公司与承运企业的连接;第二条是Navisphere信息平台,用于罗宾逊公司与货主企业的联通。只要货主企业在Navisphere信息平台上注册账号,填写货运信息,导航球就能够把信息传递给TMS平台,TMS系统根据客户对服务价值和时间等需求,提出各种可供选择的优化的物流解决方案。

2) 重资本

罗宾逊公司的轻物流模式是用重技术和重资本替换劳动密集型与资源密集型。当传统物流企业把大量资金投入仓储、运输车辆等领域时,罗宾逊公司则把大量资金投入到信息技术等领域。信息平台是罗宾逊公司建设的重心,为保障其先进性,罗宾逊公司每年需投入7000多万美元进行维护,其中TMS平台每年的维护费高达5000万美元。为了确保持续的资本投入,罗宾逊公司吸引大型投资机构加盟。2013年,罗宾逊公司的前十大股东均为基金等大型投资机构,其中最大股东是世界上最大的不收费基金家族、曾位居全球第二大基金管理公司的先锋公司。

3) 重人才

罗宾逊公司不是劳动密集型的公路物流企业,而是人才密集型的巨头。公司拥有约600名IT(信息技术)工程师。公司每年都要进行人才招聘,新人加入后还要进行系统的课堂培训。同时,公司通过在线教育等形式,建立正式和非正式的多渠道学习,强化科技主导服务型的团队建设。另外,罗宾逊公司还采取股权激励、帮助每名员工建立职业发展规划和目标等措施,以保持人才队伍的长期稳定和创新性。

罗宾逊在"轻"与"重"之间的抉择,充分发挥了自身优势,大幅降低了成本,使自己能在最擅长的领域发挥优势,这是罗宾逊公司的成功之道。

(资源来源:根据公开资料整理)

第 3 章

仓 储 管 理

本章将要介绍仓储设施的相关术语,仓库的不同类型,自动化立体仓库的发展历史、特点及分类。介绍仓储设施的基本功能和储存能力、商品保管合同和仓储方案。还将介绍物流中心规模、类型、选址以及布置的内容及方法。对物流中心内部的入库作业、保管作业和出库作业的具体内容及其要求进行描述。

通过本章的学习,读者将能够具备下列能力:
- 理解各种仓储设施的内涵;
- 了解仓库的不同类型;
- 掌握不同仓储方案的特点及适用条件;
- 掌握商品保管合同的主要内容;
- 了解物流中心规模的影响因素;
- 掌握物流中心选址的主要方法;
- 了解物流中心作业管理的主要内容和基本要求。

3.1 仓储概述

仓储,英文是 warehousing,是指利用仓库及相关设施设备进行物品的入库、存储、出库的作业。仓储管理涉及仓储设施的分类、仓储方案的设计、仓储设施的规划设计、仓储作业的管理等内容。仓储管理的水平直接影响储存货物的安全和仓储成本的高低。

3.1.1 仓储设施的相关术语

仓储设施是物流设施的一部分,是指能够提供仓储服务的物流设施。其包括仓库、物流中心、配送中心、物流园区等。

1. 仓库

中华人民共和国国家标准《物流术语》(GB/T 18354—2021)对仓库(warehouse)的定义是：用于储存、保管物品的建筑物和场所的总称。因此，仓库是最为核心的仓储设施。

2. 物流中心

中华人民共和国国家标准《物流术语》(GB/T 18354—2021)对物流中心(logistics center)的定义是：具有完善的物流设施及信息网络，可便捷地连接外部交通运输网络，物流功能健全，集聚辐射范围大，存储、吞吐能力强，为客户提供专业化公共物流服务的场所。物流中心一般由不同类型的仓库、货场、作业场所、交通道路等基础设施构成。

3. 配送中心

中华人民共和国国家标准《物流术语》(GB/T 18354—2021)对配送中心(distribution center;DC)的定义是：具有完善的配送基础设施和信息网络，可便捷地连接对外交通运输网络，并向末端客户提供短距离、小批量、多批次配送服务的专业化配送场所。配送中心内部包括不同类型的仓库、分拣中心、加工中心、理货场所、交通道路等。

4. 物流园区

中华人民共和国国家标准《物流术语》(GB/T 18354—2021)对物流园区(logistics park)的定义是：由政府规划并由统一主体管理，为众多企业在此设立配送中心或区域配送中心等，提供专业化物流基础设施和公共服务的物流产业集聚区。物流园区一般比物流中心和配送中心的规模更大。

5. 物流枢纽

中华人民共和国国家标准《物流术语》(GB/T 18354—2021)对物流枢纽(logistics hub)的定义是：具备较大规模配套的专业物流基础设施和完善的信息网络，通过多种运输方式便捷地连接外部交通运输网络，物流功能和服务体系完善并集中实现货物集散存储、分拨、转运等多种功能，辐射较大范围物流网络的公共物流节点。

3.1.2　仓库的类型

企业经营的商品品种繁多，性能各异。商品有的怕热，有的怕光，有的怕潮，有的怕虫蛀，等等。为了保护这些商品的使用价值，就必须配备保管条件不同的仓库。

1. 仓库的分类

仓库的分类方法很多，下面介绍几种主要的分类方法。

1) 根据仓库的保管条件分类

根据仓库保管条件的不同，可把仓库分为以下三类。

(1) 普通仓库。普通仓库又称通用仓库，它的主要特征是常温、自然通风，因此，普通仓库内通常不配备过多的储存设备。性能比较稳定，对保管条件没有太高要求的商品如家用电器、日用品、针棉织品等可储存在普通仓库中。

(2) 专用仓库。专用仓库是指专门用于储存某一类商品的仓库。例如：粮仓、水上仓库等。

(3) 特种仓库。特种仓库是指用来储存对保管条件有特殊要求的商品的仓库。依据所储存物品对保管条件的要求不同，特种仓库内需建设不同的设施，并配备不同的设备。依据其保管条件的不同，特种仓库可细分为恒温恒湿仓库、冷藏冷冻仓库和化工危险品仓库。

恒温恒湿仓库：是指能够调节温度和湿度的仓库。例如：储存烟草的仓库要求干燥阴凉、无阳光直射以及无毒无异味等；储存葡萄酒的仓库要求恒温、保湿、避光等。

冷藏冷冻仓库：是指具有制冷设备和隔热功能的仓库。库内温度一般在 10 摄氏度以下。根据温度的不同又可分为冷藏库和冷冻库。冷藏库的温度一般在 0~10 摄氏度，是用来储存蔬菜水果等既怕热又怕冻的商品。冷冻库的温度都在 0 摄氏度以下，是用来储存如肉、鱼等需要冷冻储存条件的商品的仓库。

化工危险品仓库：是专门用来储存化工危险品的仓库。化工危险品包括易燃品、易爆品、腐蚀性物品、有毒性物品、放射性物品等。化工危险品的类型不同，所需的保管条件也不同。

2) 根据仓库的建筑结构分类

根据仓库的建筑结构，可把仓库分为以下五类。

(1) 单层仓库。单层仓库只有一层建筑，有效高度也只有 5~6 米。此种仓库的优势在于商品进出库的作业较方便，但地面的利用率较低，浪费土地资源。

(2) 多层仓库。多层仓库也称楼房库。它的优势是土地的利用率较高，但商品进出库的作业不太方便。

(3) 立体仓库。立体仓库也属于单层仓库，但它的高度可达 50 米，仓库作业采取自动化的方式。因此又被称为自动化立体仓库或高层货架仓库。它既具有商品进出库作业方便，又具有地面利用率高的优势。因此立体仓库是未来的发展方向。

(4) 罐式仓库。罐式仓库又称筒仓，是指成球形或柱形的特殊结构的仓库，主要用于储存石油、天然气、液态化工品或者粮食、水泥等散装物品。筒仓分农业筒仓和工业筒仓两大类。农业筒仓用来储存粮食、饲料等粒状和粉状物料；工业筒仓用以储存焦炭、水泥、食盐、食糖等散装物料以及原油、汽油、润滑油等液体或气体物品。筒仓的平面形状有正方形、矩形、多边形和圆形等。圆形筒仓的仓壁受力合理，用料经济，所以应用最广。机械化筒仓的造价一般比机械化房式仓的造价高 1/3 左右，但能减少物料的装卸流程，降低运行和维修费用，消除繁重的袋装作业，有利于机械化、自动化作业。

(5) 简易仓库。简易仓库是指一些临时代用的固定或活动的简易仓棚。

3) 根据仓库的管理体制和使用对象分类

根据仓库的管理体制和使用对象的不同，可把仓库分为以下三类。

(1) 自营仓库(private warehouse)。自营仓库是指由企业或各类组织自营自管，为自身的货物提供储存服务的仓库。自营仓库的优势是易于控制、作业灵活性强和能够提高企业的市场形象。但它的缺点是投资较大、设施的利用率较低。

(2) 公共仓库(public warehouse)。公共仓库是指面向社会提供货物储存服务，并收取费用的仓库。公共仓库具有节省投资、规模优势、地点灵活、可实现共同配送、设施的利用率较高等优势。由于自建仓库和使用公共仓库各有其优越性，因此，企业最合理的决策是采用混合策略——自营仓库和公共仓库相结合，即企业的平均储存空间的需要由自营仓库来满足，超过平均储存需要的部分则租用公共仓库。

（3）保税仓库(boned warehouse)。中华人民共和国国家标准《物流术语》(GB/T 18354—2021)中提到：保税仓库是指经海关批准设立的专门存放保税货物及其他未办结海关手续货物的仓库。保税货物(bonded goods)特指经海关批准未办理纳税手续进境，在境内储存、加工、装配后复运出境的货物。保税仓库与一般仓库不同，保税仓库及所储存的商品受海关的监督管理，未经海关的批准，货物不得入库和出库。保税仓库的经营者既要向货主负责，又要向海关负责。中华人民共和国海关总署于 1988 年 5 月 1 日制定并实施了《中华人民共和国海关对保税仓库及所存货物的管理办法》，2004 年 2 月 1 日，海关总署颁布了修改后的《中华人民共和国海关对保税仓库及所存货物的管理规定》。新规定对原有的保税仓库管理办法进行了较全面的修订。

根据《中华人民共和国海关对保税仓库及所存货物的管理规定》，经海关批准可以存入保税仓库的货物包括：加工贸易进口货物；转口货物；供应国际航行船舶和航空器的油料、物料和维修用零部件；供维修外国产品所进口寄售的零配件；外商暂存货物；未办结海关手续的一般贸易货物；经海关批准的其他未办结海关手续的货物。海关对保税仓库实施计算机联网管理，并随时派员进入保税仓库检查货物的收、付、存情况及有关账册。海关认为必要时，可以会同保税仓库经营企业双方共同对保税仓库加锁或者直接派员驻库监管。储存在保税仓库中的货物可以进行包装、分级分类、加刷唛码、分拆、拼装等简单加工，但不能进行实质性加工。保税仓储货物，未经海关批准，不得擅自出售、转让、抵押、质押、留置、移作他用或者进行其他处置。保税仓储货物存储期限为 1 年，确有正当理由的，经海关同意可予以延期，除特殊情况外，延期不得超过 1 年。下列情形的保税仓储货物，经海关批准可以办理出库手续：①运往境外的；②运往境内保税区、出口加工区或者调拨到其他保税仓库继续实施保税监管的；③转为加工贸易进口的；④转入国内市场销售的；⑤海关规定的其他情形。

2. 自动化立体仓库

1）自动化立体仓库的发展历史

美国学者 J. A. White 根据自动化技术在仓储领域的应用情况，把自动化立体仓库的发展划分为五个阶段：人工仓储技术阶段、机械化仓储技术阶段、自动化仓储技术阶段、集成自动化仓储技术阶段和智能自动化仓储技术阶段。

（1）人工仓储技术阶段。在这一阶段，仓库内的各项作业主要依靠人工来完成。

（2）机械化仓储技术阶段。在此阶段，仓库内的各项作业主要靠机械完成，包括用传送带、叉车等搬运商品；用货架、托盘等储存商品；用人工操作机械来完成各项作业。机械化无论在速度、准确性还是商品的提升高度上，都比人工更有优势，但机械化也需要大量的资金投入。

（3）自动化仓储技术阶段。在这一阶段，普遍采用了自动导引小车（AGV）、自动货架、自动识别和自动分拣系统等。但此时各项设备还属于局部自动化，还没有形成一个整体，所以又被称为"自动化孤岛"。

(4) 集成自动化仓储技术阶段。这一阶段是把各项孤立自动化技术和设备集合在一起,形成一个有机的整体系统,以提高总体效益。

(5) 智能自动化仓储技术阶段。随着人工智能技术的发展以及在仓储领域的广泛应用,智能自动化仓储的步伐将不断加快。

2) 自动化立体仓库的特点

自动化立体仓库是指由高层货架、巷道堆垛起重机(有轨堆垛机)、入出库输送机系统、自动化控制系统、计算机仓库管理系统及其周边设备组成的,可对集装单元货物实现自动化存取和控制的仓库。自动化立体仓库与一般仓库比较,具有以下特点。

(1) 用高层货架存储商品。在自动化立体仓库中,采用高层货架存储商品,提高了地面利用率和库房空间利用率。据国际仓库自动化会议资料显示:以一个库存 11 000 托盘、月吞吐 10 000 托盘的冷库为例,自动化立体仓库与普通仓库相比较:用地面积为 13%,工作人员为 21.9%,吞吐成本为 55.7%。一般认为自动化立体仓库的单位面积储存量为普通仓库的 4~7 倍;自动化立体仓库比较容易实现商品的先进先出,防止商品自然变质,保护商品质量;同时也有利于加强仓库管理,防止出现商品的丢失和损坏。

(2) 自动存取。在自动化立体仓库中,与高层货架相配合使用的是自动存取系统,如巷道堆垛起重机、周围出入搬运系统。进货时,将商品置于辊道输送机上,操作人员在商品的包装上粘贴物流条码,商品经条码扫描器识别后,自动传送到有关的巷道出入平台,巷道机从出入平台接过商品,按指定地点存放到高层货架内。出货时,巷道机将商品从货架上取出,放于出入平台,由输送机分送到发货平台或选拣货架。自动化立体仓库的自动存取系统,提高了劳动生产率,降低了操作人员的劳动强度,特别是能较好地适应黑暗、低温、污染、有毒和易爆等特殊场合的商品存取需要。

(3) 计算机控制。自动化立体仓库的计算机控制系统分成管理、监控和控制三个层次。管理层是自动化立体仓库的主计算机管理系统;监控层是立体仓库和搬运系统的控制系统,通常都设有显示屏来显示整个系统的运行状况;控制层是自动存取系统的监控系统。自动化立体仓库采用计算机控制,可减少商品处理和信息处理过程中的差错,更有效地利用仓库储存能力,便于清点和盘库,合理减少库存,提高仓库管理水平。

3) 自动化立体仓库的分类

自动化立体仓库一般有以下几种分类方法。

(1) 根据建筑形式,可把立体仓库分为一体式和分离式。一体式立体仓库是指高层货架与仓库联结在一起,高层货架是仓库的构成部分;分离式立体仓库是指高层货架与仓库是分开的,一般是在仓库建成之后,再安装高层货架或也可把货架拆除,使建筑物用于其他目的。

(2) 根据高层货架的构造形式,可把立体仓库分为单元货格式、贯通式、垂直循环式和水平循环式。

单元货格式立体仓库是使用最广、最通用的一种立体仓库形式。它的特点是:货架沿立体仓库的宽度方向分成若干排,每两排为一组,中间是巷道,由巷道起重机进行商品的存取。每排货架沿立体仓库的长度方向分成若干列,沿垂直方向分成若干层,从而形成许多货格,每一货格存放一个货物单元。

贯通式立体仓库是取消货架之间的巷道，使各排货架紧密相连，这样就使同一层、同一列的货物互相贯通，形成能依次存放许多货物单元的通道。在通道的一端，由一台入库起重机将货物单元装入通道，在另一端由出库起重机取货。根据货物单元在通道内移动方式的不同，贯通式立体仓库可分为重力式货架仓库和梭式小车式货架仓库。重力式货架仓库中，存货通道带有一定坡度，货物靠自身重力由入库端到达出库端，它适用于货物品种少、数量大的立体仓库；梭式小车式货架仓库中，由梭式小车在存货通道内往返穿梭似的搬运货物，它的货架结构比重力式货架简单。

垂直循环式货架仓库中的货架本身是一台垂直提升机，提升机的两个分支上都悬挂有货格，货架可以转动，以提取货物。

水平循环式货架仓库中的货架可以在水平面内沿环形路线转动，以提取货物。

(3) 根据立体仓库的作业方式，可把立体仓库分为以整个货物单元存取式和拣选式。以整个货物单元存取式是指无论入库还是出库都是以整个货物单元为单位进行，拣选式是指根据出库单的要求从货物单元中拣选一部分出库。

总之，自动化立体仓库的出现是物流的一次革命，它把先进的自动化技术引入到仓库中，使仓库空间的利用率和作业效率都得到了提高，使仓库经营者能够对市场的变化迅速作出反应，提高了仓储活动的灵活性，使传统的仓储观念发生了改变，把"静态仓库"变成"动态仓库"。

3.1.3 仓储设施的基本功能

仓储设施作为储存商品的设施，需要大量的投资。但它通过提供经济和服务两方面基本功能，证明本身存在的必要性。

1. 经济功能

仓储设施的经济功能体现在它能使物流的总成本降低。也就是说，如果一个物流系统增加一个仓储设施将使运输总成本下降的金额大于该仓储设施的固定成本和变动成本，那么，物流总成本也会下降，该仓储设施的存在在经济上就是合理的。仓储设施的经济功能主要表现在以下几个方面。

(1) 仓储设施通过共同配送实现物流总成本的降低。一方面，仓储设施接收来自许多厂或供应商的商品；另一方面，仓储设施根据顾客的要求，把经过整合的商品送到顾客的手中。这种方式的经济利益体现在从厂商到仓储设施的大批量运输和从仓储设施到顾客的共同配送。整合仓储如图3.1所示。

(2) 仓储设施通过发挥中转功能实现了物流总成本的降低。当一个厂商或供应商需要面对许多顾客时，或者许多厂商或供应商要面对许多顾客时，往往可以在顾客的附近建设一个仓储设施，作为中转地。这种方式的经济利益体现在从厂商或供应商到仓储设施的大批量运输。而从仓储设施到顾客的运输尽管是小批量的，但距离很短，所以，物流总成本仍然得到了降低。中转仓储或者转运仓储如图3.2所示。

(3) 仓储设施可通过发挥流通加工功能实现物流总成本的降低。如一些蔬菜等商品的包装或贴标签作业可以不在厂商处完成，直接以大包装的形式运输到某一仓储设施，等

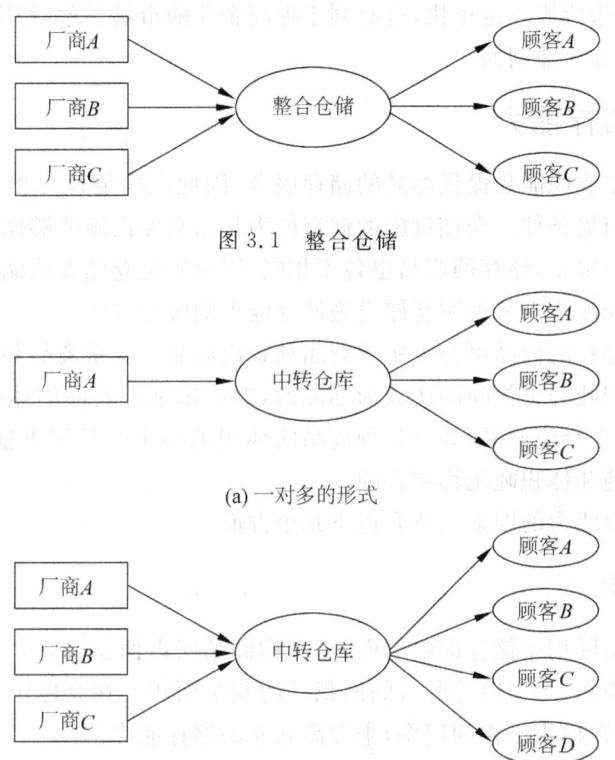

图 3.2 中转仓储

到确定具体的顾客后,再在该仓储设施内完成相应的作业。这样做的好处有三:一是可降低风险;二是可降低库存水平;三是可降低运输成本,从而达到降低物流总成本的目的。

(4) 仓储设施可通过发挥季节性储存的功能实现物流总成本的降低。对于一些属于季节性生产或季节性消费的商品,为了不使正常生产或消费受到影响,往往可把商品储存到仓储设施中,起到缓冲的作用。这样商品的生产就不会受到材料来源和顾客需求的影响,可提高生产效率,降低成本。

2. 服务功能

仓储设施的服务功能体现在使企业的营销活动得到了加强。尽管建设仓储设施会增加企业的投资和成本,但有时企业为了营销活动的需要,必须增加仓储设施。这是因为仓储设施的存在,使得企业的顾客服务水平得到了提高,增加商品的市场占有率、销售收入和利润,从而使企业的整体效益得到了提高。仓储设施的服务功能表现在以下两个方面。

(1) 就近储存。就近储存特别适合于季节性的商品,如农用生产资料。当销售旺季来临时,生产商往往会把商品储存在市场的附近,以满足顾客在至关重要的营销期的订货。当销售季节过后,再把商品撤到中央仓储设施中。这样做尽管会增加物流成本,但提高了顾客服务水平,增加了销售收入。

(2) 提高企业的市场形象。企业在靠近市场的地点建设仓储设施,可以对市场作出快速反应,提供的送货服务也更快,这有利于提高企业的市场形象,稳定顾客,从而增加商品市场占有率,增加企业利润。

3.1.4 储存能力

仓储设施的主要职能是提供商品的储存服务,因此准确地计算出仓储设施的储存能力是做好服务的前提条件。仓储设施的储存能力是指仓储设施能够储存商品的总量。由于仓储设施的类型很多,储存的商品也各不相同,因此确定仓储设施储存能力的方法也不同。下面以公用仓库为例来说明仓储设施储存能力的确定方法。

仓储设施中储存的商品可分为实重商品和轻泡商品。实重商品和轻泡商品的区分通常是以商品的体积吨与重量吨的比较为标准的,即如果某种商品的体积吨大于商品的重量吨,则此商品属于轻泡商品;如果某种商品的体积吨小于商品的重量吨,则此商品属于实重商品。实重吨和体积吨统称综合吨。

影响仓库储存能力的因素主要有以下几个方面。

1. 储存面积

储存面积是实际用来储存商品的面积,又称商品实占面积。它是仓库及货场的实际面积减去固定障碍物、走支道等所占的面积后的剩余面积。在仓库中可通过提高储存面积所占的比例(通常称为面积利用率)来提高仓库的储存能力。

2. 地坪承载能力

地坪承载能力是指仓库库房或货场单位面积允许堆放商品的最大重量。地坪的质量和结构不同,其承载能力也不同。地坪承载能力越大,其单位面积储存商品就越多。对于已使用过的仓库或货场,其地坪承载能力要根据原设计能力扣除折旧后的数值来确定。仓库的地坪承载能力的利用率越高,仓库的储存能力越大。

3. 商品允许堆码高度

仓库所储存商品的性能、商品的包装条件及仓库内所使用的机械设备的类型等都对商品允许堆码高度产生影响。在地坪承载能力允许的条件下,商品堆码高度越大,仓库的储存能力就越大。

仓库储存能力可在充分考虑以上影响因素的情况下,利用下列步骤计算得出。

第一步:先计算出各库房和货场的储存能力。

对于储存实重商品的库房,可以如下公式计算:

$$储存能力 = \frac{(实际面积 \times 面积利用率) \times (地坪承载能力 \times 地坪承载能力利用率)}{1\,000}$$

对于储存轻泡商品的库房或货场,可以如下公式计算:

$$储存能力 = \frac{(实际面积 \times 面积利用率) \times (库房允许堆码高度 \times 高度利用率)}{折合吨(如按2立方米折合1吨,则2立方米的轻泡商品折合吨即为1吨)}$$

第二步:将仓库内各库房和货场的储存能力加总,即为仓库的储存能力。

3.1.5 商品保管合同

商品保管合同是一种经济合同,它是存货方和保管方为了加速商品流通,妥善保管商品,提高经济效益而签订的明确相互权利、义务关系的协议。

商品保管合同应包括以下条款:商品的品名或品类,商品的数量、质量、包装,商品验收的内容、标准、方法、时间,商品保管条件和保管要求,商品进出库手续、时间、地点、运输方式,商品损耗标准和损耗的处理,计费项目、标准和结算方式,开户银行、账号、时间,责任划分和违约处理,合同的有效期限。

商品保管合同当事人协商同意的有关修改合同的文书、电报、图表等也是商品保管合同的组成部分。

签订商品保管合同时,存货方和保管方必须在平等互利的基础上依法就合同的各项条款达成一致,由双方的法人代表或授权的经办人签字,加盖企业公章或合同专用章后即告成立。商品保管合同必须采用书面形式。

商品保管合同一经依法确立,即具有法律效力,双方当事人必须信守合同,全面履行各自的义务,任何一方不得擅自变更或解除合同,但下列情况除外。

(1) 在不损害国家利益的前提下,存货方和保管方经过协商同意变更或解除合同。

(2) 当事人一方由于抢险救灾或执行国家的紧急任务,致使商品保管合同无法履行。

(3) 由于不可抗力的原因,造成商品保管合同无法履行。

当事人一方要求变更或解除合同时,应及时通知对方,在双方协商一致的基础上,可以签订变更或解除合同的协议。但因变更或解除合同使对方遭受经济损失,除法律可以免除责任的情况外,责任方应负责赔偿。

违反商品保管合同的责任如下。

保管方的责任:商品在储存期间,由于保管不善而发生商品灭失、短少、变质、污染、损坏的,负责赔偿损失;对危险物品和易腐商品,不按规定操作或妥善保管,造成毁损的,负责赔偿损失;由于保管方的责任,造成退仓或不能入库时,应按合同规定赔偿存货方运费和支付违约金;由保管方负责发运的货物,不能按期发货,赔偿存货方逾期交货的损失。错发到货地点,除按合同规定无偿运到规定的到货地点外,并赔偿存货方因此而造成的实际损失。

存货方的责任:易燃、易爆、有毒等危险物品和易腐物品必须在合同中注明,并提供必要的资料,否则造成货物毁损或人身伤亡,承担赔偿责任直至刑事责任;超议定储存量储存或逾期不提时,除交纳保管费外,还应偿付违约金。

3.1.6 仓储方案

企业的仓储服务需求可以通过自营仓储设施来满足,也可以通过租赁仓储设施和利用公共仓储设施来满足。那么,企业究竟应如何选择其仓储方案呢?

1. 仓储可选方案

可供企业选择的仓储方案有自营仓储设施、公共仓储设施、租赁仓储设施和临时仓储。下面对这四种仓储方案进行比较。

1）自营仓储设施

自营仓储设施通常是指拥有产品的企业投资建设，由本企业的物流部门进行管理并用来储存本企业经营的产品的仓储设施。自营仓储设施能够为企业带来诸多好处，包括控制、灵活、成本和其他一些无形的利益。

易于控制。由于自营仓储设施是由本企业完全拥有和管理的，所以，可以针对本企业所经营的产品特点提供订制化的服务，同时，也有利于企业从整体利益出发，协调企业的其他活动和物流活动的关系。

业务灵活。企业可以对自营仓储的作业政策和操作程序进行调整，以满足企业特殊的需要。对于所经营的产品或面对的客户具有特殊性的企业，自营仓储设施具有非常大的优势。

成本低。自营仓储设施成本低的主要原因是由于自营仓储设施不是以营利为目的的，而是为企业提供物流服务的。因此，自营仓储设施的成本中只有固定成本和可变成本，而不包含毛利。

有助于提升企业的形象。自营仓储设施往往可以起到宣传作用，能够增加客户对企业的认知和信任，有利于企业营销活动的开展。

但自营仓储设施存在着固定资产投资较大、货物的储存地点灵活性差等劣势。

2）公共仓储设施

公共仓储设施通常是由专业物流企业经营的，是专门为客户提供标准化仓储服务的物流设施。公共仓储设施具有的优势有以下几点。

节省投资。企业采用公共仓储设施，可以为企业节省投资建设仓储设施的资金，从而增加企业的流通资金。

规模效益。公共仓储设施为所有客户提供仓储服务，可以调剂余缺，提高设施的利用率，达到规模化，提高企业的经营效益。

地点灵活。公共仓储设施地点更灵活，有利于企业对供应商、客户和季节性需求迅速作出反应。

但公共仓储设施存在着只能提供统一化的仓储服务，其所配置的信息系统不一定能与用户的信息系统兼容等缺陷。

3）租赁仓储设施

租赁仓储设施通常是指企业与仓储设施的拥有者签订有关仓储设施的租赁协议。租赁方在租赁合同有效期内拥有该仓储设施的使用权，企业的物流部门负责仓储设施的管理和运营。租赁仓储设施是一种介于自营仓储设施和公共仓储设施之间的折中仓储方案。租赁仓储设施的优点是企业不需要自建仓储设施，可以节省投资。然而，由于使用者必须保证在租期内支付租金，所以可能丧失一定的选址灵活性。但是，使用者可在租期内对仓储空间和相关作业进行控制，具有一定的业务灵活性和控制力。

4）临时仓储

临时仓储是指企业利用运输工具作为货物的临时储存设施。临时仓储通常发生在货物在某处只是短暂的停留，很快就会发送到客户手中。或者由于仓储设施比较紧张，企业缺乏足够的仓储设施用来存储这些货物。也可能是因为企业的供货计划发生变更，出现仓储需求与仓储空间供给的暂时矛盾。在发生上述情况时,企业暂时利用运输工具作为货物的储存场所,不但可以有效保护货物的安全,减少货物不必要的损耗,也能够提高货物的物流效率,降低物流成本。

2. 仓储方案的选择

从上述分析可以看出,可供企业选择的仓储方案有自营仓库、公共仓库和租赁仓库。这三种仓储方案各有优劣,企业在选择时,应结合本企业的实际,灵活选择。通常企业在选择仓储方案时,应综合考虑以下因素。

(1)成本因素。企业使用任何仓储系统都会支付成本。自营仓库的成本是由仓库和搬运设备投资、仓储成本和人工成本构成的;公共仓库则是按照一定费率支付给仓库经营者的费用;租赁仓库的成本包括租赁仓库的租金和相关的成本支出。为了选择低成本的仓储方案,现对各种仓储方案的成本进行对比。图 3.3 是自动化搬运的自营仓库、使用托盘—叉车的自营仓库、使用人工搬运的租赁仓库和公共仓库的总成本曲线。

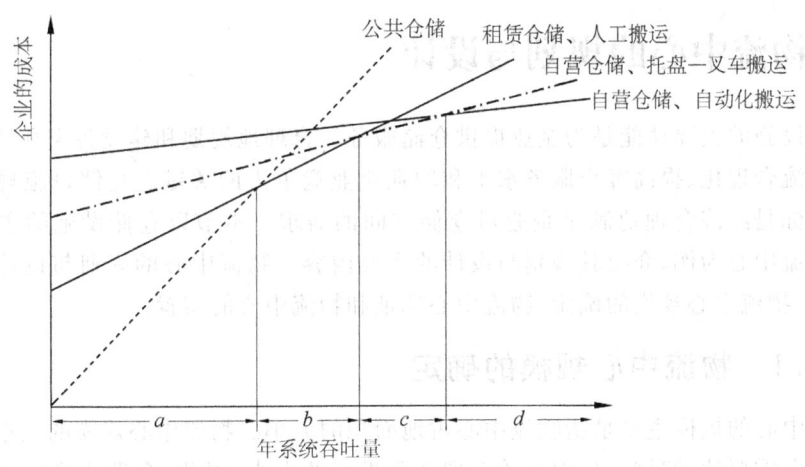

a:公共仓储的经济范围;b:租赁仓库、人工搬运的经济范围;c:自营仓库仓储、托盘—叉车搬运的经济范围;d:自营仓储、自动化搬运的经济范围。

图 3.3 四种仓储方案的总成本曲线

从四种仓储方案的总成本曲线中可以得出结论:企业的货物吞吐量与系统的总成本直接有关。当企业的货物吞吐量比较小时,使用公共仓库的成本最低;当企业的货物吞吐量很大时,使用配备自动搬运系统的自营仓库的总成本最低;租赁仓库则介于二者之间。因此,企业在选择仓储系统时,应结合其货物的吞吐情况,选择总成本最低的仓储方案。

(2)作业因素。作业因素是指仓库作业的灵活性,即仓储策略与仓库作业内容、客户的需求、产品的特点相吻合的程度。由于公共仓库通常提供标准化的作业政策和操作程序,而自营仓库则可以提供有针对性的作业,所以,自营仓库比租赁仓库和公共仓库拥有更大的作业灵活性。但是,随着客户地位的上升和市场竞争的加剧,现在许多公共仓库也在推行定制化的服务,即努力提高其作业的灵活性。

(3)位置因素。位置因素是指仓库地点的灵活性。对于季节性需求的产品,企业往往需要在销售旺季到来时,能够在市场的附近建立仓储系统,以便及时满足客户的需求。当销售淡季到来时,为了节约成本,则需要将仓储系统撤销。公共仓库和租赁仓库由于地点上具有较强的灵活性,能够很好地满足企业的季节性需求。

(4) 规模因素。公共仓库和租赁仓库由于拥有较多的客户与比较高的产品储存量,从而有利于企业设施利用率的提高和成本的降低,因而具有规模效益。此外,使用同一公共仓库的同行业的企业也可以通过共同配送,实现运输的规模效益。

(5) 形象因素。由于企业可以将其名字涂在自营仓库建筑或大门上,所以能够提高企业的市场形象。如果企业拥有自己的仓储设施,也往往会增加客户对其的信任,提高客户的忠诚度。

通常,大多数企业所采用的仓储方案是自营仓库、租赁仓库和公共仓库的结合。自营仓库和租赁仓库被用来满足企业平均的储存空间需求,公共仓库用来满足企业在需求高峰时的需要。具体的结合方式则要根据企业所经营的产品和服务的客户的需要特点,综合考虑以上五个方面的影响因素而定。

3.2 物流中心的规划与设计

仓储设施的主要功能是为企业提供仓储服务。合理地规划和建设各类仓储设施是企业实现物流合理化、提高客户服务水平和增强企业竞争力的关键。仓储设施规划与设计的基本目标是经济合理地满足企业对仓储空间的需求。本节以仓储设施的主要类型之一——物流中心为例,介绍其规划与设计的主要内容。物流中心的规划与设计主要包括三项内容:物流中心规模的确定、物流中心选址和物流中心的布置。

3.2.1 物流中心规模的确定

物流中心的规模主要是指物流中心占地面积的大小。物流中心规模的大小不仅影响着企业储存需要的满足状况,而且关系到企业投资的大小,因此,合理地确定企业应建立的物流中心类型和规模就显得十分重要。

1. 物流中心规模的影响因素

物流中心规模的确定与企业的仓储战略直接有关。物流中心的规模一旦确定,就会在未来的几十年内成为物流业务运作的约束条件。物流中心的内部布局可以根据企业业务的需要进行相应的调整,但物流中心的规模却不可能随时进行修改。尽管有时候,企业可以把多余的仓储空间出租出去,或者在仓储空间不足时使用公共仓库。但这种策略需建立在合理规划的基础之上。因为,不合理的物流中心规模可能导致将来过高的操作成本或仓储空间的租赁成本。

物流中心规模的确定是一项十分复杂的工作,它受到许多因素的影响。例如,货物的吞吐量、作业设备的类型、所需办公区域的大小等都会影响物流中心的规模。其中,储存货物所占用的空间是物流中心规模的起点,其他因素的影响则是在起点的基础上进行适当的增加。影响物流中心规模的因素主要包括以下几项。

1）客户服务水平

客户服务水平是指客户被满足的订单数量与客户订单总数的比例。较高的客户服务水平意味着较高的库存水平，进而需要较大的仓储规模。因此，企业管理部门所确定的客户服务水平直接影响物流中心规模的大小。

2）服务的市场范围

物流中心所服务的市场区域的大小也会影响物流中心的规模。服务的市场越大，所需的物流中心规模越大。换句话说，企业规划建设的物流中心是中央物流中心、区域物流中心还是基层物流中心，其规模大小也会不同。即使是同一层次的物流中心，由于各地区的市场规模不同，其所需要的仓储规模也会不同。

3）储存货物的特征

企业需要储存的货物数量、规格、周转率以及订货的前置时间等相关特征对物流中心的规模产生影响。货物的储存数量越大，所需的储存空间越大，物流中心的规模越大；货物的规格不同，单位货物所需的储存空间也不同；货物的周转率越大，货物的储存时间越短，所需的物流中心规模越小；货源距离越长、交通运输条件越不完善或产品的生产周期越长，所需的储存空间就会越大。

4）搬运及储存设备的类型

物流中心所配备的搬运设备的类型不同，其技术要求也不同，所需的作业场所的大小不同，物流中心的规模就会不同。通常，全自动化的搬运设备需要比较大的作业场所，而采用托盘—叉车的作业形式，其作业的灵活性比较大，对作业场所的要求也相对比较低。因此，物流中心所选用的搬运设备类型也会影响物流中心的规模。表 3.1 是不同类型叉车所需通道的宽度。

表 3.1 不同类型叉车所需通道的宽度

叉车类型	前移式叉车	平衡重式四支点叉车	三支点电动叉车	VAN 系列叉车
所需通道宽度/毫米	2 600～2 800	3 600～3 800	3 000～3 200	1 750～1 980

此外，物流中心所采用的储存方式也对其规模产生影响。例如，产品的存放方式是散存、垛存还是架存，采用的货架是普通货架还是高层货架，是可移动式货架还是固定式货架，等等，这些因素都会影响其规模的确定。

5）物流中心平面布置的要求

物流中心内部布置方面的一些要求和相关规定也是其规模确定时应考虑的因素。例如，办公区域、商务设施、消防设施以及一些固定设备等因素也会影响物流中心规模的大小。

除此之外，市场需求的波动程度、企业的管理水平等因素，也是物流中心规模确定的考虑因素。

2. 物流中心规模的确定步骤

企业在确定物流中心规模时，应首先对上述信息进行详细的调查、收集、分析与预测。在掌握完整信息的基础上，可通过下列步骤确定所需的规模。

第一步：根据收集到的相关信息，确定货物的平均储存量 $\bar{Q}$。货物的平均储存量等于货物的总储存量(吞吐量)与其周转率的比值。

第二步：根据平均储存量与仓容占用系数，确定货物储存体积的需要量。货物储存体积是平均储存量与仓容占用系数的乘积。仓容占用系数是指单位重量或金额的货物所占用的储存空间，它与货物的规格直接有关。

第三步：根据货物储存体积的需要量和允许的货物堆码高度，确定货物的储存面积需要量。允许的货物堆码高度受许多因素的影响，包括货物的规格、堆码要求、堆码设备的性能、库房的地面负荷能力等。企业应综合考虑这些影响因素，确定合理的货物堆码高度。

第四步：根据货物储存面积的需要量和面积利用率，确定建筑面积或储存空间的需要量。面积利用率是货物储存面积与物流中心实际面积的比例。物流中心布置的具体要求直接影响其面积利用率的大小。

3．物流中心规模的确定方法

企业的仓储需求可以通过两种途径予以满足：一是利用公共物流中心或租赁其他企业的物流中心；二是自己投资建设自营物流中心。如果企业在一定时期内，其储存空间的需求波动不大，则企业可以依据成本、服务等因素的要求选择其中的一种方案。但是，当企业的储存空间需求波动较大时，采用混合策略可能是最佳选择，即企业建设一定规模的自营物流中心以满足企业的平均储存需求，在需求高峰时则可以利用公共物流中心。下面分别从需求和财务的角度进行探讨。

1) 考虑需求波动的仓储策略确定方法

当需求波动较大时，单一的仓储方案不能有效地满足企业的需要。如果按照最大仓储空间需求建设自营物流中心，则在需求淡季时会造成仓储空间的大量闲置；而如果按照较小的仓库空间需求建立自营物流中心，企业在需求旺季可能遇到货物无处可存的风险。因此，比较可行的方案是采用自营物流中心与公共物流中心相结合的混合策略。需求波动的混合仓储方案如图 3.4 所示。

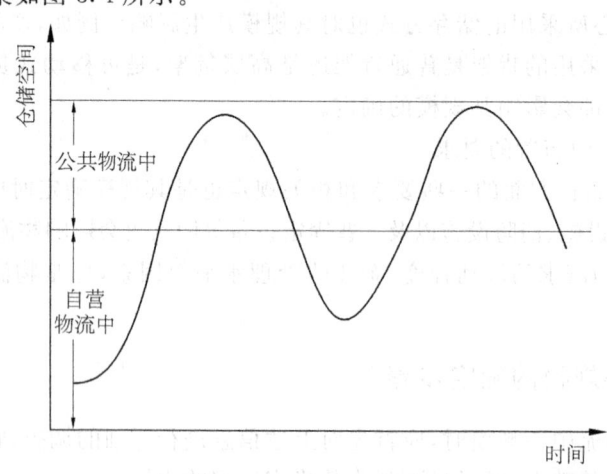

图 3.4　混合仓储方案

混合仓储策略是自营物流中心与公共物流中心的组合,两者的组合比例不同,形成的仓储策略也不同。最佳混合仓储策略应该是实现企业仓储总成本最低的策略。企业仓储总成本包括自营物流中心和使用公共物流中心的成本。自营物流中心的总成本包括三部分:物流中心的投资建设成本、维持物流中心正常运营的维护成本和物流中心内部作业有关的可变成本;租用公共物流中心的成本包括仓租成本和出入库搬运作业成本。寻求总成本最低的混合仓储策略的基本思路是:在满足全年仓储空间需求的前提下,通过对包含不同自营物流中心规模的仓储策略年总成本的比较,找出年总成本最低的仓储方案。

案例 3.1 万达电器公司计划在北京地区建造一个物流中心。该物流中心的需求预测如表 3.2 所示。

表 3.2 某物流中心的需求预测   件

月份	吞吐量	月份	吞吐量
1	66 500	7	1 303 000
2	328 000	8	460 900
3	1 048 500	9	99 900
4	2 141 000	10	15 300
5	2 820 000	11	302 200
6	2 395 000	12	556 700

该物流中心所存放电器的月库存周转率为 3 次。总库容中 50% 为通道,为了应对未来业务扩张的需求,目前的库容利用率为 70%。一件电器产品占用 0.5 立方米的仓储空间,货物的允许堆码高度为 16 米。该物流中心与搬运设备合计造价为每平方米 30 元,折旧年限 20 年,作业成本为每件 0.05 元。物流中心的年运营成本固定为每年每平方米 3 元。公共物流中心的仓租标准是每月每件 0.1 元,搬运费用为每件 0.07 元。那么万达电器公司应建造多大规模的自营物流中心?

解:第一步:确定万达电器公司每月所需物流中心的建筑面积需要量,即

$$\text{仓库建筑面积} = \frac{\text{每月吞吐量}}{3} \times \frac{0.5}{16} \times \frac{1}{50\% \times 70\%} \approx \text{每月吞吐量} \times 0.03$$

计算结果如表 3.3 所示。

表 3.3 万达电器公司北京地区物流中心建筑面积的需求表

月份	吞吐量/件	仓库建筑面积需求/平方米	月份	吞吐量/件	仓库建筑面积需求/平方米
1	66 500	1 979	7	1 303 000	38 780
2	328 000	9 762	8	460 900	13 717
3	1 048 500	31 205	9	99 900	2 973
4	2 141 000	63 720	10	15 300	455
5	2 820 000	83 929	11	302 200	8 994
6	2 395 000	71 280	12	556 700	16 568

第二步：计算不同自营物流中心规模对应的仓储策略年总成本。

每月的总成本包括以下几项。

自营物流中心每月固定成本：$\dfrac{自营仓库规模\times 30}{20\times 12}+\dfrac{自营仓库规模\times 3}{12}$

自营物流中心每月可变成本：每月吞吐量 $\times\dfrac{自营仓库规模}{每月仓库储存空间需要量}\times 0.05$

公共物流中心的仓租：$\dfrac{每月吞吐量}{3}\times\left(1-\dfrac{自营仓库规模}{每月仓库储存空间需要量}\right)\times 0.1$

公共物流中心的搬运费用：每月吞吐量 $\times\left(1-\dfrac{自营仓库规模}{每月仓库储存空间需要量}\right)\times 0.07$

设定不同的自营仓库规模，计算出相应的总成本。表 3.4 是自营物流中心规模为 6 万平方米时的成本计算结果。

表 3.4　6 万平方米自营物流中心的混合策略的成本计算表

月份	仓库吞吐量/件	仓库建筑面积/平方米	自营份额/%	每月固定成本/元	每月可变成本/元	租用份额/%	仓租/元	每月搬运成本/元	每月成本/元
1	66 500	1 979	100	22 500	3 325	0	0	0	25 825
2	328 000	9 762	100	22 500	16 400	0	0	0	38 900
3	1 048 500	31 205	100	22 500	52 425	0	0	0	74 925
4	2 141 000	63 720	94	22 500	100 627	6	4 282	8 992	136 401
5	2 820 000	83 929	71	22 500	100 110	29	27 260	57 246	207 116
6	2 395 000	71 280	84	22 500	100 590	16	12 773	26 824	162 687
7	1 303 000	38 780	100	22 500	65 150	0	0	0	87 650
8	460 900	13 717	100	22 500	23 045	0	0	0	45 545
9	99 900	2 973	100	22 500	4 995	0	0	0	27 495
10	15 300	455	100	22 500	765	0	0	0	23 265
11	302 200	8 994	100	22 500	15 110	0	0	0	37 610
12	556 700	16 568	100	22 500	27 835	0	0	0	50 335
总计	11 537 000	343 362		270 000	510 377		44 315	93 062	917 754

同样的方法，可以计算出自营物流中心规模为 0 万平方米、1 万平方米、2 万平方米、3 万平方米、4 万平方米、5 万平方米……时的年总成本。

第三步：绘制自营物流中心规模与年总成本的关系图，并确定最低总成本的自营物流中心建设规模。图 3.5 是万达电器公司物流中心规模与年仓储总成本关系图。

从年总成本图可以看出，年总成本最低的自营物流中心规模为 6 万平方米。

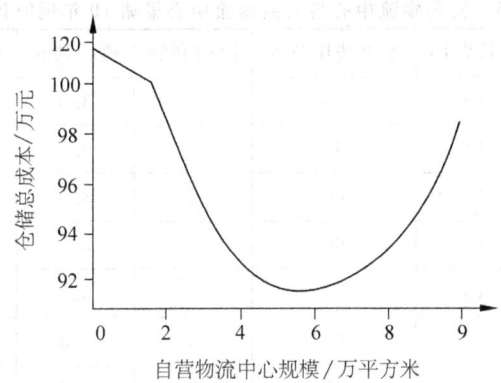

图 3.5　万达电器公司自营物流中心规模与年仓储总成本关系图

2) 需求相对稳定的仓储策略确定方法

当需求比较稳定时，企业通常采用一种仓储策略，即在自营物流中心、租赁物流中心或公共物流中心中进行选择。此时，企业一般采用财务分析的方法进行选择。由于物流中心的投资属于企业的固定资产投资，其建设和使用的年限较长，资金的时间价值在选择的过程中具有非常重要的作用。因此，企业需要计算物流中心投资的净现值，以确定投资建设自营物流中心的合理性。净现值的计算公式是

$$\text{净现值} = -I + \frac{P_i}{(1+E)^i} + \frac{q_n}{(1+E)^n} \quad (3.1)$$

式中：I 为起始期的投资或前期支出；i 为规划期；P_i 为 i 期两个可选方案的现金流量的差；E 为基础利率或该投资的预期年收益；n 为规划末期；q_n 为该资产在规划末期的现金收益或残值。

如果净现值为正值，则该项投资可行；如果净现值为负值，则该项投资不可行。

案例 3.2　某小型企业需要 10 000 平方米库容。现有两个可选方案：①租用公共物流中心，其年仓储费用和搬运费用总计为 100 万元；②自己投资建设。物流中心的总投资估计为 500 万元，搬运设备、货架等的投资为 50 万元，物流中心每年的运营费用为 40 万元。假定物流中心的折旧年限为 10 年，设备等的折旧年限也为 10 年。该企业的所得税率为 30%，国家利率为 5%。问应选择何种方案？

解：企业租用公共物流中心，一年的费用支出 100 万元；采用自营物流中心，一年的运营费用 40 万元，则两种方案每年的现金流差为 60 万元。

自营物流中心连同设备的使用年限为 10 年，总投资 550 万元，每年的折旧为 55 万元。

现金流与折旧的差即为税前利润，每年的税前利润为 5 万元，因该企业的所得税率是 30%，因此，税后利润为 3.5 万元。

税后利润与折旧的和是税后现金流，为 58.5 万元。利率为 5%，则可得出每年的折现率，从而计算出每年的现值。计算结果如表 3.5 所示。

表 3.5　自营物流中心与公共物流中心策略 10 年现值计算表　　　万元

年份	公共仓库支出	运营费用	支出费用节约	税前利润	税后利润	税后现金流差	现值
1	100	40	60	5	3.5	58.5	55.71
2	100	40	60	5	3.5	58.5	53.06
3	100	40	60	5	3.5	58.5	50.53
4	100	40	60	5	3.5	58.5	48.13
5	100	40	60	5	3.5	58.5	45.84
6	100	40	60	5	3.5	58.5	43.65
7	100	40	60	5	3.5	58.5	41.57
8	100	40	60	5	3.5	58.5	39.60
9	100	40	60	5	3.5	58.5	37.71
10	100	40	60	5	3.5	58.5	35.91
合计	1 000	400	600	50	35	585	451.71

则,净现值=451.71－(500＋50)＝－98.29(元),表示自营物流中心方案不可行,应选择租用公共物流中心。

3.2.2　物流中心选址

物流中心是物流系统的节点,是货物被运送到最终消费者的临时储存点,物流中心的选址是整个物流网络建设中非常重要的决策问题,它决定了整个物流系统的模式、结构和形状,而物流系统的设计又影响物流系统运作中可选用的方法及其相关成本。物流中心选址包括确定所使用的物流中心数量及每一个物流中心的建设位置。物流中心选址包括两个层次的内容:第一,选位,即选择什么地区(区域)设置设施,沿海还是内地,南方还是北方,国内还是国外;第二,寻址。地区选定以后,具体选择在该地区的什么位置建设,即在已选定的地区内选定一片土地作为设施的具体位置。

1. 选址问题的分类

物流中心选址属于整个固定设施选址的一种,固定设施的选址包括工厂、物流中心、港口、商店等多种类型,在介绍物流中心选址问题之前,了解固定设施的选址分类会十分有益。

现代选址研究始于 1909 年,当时 Alfred Weber 为解决如何为单个物流中心选址使得物流中心到多个顾客间的总距离最小的问题,在欧氏空间里建立了一个 1—中位问题模型,就是著名的 Weber 问题。Hakimi 研究如何选择 P 个服务站使得需求点和服务站之间的距离与需求量的乘积之和最小——P-中位问题(p-median problems)。以及如何在网络中选择 P 个服务站,使得任意一个需求点到距离该需求点最近的服务站的最大距离最小问题——P-中心问题(p-center problems)。Roth 和 Toregas 研究满足覆盖所有需求点顾客的前提下,服务站总的建站个数或建设费用最小的问题——集覆盖问题。

Church RL 和 ReVelle C 研究在服务站的数目和服务半径已知的条件下,如何设立 P 个服务站使得可接受服务的需求量最大——最大覆盖问题。

综合选址可以进行如下分类。

(1) 根据选址问题的主要考虑要素,选址问题可划分为经济因素选址问题和其他因素选址问题。在影响选址问题的众多因素中,某一种因素往往比其他因素更重要。在物流中心、工厂等设施的选址中,经济因素是其主要影响因素;而在医院、银行的选址问题中,便利性则是其关键考虑因素;书店的选址应主要考虑周围居民的文化层次;商店的选址应考虑附近居民的收入水平,等等。

(2) 根据建设设施的数目多少,选址问题可分为单一设施选址问题和多设施选址问题。单一设施选址问题比较简单,运输成本是其主要考虑因素;多设施选址问题则要涉及各设施之间的竞争、需求在设施之间的分配、设施的固定成本、运输成本等多方面因素,问题比较复杂。

(3) 根据选择的离散程度,选址问题可划分为连续选址问题和离散选址问题。连续选址问题认为,可以考虑一个连续空间内所有的点,并选择其中最优的一个点。离散选址问题是在一系列可能的方案中选择,这些方案事先已进行了合理化分析。

(4) 根据选址问题的时间长度,选址问题可划分为静态选址问题和动态选址问题。静态选址问题是考虑某一时期内设施的选址问题;动态选址问题研究的是在未来若干时间段内设施的最优选址问题,在不同的时间段内动态选址模型的参数值是不同的,但在某一具体的时间段内模型参数是确定的。

2．物流中心选址的原则

物流中心的选址过程应同时遵守适应性原则、协调性原则、经济性原则和战略性原则。

1) 适应性原则

物流中心的选址须与国家、省、市的经济发展方针、政策相适应,与物流资源分布和需求分布相适应,与国民经济和社会发展相适应。

2) 协调性原则

物流中心的选址应将国家的物流网络作为一个大系统来考虑,使物流中心的设施设备,在地域分布、物流作业生产力、技术水平等方面互相协调。

3) 经济性原则

物流中心的费用主要包括建设费用及运营费用。物流中心的建设地点不同,其建设费用和未来的运营费用都有相当大的差别。物流中心选址时应以总费用最低为原则。

4) 战略性原则

物流中心的选址应具有战略眼光。既要从全局考虑,局部服从全局,又要从长远考虑,眼前利益服从长远利益。既要考虑目前的实际需要,也要考虑未来发展的可能。

3．物流中心的战略定位

物流中心的选址直接关系到整个物流系统的服务水平和成本高低,物流中心的数量和位置受到供应商、客户及产品的特征等因素的影响,因此,物流中心的战略定位是物流中心具体选址的前提条件。Edgar Hoover 提出了物流中心位置的三种定位类型。它们分别是:市场定位、生产定位和中间定位[①]。

1) 市场定位

以市场定位的物流中心的主要功能是为客户提供更好的库存补充。这种类型的物流中心的选址应靠近客户,一方面,从供应商运到物流中心的货物通常是大批量和长距离的;另一方面,从物流中心向客户的送货是小批量和短距离的。由于距离客户较近,物流中心可以为客户更快速地、低成本地提供服务。以市场定位的物流中心所服务的市场范围取决于客户订货的频率、订单的大小和运输成本等因素,通常由零售商、供应商或制造工厂建立并运作。例如,汽车制造厂附近的零件库、饮料厂周围的包装瓶库等。

2) 生产定位

生产定位将物流中心建设在货源或生产工厂的附近。该种类型物流中心的主要功能是把不同工厂生产的产品集中起来,以实现规模化的运输或订货。生产定位物流中心的选择地点取决于产品的特性、产品的种类、客户订单的情况以及运输成本等因素。生产定位的物流中心的客户服务水平通常没有市场定位的物流中心高。

3) 中间定位

中间定位物流中心位于供应商和客户的中间位置。通常该种类型的物流中心可以兼顾为客户提供高水平的服务和集中不同供应商的许多种产品。中间定位物流中心的客户服务水平介于市场定位和生产定位之间。

4. 物流中心选址的常用方法

物流中心选址的方法很多,常用的有因素比重法、盈亏平衡分析法、交叉中值模型、覆盖模型、P-中值模型、重心法、线性规划法、仿真法、启发式方法等。本书主要介绍其中的几种方法。

1) 因素比重法

物流中心选址往往涉及多方面的因素,很多因素难以量化,且各因素的重要程度也不同。为了综合考虑各影响因素及其重要程度,可对影响物流中心选址的各因素及重要程度进行赋值,计算各方案的得分,并选择得分最高者为最优方案。具体步骤如下。

第一,列出影响选址的因素。

第二,赋予每个因素以权重,以反映它在目前物流中心选址中的相对重要程度。

第三,确定每个因素记分的取值范围,如用从 10 到 1 或 100 到 1 表示很好到不好。

第四,请有关专家对每个候选地址进行评分。

第五,计算每个方案的总得分。总得分 $= \sum$（每个因素评分 $\times$ 权重）。

第六,选择总分数最高者为最优方案。

案例 3.3 某企业计划新建一个物流中心,根据前期的调研和分析,已初步确定 4 个

---

① Edgar Hoover, The location of economic activity[M]. New York: NcGraw-Hill, 1948.

候选地址（分别用 A、B、C、D 表示）。通过调查得出,影响选址的因素有 9 个,各因素的重要程度如表 3.6 所示。请选择物流中心的最佳地址？

表 3.6　因素比重法选址计算表

影响因素	权重	A 评分	A 得分	B 评分	B 得分	C 评分	C 得分	D 评分	D 得分
市场条件	0.25	90.00	22.50	85.00	21.25	75.00	18.75	90.00	22.50
劳动力条件	0.15	95.00	14.25	90.00	13.50	95.00	14.25	90.00	13.50
信息技术条件	0.10	80.00	8.00	75.00	7.50	90.00	9.00	75.00	7.50
交通运输条件	0.15	70.00	10.50	85.00	12.75	80.00	12.00	80.00	12.00
基础设施条件	0.12	85.00	10.20	85.00	10.20	60.00	7.20	65.00	7.80
地理条件	0.08	75.00	6.00	95.00	7.60	85.00	6.80	85.00	6.80
气候条件	0.06	90.00	5.40	90.00	5.40	70.00	4.20	50.00	3.00
生活环境条件	0.05	50.00	2.50	70.00	3.50	65.00	3.25	65.00	3.25
其他条件	0.04	80.00	3.20	85.00	3.40	80.00	3.20	85.00	3.40
合计	1.00		82.55		85.10		78.65		79.75

解：根据各因素的权重和不同方案的专家评分,计算出各个选址方案的得分,并计算其总得分,计算过程及结果如表 3.6 所示。选择总得分最高的方案为物流中心的选址方案。此例中,方案 B 为最佳方案。

2) 盈亏平衡分析法

盈亏平衡分析法是物流中心选址决策的常用方法。该方法的核心在于将盈亏平衡分析的基本思想应用到物流中心的选址决策之中,即假设可供选择的各个方案均能满足物流中心选址的基本要求,但投资额及建成后的人力成本、燃料消耗、物料消耗等变动成本不同,通过绘制各个方案的总成本线,找出每个备选地点的盈利区间,确定在满足物流中心吞吐量要求条件下总成本最小的方案为最佳选址方案。

物流中心的总成本包括固定成本和变动成本。固定成本是指不随吞吐量的变化而变化的成本,如土地的出让金、仓储设施和搬运设备的投资等；变动成本是指随着吞吐量的变化而变化的成本,如劳动力成本、燃料费用、苫垫材料成本等。假如用 TC 表示物流中心的总成本,FC 表示物流中心的固定成本,VC 表示物流中心的可变成本,用 v 表示单位可变成本,Q 表示货物吞吐量,则物流中心总成本可用公式(3.2)表示：

$$\text{TC} = \text{FC} + \text{VC} = \text{FC} + v \cdot Q \tag{3.2}$$

物流中心的吞吐量与成本之间的关系如图 3.6 所示。

案例 3.4　圣达公司计划在中国的西部地区新建一个物流中心,以提高对区域市场的反应能力。预计未来该物流中心的年吞吐量为 20 万吨。根据前期的市场调研,已确定两个备选地址：一个位于四川省成都市；另一个位于重庆市。这两个备选地址的相关资料如表 3.7 所示：

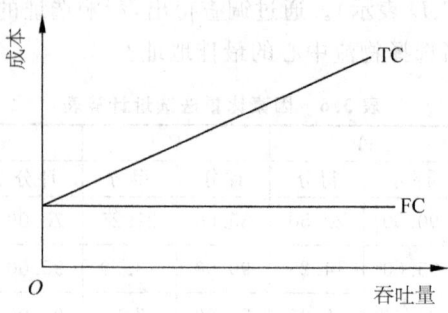

图 3.6 物流中心的吞吐量与成本之间的关系

表 3.7 两个备选地址的相关资料

项　　目	四川省成都市	重庆市
年固定成本/万元	400	500
单位可变成本/万元	10	8

解：假设 Q 表示物流中心的吞吐量,则两个备选地址的总成本与吞吐量的关系可分别表示为

$$四川省成都市：TC_1 = 400 + 10Q$$

$$重庆市：TC_2 = 500 + 8Q$$

物流中心吞吐量与仓储总成本的关系如图 3.7 所示。

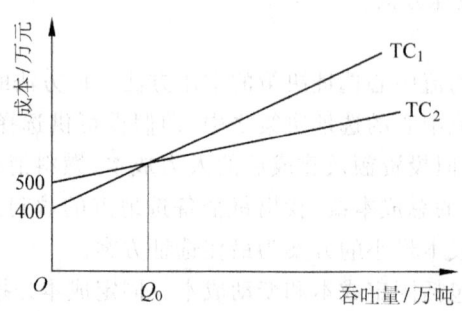

图 3.7 物流中心吞吐量与仓储总成本的关系

两个备选地址总成本相等时的吞吐量可通过下式求出：

$$TC_1 = TC_2$$

即 $$400 + 10Q_0 = 500 + 8Q_0$$

所以 $$Q_0 = 50(万吨)$$

即当物流中心的年吞吐量是 50 万吨时,两个备选地址上所建造的物流中心的仓储总成本相等。因为预测未来该物流中心的年吞吐量只有 20 万吨,因此,总成本最低的选址方案应是四川省成都市。

3）交叉中值模型

在一个城市内建立物流中心,不可能不受其他条件的限制,可能的情况是只能沿着相互交叉的街道选择某一处地点。交叉中值模型就是将城市内道路网格作为选址范围的一种单一设施选址方法。应用条件是已知各服务对象在城市内的地理位置、需要的物流量和物流费用。选址的依据是设施到各个服务对象的绝对距离综合最小。最终的结果应该是两个相互垂直方向上所有服务对象的物流需求量的重心位置。

利用交叉中值模型求物流中心的位置,目标是使总物流成本最小。目标函数为

$$\min Z = \sum_{i=1}^{n} w_i d_i = \sum_{i=1}^{n} w_i (|x_i - x_0| + |y_i - y_0|)$$

式中：d_i 为第 i 个需求点到物流中心的距离；w_i 为第 i 个需求点的需求量；x_i, y_i 为第 i 个需求点的坐标；x_0, y_0 为物流中心的位置坐标；n 为需求点的个数。

使总成本 Z 最小的最优位置应该是从横、纵轴方向上使以需求量为权重的所有权重的中值。因此,x_0 是在 x 轴方向上的所有权重的中值点,y_0 是在 y 轴方向上的所有权重的中值点。

案例 3.5　通达快递公司计划在一个城市新区设立一个分拣中心。该新区主要有 6 个居民小区,各居民区坐标位置及居民人数如表 3.8 所示。通达快递公司希望分拣中心所选的地址能够为当地居民提供完善快递服务的同时,实现物流总成本最低。那么,通达快递公司的分拣中心应选在什么位置?

表 3.8　各居民区坐标位置及居民人数

居民区代号	坐标(x_i, y_i)	居民数量/人
A	(60,90)	500
B	(30,70)	800
C	(25,80)	600
D	(50,60)	700
E	(40,75)	1 000
F	(20,65)	400
合计		4 000

解：首先,计算居民人数这一权重的中值,即 $\overline{w} = \dfrac{1}{2} \sum_{i=1}^{n} w_i$

根据表 3.8 中给出的各居民区的居民人数,可以得出

$$\overline{w} = \frac{1}{2} \times (500 + 800 + 600 + 700 + 1\,000 + 400) = 2\,000$$

其次,分别从 x 轴和 y 轴两个方向上找出达到中值 2 000 时的坐标。计算过程如表 3.9 和表 3.10 所示。

由表 3.9 和表 3.10 的计算,可知合理的分拣中心位置在 E 点,其位置坐标为 (40,75)。

交叉中值模型的目标函数是使加权的城市距离最小化,计算的城市距离是折线距离,因此,比较适合于小范围的城市内单一设施的连续点选址问题。

表 3.9　x 轴方向的中值计算

居民区	沿 x 轴的方向	$\sum w_i$
		从左向右
F	20	400
C	25	400+600=1 000
B	30	400+600+800=1 800
E	40	400+600+800+1 000=2 800
D	50	
A	60	
		从右向左
A	60	500
D	50	500+700=1 200
E	40	500+700+1 000=2 200
B	30	

表 3.10　y 轴方向的中值计算

居民区	沿 y 轴的方向	$\sum w_j$
		从上向下
A	90	500
C	80	500+600=1 100
E	75	500+600+1 000=2 100
B	70	
F	65	
D	60	
		从下向上
D	60	700
F	65	700+400=1 100
B	70	700+400+800=1 900
E	75	700+400+800+1 000=2 900

4) 覆盖模型

所谓覆盖模型,就是对于给定的一组需求点,设法确定一组服务设施来满足这些需求点的需求,即确定服务设施的最少数量和它们的合适位置。根据解决选址问题的方法不同,覆盖模型可以分为两种:一是集合覆盖模型(set covering location),它是用最少数量的设施去覆盖所有的需求点;二是最大覆盖模型(maximum covering location),它是在设施数量给定的情况下覆盖尽可能多的需求点。

(1) 集合覆盖模型。集合覆盖模型的目标是用尽可能少的设施覆盖所有的需求点。集合覆盖模型如图 3.8 所示。

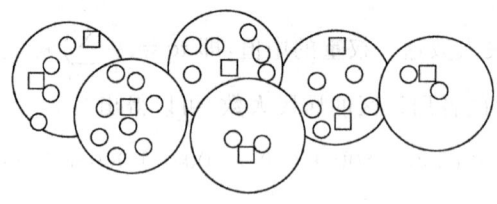

图 3.8　集合覆盖模型

其数学模型为

目标函数:
$$\min \sum_{i=1}^{m} X_i$$

$$\text{s.t.} \begin{cases} \sum_{i \in A(j)} D_i \cdot y_{ij} \leqslant C_j \cdot X_j, j \in M \\ \sum_{j \in B(i)} y_{ij} = 1, i \in N \\ y_{ij} \geqslant 0, i \in N, j \in M \\ X_j \in \{0,1\}, j \in M \end{cases} \quad (3.3)$$

式中：N为区域内所有需求点的集合，$N=\{1,2,\cdots,n\}$；M为区域内可建设设施的候选点集合，$M=\{1,2,\cdots,m\}$；D_i 为第 i 个需求点的需求量；C_j 为设施点 j 的服务能力；$A(j)$ 为设施节点 j 可以覆盖的需求点 i 的集合；$B(i)$ 为可以覆盖需求点 i 的设施节点 j 的集合；X_j 为 0-1 变量，$X_j=1$，在 j 点建立设施；$X_j=0$，不在 j 点建立设施，$j \in M$；y_{ij} 为节点 i 需求中被分配给设施 j 的部分（比例）。

集合覆盖模型可以采用启发式算法进行求解。

案例 3.6 某快递公司计划在一小型城市新建若干个快递分拣点，以服务该城市的 9 个住宅小区。除第 6 个住宅小区外，其他小区均有建设分拣点的条件，9 个住宅小区的相对位置如图 3.9 所示。已知快递分拣点的最大服务直径为 3 千米，为保护该区域的环境，希望尽可能少地建设快递分拣点。试问：该快递公司至少需要建设多少个快递分拣点，才能使每一个住宅小区都能得到快递服务？这些快递分拣点的位置应设在何处？

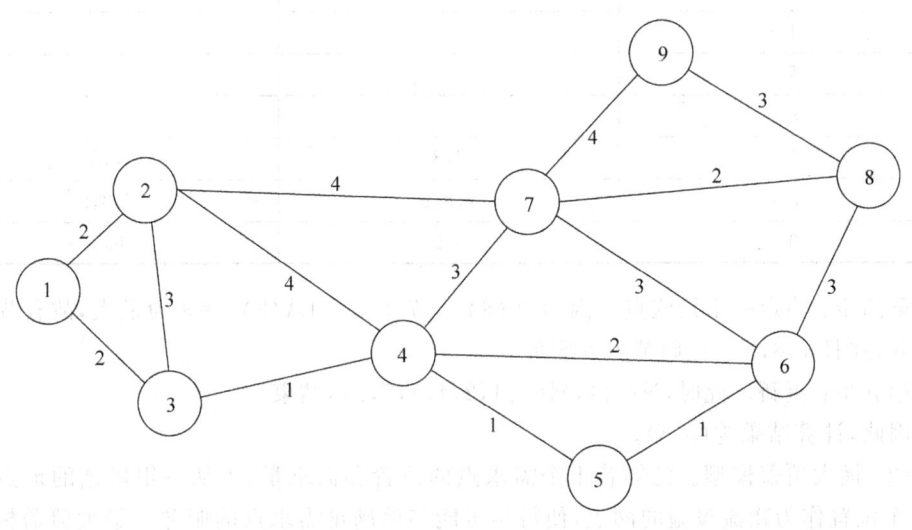

图 3.9　9 个住宅小区的相对位置

解：根据题意，由于要求用最少数量的设施去覆盖所有的需求点，所以用集合覆盖模型进行求解。

第一步：初始化。初始化后的结果如表 3.11 所示。

第二步：确定一个设施点。因为 $A(3)=(1,2,3,4,5,6,)$，$|A(3)|=6$ 为最大，故首先选取 $j'=3$。由于无容量约束，故依次指派 1，2，3，4，5，6 点归节点 3 服务。

第三步：更新。此时，$N=\{7,8,9\}$，$M=\{1,2,4,5,7,8,9\}$，更新集合 $A(j)$ 和集合 $B(i)$ 后如表 3.12 所示。

表 3.11　初始化后的结果

居民区编号	$A(j)$	$B(i)$
1	1,2,3,4	1,2,3,4
2	1,2,3	1,2,3
3	1,2,3,4,5,6	1,2,3,4,5
4	1,3,4,5,6,7	1,3,4,5,7
5	3,4,5,6	3,4,5
6		3,4,5,7,8
7	4,6,7,8	4,7,8
8	6,7,8,9	7,8,9
9	8,9	8,9

表 3.12　更新后的结果

居民区编号	$A(j)$	$B(i)$
1		
2		
3		
4		
5		
6		
7	7,8	7,8
8	7,8,9	7,8,9
9	8,9	8,9

第四步：确定一个设施点。因为 $A(8)=\{7,8,9\}$，$|A(8)|=3$ 为最大，故首先选取 $j'=8$，并且 7,8,9 三点归节点 8 服务。

第五步：更新。此时，N={}，M={1,2,4,5,7,9}，结束。

因此，计算结果为(3,8)。

(2) 最大覆盖模型。已知若干个需求点的位置和需求量，需从一组候选的地点中选取 P 个位置作为物流设施的网点，使得尽可能多地满足需求点的服务。最大覆盖模型的目标是对有限的服务网点进行选址，为尽可能多的客户提供服务，如图 3.10 所示。

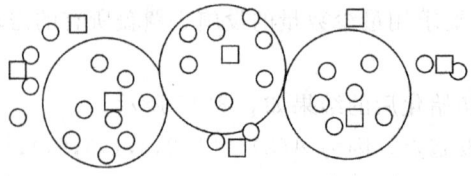

图 3.10　最大覆盖模型

最大覆盖数学模型为

$$\max \sum_{j \in M} \sum_{i \in A(j)} d_i y_{ij}$$

$$\text{s.t.} \begin{cases} \sum_{j \in B(i)} y_{ij} \leqslant 1, i \in N \\ \sum_{i \in A(j)} d_i y_{ij} \leqslant D_j x_j, j \in M \\ \sum_{j \in M} x_j = P \\ x_j \in \{0,1\}, j \in M \\ y_{ij} \geqslant 0, i \in N, j \in M \end{cases} \quad (3.4)$$

式中：N 为区域内所有需求点的集合，N={1,2,…,n}；M 为区域内可建设设施的候选点集合，M={1,2,…,m}；d_i 为第 i 个需求点的需求量；D_j 为设施点 j 的服务能力；P 为允许建设的设施的数目；$A(j)$ 为设施节点 j 可以覆盖的需求点 i 的集合；$B(i)$ 为可以覆盖需求点 i 的设施节点 j 的集合；x_j 为 0-1 变量，$x_j=1$，在 j 点建立设施；$x_j=0$，不在 j 点建立设施，$j \in M$；y_{ij} 为节点 i 需求中被分配给设施 j 的部分（比例）。

5) P-中值模型

P-中值模型是指在一个给定数量和位置的需求集合与一个给定数量和位置的设施集合的前提下，分别为 P 个设施找到合适的位置并指派每个需求点到一个特定的设施，使之达到在设施与需求点之间的运输费用最低。

数学模型

$$\min \sum_{i \in N} \sum_{j \in M} d_i C_{ij} y_{ij}$$

$$\begin{cases} \sum_{j \in M} y_{ij} = 1, i \in N \\ \sum_{j \in M} x_j = P \\ y_{ij} \pi x_j, i \in N, j \in M \\ x_j \in \{0,1\}, j \in M \\ y_{ij} \in \{0,1\}, i \in N, j \in M \end{cases} \quad (3.5)$$

式中：N 为区域中的需求点（客户）的集合，N={1,2,…,n}；M 为区域内可建设设施的候选点集合，M={1,2,…,m}；d_i 为第 i 个需求点的需求量；C_{ij} 为从需求点 i 到设施点 j 的单位运输费用；P 为允许建设的设施的数目，P<M；x_j 为 0-1 变量，$x_j=1$，在 j 点建立设施；$x_j=0$，不在 j 点建立设施，$j \in M$；y_{ij} 为 0-1 变量，$y_{ij}=1$ 表示需求点 i 由设施 j 提供服务；$y_{ij}=0$ 表示需求点 i 不由设施 j 提供服务。

案例 3.7 某牛奶公司经过一段时间的广告宣传之后，得到了 8 个超市的订单。由于该新地区距离公司总部较远，公司计划在这一地区新建两个配送中心，以用最低的运输成本满足 8 个超市的订单需求。经过前期的实地调研之后，确定出 4 个候选地址，如图 3.11 所示。各候选地址到不同超市的单位运输成本、各超市的需求量如表 3.13 所示。

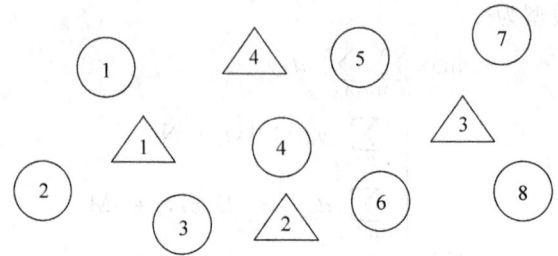

图 3.11　超市及候选配送中心的分布

表 3.13　单位运输成本及需求量

i	j				d_i(箱)
	1	2	3	4	
	C_{ij}(元/箱)				
1	4	12	20	6	100
2	2	10	25	10	50
3	3	4	16	14	120
4	6	5	9	2	80
5	18	12	7	3	200
6	14	2	4	9	70
7	20	30	2	11	60
8	24	12	6	22	100

P-中值问题可以用贪婪取走启发式算法进行求解,计算步骤如下。

第一步:初始化,令循环数 $K=m$,将所有 m 候选位置都选中,然后将每个需求点分配给离其最近的一个候选位置。初始化的结果如图 3.12 所示,初始化后的运输费用如表 3.14 所示。

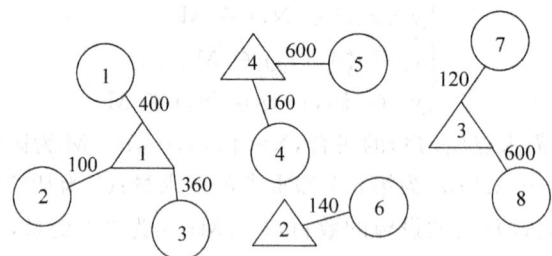

图 3.12　初始化的结果

表 3.14　初始化后的运输费用

设施点	1	2	3	4	总费用(元)
费用(元)	860	140	720	760	2 480

第二步:选择并取走一个设施点,满足以下条件:假如将它取走并将它的客户重新分

派后,总费用的增加最小,然后令 $K=K-1$。

移走位置 1:移走候选位置 1 后的分派方案及运输费用的增加额如图 3.13 和表 3.15 所示。

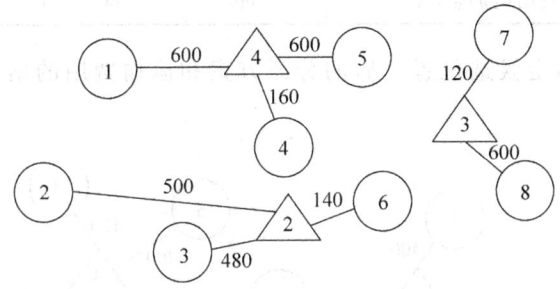

图 3.13 移走候选位置 1 后的分派方案

表 3.15 移走候选位置 1 后运输费用的增加额

需 求 点	1	2	3	总费用增加量(元)
移走位置 1 后总费用增加量(元)	+200	+400	+120	+720

移走位置 2:移走候选位置 2 后的分派方案和运输费用的增加额如图 3.14 和表 3.16 所示。

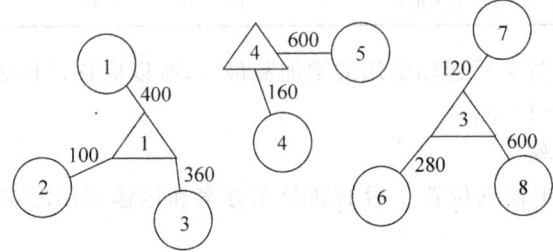

图 3.14 移走候选位置 2 后的分派方案

表 3.16 移走候选位置 2 后运输费用的增加额

需 求 点	6	总费用增加量(元)
移走位置 2 后总费用增加量(元)	+140	+140

移走位置 3:移走候选位置 3 后的分派方案和运输费用的增加额如图 3.15 和表 3.17 所示。

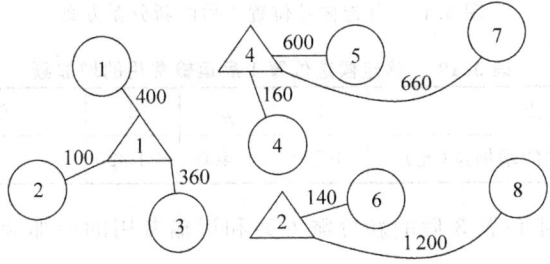

图 3.15 移走候选位置 3 后的分派方案

表3.17 移走候选位置3后运输费用的增加额

需 求 点	7	8	总费用增加量(元)
移走位置3后总费用增加量(元)	+540	+600	+1 140

移走位置4：移走候选位置4后的分派方案和运输费用的增加额如图3.16和表3.18所示。

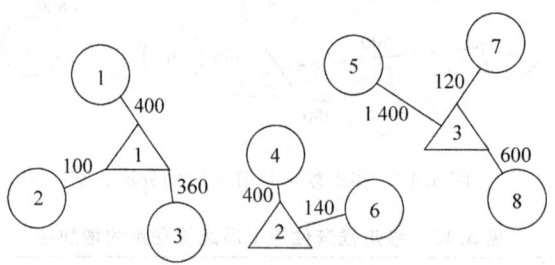

图3.16 移走候选位置4后的分派方案

表3.18 移走候选位置4后运输费用的增加额

需 求 点	4	5	总费用增加量(元)
移走位置4后总费用增加量(元)	+240	+800	+1 040

由于移走候选位置2后运输费用的增加额最少，所以应移走位置2，此时运输总费用为2 620。令 $K=K-1=3$。

第三步：重复步骤二。

移走位置1：移走候选位置1后的新分派方案和运输费用的增加额如图3.17和表3.19所示。

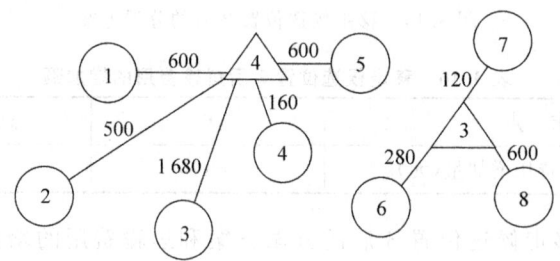

图3.17 移走候选位置1后的新分派方案

表3.19 移走候选位置1后运输费用的增加额

需 求 点	1	2	3	总费用增加量(元)
移走位置1后总费用的增加量(元)	+200	+400	+1 320	+1 920

移走位置3：移走位置3后的新分派方案和运输费用的增加额如图3.18和表3.20所示。

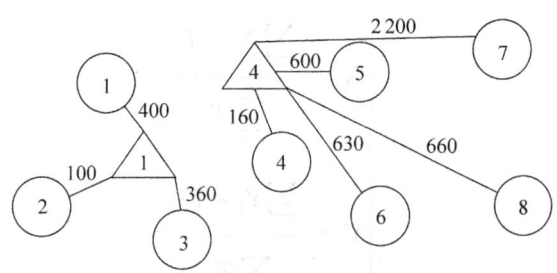

图 3.18 移走位置 3 后的新分派方案

表 3.20 移走候选位置 3 后运输费用的增加额

需 求 量	6	7	8	总费用增加量(元)
移走位置 3 后总费用增加量(元)	+350	+540	+1 600	+2 490

移走位置 4：移走候选位置 4 后的新分派方案和运输费用增加额如图 3.19 和表 3.21 所示。

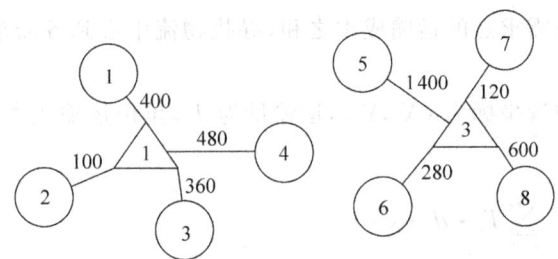

图 3.19 移走候选位置 4 后的新分派方案

表 3.21 移走候选位置 4 后的运输费用增加额

需 求 点	4	5	总费用增加量(元)
移走位置 4 后总费用的增加量(元)	+320	+800	+1 120

因此,移走位置 4,总费用为 3 740(元),令 $K=K-1=2$,此时,$K=P$,计算结束。

6) 重心法

重心法是单一设施选址中比较常用的一种方法。它主要是通过寻找运输量的重心或运输总成本的最小值来确定物流中心的位置。重心法根据目标函数的不同可分为简单重心法和精确重心法。

(1) 简单重心法。简单重心法是一种模拟的方法。这种方法将物流系统中的需求点看成是分布在某一平面范围内的物体系统,各点的需求量分别看成是物体的重量,物体系统的重心作为物流网点的最佳位置点,利用求物体系统重心的方法来确定物流网点的位置。

假设物流中心所服务的各需求点的位置坐标用 (X_i,Y_i) 来表示,各自的年运输量用 T_i 表示,则物流中心的位置坐标可用下列公式表示：

$$\begin{cases} X = \dfrac{\sum\limits_{i=1}^{n} X_i \cdot T_i}{\sum\limits_{i=1}^{n} T_i} \\ Y = \dfrac{\sum\limits_{i=1}^{n} Y_i \cdot T_i}{\sum\limits_{i=1}^{n} T_i} \end{cases} \quad (3.6)$$

简单重心法也可以通过实验的方法实现。用一块圆形的木板,在代表各客户的位置处打一个小孔,分别用相同长度的绳子穿过小孔,在绳子的一端用小锤表示该客户运输量的一定比例,把所有绳子的另一端结在一起。开始时,结点在圆形木板的中心,重量释放后,结点将会转到使得重量达到平衡的那一点,结点的位置即是物流中心的位置。

简单重心法的最大特点是计算方法比较简单,但这种方法并不能求出精确的最佳网点位置,因为这一方法只考虑了各需求点的货运量,而没有考虑其他因素的影响。

(2) 精确重心法。精确重心法将运输成本作为物流中心选址的主要影响因素。它通过比较物流中心到各需求点的运输成本之和,寻找物流中心到各需求点的运输成本之和最低的点。

假设各客户的位置坐标为 (X_i, Y_i),运输量为 T_i,单位运输成本为 C_i,则该问题的目标函数如下。

运输总成本为 $\sum\limits_{i=1}^{n} T_i \cdot d_i \cdot C_i$

物流中心的位置坐标可表示为

$$\begin{cases} X = \dfrac{\sum\limits_{i=1}^{n} \dfrac{T_i \cdot C_i \cdot X_i}{d_i}}{\sum\limits_{i=1}^{n} \dfrac{T_i \cdot C_i}{d_i}} \\ Y = \dfrac{\sum\limits_{i=1}^{n} \dfrac{T_i \cdot C_i \cdot Y_i}{d_i}}{\sum\limits_{i=1}^{n} \dfrac{T_i \cdot C_i}{d_i}} \end{cases} \quad (3.7)$$

式中:d_i 为物流中心与客户 i 之间的直线距离,$d_i = \sqrt{(X - X_i)^2 + (Y - Y_i)^2}$。

该问题可以用迭代的方法求解,求解步骤如下。

① 确定物流中心所服务的各客户的位置坐标、货物的运输量和直线运输费率。
② 应用简单重心法确定物流中心的初始位置。
③ 计算物流中心初始位置的运输总成本。
④ 将计算出的物流中心初始位置数值代入公式,解出修正后的物流中心的位置坐标。
⑤ 将修正的物流中心位置坐标代入运输总成本公式,计算新的运输总成本。
⑥ 重复步骤④和步骤⑤。

⑦ 如果达到了预先设定的迭代次数,或者 X、Y 的坐标值或运输总成本在连续迭代过程中不再变化或变化很小,就可停止计算。

案例 3.8 捷运物流公司计划在西南地区建设一个大型物流中心,以提高对该地区客户的物流服务能力。捷运物流公司在西南地区主要有 5 个大客户,各客户的位置坐标、货运量及单位运价如表 3.22 所示,如果只考虑运输成本,求新建物流中心的位置坐标。

表 3.22 各客户的基本资料表

客户编号	货运量/吨	单位运价/(元/吨千米)	各客户的位置坐标	
			X_i	Y_i
A	2 000	0.50	3	8
B	3 000	0.50	8	2
C	2 500	0.75	2	5
D	1 000	0.75	6	4
E	1 500	0.75	8	8

解:步骤如下。

第一步:利用简单重心法求出物流中心的初始位置。计算结果如下:

$$X_0 = \frac{3 \times 2\,000 + 8 \times 3\,000 + 2 \times 2\,500 + 6 \times 1\,000 + 8 \times 1\,500}{2\,000 + 3\,000 + 2\,500 + 1\,000 + 1\,500} = 5.30$$

$$Y_0 = \frac{8 \times 2\,000 + 2 \times 3\,000 + 5 \times 2\,500 + 4 \times 1\,000 + 8 \times 1\,500}{2\,000 + 3\,000 + 2\,500 + 1\,000 + 1\,500} = 5.05$$

第二步:将 (X_0, Y_0) 代入式(3.7)中,得 $X' = 5.12, Y' = 4.95$。

第三步:再将 (X', Y') 代入式(3.7)中,求出 $X'' = 5.08, Y'' = 4.98$。

如此循环,直到两次计算的结果相同或两次计算结果的误差率在可接受的范围之内,则迭代结束。各次的迭代结果如表 3.23 所示。

表 3.23 各次的迭代结果

迭代次数	X^K	Y^K	总运费/元
0	5.30	5.05	21 477
1	5.12	4.95	21 453
2	5.08	4.98	21 445
3	5.04	5.02	21 431
4	4.99	5.03	21 427
5	4.97	5.03	21 426
6	4.95	5.04	21 425
...	...	...	...
29	4.91	5.06	21 425
30	4.91	5.06	21 425

由迭代结果可知,物流中心的最佳位置坐标为 (4.91, 5.06)。

精确重心法虽然能得到网点的最佳位置,但这一方法所得出的最佳位置在现实生活中往往难以实现。由于受其他因素的影响,有时决策者不得不放弃这一位置,而去选择现实中可行的方案。

重心法由于计算简单、实用性强受到企业的广泛重视。但是也应该看到,无论是简单重心法还是精确重心法,在建立模型时,都做了一些假定。这些假设就使得模型与实际问题存在一定的偏离,企业的管理人员在应用这些方法时,应注意到它们的局限性。重心法的假设包括以下几点。

模型假设需求量集中于一点,而实际上,需求往往分散在不同的地点,这将导致计算的偏差。

重心法假设在不同地点建设物流中心所需支付的土地成本、劳动力成本、资金成本、建设成本等固定成本相同。

假定运输成本与运距成正比,而实际上运输成本包括与运距无关的固定成本和随运距的变化而变化的可变成本。况且,运输公司往往采用起码运费以及分段运费的方式。

假定物流中心到各需求点之间的线路是直线,而实际上运输线路很少是直线。

模型是根据静态数据进行选址的,没有考虑未来的变化。

尽管重心法存在上述局限,但是因为模型的敏感性不强,计算出的结果可以很好地与实际情况相吻合,因此,重心法的局限并不影响该模型的实用性。

5. 物流中心选址的其他考虑因素

利用选址的数学方法只能得到理论上的物流中心建设位置,该位置是否适合建设物流中心,则需要企业进行实地的考察。企业应从以下几个方面进行实地考察。

1) 自然环境因素

(1) 气候条件。温湿度管理是物流中心内商品维护保养管理的重要内容,是保证储存商品质量完好的重要措施。因此,在物流中心选址时应充分考虑气候条件对储存商品的影响。在物流中心选址过程中,主要考虑的气候条件有温度、风象、太阳辐射、降水量、无霜期、年平均蒸发量等指标。其中影响物流中心安全的最主要的气候条件是风象。风象包括风向和风速。风向通常从8个或16个方位进行观测,并用各个方位的风向频率来衡量。风向频率是指一定时期内各个方位风向累计发生次数与该时期不同风向总次数的比值。

(2) 地质条件。物流中心拥有大量的建筑物、构筑物及储存商品,甚至有些储存商品的重量还比较大,这些物体自身的重量都对地面造成很大的压力。如果物流中心地面以下存在着淤泥层、松土层等不良地质条件,会在受压地段造成沉陷、翻浆等严重后果。为此,在选址时,要对不同地层、地基、土层的自然堆积情况、土层中固体颗粒大小、密度、土中水和气体的多少加以分析研究。选择适合物流中心用地且承载能力较高的地基,特别应注意避免选择容易出现岩溶、滑坡和地震带的地方作为物流中心建设的地基。

(3) 水文条件。水文条件主要包括洪水和地下水的状况。如果物流中心靠近江、河、湖泊等,则须考虑洪水的侵袭、年水量的均匀性、水流速度的变化、水流对河岸的冲刷以及河床泥沙的淤积等水文因素。其中最主要的考虑因素是洪水的防范。一般情况下,物流中心建设位置的洪水最高水位是洪水频率0.5%~1.0%(在50~100年一遇的洪水发生时不被淹没)。此外,还需要考虑地下水的水位、水质、水量等,特别是地下水位对工程的影响较大,水位过高将不利于工程的地基。因此,物流中心选址时,要认真研究近年的水文资料,禁止选在洪泛区、内涝区、干河滩等区域,也应远离容易泛滥的河川流域与地下水上溢的区域。

(4) 地形条件。地形条件对物流中心的工程建设有着重要的影响,因此,是物流中心选址必须考虑的因素。地理学上,地形一般可划分为山地、丘陵与平原三大类。在一个地区的小范围内,地形又可细分为山谷、山坡、冲沟、盆地、谷道、河漫滩、阶地等多种形态。此外,地面的高程、各部位间的高度差以及坡度的大小等对地面的排水、道路走向、山洪、江河汛期的防范都会产生很大的影响。因此,物流中心应建设在地势较高、地形较平坦且具有适当面积与外形的地方。

2) 经营环境因素

(1) 经营环境。物流中心所在地区的物流产业政策对物流企业的经济效益将产生重要影响。本地区物流发展水平、行业内竞争情况、劳动力条件等也是影响选址的重要因素。

(2) 顾客需求分布。物流中心服务对象的分布、经营配送的商品及顾客对配送服务的要求等是物流中心选址必须考虑的。经营不同类型商品的物流中心最好能分别布局在不同区域,因为顾客分布状况、配送商品数量的增加和顾客对配送服务要求的提高等都对物流中心的经营与管理带来影响。

(3) 物流费用。物流中心选址应综合考虑总费用的合理性。大多数配送中心选址接近服务需求地,以便缩短运距、降低运费等物流费用。

3) 基础设施状况

(1) 交通条件。物流中心选址时必须考虑交通运输条件。运输是物流活动的核心环节,物流中心内储存产品的进出活动必须依靠各种运输方式所组成的最有效的运输系统才能完成。所以,物流中心的选址应尽可能接近交通运输枢纽,如高速公路、主要干道、其他交通运输站港等,以提高配送效率,缩短配送时间。公路运输是物流中心最主要的运输方式。在物流中心的初期工程建设和建成后的运营阶段,公路运输方式具有不可替代的作用。因此,在物流中心选址时,应对用地范围邻近的现有公路的使用性质、公路等级、交通流量、路宽、路面承载力、公路线型等进行详细的了解。

铁路运输是大宗货物的集散中心和大型物流中心首选的运输方式。当考虑采用铁路运输时,需对铁路现有的编组站场位置、从编组站到物流中心是否有条件铺设专用线等情况进行分析,但最重要的还是铺设铁路专用线与完全用公路运输两者进行经济性比较的结果。

水路运输成本低廉,在有条件的地方应充分利用水运。由于水路运输主要依靠自然水道和水域,因此,如果物流中心用地附近具备水路运输条件时,就需要对水情、航道、岸线等进行调查,分析其建设的经济和技术的可能条件以及与陆路运输的衔接。

(2) 公共设施状况。物流中心周围的公共设施也是必须考虑的因素之一。要求有充足的水、电、气、热的供应及排污能力,此外还应有信息网络技术条件。

4) 其他因素

(1) 国土资源利用。物流中心的规划应贯彻节约用地、充分利用国土资源的原则。

物流中心一般占地面积较大,周围还需留有足够的发展空间,为此地价的高低对布局规划有重要影响。此外,物流中心的布局还要兼顾区域与城市规划用地的其他因素。

(2) 环保要求。物流中心的选址需要考虑保护自然环境与人文环境等因素,尽可能降低对城市生活的干扰。对于大型转运枢纽,应适当设置在远离市中心区的地方,使得大城市交通环境状况能够得到改善,城市的生态建设得以维持和改善。

(3) 周边状况。由于物流中心是火灾重点防护单位,不宜建在易散发火种的工业设施(如木材加工、冶金企业)附近,也不宜选择在居民住宅区附近,更不能选择在化工厂的下风口的位置。

综合考虑物流中心选址在工程技术方面的影响因素,物流中心选址应遵循以下基本原则:首先,物流中心应选在地势较高、地形平坦、有一定坡度利于排水,土壤地基承载力强,地下水位不太高的地方。其次,物流中心应靠近货运量大、供应量大的地区,以保证有充足的货源,并且物流中心分布合理,尽量减少空车行驶里程。再次,物流中心选址要考虑将来发展的需要,要有足够的用地,有一定的发展余地,并尽量节约用地。最后,物流中心建设要注意对周围环境的保护,防止污染,保证安全,满足有关卫生、防火方面的要求。

3.2.3 物流中心的布置

物流中心的布置是指对已选定的物流中心的建设用地进行的平面规划和设计。物流中心布置的合理与否直接关系到未来物流中心作业活动的效率、储存商品的安全以及对周围环境的影响,意义重大。而物流中心布置的合理与否很大程度上依赖于前期的调研工作。物流中心布置前需要收集的主要资料包括:货物的品种、规格和数量,建设地区的铁路和公路分布情况,地形条件,水、电供应条件,当地气象资料,配置的装卸搬运系统和设备,货架的类型,消防及安全要求协作条件,等等。为了获得合理的布置规划方案,在物流中心布置的过程中,还需要进行反复试验,即布置、修改、再布置、再修改,反复多次,直到规划出令人满意的布置方案为止。物流中心的布置包括总平面布置、物流作业区布置和库房内部布置。

1. 总平面布置

总平面布置,是指根据场地条件、物流中心的业务性质和规模、货物储存要求以及技术设备的性能和使用特点等因素,对物流中心各组成部分,如库房、货场、辅助建筑物、库内道路、附属固定设备等,在规定的范围内进行平面的合理安排和布置。物流中心的总平面布置要求在满足防火间距的原则下,做到布局紧凑合理,交通运输路线短捷,商品进出方便,以创造一个安全、经济、合理的作业环境。

1) 总平面布置的内容

物流中心的总体构成主要是物流作业区、辅助作业区、商务服务区、行政生活区和库内运输道路。

物流作业区:是物流中心的主体部分,用于从事商品储存和进出作业活动的场所。物流作业区主要由库房、货棚、货场和运输道路四部分构成。

辅助作业区:是为商品储存保管工作服务的场所。其主要包括搬运设备的维修场所、停车场(库)和充电房等辅助设施。

商务服务区:是为客户提供商务服务的场所。其主要包括银行、税务机构、海关、酒店等设施。

行政生活区:是物流中心行政管理机构办公和职工的生活区域。其主要包括办公楼、文体设施、食堂、浴室、锅炉房以及员工的宿舍等。

库内运输道路:是库存商品进出库的通道。其主要包括汽车运输道路、铁路专用线以及码头等设施。

2) 总平面布置的基本要求

物流中心总平面布置应满足以下几项基本要求:①各区域的划分以及各种建筑物平面位置的确定,应满足仓储功能要求,并提高土地的利用率。物流作业区、辅助作业区应与商务服务区、行政生活区分区布置。物流作业区与辅助作业区、行政生活区应用实体围墙隔开,并设立独立的出入口。②物流中心内交通运输线路的布置,应充分考虑物流作业工艺和作业设备的要求,尽可能减少不同运输路线的交叉和干扰,防止出现重复搬运、迂回运输和避免交通阻塞。在物流中心总平面布置中,铁路专用线的位置往往受外部条件的限制,而且在很大程度上决定着物流中心总平面布置的走向,所以应首先确定专用线的位置。③物流中心的布置需考虑地形、地质、水文、气象等具体条件,实现工程技术上的经济合理。④物流中心中仓库的布置应符合消防和安全方面的要求,注意防火、防爆、卫生、防震、隐蔽等要求,严格执行有关部门颁发的设计规范。例如,可采取提高库房耐火等级,充分利用零星地布置次要建筑物;根据库房所储物资的火灾危险性类别、周围建筑物的耐火等级,确定其必要的防火间距。为了保证防火安全和良好的卫生条件,平面布置设计时要选择有利的风向,把有明火作业的场所(如锅炉房)布置在经常排放可燃蒸汽和可燃粉尘地区的下风或侧风方向。⑤物流中心总平面布置时,要考虑区域内的绿化,除道路、作业场所外凡适于绿化的地方,应大量种植树木、覆盖草皮等。⑥物流作业区布置时,应充分考虑到将来业务发展对仓储空间的需求,留有必要的空地,为将来扩建提前做好准备。

2. 物流作业区布置

物流作业区按工作性质可分为装卸作业区、储存作业区和货场等。物流作业区布置主要是对储存作业区、装卸作业区和货场进行合理规划,并对库房及交通道路合理安排,以满足物流作业区内物流作业和商品储存的需要。

物流作业区布置时,应注意以下几点。

(1) 储存作业区应布置在主要干道与装卸作业区之间,使得装卸作业区与储存作业区的联系快捷、密切,保证储存区的货物出入库方便顺畅。

(2) 储存区的流通型库房与储存型库房应分组均衡布置,避免流通型库房过分集中造成车辆阻塞和相互干扰。

(3) 区内道路布置时应注意满足以下几个方面的要求:第一,满足库房所存货物的周转和储量的要求,并与物流中心内各主要建筑设施的配置相统一。第二,使区内货流合理化。尽可能减少货流的混杂、交叉和迂回等不合理运输现象的出现,不同的货流应尽量分散在不同的道路上运行。在保证区内运输畅通的前提下,使道路总长度最短。第三,充分利用地形，并满足卫生、防火等方面的要求。进入区内的道路不宜少于两条，以便火灾发生时的安全疏散和尽快扑灭。

铁路专用线应沿着物流中心的长边方向设计，其位置在物流中心宽度的中间或 1/3 处比较合适，专用线与道路的交叉路口应多于两个。

（4）装卸机械布置时，应跨过专用线，以利于货物的装卸作业。固定式装卸作业机械应尽可能扩大作业可及面积。在设置两种以上装卸机械时，要充分考虑装卸机械之间的衔接、装卸吨位和作业时间的配套。

3. 库房内部布置

库房内部一般可分为待检区、储存区、待处理区、管理区以及通道等。在库房内不但要储存货物，而且还需进行各项作业。为了提高库房的储存能力，就需尽可能地增加储存面积；为了提高库房的作业灵活性，也要尽可能地增加作业面积。但库房的面积是有限的，储存面积的增加必然会减少作业面积；同样的道理，增加作业面积也会降低库房的储存能力。如何很好地协调两者的关系，使库房面积得到最充分的利用，是库房布置的主要任务。

商品保管和商品出入库是库房作业的两种基本形式。根据库房作业的主要内容，库房可分为储存型和流转型两大类。这两类库房由于其主要作业内容不同，对库房布置的要求也不同。储存型库房一般储存的商品周转率较低，商品在库时间较长，库房内部出入库作业不是太频繁。此种类型库房布置时，应尽量考虑增大储存面积占用的比例。流转型库房储存的商品通常在库时间较短，库房内部出入库作业较频繁。此种库房布置的基本要求是尽量提高作业效率。在实际应用中，需要根据商品的状况、装卸搬运设备的特点和其他具体的要求，合理地安排各种面积所占的比例。储存型库房和流转型库房可参考以下两种布置方案(图3.20)。

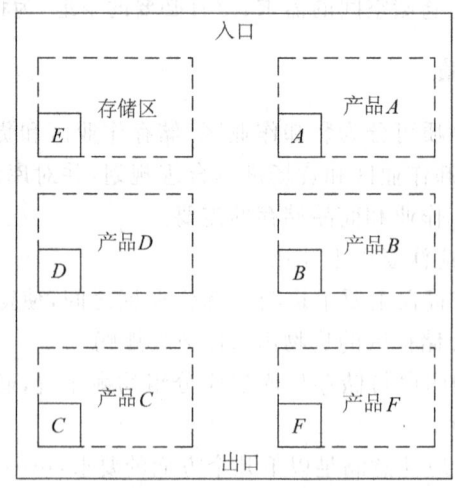

(a) 储存型库房的布置方案

图 3.20 库房的布置方案

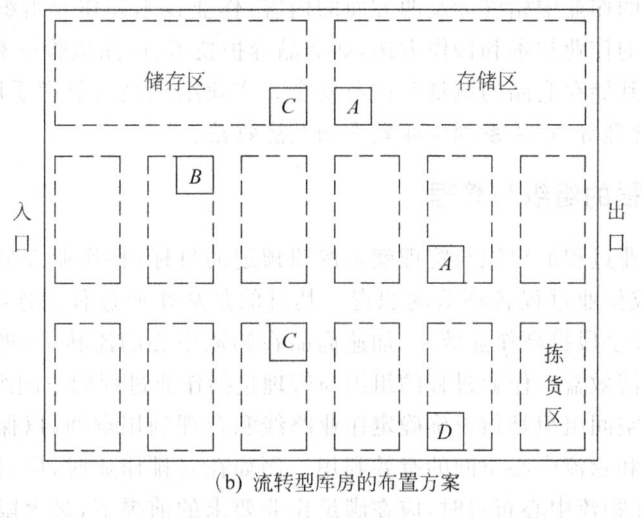

(b) 流转型库房的布置方案

图 3.20 （续）

3.3 物流中心的作业管理

物流中心的作业管理就是对在物流中心中所进行的商品入库、商品保管、商品出库三个作业阶段进行计划、组织和控制。通过有效的管理将物流中心作业的各项活动按照一定的程序在空间上和时间上进行合理的安排与组织，使整个物流中心作业过程有条不紊、连续地进行。

物流中心的作业管理包括作业过程管理、商品入库作业管理、商品保管作业管理和商品出库作业管理四项内容。物流中心作业管理的质量直接关系到储存商品的安全、作业效率的高低和仓储费用的水平。

3.3.1 作业过程管理

1. 作业过程分析

物流中心的作业过程是由一系列既相互联系又相互独立并按一定顺序相互连接的作业活动所构成的。任何商品在物流中心的储存过程中都必须经过入库、保管和出库这三个阶段。这三个阶段又是由卸车、检验、整理、保管、检出、集中、装车、发运等作业环节组成的。各个作业环节既相互联系又相互制约。后一环节作业的开始要依赖前一环节作业的结束，同时前一环节作业的效果也直接影响到后一环节作业的正常进行。由于物流中心的作业过程需耗费大量的资源，而这些耗费并不能增加商品的使用价值，因此必须合理地组织和管理其作业过程，力争使这些耗费降到最低。

由于物流中心中储存的商品种类繁多，各种商品的性能和作业要求不尽相同，在组织作业时，应当针对具体的商品和作业过程进行分析与组织，以达到减少作业环节，缩短商品的搬运距离和作业时间，提高作业效率降低作业费用的目的。

在物流中心的作业中始终涉及两方面的内容：作业技术和作业组织。作业技术是指储存商品过程中的作业技术和操作方法，如商品养护技术、商品检验技术和商品装卸搬运技术等。它关系到储存商品的质量和作业安全。作业组织是对储存手段的运用，如库房布置、商品养护管理等，它关系到作业效率和经济效益。

2．作业过程的组织与管理

物流中心作业过程的组织与管理就是按照预定的目标，将作业人员与储存手段有效地结合起来，完成作业过程各环节的职责。其目的是从作业过程的连续性出发，通过计划、组织和控制等手段提高作业效率，加速商品在物流中心的流转，合理使用人力、物力，以取得最大的经济效益。作业过程的组织与管理包括作业过程的空间组织和时间组织。

作业过程的空间组织是指正确确定作业路线和合理利用空间，以保证商品在空间上的最短运动路线和物流中心空间的有效利用。例如在安排作业时，应避免商品的迂回运输和往返运输；在物流中心布置时，应在满足作业要求的前提下，最大限度地利用物流中心的空间。

作业过程的时间组织是指通过各个环节作业时间的合理安排和衔接，保证作业的连续进行。它包括每个作业环节的时间安排和各个作业环节之间的时间安排。前者要求时间的最大节约，后者要求时间的连续性。

3.3.2　商品入库作业管理

商品入库作业是物流中心作业的第一阶段，是指物流中心工作人员根据商品入库凭证接收商品入库储存而进行的收货点验、装卸搬运和办理入库手续等一系列业务活动的总称。入库作业的目的在于确保所送商品数量、质量等与入库凭证相吻合。

商品入库作业的基本要求是：保证对入库单据和商品的审核无误；确保入库商品数量准确、质量完好、包装无损；搬运迅速，安全稳妥；手续简便，交接清楚。

1．商品入库前的准备

为了保证商品入库作业的顺利进行，物流中心的工作人员必须在充分了解入库商品数量、时间等因素的基础上，做好入库前的准备工作。

（1）根据入库商品的数量、品种、规格以及性能等条件，合理安排仓位。

（2）根据入库商品的数量和时间，安排好所需人员、装卸搬运设备和物料。

（3）根据商品入库作业的要求，合理安排好各作业环节和作业顺序。

2．商品入库作业的操作程序

商品入库作业一般有以下操作程序。

（1）审核凭证。入库商品运到物流中心后，收货人员首先要审核入库凭证的真实性、齐全性。在审核入库凭证时，必须对入库凭证上所列的各个项目进行逐一检查，包括收货单位、商品名、数量、规格等内容，以确保入库凭证的真实性。

（2）单货核对。在审核完入库凭证，并确定其真实、齐全之后，操作人员就需将入库凭证与入库商品进行核对,以确保入库商品和入库凭证相符。在此阶段,主要要进行以下三个方面的核对和验收。

商品数量的核对与验收:核对入库凭证与实际入库商品的数量、品名、规格、等级等。商品数量的计量可分为计数和计重两种方式,计数商品不允许有短缺,计重商品应在允许的误差范围内。入库商品的数量与入库凭证不符,其原因可能是发货方在发货过程中出现了差错,也可能是运输过程中的丢失等,在商品验收中,如果不对入库商品进行认真的检验,出现了差错,将对物流中心造成经济损失。

商品质量的验收:根据商品保管合同检验入库商品的质量是否与合同相符。通过商品质量的检验,可使物流中心及时了解入库商品的质量状况及商品的保管要求,为储存期间的保管和养护工作提供重要依据。商品质量验收包括两种方法,即感官检验法和仪器检验法。感官检验法是利用人的感觉器官对入库商品进行验收。该方法简便易行,但容易受到收货人员实践经验、操作环境和生理状态等方面的影响与干扰,不够准确;仪器检验法是利用各种试剂、仪器和机械设备,对商品的规格、成分、技术标准等进行理化、生物性能分析,准确性高,但费用也高。在实际中,两种方法经常相结合使用。

商品包装的验收:检查商品包装的完好程度,如有无破损、水浸、污染、变形等情况。如果在检验中发现商品包装存在以上问题,应开箱检查商品的质量状况。除此之外,有时我们还需检查商品包装的含水量,每一种包装都有一个合理的含水量,超过这一数值将对内装的商品或邻近的商品产生影响,因此在包装的验收中,除了检查其外观外,还要检查其含水情况。

(3) 办理入库手续。商品经过质量和数量检验无误后,由商品质量检查人员或保管员在商品入库凭证上盖章签收,物流中心留存商品入库保管联,并注明商品存放的库房、货位,以便统计、记账。同时,将商品入库凭证的有关联迅速送回存货单位,作为正式收货的凭证。

3. 商品入库验收中的问题处理

入库商品在验收中所发现的数量、质量或包装上的问题,将直接或间接地关系到双方责任的划分,因此必须对此进行详细记录,妥善处理。

在入库过程中,常会遇到的问题及处理方法有以下几种。

(1) 单货不符。在商品入库验收中,如发现数量、品种、规格等的单货不符,应在货运交接单上拒实批注,以分清物流中心与运输部门的交接责任。同时,物流中心应立即查询送货单位,待对方核对确实后,再作处理。如属货主少送的要补充,多送的数量要补单或退货;如属货主单位错开、漏开的,要办理正式更正手续,等等。总之,物流中心发现入库商品单货不符的问题,必须在有关方面作出符合商品入库要求的具体处理后,才能签发凭证。

(2) 商品质量问题。在商品入库验收中,如发现商品的质量出现异状时,应根据情况区别处理。如属异状轻微,不影响使用,而货主单位又要求入库并同意提前出库的,物流中心按异状情况连同货主单位意见,在入库凭证上批注清楚,予以办理入库手续,但在物流中心内,为防止异状扩大,要采取保养措施;如属异状严重,但数量较少,货主同意及时到库调换的,物流中心可先收货,待调换后,再签发凭证;如属异状严重,数量又多,物流中心应拒绝收货。

(3) 商品包装问题。在商品入库验收中,如发现包装异状,应会同送货人员开箱检查,并由送货人开具包装异状记录,或在送货单上注明,同时单独存放,以便处理。

(4) 单货不同行。在商品入库验收中,如发现单货不同行,不能办理入库手续。如属有单无货,则将单据退回货主;如属有货无单,则把商品暂时代管,待入库单到齐后,再办理入库手续。

3.3.3 商品保管作业管理

商品经入库之后,即进入保管阶段。商品保管作业是仓库作业的中心环节。做好在库商品的保管,对保护商品的质量、减少商品损耗、合理利用仓容、促进物流中心改善经营管理具有重要的作用。

商品保管作业是指在一定的仓储设施和设备的条件下,为保存商品的使用价值而在物流中心中所进行的各项活动的总称。商品在储存期间,其内部时刻进行着各种生物化学变化,这些变化一般都会影响商品的使用价值,为此,需要根据储存商品的性能,采取相应的措施消除或延缓变化过程。这就是商品保管作业的主要内容。

商品保管作业主要包括货位的布局、商品的堆码、仓容利用的综合考核、商品的维护保养及商品的数量管理等内容。

1. 货位的布局

货位的布局主要包括商品分区分类存放、货位安排的原则、货位安排的方法、货垛、货架的摆放、货位编号及库存商品定位查找。

1) 商品分区分类存放

实行商品分区分类存放是物流中心对储存商品进行科学管理的一种重要方法。所谓分区是指根据物流中心的保管条件把物流中心分成若干保管区,以适应商品储存的需要;所谓分类是指根据商品的性能及储存要求,把商品分成若干大类,以便分类集中储存。由于物流中心中储存的商品种类繁多,性能各异,实行分区、分类存放,有利于加强对商品的科学养护,确保储存商品的质量安全。

分区分类的方法一般有以下几种。

(1) 根据商品的种类和性能进行分区分类。一般的做法是:性能相同或相近的商品同区储存;性能不同的商品分区储存;单一商品要专仓专储;对于一些贵重的商品不但要专仓专储,还要有专人看管。

(2) 在流转型库房中,可以根据商品的发运方向进行分区分类。

(3) 在化工危险品仓库中,是根据商品的危险性质进行分区分类的。

在进行分区分类时需注意其粗细问题。过粗不利于商品的安全储存,过细会使每个分区都较小。当商品入库偏离了固有比例时,会出现因分区已满而使商品不能入库的状况。因此,在进行分区分类时,粗细一定要适当。此外,有时可以采取柔性分区方案,相邻两个分区结成"姐妹分区",分别按不同的方向(一个按升序,一个按降序)进行入库空位查找。这样分区的界限实际上是模糊的、可变的,在一定程度上弥补了因分区造成的仓储空间灵活性的不足。

2）货位安排的原则

货位是指物流中心中实际用于堆货的场所。货位的安排是在分区分类的基础上进行的,是具体确定每批商品的储存点。合理地安排货位应遵循以下原则。

（1）确保储存商品的安全。在为商品安排货位时,首先要考虑商品的性能和储存要求。物流中心中储存的商品种类繁多,属性各异,有的怕热,有的怕冷,有的怕潮,有的怕虫蛀,等等,如果货位选择不当,不能适应商品储存的要求,就会影响到商品的质量。因此,在选择货位时,既要了解商品的特性,又要考虑货区的条件是否符合商品的保管要求。

（2）方便作业。安排货位要考虑作业的方便程度。应把进出频繁的商品存放在通道的附近,并且要分散存放,以防止交通的阻塞。对于有货架的物流中心,还要注意货架的受力均匀,一般是上轻下重。对于功能互补性的商品应放置在相互接近的货位。

（3）提高仓容利用率。货位的安排,要在确保商品储存安全、方便作业的前提下,最大限度地利用仓库的空间,提高仓容利用率。

3）货位安排的方法

货位安排包括两种方法:直观安排法和线性规划法。

（1）直观安排法。直观安排法是指根据商品本身的性能、特点及储存要求进行布局。常用的直观布局方法主要有以下四种。

根据储存商品品名的开头字母顺序安排货位。该方法的优点是简单易行。其缺点是没有考虑不同储存商品之间周转率、货物规格的不同。

根据储存商品的周转率大小安排货位。该方法是先将储存商品按照周转率从大到小进行排序,然后,从靠近出口或拣货员的位置开始安排商品的存放位置。此种方法的优点是减少商品的搬运距离,提高商品的出入库效率。其缺点是没有考虑到商品规格的不同,且查找工作比较费时费力。

根据储存商品的周转率及商品品名的首位字母顺序安排货位。该方法是先将储存商品按照周转率进行排序,并且把不同周转率的商品安排在不同的区域,周转较快的商品安排在靠近出入口的区域,周转较慢的商品安排在距离出入口较远的区域；然后,对每一区域存放商品按照商品品名的开头字母顺序安排货位。此方法是第一、第二种方法的结合,所以,具有上述两种方法的优点。

根据储存商品的体积—订单指数安排货位。体积—订单指数是管理学家赫斯凯特（Haskett）提出的。他在总结了单独按照储存商品周转率大小安排货位与按照储存商品的规格大小安排货位的缺陷后,提出了体积—订单指数的概念。体积—订单指数（cube-per-order Index,COI）是指储存商品所需的平均储存空间与该商品的日平均订单数量的比值。将体积—订单指数较小的商品安排在接近出入口的货位,有利于减少商品的总搬运距离。

（2）线性规划法。货位安排问题也可以采用线性规划法求解。该问题可以描述为：在满足各种约束条件下,实现总搬运成本最小化。

假定某库房有 m 个货位,储存有 n 种商品,每个货位的最大储存量、分拣区内各种商品的最小储存数量已知,且不允许缺货。则该问题的数学模型为

目标函数：
$$C_{\min} = \sum_{i=1}^{m}\sum_{j=1}^{n} C_{ij} X_{ij}$$

约束条件：
$$\begin{cases} \sum_{j=1}^{n} \dfrac{X_{ij}}{Q_j^s} \leqslant 1, & i=1,2,\cdots,b \\ \sum_{j=1}^{n} \dfrac{X_{ij}}{Q_j^z} \leqslant 1, & i=b+1,b+2,\cdots,m \\ \sum_{i=b+1}^{m} X_{ij} \geqslant R_j^z, & j=1,2,\cdots,n \\ \sum_{i=1}^{m} X_{ij} \geqslant R_j, & j=1,2,\cdots,n \\ X_{ij} \geqslant 0 \end{cases}$$

其中：X_{ij} 为储存在货位 i 的商品 j 的数量；C_{ij} 为储存在货位 i 的商品 j 的搬运成本；b 为保管区的货位数量；m 为库房中总的货位数；n 为该库房储存商品的种类；Q_j^s 为保管区一个货位内可储存的商品 j 的最大数量；Q_j^z 为分拣区一个货位内容可储存的商品 j 的最大数量；R_j 为商品 j 的市场需求量；R_j^z 为分拣区商品 j 的最低储存量。

4) 货垛、货架的摆放

货垛、货架的摆放是指货垛或货架相对于物流中心侧墙的摆放角度。货垛和货架在库房内部摆放的角度不同,对物流中心内部作业的影响也就不同。常见的摆放形式主要有以下两种。

(1) 垂直式摆放方式。垂直式摆放方式是指货垛或货架的排列与物流中心的侧墙互相垂直或平行。具体又分为横列式摆放、纵列式摆放和纵横列摆放三种方式。

横列式摆放。这种布置方式是将货位或货架的长边与物流中心侧墙形成垂直关系的布置方式。主通道长且宽、副通道短、整齐美观,便于存取查点,利于通风采光。如图3.21 所示。

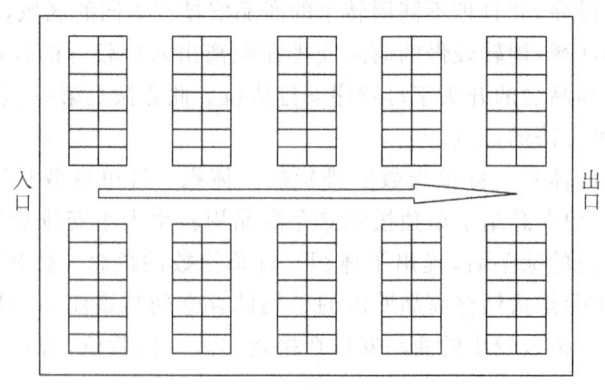

图 3.21 横列式摆放方式

纵列式摆放。这种布置方式是指货垛或货架的长度方向与物流中心侧墙平行。其优点是可以根据库存物品在库时间的不同和进出频繁程度安排货位：在库时间短、进出频繁的物品放置在主通道两侧，在库时间长、进库不频繁的物品放置在里侧。如图3.22所示。

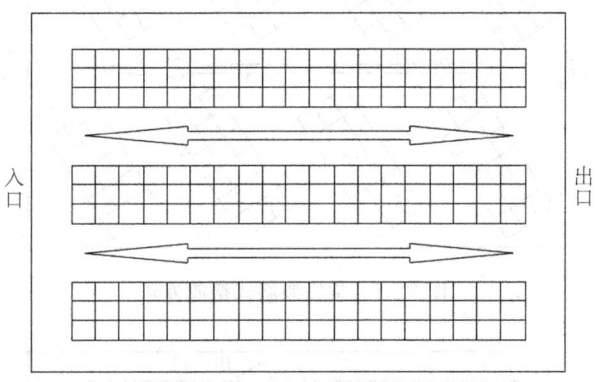

图3.22　纵列式摆放方式

纵横列摆放。这种布置方式是货位或货架的长边与主作业通道既存在垂直关系，也存在平行关系的布置方式。在同一保管场所内，兼有横列式和纵列式的优点。如图3.23所示。

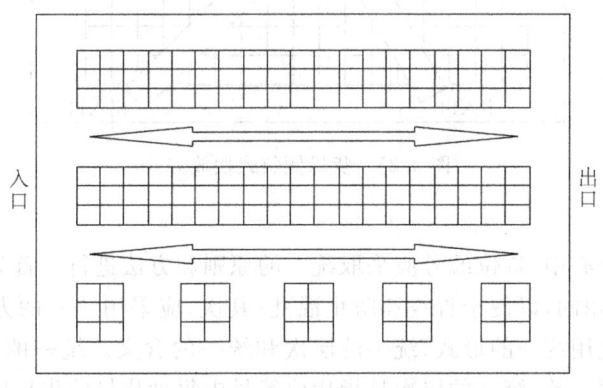

图3.23　纵横列式摆放方式

（2）倾斜式摆放方式。倾斜式摆放是指货垛或货架与物流中心侧墙或主通道成60°、45°或30°夹角。其具体分为货垛倾斜式摆放和通道倾斜式摆放。

货垛倾斜式摆放是指横列式布局的变形，它是为了便于叉车作业、缩小叉车的回转角度、提高作业效率而采用的布局方式。如图3.24所示。

通道倾斜式摆放是指物流中心的通道斜穿保管区，把物流中心划分为具有不同作业特点，如大量存储和少量存储的保管区等，以便进行综合利用。这种布局形式，物流中心内形式复杂，货位和进出库路径较多。如图3.25所示。

5）货位编号

货位编号是将货位按照一定的方法编上顺序号码，并作出明显的标志。货位编号在商品的保管作业中，具有重要的作用。按照货位编号对商品进行查找，可以提高作业效

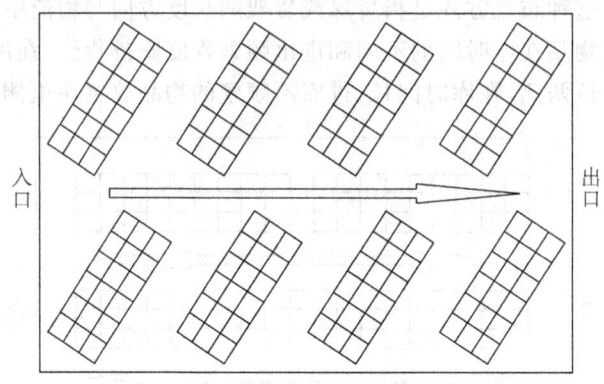

图 3.24　货垛倾斜式摆放方式

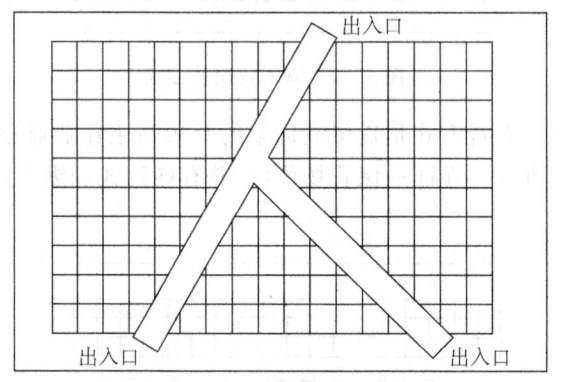

图 3.25　货垛倾斜式摆放方式

率,减少差错。

在同一物流中心中,货位编号应采取统一的原则和方法进行。首先,在同一物流中心中,编号规则必须相同,以便于查找和防止混乱;其次,应采用统一的方法进行编号,每一货位的号码必须使用统一的形式、统一的层次和统一的含义。统一的形式是指所用的代号和联结符号必须一致,统一的层次是指货位编号中每种代号的先后顺序必须固定,统一的含义是指货位编号中的每个代号应当代表特定的位置。

在实际应用中,货位编号的方法很多,各物流中心可根据其实际情况灵活使用。常用的货位编号方法有以下几种。

货场货位编号有两种方法:一是按照货位的排列、编成排号,再在排号内顺序编号;二是不编排号,只采取从左至右和自前至后的方法,顺序编号。

货架货位编号有三种方法:一是以排为单位的货架货位编号;二是以品种为单位的货架编号;三是以货物编号代替货架货位编号。

四位编号法是采用货架储存商品的物流中心中常用的编号方法。四位编号法是将库房、货架、层数和货位号四者按规律编号,并和账面统一起来的规划方法。四位编号法也可用于货场的编号,此时可用货区号、点号、排号、位号定位。

为了便于管理,可将货位布局方案和货位编号绘制成平面图。利用平面图,管理人员可全面了解商品在物流中心的整体分布情况,有利于加强商品的动态管理。

6)库存商品定位查找

库存通常有三种定位查找方法。

(1)固定定位查找法。该方法是固定每种商品的存放位置。其优点是便于查找,有利于提高商品出入库作业的效率。但由于不同商品的储存数量、储存时间以及同种商品在不同时期的储存数量、储存时间存在着差异,因此,易造成库容利用率低的问题。

(2)随机定位查找法。该方法是不固定每种商品的存放位置,而是哪里有闲置货位,就将入库商品存放在哪里。其特点是库容利用率高,但需要对多种货物进行追踪,每一种货物可能被储存在几个不同的位置,需要一个有效的出货条码系统;由于库房内可获得空间的位置不断变化,需要一个精心设计的人工或计算机补货系统来支持。

(3)混合定位查找法。该方法是固定定位查找法和随机定位查找法相结合的方法。它是将商品的存在位置限定在指定的区域,但在该区域内,货物可以在现有的库容空间内随处储存。该方法具有以上两种方法的优点。

2. 商品的堆码

商品堆码是商品的具体存放形式。商品堆码的目的是在确保商品储存安全的前提下,充分发挥物流中心的使用效能,保持物流中心的整齐美观。

1)商品堆码的基本要求

商品堆码作业时,应符合以下要求。

(1)要根据商品的性能、包装、设备以及空间等情况,合理地选择商品的堆码方式以符合商品保管和养护的要求。

(2)要根据有关消防的规定,堆码时留有五距:墙距、柱距、顶距、垛距和灯距。

(3)要为库内作业提供方便,对不同品质、规格、等级、产地、单价商品分开堆码,商品码放要遵循先进先出的原则。

(4)在商品安全、作业方便的前提下,最大限度提高仓容的利用率。

商品堆码时要注意,货垛要牢固、整齐,每个货垛数量一致,破损商品不入垛,拆垛时不影响整个货垛的安全。同时,要遵循大不压小、重不压轻、箭头向上的原则。对于爆炸物品、一级易燃液体、一级氧化剂等,不能使用水泥制品、石块以及摩擦碰击容易产生火花的材料作衬垫。

2)商品堆码占用面积的确定

物流中心储存的商品通常有两种计量方式:以商品的重量为计量形式的计重商品和以入库商品的包装单位为计量方式的计件商品。计重商品堆码占用面积可以依据仓库的仓容定额来确定,其计算公式为

$$S = \frac{Q}{N_e} \tag{3.8}$$

式中:S 为堆码商品占用面积(平方米);Q 为该种货物到库数量(吨);N_e 为该种货物的仓容定额(吨/平方米)。

对于有外包装的计件货物,其堆码占用面积需要考虑商品的允许堆码层数,可用以下

公式计算：

$$S = \frac{入库商品总件数}{允许堆码层数} \times 单件商品的底面积 \qquad (3.9)$$

3）商品堆码的方法

有效地利用垂直空间是增加物流中心储存能力的最简单的方法之一。货物的堆垛高度要受到许多因素的限制，如货物的承压能力、入库货物的规格、使用的堆垛机械设备的能力和安全因素等；如果货物的票数多、批量小，也不可能将货物堆得很高。在实际工作中，应根据商品的性能、包装状况、库房条件和养护要求等因素来选择商品的堆码方法。通常有以下几种堆码方法：散堆法、垛堆法、托盘堆码法和架堆法。

（1）散堆法。散堆法是对无包装的商品所采用的堆码方法，如煤炭、沙子、粮食等商品。散装货物的堆码可根据货种、场地条件、通道位置等情况，堆放成有规则的几何台形体。货堆的倾销角度要小于货物的自然倾角，以保持货堆平稳和不倒塌。

（2）垛堆法。对于有包装的商品，通常根据商品的包装形状、储存要求、货垛的稳定性等因素码成不同的垛型。常见的垛型有平台垛、起脊垛和行列垛。平台垛是指每一层码放的商品件数都相同，成长方形或正方形的垛型。平台垛常见于堆存箱装货物，其特点是整齐、计数方便、占用面积较小。起脊垛是指底部堆成平台，接近顶部堆码成屋脊形，其特点是加盖油布后便于排泄雨水。这种形式多用于露天堆场存放袋装货物。行列垛有单行垛、双行垛等多种形式。批量较小的件杂货常采用这种堆码形式，其优点是便于分票、计数和提货，缺点是占用场库面积较大。堆垛的主要方法有以下几种。

重叠式堆码：其示意图如图 3.26 所示。

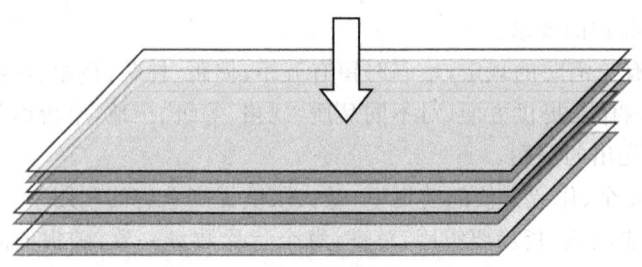

图 3.26　重叠式堆码示意图

重叠式堆码中，各层商品的排列完全相同。这种码放方式货垛的稳定性较差，但作业效率较高，比较适合于板型商品或长方形的箱型商品，便于采用机械作业。

交错式堆码：交错式堆码是指奇数层的商品与偶数层的商品成 90°交叉堆码。如图 3.27 所示。

交错式堆码比较适合长形商品，可增强货垛的稳定性。

压缝式堆码：其示意图如图 3.28 所示。

压缝式堆码比较适合长方形、正方形和圆形包装的商品，货垛稳定性较高。

通风式堆码：其示意图如图 3.29 所示。

通风式堆码比较适合于所有箱装、桶装或裸装的商品，起到通风散潮的作用。

仰伏相间式堆码：其示意图如图 3.30 所示。

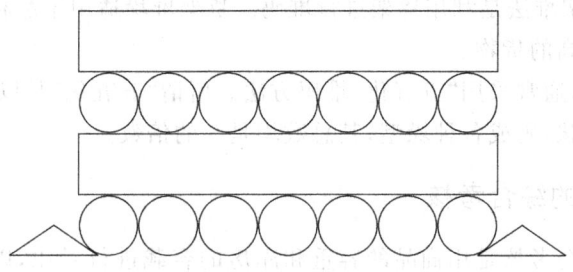

图 3.27　交错式堆码示意图

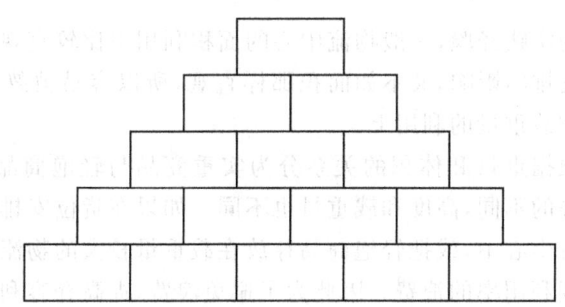

图 3.28　压缝式堆码示意图

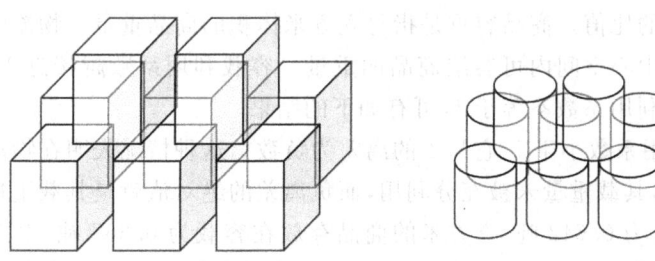

图 3.29　通风式堆码示意图

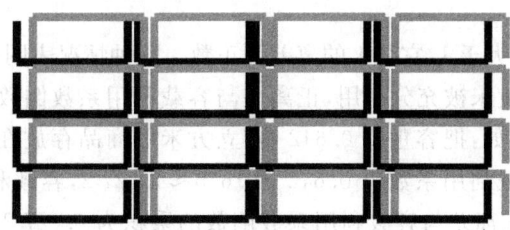

图 3.30　仰伏相间式堆码示意图

仰伏相间式堆码是对上下两面有大小差别或凹凸的物品，如槽钢、钢轨等，将物品仰放一层，在反一面伏放一层，仰伏相向相扣的方法。

（3）托盘堆码法。托盘堆码法是将商品直接码放在托盘上，再将托盘平放在地面上。利用托盘堆码，货垛的稳定性高，可以避免倒垛摔箱的问题，且有利于机械化作业。

(4) 架堆法。架堆法是利用货架进行堆码。货架堆垛适用于品种多、数量少、包装简单、易损坏、价值较高的货物。

在实际工作中,通常采用"五五化"堆码方法。所谓"五五化"是以 5 为基本计算单位,根据商品的不同形状,码成各种垛型,其总数均是 5 的倍数。

3. 仓容利用的综合考核

仓容利用的综合考核是用商品的容重和库房的容载进行对比,以考核物流中心的高度和载重量的综合利用情况。通过考核,可以发现仓位安排的不足,以便采取措施予以改进。

根据仓储管理的实践经验,一般物流中心的面积利用率比较直观,而高度和载重量的利用却会受到货位安排的影响,又不如面积那样直观,所以容易被忽视。因此,仓容的潜力也就在库房高度和载重量的利用上。

库存的商品可根据重量和体积的关系分为实重商品与轻泡商品。物流中心由于形状、结构、建筑形式等的不同,高度和载重量也不同。如果在货位安排时,把实重商品存放在载重量较低的物流中心中,或把轻泡商品存放在载重量较大的物流中心中,则会造成物流中心载重量或高度利用率的浪费。因此为了避免浪费,提高仓容利用率,必须对物流中心高度和载重量的利用进行综合考核。

仓容利用通常用容载利用系数进行综合考核。所谓容载利用系数是指商品的容重和物流中心的容载的比值。商品容重是指每立方米体积的商品重量。物流中心的容载是指每立方米的物流中心空间内可容纳商品的重量。容载利用系数越接近1,仓容的利用率越高。如果容载利用系数不等于1,可有如下的结果。

(1) 容载利用系数小于1,它与1的离差为负数。这种情况表明在物流中心高度被充分利用的情况下,其载重量未被充分利用,而负离差的绝对值就是其载重量未被利用的比值。例如:把容重为 0.642 吨/立方米的商品存放在容载为 0.667 吨/立方米的物流中心中,其容载利用系数为 $0.642 \div 0.667 \approx 0.962\,5$,容载利用系数与 1 的离差为 $0.962\,5 - 1 = -0.037\,5$,即在物流中心高度被充分利用的情况下,有 0.037 5 的载重量未被充分利用。

(2) 容载利用系数大于1,它与1的离差为正数。这种情况表明在物流中心载重量被充分利用的情况下,其高度未被充分利用,正离差与容载利用系数倒数的乘积,就是其高度未被充分利用的比值。例如:把容重为 0.642 吨/立方米的商品存放在容载为 0.625 吨/立方米的物流中心中,其容载利用系数为 $0.642 \div 0.625 \approx 1.027\,2$,容载利用系数与 1 的离差为 $1.027\,2 - 1 = 0.027\,2$,正离差与容载利用系数倒数的乘积为 $0.027\,2 \times 1/1.027\,2 \approx 0.026\,5$,即在物流中心载重量被充分利用的情况下,有 0.026 5 的高度未被充分利用。

从上述结果可以看出,容载利用系数越接近1,表明仓容利用程度越高。因此,可通过比较容载利用系数与1的离差来选择安排货位的最优方案(其他条件忽略不计)。

4. 商品的维护保养

商品在储存期间,尽管表面上是静止的,但其内部却在发生着各种各样的变化,这些变化都会影响商品的质量。这些变化也都与其所处的外部环境有直接的关系。因此,采取一定的措施和方法去控制影响商品质量变化的环境因素,保护商品的质量完好是商品维护保养工作的中心任务。

1) 商品质量变化的类型

由于商品本身的自然特性、化学组成与结构不同,当遇到不利的环境条件时,其内部会发生不同的质量变化。商品在储存过程中常见的质量变化类型有三种:一是商品的物理机械变化,如挥发、溶化、熔化、渗漏、串味、沉淀、玷污、破碎与变形等;二是商品的化学变化,如氧化、分解、水解、化合、聚合、裂解、老化、风化等;三是商品的生化变化及其他生物引起的变化,如呼吸作用、发芽、胚胎发育、后熟作用、霉腐、虫蛀等。

2) 影响商品质量变化的外部因素

影响商品质量变化的外部因素包括人为因素和自然因素。人为因素是指在商品的储存过程中,由于包装不善、储存场所选择不合理、作业不当或储存期过长等人为原因而造成的商品质量的损坏或变质。自然因素是指在商品的储存中,由于外部环境如温度、湿度、日光、空气等因素对商品的质量产生影响,致使商品质量发生变化。例如:肉类、鱼类等商品在一定的温度下会腐烂变质,金属制品遇湿会生锈,纺织品经日光久晒会褪色,精密仪器遇到空气中灰尘会失去精确性、灵敏性,空气中的细菌、虫害也会使一些商品变质,等等。

3) 商品的维护保养技术

商品的维护保养是一项技术性很强的工作,它是商品养护学的研究内容。根据商品的性能和影响商品质量的因素,商品的维护保养技术可分为以下几种:温湿度控制技术,防锈蚀技术,防尘技术,防日晒技术,防霉和虫害技术,防腐和防毒技术,防火和防爆技术。

4) 商品的维护保养管理

为了保证商品在储存期间的质量完好,从物流中心作业管理的角度出发,应做好以下几方面的工作。

(1) 严格验收入库商品的质量。商品验收是商品质量管理的第一关。如果商品在入库之前的生产或运输过程中质量就已发生变化,那么无论物流中心的维护工作如何努力,也不可能恢复商品的质量。因此严格验收入库商品的质量,防止不合格的商品进入物流中心是商品质量管理的前提。

(2) 合理选择商品的存放场所。商品在验收合格之后,应根据商品的性能和包装状况,在分区分类的基础上,科学地选择商品的存放场所。

(3) 合理选择商品的堆码方式。应根据商品的性能要求、包装情况和货位条件,科学地选择商品的堆码方式。

(4) 建立商品的质量检查制度。应根据商品的性能、储存时间和养护要求,科学地控制物流中心内的环境条件,并按时检查在库商品,以便及时发现商品的质量变化情况,采取有效的措施。

(5) 严格执行商品的先入先出制度。商品都有一定的储存期限,并且储存时间越长,商品质量变化的可能性越大,维护保养工作就越困难。严格执行商品的先入先出制度,是保证商品质量完好的重要手段。

5. 商品的数量管理

库存商品的数量管理是指对库存商品进行记载、统计、准确计算和按时清点、核实数量等业务活动的总称。其内容主要包括：建立商品的保管账、保管卡，库存商品盘点。

商品保管账是物流中心正确记载商品进、出、存情况的正式记录。它是掌握商品库存数量的主要方式，应严格按照正确的程序记账。

商品保管卡是挂在货垛上的库存商品记录。保管人员可以随时从保管卡上了解货垛的商品的动态。有利于商品的日常监督管理，避免差错。

库存盘点是指对库存商品和保管账进行核实的工作。通过库存盘点，企业可以及时调整账实不符的部分，发现并正确处理库存商品中的呆滞品和废品，正确评价库存管理效果、提高库存管理水平，提高客户服务水平和企业经营绩效。

常见的库存盘点形式主要包括：①永续盘点或动态盘点，即保管员每天对有收发状态的物资盘点一次。以便及时发现问题，防止收发差错。②循环盘点，即保管员对自己所保管的物资，根据其性质特点，分别轻重缓急，做出月盘点计划，然后按计划逐日轮番盘点。③定期盘点，即指在月末、季末、年中及年末按计划进行的对物资的全面清查。④重点盘点，即根据季节变化或工作需要，为某种特定目的而进行的盘点工作。

3.3.4 商品出库作业管理

商品出库作业是指物流中心根据存货单位开出的出库凭证，按照所列商品的品名、规格、数量等组织商品出库。商品出库作业包括两项内容：商品出库前的准备和商品出库作业操作程序。

1．商品出库前的准备

物流中心在接到存货单位的通知后，应该立即做好商品出库前的准备工作，其主要包括作业人员、装卸搬运设备、理货场地的准备等。只有做好各方面的准备，才能加快商品的发送速度，避免出现差错，提高商品发送工作质量。

2．商品出库作业操作程序

商品出库作业一般经过以下程序。

（1）审核出库凭证。商品出库必须以正规、真实的出库凭证为依据。因此，在商品出库时，作业人员首先要对商品的出库凭证的真实性进行审核。审核内容包括存货单位名称、物流中心的名称、商品品名、规格、等级、型号、数量、提货时间等。如有一项不符，则不能出库。

（2）登记商品保管账，保管卡。

（3）准备出库商品。物流中心应根据商品的出库凭证的要求，把需出库的商品从物流中心中拣出，并加以集中，为发货做准备。有时需出库的商品不止一种，这时，就需要把这些不同的商品组配在一起，称为配货。

（4）复核。复核是对以上的各项工作进行复检。它是防止出现差错的重要环节。因为商品出库出现差错,不但影响物流中心的信誉,而且还会给物流中心造成经济损失。所以必须复核无误后才能发货。

（5）发货。商品出库的形式有两种:提货制和送货制。提货制是由存货单位自备运输工具到物流中心提货。送货制是由物流中心将商品送到存货单位。发货时,由物流中心发货人员按商品出库凭证将商品交付提货人或承运人,并办理交接手续。

本章小结

仓储设施包括仓库、物流中心、配送中心、物流园区等。仓库作为仓储设施的最基本形式,按照其保管条件、建筑形式、管理体制等因素可以进行不同的分类。仓储设施具有经济功能和服务功能。物流中心储存能力的大小取决于其储存面积、高度以及地面负荷能力等因素,储存面积越大,其高度和地面负荷能力利用率越高,其储存能力越大。商品保管合同是存货方和保管方就商品的保管签订的经济合同,商品保管合同包括十项条款。

可供企业选择的仓储方案包括自营仓储设施、公共仓储设施、租赁仓储设施和临时存储。各种仓储方案在满足企业仓储需求的前提下,具有不同的特点,企业可以根据自身的需要及条件,选择适宜的仓储方案。

物流中心的规划设计是仓储管理的重要内容。物流中心的设计包括规模的确定、建设位置的选择以及平面布置。物流中心规模的确定依赖于商品储存量、商品周转率、商品的仓容占用系数、允许堆码高度以及库房布置的要求等因素。物流中心的选址可以采用因素比重法、盈亏平衡分析法、交叉中值模型、覆盖模型、P-中值模型和重心法,同时也需考虑工程技术等方面的条件。物流中心的平面布置包括总平面布置、物流作业区布置和库房内部布置。

物流中心的作业包括入库作业、保管作业和出库作业。入库作业中的关键环节是入库商品的验收环节,入库商品的验收包括数量验收、质量验收和包装验收;验收的方法分为感官验收法和仪器验收法。

保管作业涉及货位的安排、堆码作业、商品的维护保养以及库存商品的数量管理。货位安排包括货位选择、货架摆放以及货位查找。货位选择应考虑商品的储存、库内作业以及仓容利用等方面的要求;货架摆放包括垂直摆放和倾斜摆放;货位定位查找方法包括固定定位查找法、随机定位查找法和混合定位查找法。商品堆码作业应充分考虑商品的规格形状、储存要求、作业方便性、消防安全以及空间利用率等影响因素。为了确保库存商品的质量完好,需要提高维护保养技术水平,加强维护保养管理。完善商品库存记录,及时进行库存盘点是库存商品数量管理的重要内容。

考核物流中心仓容的综合利用状况,可采用容载利用系数这一指标。容载利用系数小于1,表明在物流中心的高度被充分利用的前提下,物流中心的地面负荷能力未被充分利用,容载利用系数与1的差的绝对值表示物流中心地面负荷能力未被利用的百分比;容载利用系数大于1,表明在物流中心的地面负荷能力被充分利用的前提下,物流中心的高库未被充分利用,容载利用系数与1的差的绝对值与容载利用系数的比值是物流中心的高度未被充分利用的百分比。

商品出库作业涉及出库前的准备和出库的过程控制两方面的内容。

 思考题

1. 依据保管条件的不同,仓库可以分为哪些不同的类型?
2. 分析 10 种典型商品的性能特点,并说明适合它们储存的物流中心类型。
3. 分析立体仓库的发展特点及未来发展趋势。
4. 什么是保税仓库?保税仓库的特点有哪些?
5. 企业选择仓储策略应考虑的因素有哪些?
6. 影响物流中心规模的主要因素有哪些?
7. 物流中心的选址包括哪些定量方法?
8. 物流中心平面布置的内容及要求各是什么?
9. 商品入库验收的内容和方法各是什么?
10. 商品堆码的基本要求是什么?
11. 商品质量变化的影响因素有哪些?商品维护保养管理的内容是什么?

 习题

1. 某家电企业计划在北京地区建造一个物流中心。该物流中心的平均需求预测如下表所示。

月 份	需求/吨	月 份	需求/吨
1	60 000	7	1 000 000
2	400 000	8	500 000
3	1 200 000	9	80 000
4	2 000 000	10	25 000
5	3 000 000	11	300 000
6	2 500 000	12	600 000

该物流中心的每月库存周转率将保持 5 次/月。总库容中 40% 为巷道,为了应对未来可能发生的库容需求变化,仅有 80% 的库容被利用。一组家电产品平均每吨占用 1.5 立方米的库容,允许堆码高度为 5 米。该物流中心连同设备在内的造价为 300 元/平方米,折旧期限为 20 年,运营成本为每吨 0.10 元。总库容的年固定成本为 10 元/平方米。租借库容的租金为每月 6 元/吨,入库—出库搬运费用为 0.20 元/吨。问:该公司应建造多大规模的物流中心?

2. 某消费品公司在北京市场的年销售额为 3 000 万元,需要 5 万平方米的储存空间为此服务。如果租用公共物流中心,估计年物料搬运成本为 60 万元,储存费用为 30 万元。如果使用租赁仓库,年租金为 3 元/平方米,租赁期为 10 年,租赁仓库的年运作成本为 25 万元。设备和启动费用为 40 万元,折旧期为 7 年(采用直线折旧方法)。公司规定的项目税后报酬率为 11%,国家税率为 35%/年。试从经济角度选择最可行的方案?

3. 某公司为了提高对京津冀地区市场的反应能力,为客户提供更优质的服务,计划在京津冀地区新建一个配送中心。通过市场调研,公司确定了三个城市作为配送中心的备选地点:河北省张家口市、唐山市和石家庄市。三个备选城市的市场调研资料如下表所示。

项 目	张家口市	唐山市	石家庄市
年固定成本/万元	500	600	800
可变成本/(元/吨)	18	15	10

问:该公司应如何决策?

4. 某快递公司计划在一个高校园区建立一个快递分拣中心,以服务该高校园区内的 8 所高校。根据前期调研,这 8 所高校的位置坐标和师生人数如下表所示。

高校代号	位置坐标	师生人数/人
A	(20,23)	9 000
B	(25,25)	10 000
C	(30,27)	12 000
D	(35,37)	15 000
E	(40,40)	11 000
F	(45,45)	8 000
G	(50,46)	9 800
H	(55,50)	8 500
合计		83 300

试用交叉中值法确定快递分拣中心的位置。

5. 某快递公司计划在某高校园区新建若干个快递收发点,以服务该高校园区内的 8 所高校。除第 3 个高校外,其他 7 个高校均具备建设快递收发点的条件。8 所高校的相对位置如下图所示。已知快递收发点的最大服务半径为 2 千米。为保护该区域的环境,希望尽可能少建快递收发点。试问:该快递公司至少需要建设多少个快递收发点,才能使每一个住宅小区都能得到快递服务?这些快递收发点的位置应设在何处?

6. 某连锁企业计划在一个城市新建两个配送中心,以服务该城市的 10 个门店。经过前期的调研,已确定出 4 个备选地址,分别为 A、B、C、D。各候选地址到各门店的单位运输成本及各门店的需求量如下表所示。问:如何选择两个配送中心的地址,才能使配送中心到各门店的运输总成本最低。

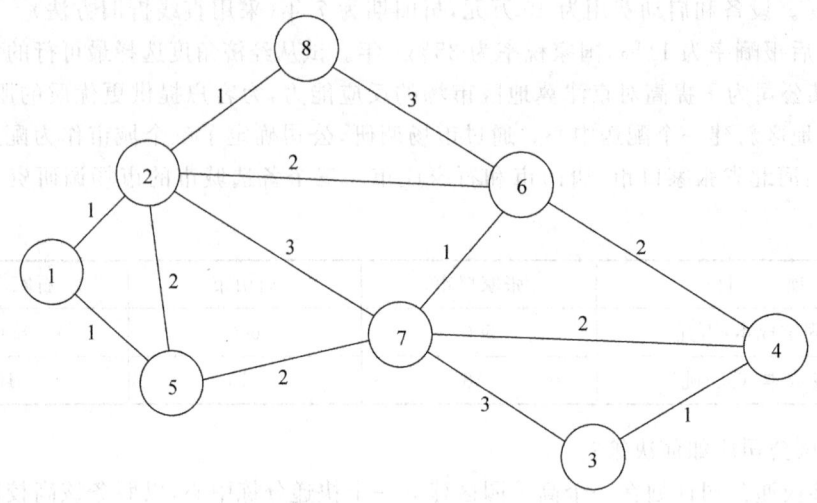

门店代码	备选配送中心				需求量
	A	B	C	D	
	单位运输成本				
1	2	10	5	1	50
2	3	6	8	10	70
3	4	2	9	12	100
4	8	15	3	6	85
5	12	10	7	2	60
6	5	18	12	3	40
7	9	3	20	5	90
8	15	12	2	9	100
9	10	8	6	15	65
10	6	9	4	7	80

7. 某企业生产的产品通过6个零售客户进行销售,每一个零售客户的位置坐标及年销售量如下表所示。该企业计划建设一个配送中心为这6个客户配送商品。

项 目	客户1	客户2	客户3	客户4	客户5	客户6
位置坐标	(10,15)	(5,12)	(20,10)	(8,25)	(18,22)	(30,25)
年销售量/吨	2 000	1 500	1 800	3 000	1 000	800

问:该企业应将配送中心建设在什么地点?

8. 现有一批货物,每件货物的规格为:长0.56米,宽0.45米,高0.34米。单件货物的毛重为0.08吨。有两个物流中心可供选择,物流中心甲的高度为5米,载重量为

4吨/平方米;物流中心乙的高度为4米,载重量为2吨/平方米。(两个物流中心的空间足够大)试问:该批货物应存放在哪个物流中心中比较合适?该物流中心的仓容综合利用情况如何?

案例

京东集团的"亚洲一号"

京东集团2004年正式涉足电商领域,是一家综合网络零售商,在线销售家电、数码通信、电脑、家居百货、服装服饰、母婴、图书、食品、在线旅游等12大类数万个品牌百万种优质商品。2019年7月,京东第四次入榜《财富》全球500强,位列第139位,在全球仅次于亚马逊和Alphabet,位列互联网企业第三。

京东在中国建立了华北、华东、华南、西南、华中、东北和西北七大物流中心。"亚洲一号"是京东立志将自动化运营中心打造成亚洲B2C(商对客)行业内建筑规模最大、自动化程度最高的现代化运营中心的一个项目名称。首个"亚洲一号"位于上海嘉定,2009年开始建造,2014年10月投入使用。2017年10月9日,上海的"亚洲一号"三期正式建立起全球首个全流程自动化无人仓。在2018年ACMECS湄公河区域五国会议上,京东"亚洲一号"仓库被评为亚洲地区单体最大、自动化程度最高、库存品类最丰富、产能最大、机器人最多的库房。

"亚洲一号"建筑面积近10万平方米,包括立体库区、多层阁楼拣货区、生产作业区和出货分拣区四个区,其中立体库高度达24米。京东按照快件的大小,将仓库分为大件库、中件库和小件库。上海的"亚洲一号"是一个中件库,快件尺寸在30~60厘米。在"亚洲一号"内,商品在存储、拣选、包装、输送、分拣等环节均大规模应用自动化设备、机器人、智能管理系统等,自动化程度达90%。

自动化立体仓库系统是"亚洲一号"的镇仓之宝,其有32个巷道,6.5万个托盘,存储效率是普通存储的5倍。该系统囊括了货到人系统、巷道堆垛机、输送系统、自动控制系统和库存信息管理系统。商品到库时,工人只需将货物放到机器托盘上,机器就会自动将货物摆放到仓储区指定位置。在收货存储阶段,"亚洲一号"使用的是高密度存储货架,存储系统由8组穿梭车立库系统组成,可同时存储商品6万箱。货架的每个节点都安装有红外射线,可以确定货物的位置和距离,保证货物的有序排放。仓储区分为12层,每层都有一名工作人员。当收到订单时,工作人员就会根据指示将指定的商品从货架上取下,扫码后放到传送带上。接下来,商品会通过传送带到达打包区,并自动分配到空闲的工位。在包装阶段,京东投放使用自主研发的、全球最先进的自动打包机。自动打包机分为纸箱包装机和纸袋包装机。在打包过程中,机器可以扫描货物的二维码,并根据二维码信息进行包装和纸板的切割。所有商品的包装都是机器根据实际大小当场裁剪切割泡沫包装袋或纸板包装箱。这就意味着这些商品不会出现"大箱小商品"的包装材料浪费,或"大商品小箱"导致商品在配送途中被损坏的情况,从而有利于科学合理利用包装材料。打包好的商品会重新回到传送带上,被送至分拣系统。在分拣阶段,采用AGV(automated guided vehicle,自动导引运输车)进行作业,"亚洲一号"的AGV有大、中、小三种类型,中型和小型 AGV 是在分拣轨道里面运作,运输货物;而大型 AGV 则是在货物掉入集口宝之后,直接将集口宝运送到不同的分拨中心。系统通过扫描识别包裹上的配送地点,会将包裹传送至相对应的货道,然后由工作人员运走进行发货。

此外,由京东集团与北京的研发团队合力打造的"飞马"仓储智能运输机器人的投入使用,为"亚洲一号"增添了新的元素。"飞马"采用 SLAM(即时定位与地图构建)导航,可以实现无轨自主移动,并可通过周围环境自主构建地图,实现室内精确定位,高效地与拣货员协同作业。在接到拣货任务后,"飞马"便会根据系统指令到达指定的地点,拣货员仅需将货物放置在"飞马"的货架上,免去了来回奔波困扰。在这些先进设备的合力下,无人仓的工作效率远远高于传统仓库。

在江苏昆山,京东物流建造并投入使用了全球首个最大、最完整的全流程无人分拣中心。其场内自动化设备覆盖率达到 100%,自动分拣系统的分拣能力超过 4 万件/小时,整个分拣中心日分拣能力超过 100 万件,是人工分拣效率的 10 倍多,且准确率可达99.99%。目前,京东已在上海、广州、北京、武汉、昆山等 9 大城市均建设了"亚洲一号"仓,辐射范围覆盖全国。未来,京东物流计划在中国 30 多个核心省会城市、经济发达城市陆续建造"亚洲一号",实现对全国七大区域的智能化仓储的全面辐射。

(资料来源:根据公开资料整理)

第 4 章

需 求 预 测

需求预测在物流运作的诸多方面都起着举足轻重的作用。本章将从需求预测的基本理论入手,介绍需求预测的定义、特点和作用。针对不同的预测期限,讨论需求预测的类型。还将具体介绍各种定性和定量预测方法。

通过本章的学习,读者将能够具备下列能力:
- 理解需求预测的基本概念;
- 了解需求预测的特点及类型;
- 掌握需求预测的定性方法;
- 掌握需求预测的定量方法。

4.1 需求预测概述

4.1.1 需求预测的概念

需求是一个比较广泛的概念,涉及不同的学科领域,在不同的学科领域,需求的含义也不同。经济学中,需求是指一定时期,在既定的价格水平下,消费者愿意并且能够购买的商品数量。需求显示了随着价格的变化而其他因素不变的情况下,某个体在每段时间内所愿意购买的某种货物的数量。在某一价格下,消费者愿意购买的某一货物的总数量称为需求量。价格不同,需求量也不同。需求也就是说价格与需求量的关系。心理学中,需求是指人体内部一种不平衡的状态,对维持发展生命所必需的客观条件的反应。营销学中,需求可以用一个公式来表示:需求=购买欲望+购买力。欲望是人类某种需要的具体体现,如你饿了你的需要是填饱肚子,那你的具体体现就是你要吃饭,而需要是一种天生的属性,因为天生的属性不能创造,所以需求也不能被创造。需求的影响因素有商品或服务本身的价格、消费者的收入水平、相关商品或服务的价格、人口结构与数量的变动、消费者对商品或服务的价格预期、消费者的偏好和广告规模。我们以两种运输方式的需求为例。如果消费者只有两种运输方式：铁路运输和公路运输，如果两种运输方式的性价比相差不大，消费者的偏好对需求的影响就比较大；如果铁路运输费率下降，则有不少消费者将转向铁路运输，此种情况下，消费者对铁路运输的需求就会增加。

预测是通过对客观事实历史和现状进行科学的调查与分析，由过去和现在去推测未来，由已知去推测未知，从而揭示客观事实未来发展的趋势和规律。

需求预测是为企业给出其产品在未来一段时间里的需求期望水平，并为企业的计划和控制决策提供了依据。既然企业生产的目的是向社会提供产品或服务，其生产决策无疑会很大程度地受到需求预测的影响。需求预测与企业生产经营活动关系最紧密。

4.1.2 需求的影响因素

影响商品需求的因素是多方面的。从总体上说，企业具体所生产或经营的商品需求取决于各单一品种商品的市场总需求量和该企业所占的市场份额。某种商品的市场总需求是某一时期该商品的市场需求的总规模，市场需求总规模可能受到经济形势、人们的购买力、消费习惯、自然环境等因素的影响，其中一些客观因素可能企业无法控制。该企业所占的市场份额可以通过企业所采取的相应策略发生变化。影响商品需求的因素可归纳为以下几个方面。

（1）价格：在其他条件不变的情况下，商品的价格越低，消费者对该商品的市场需求越大；而商品的价格越高，消费者对该商品的需求量越小。价格是影响商品需求的最重要因素。

（2）偏好：商品的市场需求也会受到消费者偏好的影响。消费者的偏好既包括消费者个人偏好，也包括整个社会的风俗、习惯和流行时尚。

（3）收入：收入与需求是正相关的关系。在其他条件不变的情况下，收入越高，对商品的需求越多。

（4）相关商品的价格：商品的需求不仅受到自身价格的影响，也会受到相关商品价格的影响。其主要包括两类相关商品：一是替代品。替代品是指在消费中相当程度上可以相互代替的商品。某种商品的替代品价格越低，对该种商品的需求越少；反之亦反。二是互补品。互补品是指经常在一起消费的商品，如牙刷和牙膏、汽车与汽油等。某种商品的互补品的价格提高时，该种商品的需求也会随之减少。

（5）预期：这里的预期不是指个人的预期，而是指整个社会群体的预期。如果人们普遍预期某种商品的未来价格会上涨，则会增加现时的需求。

4.1.3 需求预测的特点

为了更好地理解需求预测，更有效地运用预测，我们应该对需求预测的特点有一些认识。

（1）时间性。需求预测是对未来一段时间内的市场需求作出预测，因此，具有时间性的特点。

（2）科学性。需求预测不是主观判断，而是通过对历史需求数据的分析，发现需求的变化规律,从而预测未来的需求。

(3)局限性。需求预测是根据现在的需求推知未来,除非极端巧合,误差是不可避免的,或多或少地总会存在不准确性。需求预测误差是预测值与实际需求值的差额。

外部环境的不稳定性,需求预测模型的选择等都会对需求预测误差产生或大或小的影响。因此,需求预测误差的大小成为选择合适预测工具的重要依据。为了更好地利用需求预测作出正确的决策,通常在进行需求预测的同时还对误差有所估计。在预测外部经济环境将发生大幅度变化时,还要对需求预测结论重新分析,避免对需求预测数据的盲目迷信。

(4)需求预测的期限越短,需求预测的误差越小。假设需求预测能力确定,则由当前至未来,需求预测误差就像一个张开的喇叭口,会越来越大。造成这种现象的原因是多种多样的:一方面,随着时间的推移,不确定因素会更多;另一方面,需求预测总会有误差,根据近期需求预测值作出远期需求预测,预测误差会逐渐累积,也会使结果偏离程度加大。正因为如此,虽然人们会做长期需求预测,但往往会随着时间的推移,定期根据实际需求预测值对以后的需求预测进行进一步的调整,以使得需求预测更加准确。

(5)综合需求预测更加准确。使用两种以上的需求预测方法对需求进行预测,对其进行综合比较,有利于需求预测准确性的提高。

4.1.4 需求预测的分类

根据预测时间的长短,需求预测可分为短期需求预测、中期需求预测和长期需求预测。

短期需求预测是指对一年以内的市场需求发展变化的预测。这类需求预测活动在企业经营活动中是大量的、频繁的。通过短期需求预测有助于企业及时了解市场动态,掌握市场行情变化的有利时机,提高经营决策水平。短期需求预测中的月度需求预测、逐周或逐月需求预测,称为近期需求预测。实践中,市场需求预测表现为大量的近期需求预测。短期需求预测主要用来确定生产计划和支付计划以及库存水平。

中期需求预测是指对一年以上、两年以下的市场需求变化进行的预测。在物流运作管理中一般不区分短中期需求预测。

长期需求预测通常是面向未来超过两年期限制定的。长期计划通常用于制订战略规划——建立长期目标、面向市场变化开发新产品、进入新市场、开发新设备、技术研发、供应链设计和战略方案实施。

短(中)期需求预测之间的界限并不很明确。某些公司的短(中)期需求预测可能是几年,而另一些公司的长期需求预测可能仅仅以月为单位。需求预测的期限长度很大程度上取决于产品或服务市场变化的速度和市场对技术进步的敏感性。

4.2 需求预测的定性方法

4.2.1 定性需求预测概述

定性需求预测是指预测者依靠熟悉业务知识、具有丰富经验和综合分析能力的人员,根据已掌握的历史资料和直观材料,运用个人的经验和分析判断能力,对事物的未来需求作出性质和程度上的判断,然后,再通过一定形式综合各方面的意见,作为预测需求的主要依据。

定性需求预测在现实与需求预测结果之间有一定的距离,但是在实践中定性需求预测不断普及的势头一直不减,其原因在于以下几个方面。

第一,定性需求预测注重于事物发展在性质方面的预测,具有较大的灵活性,易于充分发挥人的主观能动作用。

第二,定性需求预测比定量需求预测操作简单,且操作成本低,省时省费用。

第三,定性需求预测的资料收集等大部分来源于消费现场,可以了解到消费者的动机及感觉,这是定量需求预测无法做到的。

第四,定性需求预测方法往往是定量需求方法的前提,为定量需求分析奠定基础。两种需求预测方法的结合使用,可以更透彻地了解消费者的需求。

虽然定性需求预测有很多方面的优势,但其也有不足的地方,主要表现在以下几个方面。

第一,定性需求预测方法易受主观因素的影响,比较注重于人的经验和主观判断能力,从而易受预测者的知识、经验和能力的束缚与限制。

第二,定性需求预测只能预测一些简单的事件,对于一些技术要求比较高的需求决策事件无法提供准确的预测。

第三,由于个人之间的意见有时偏差较大,所以一般不易得出综合意见。

第四,定性需求预测不用或很少用数字模型,缺乏对事物需求数量上的精确描述,精度难以估计和控制。

总之,定性预测法非常灵活,适用广泛,但是在可靠性方面不如定量预测法。但是,如果组织要采购一种新产品,而且又缺乏历史数据,就只能使用定性预测法。有时候,即使有历史数据,也可能由于数据不可靠、过时或与未来关系不大等原因,而使组织不得不采用定性预测法。常用的定性方法有集合意见法、德尔菲法、市场调查法、对比类推法、主观概率法等。

4.2.2　集合意见法

集合意见法又称集体经验判断法,是由调查人员召集企业内部或企业外部的相关人员,根据个人对事件的接触、认识、市场信息、资料及经验,对未来市场作出判断预测,并加以综合分析的一种方法。由于企业内的经营管理人员、业务人员等比较熟悉市场需求及其变化动向,他们的判断往往能反映市场的真实趋势,因此它是用时短、近期预测常用的方法。

集合意见法预测的步骤如下。

第一步,由若干个熟悉预测对象的人员组成一个预测小组,并向小组人员提出预测项目和预测的期限要求,并尽可能地向他们提供有关资料。

第二步,小组人员根据预测要求,凭借个人经验和分析判断能力提出各自的预测方案,同时要求每个人说明理由。

第三步,预测组织者计算有关人员的预测方案的方案期望值,即各项主观概率与状态值乘积之和。

第四步,将参与预测的有关人员分类,由于预测参加者对市场了解的程度以及经验等因素不同,因而他们每个人的预测结果对最终预测结果的影响作用有可能不同。

第五步,确定最终预测值。在确定最后预测结果时要注意:当预测组织者采用统计法得到综合预测值后,还应当参照当时市场上正在出现的苗头,考虑是否需要对综合预测值进行调整,或进一步向有关人员反馈信息,再酝酿讨论使预测结果更趋合理。

4.2.3 德尔菲法

德尔菲法是依据系统的程序,采用匿名发表意见的方式,即专家之间不得互相讨论,不发生横向联系,只能与调查人员发生关系,通过多轮次调查专家对问卷所提问题的看法,经过反复征询、归纳、修改,最后汇总成专家基本一致的看法,作为预测的结果。这种方法具有广泛的代表性,较为可靠。

德尔菲法(Delphi method)是在 20 世纪 40 年代由 O. 赫尔姆和 N. 达尔克首创,经过 T. J. 戈尔登和兰德公司进一步发展而成的。德尔菲这一名称起源于古希腊有关太阳神阿波罗的神话。传说中阿波罗具有预见未来的能力。因此,这种预测方法被命名为德尔菲法。1946 年,兰德公司首次用这种方法进行预测,后来该方法被迅速广泛采用。

德尔菲法是需求预测活动中的一项重要工具,在实际应用中通常可以划分为三个类型:经典型德尔菲法(classical Delphi method)、策略型德尔菲法(policy Delphi method)和决策型德尔菲法(decision Delphi method)。

德尔菲法的具体实施步骤如下。

第一步,组成专家小组。按照课题所需要的知识范围,确定专家。专家人数的多少,可根据预测课题的大小和涉及面的宽窄而定,一般不超过 20 人。

第二步,向所有专家提出所要预测的问题及有关要求,并附上有关这个问题的所有背景材料,同时请专家提出还需要什么材料。然后,由专家做书面答复。

第三步,各个专家根据他们所收到的材料,提出自己的预测意见,并说明自己是怎样利用这些材料并提出预测值的。

第四步,将各位专家第一次判断意见汇总,列成图表,进行对比,再分发给各位专家,让专家比较自己同他人的不同意见,修改自己的意见和判断。也可以把各位专家的意见加以整理,或请地位更高的其他专家加以评论,然后把这些意见再分送给各位专家,以便他们参考后修改自己的意见。

第五步,将所有专家的修改意见收集起来,汇总,再次分发给各位专家,以便做第二次修改。逐轮收集意见并为专家反馈信息是德尔菲法的主要环节。收集意见和信息反馈一般要经过三四轮。在向专家进行反馈的时候,只给出各种意见,但并不说明发表各种意见的专家的具体姓名。这一过程重复进行,直到每一位专家不再改变自己的意见为止。

第六步,对专家的意见进行综合处理。

德尔菲法具有以下优点:①能充分发挥各位专家的作用,集思广益,准确性高;②能把各位专家意见的分歧点表达出来,取各家之长,避各家之短;③不受权威人士意见的影响。

德尔菲法的主要缺点是过程比较复杂,花费时间较长。

在运用德尔菲法时应注意两个问题:①并不是所有被预测的事件都要经过四步。可能有的事件在第二步就能达到统一,而不必在第三步中出现。②在第四步结束后,专家对各事件的预测也不一定都达到统一。不统一也可以用中位数和上下四分点来作结论。事实上,总会有许多事件的预测结果是不统一的。

德尔菲法与集合意见法相比,有三个明显的特点:一是匿名,不公开预测专家的姓名与职务;二是采用函询的方式,专家们不必集中到一起讨论,而是通过函件往来发表自己的见解和了解别人的意见;三是反馈,预测主持人将搜集到的各位专家的意见加以集中整理后,再反馈给各位专家,让专家们参照别人的意见不断修正自己的判断,经过数次反馈后,专家们的意见相对集中,预测主持人再进行统计分析,计算综合预测值,一般以平均数或中位数来表示专家们意见的倾向性。

4.2.4 市场调查法

市场研究在某些情况下,征求关系最密切的人的看法比征求专家的意见更有效。例如,推出一种新产品时,最好去征求潜在客户的意见。通过从有代表性的抽样客户那里收集数据,分析他们的观点,然后推导得出整体的情况。这就是市场调查的方法。

市场调查的方法包括二手资料研究和观察法。

二手资料研究又叫桌面研究(desktop research),二手资料是相对于原始资料而言的,指以前已经收集好,但不一定与当前问题有关的信息资料,而原始资料是为了解决特定问题而专门收集的调查资料、观察资料或实验资料。二手资料的来源分成两大类:内部资料和外部资料。内部资料来源指的是出自所要调查的企业或公司内部的资料。外部资料来源指的是来自被调查的企业或公司以外的信息资料。一般来说,二手资料主要来自政府机构、国际组织、行业协会、专门调研机构、大众传播媒介等。

观察法是组织根据一定的目的、提纲或观察表,用自己的感官和辅助工具去直接观察被研究对象,从而获得资料的一种方法。观察法分为人工观察和非人工观察。观察法可以观察到消费者的真实行为特征,但是只能观察到外部现象,无法观察到调查对象的一些动机、意向及态度等内在因素。

市场调查法往往花费较多、耗时较长,但是效果比较好。

4.2.5 对比类推法

世界上有许多事物的变化发展规律都带有某种相似性,尤其是同类事物之间。所谓对比类推法是指利用事物之间具有共性的特点,把已发生事情的表现过程类推到将发生的事情上去,从而对未来前景作出预测的一种方法。依据类推目标,对比类推法可以分为产品类推法、地区类推法、行业类推法和局部总体类推法。

产品类推法:有许多产品在功能、构造技术等方面具有相似性,因而这些产品的市场发展往往又会呈现某种相似性,人们可以利用产品之间的这种相似性进行类推。

地区类推法:根据其他地区(或国家)曾经发生过的事情进行类推。这种推算方法是把所要预测的产品同国外同类产品的发展过程或变动取向相比较,找出某些共同类似的变化规律性,用来推测目标的未来变化趋向。

行业类推法:往往用于新产品开发预测,以相近行业的相近产品的发展变化情况来类比某种新产品的发展方向和变化趋势。

局部总体类推法:以某一个企业的普查资料或某一个地区的抽样调查资料为基础,进行分析判断、预测和类推。在市场预测中,普查固然可以获得全面系统的资料,但由于主客观条件的限制,一般只能得到局部普查资料或抽样调查资料。因此,在许多情况下,运用局部普查资料或抽样调查资料,预测和类推全面或大范围的市场变化,就成为客观需要。

4.2.6 主观概率法

在社会和自然界中,某一类事件在相同的条件下可能发生也可能不发生,这类事件称为随机事件。不同的随机事件发生的可能性大小是不同的,用来表示随机事件发生可能性大小的量就是概率。例如,市场上某种新商品的销售状态就是不确定的随机事件,有畅销、平销或滞销三种可能性,而出现畅销、平销或滞销的可能性,用系数或百分数表示,就是概率。概率分为主观概率和客观概率两种。主观概率是根据市场趋势分析者的主观判断而确定的事件发生可能性的大小,反映个人对某件事的信念程度。主观概率也必须符合概率论的基本定理:① 所确定的概率必须大于或等于0,而小于或等于1;② 经验判断所需全部事件中各个事件概率之和必须等于1。

用主观概率法进行预测的步骤是:①准备相关资料;②编制主观概率调查表;③整理汇总主观概率调查表;④根据汇总情况进行判断预测。

例如,某企业根据市场销售的历史和现状,对市场趋势分析期内经营情况及可能出现的自然状态,分别提出估计值和概率,如表4.1所示。

表 4.1 主观概率法表 单位:件

参加预测人员	估 计 值						期望值
	最高值	概率	中等值	概率	最低值	概率	
1	250	0.3	220	0.5	200	0.2	225
2	245	0.2	220	0.6	190	0.2	219
3	240	0.2	218	0.6	180	0.2	215
4	238	0.1	210	0.7	190	0.2	209
5	230	0.2	200	0.6	170	0.2	200

先用算术平均法求出平均市场趋势分析值为

$$\frac{225+219+215+209+200}{5} = 213.6(件)$$

以平均市场趋势分析值213.6件作为企业的市场趋势分析结果。

然后用加权平均法求出加权平均值作为调整的方案。考虑到各位市场趋势分析人员的地位、作用和权威性的不同,分别给予 1 号和 2 号人员较大权数 3,3 号和 4 号的权数是 2,5 号的权数是 1。则综合预测值为

$$\frac{225 \times 3 + 219 \times 3 + 215 \times 2 + 209 \times 2 + 200 \times 1}{3 + 3 + 2 + 2 + 1} \approx 216.4(件)$$

上述不同的计算方法得出的市场趋势分析结果不同,需要根据实际情况进行调整,或以某一个市场趋势分析值作为市场趋势分析的最后结果,或者以一区间估计值作为市场趋势分析结果。

主观概率是一种心理评价,判断中具有明显的主观性。对同一事件,不同人的概率判断是不同的。主观概率的测定因人而异,受人的心理影响较大,谁的判断更接近实际,主要取决于市场趋势分析者的经验、知识水平和对市场趋势分析对象的把握程度。在实际中,主观概率与客观概率的区别是相对的,因为任何主观概率总带有客观性。市场趋势分析者的经验和其他信息是市场客观情况的具体反映,因此不能把主观概率看成为纯主观的东西。另外,任何客观概率在测定过程中也难免带有主观因素,因为实际工作中所取得的数据资料很难达到(大数)规律的要求。所以,在现实中,既无纯客观概率,又无纯主观概率。尽管主观概率法是凭主观经验估测的结果,但在市场趋势分析中它仍有一定的实用价值,它为市场趋势分析者提出明确的市场趋势分析目标,提供尽量详细的背景材料,使用简明易懂的概念和方法,以帮助市场趋势分析者判断和表达概率。同时,假定市场趋势分析期内市场供需情况比较正常,营销环境不出现重大变化,长期从事市场营销活动的人员和有关专家的经验与直觉往往还是比较可靠的。这种市场趋势分析方法简便易行,但必须防止任意、轻率地由一两个人拍脑袋估测,要加强严肃性、科学性,提倡集体的思维判断。

4.3 需求预测的定量方法

定量预测法通常是基于时间序列之上,即按照一定的时间间隔观察到的数据。时间序列法是使用大量过去的数据(被预测值依据是过去的数据)以估计未来的方法。时间序列法假设过去发生的事情在未来将继续发生。该方法假设可以确认的历史需求模式或趋势将会在未来重复。时间序列法包括移动平均法、指数平滑法、线性趋势线和回归法。

4.3.1 移动平均法

移动平均法中,每个预测值是在此之前一定数量实际需求的平均值。这种方法的关键是选择多少个需求点进行处理,从而最小化不规则效应,即移动平均预测能有效减少牛鞭效应。移动平均法包括简单移动平均法和加权移动平均法。

1. 简单移动平均法

简单移动平均法是利用最近几年的需求来展开预测,预测将来某一时期的平均预测值的一种方法。该方法按对过去若干历史数据求算术平均数,并把该数据作为以后时期

的预测值。简单移动平均法可有效抑制或消除仅采用一期数据带来的随机波动。简单移动平均法适用于未体现出明显的趋势性或季节性需求行为的稳定的需求预测。

移动平均值可以根据具体时期的需求数据计算得到,如 3 个月或 6 个月。期限选择依赖于预测者期望需求数据有多么"平滑"。采用的时期越长,数据越平滑。相反,时期越短,数据越容易受随机因素的影响。简单移动平均法的计算公式为

$$MA_n = \frac{\sum_{i=1}^{n} D_i}{n} \tag{4.1}$$

式中:MA_n 为第 n 期的预测数;n 为移动平均的期数;D_i 为第 i 期需求。

为了进行预测,需要对每一个时期计算出相应的预测值,所有计算得出的数据形成一个新的数据序列。经过两到三次同样的处理,历史数据序列的变化模式将会被揭示出来。这个变化趋势要比原始数据变化的幅度小,一般是在原始数据序列所描绘的曲线下方。因此,移动平均法从方法论上分类属于平滑技术。

移动平均法只适用于短期预测,在大多数情况下只用于以月度或周为单位的近期预测。该方法的优点是简单易行,容易掌握且相对成本较低。其缺点是在处理水平型历史数据时才有效,每计算一次移动平均需要最近的 $n-1$ 个观测值。另外,移动平均法不能反映一些因素的变化,如周期性和季节性影响。在现实生活中,历史数据的类型远比水平型复杂,这就大大限制了移动平均法的应用范围。

简单移动平均法的另一个主要用途是对原始数据进行预处理,以消除数据中的异常因素或除去数据中的周期变动成分。

案例 4.1 某商品在 2014 年 1—9 月的销量如表 4.2 所示,根据销售记录,管理层用简单移动平均法来预测下个月的销售情况。

表 4.2 某商品 2014 年 1—9 月的销售数据

月 份	实际销售量/件
1	56
2	43
3	32
4	45
5	50
6	38
7	44
8	29
9	45

解:假设现在是 9 月末。3 个月或 5 个月移动平均的预测结果都是面向下个月的,本例中就是 10 月。根据以下公式,以前 3 个月的销售量为基础依次计算 3 个月移动平均:

$$\mathrm{MA}_3 = \frac{\sum_{i=1}^{3} D_i}{3} = \frac{45 + 29 + 44}{3} \approx 40(件)$$

5个月移动平均则是依以前5个月的需求量为基础的,按以下公式计算得出

$$\mathrm{MA}_5 = \frac{\sum_{i=1}^{5} D_i}{5} = \frac{45 + 29 + 44 + 38 + 50}{5} \approx 41(件)$$

表4.3给出了各月按3个月和5个月的历史数据进行的移动平均预测值。实际上,管理者只需要基于最近几个月的销售量就可以得到10月的预测数据。但是,早期预测数据可以让我们比较预测需求与实际需求,从而衡量预测方法的准确度。

表4.3 某商品3个月和5个月的移动平均预测值

月 份	实际销售量	3个月移动平均预测	5个月移动平均预测
1	56		
2	43		
3	32		
4	45	44	
5	50	40	
6	38	43	46
7	44	45	42
8	29	44	42
9	45	37	42
10		40	42

从表4.3中的数据可以看出,两种移动平均法都能够消除实际数据中的波动,且5个月的移动平均要比3个月的移动平均更平滑。但是,3个月平均数更能反映出管理者想要的最近数据。通常情况下,长期移动平均预测对近期需求变化的反映要慢于短期移动平均预测。因此,采用移动平均法,确定合适的时期数通常需要多次反复试验。

2. 加权移动平均法

加权移动平均法就是根据同一个移动段内不同时间的数据对预测值的影响程度,分别给予不同的权数,然后再进行平均移动以预测未来值。加权移动平均法不像简单移动平均法那样,在计算平均值时对移动期内的数据同等看待,而是根据愈是近期数据对预测值影响愈大这一特点,不同对待移动期内的各个数据。对近期数据给予较大的权数,对较远的数据给予较小的权数来弥补简单移动平均法的不足。加权移动平均法的计算公式如下:

$$\mathrm{WMA}_n = \sum_{i=1}^{n} W_i D_i \tag{4.2}$$

式中：WMA_n 为第 n 期加权平均值；W_i 为第 i 期的权重，在 0%～100%；D_i 为第 i 期实际值；$\sum W_i$ 为 100。

准确地确定每期权重通常需要多次反复试验，就像在简单移动平均法中确定移动的期数一样。如果最近几期的权重过高，预测可能会过度反映需求的随机波动。如果权重过低，预测又可能无法恰当反映需求行为的变化。加权移动平均法对近期的趋势反映较敏感。如果一组数据有明显的季节性影响，用加权移动平均法所得到的预测值可能会出现偏差。因此，有明显的季节变化因素存在时，最好不要采用加权移动平均法。

案例 4.2 假如在例 4.1 中，管理者想要计算 3 个月的加权移动平均，9 月权重为 50%，8 月的权重为 30%，7 月的权重为 20%。这些权重体现了公司认为近期数据对需求预测的影响要大于远期数据。

解：加权移动平均计算如下：
$$WMA_3 = \sum_{i=1}^{3} W_i D_i = 0.5 \times 45 + 0.3 \times 29 + 44 \times 0.2 = 40(件)$$

4.3.2 指数平滑法

指数平滑法（exponential smoothing, ES）是布朗（Robert G. Brown）提出的。布朗认为，时间序列的态势具有稳定性或规则性，所以时间序列可被合理地顺势推延；最近的过去态势，在某种程度上会有更大的可能性持续到未来，所以将较大的权重放在最近的数据上。

1. 一般指数平滑法

指数平滑法是在移动平均法基础上发展起来的一种时间序列分析预测法。它是通过计算指数平滑值，配合一定的时间序列预测模型对现象的未来进行预测。其原理是任一期的指数平滑值都是本期实际观察值与前一期指数平滑值的加权平均。指数平滑法适用于近期数据变化显著而并非随机波动的情况。指数平滑法计算公式如下：

$$F_{t+1} = \alpha D_t + (1-\alpha) F_t \tag{4.3}$$

式中：F_{t+1} 为下一期的预测需求；D_t 为本期的实际需求；F_t 为本期的预测需求；α 为平滑常数，它的值一般在 0～1。平滑常数反映了近期需求数据的权重。

指数平滑法的特点如下。

(1) F_{t+1} 是 D_t 和 F_t 的加权算术平均数，随着 α 取值的大小变化。决定 D_t 和 F_t 对 F_{t+1} 的影响程度，当 α 取 1 时，$F_{t+1} = D_t$；当 α 取 0 时，$F_{t+1} = F_t$。

(2) F_{t+1} 具有逐期追溯性质，可探源至 F_1 为止，包括全部数据。其过程中，平滑常数以指数形式递减。指数平滑常数取值至关重要。平滑常数决定了平滑水平以及对预测值与实际结果之间差异的响应速度。平滑常数 α 越接近于 1，远期实际值对本期平滑值的下降越迅速；平滑常数 α 越接近于 0，远期实际值对本期平滑值影响程度的下降越缓慢。由此，当时间数列相对平稳时，可取较大的 α；当时间数列波动较大时，应取较小的 α，以不忽略远期实际值的影响。

(3) 尽管 F_{t+1} 包含有全期数据的影响，但实际计算时，仅需要两个数值，即 D_t 和 F_t，

再加上一个常数 α,这就使指数滑动平均具有逐期递推性质,从而给预测带来了极大的方便。

(4)初始值的确定是指数平滑过程的一个重要条件。数据较少时可用简单平均法和移动平均法确定初始值。当数据较多时,可用最小二乘法确定。但不能使用指数平滑法本身确定初始值,因为数据必会枯竭。

采用指数平滑法进行需求预测时,α 的取值十分关键,但 α 的取值又容易受主观因素影响,因此合理确定 α 的取值方法十分重要。一般来说,如果数据波动较大,α 值应取大一些,可以增加近期数据对预测结果的影响。如果数据波动平稳,α 值应取小一些。理论界一般认为有以下两种方法可供选择。

(1)经验判断法。经验判断法主要依赖于时间序列的发展趋势和预测者的经验作出判断,当时间序列呈现较稳定的水平趋势时,应选较小的 α 值,一般可在 0.05~0.20 取值;当时间序列有波动,但长期趋势变化不大时,可选稍大的 α 值,常在 0.1~0.4 取值;当时间序列波动很大,长期趋势变化幅度较大,呈现明显且迅速的上升或下降趋势时,宜选择较大的 α 值,如可在 0.6~0.8 选值,以使预测模型灵敏度高些,能迅速跟上数据的变化;当时间序列数据是上升(或下降)的发展趋势类型,α 应取较大的值,在 0.6~1。

(2)试算法。根据具体时间序列情况,参照经验判断法,来大致确定额定的取值范围,然后取几个 α 值进行试算,比较不同 α 值下的预测标准误差,选取预测标准误差最小的 α。在实际应用中预测者应结合对预测对象的变化规律作出定性判断且计算预测误差,并要考虑到预测灵敏度和预测精度是相互矛盾的,必须给予两者一定的考虑,采用折中的 α 值。

案例 4.3 表 4.4 是某电脑公司收集的近 6 个月维修电脑的需求数据。公司需要根据下列数据进行一次平滑系数(α)为 0.3 的指数平滑预测。

表 4.4 某电脑公司维修电脑需求量表

月 份	需 求
1	37
2	40
3	41
4	37
5	45
6	50

解:

为了计算表中的一系列预测值,我们从 1 月开始,按照 $\alpha=0.3$ 来计算 2 月的预测值。指数平滑计算公式也需要 1 月的预测值,但是我们并没有。在此我们认为 1 月的实际需求与预测值相等,都是 37。这样,2 月的预测值为

$$F_2 = \alpha D_1 + (1-\alpha)F_1 = 0.3 \times 37 + 0.7 \times 37 = 37.00(台)$$

3 月的预测值计算如下:

$$F_3 = \alpha D_2 + (1-\alpha)F_2 = 0.3 \times 40 + 0.7 \times 37 = 37.90(台)$$

表 4.5 是其余各月计算的预测值。对公司最优价值的是 7 月的结果。7 月的预测：
$$F_7 = \alpha D_6 + (1-\alpha)F_6 = 0.3 \times 50 + 0.7 \times 40.29 \approx 43.20（台）$$

表 4.5　某电脑公司各月维修电脑的一次平滑指数预测（$\alpha=0.3$）

月　份	需　　求	预　测　值
1	37	—
2	40	37.00
3	41	37.90
4	37	38.83
5	45	38.28
6	50	40.29
7	—	43.20

当需求没有任何趋势性、相对稳定时，较小的 α 值更适合。当实际需求呈上升（或下降）趋势时，较大的 α 值更合适。它对近期实际需求上升或下降移动反应更迅速。在指数平滑法中，可以通过实际需求和预测值的偏差来衡量预测的准确性。如果偏差过大，就应改变 α 的值使得预测曲线接近实际需求曲线。

如果需求呈现趋势性，可以采用含有趋势因子的一种扩展预测方法来得到最终预测结果。

2. 调整的指数平滑法

调整的指数平滑法是由一般指数平滑值加上趋势因子构成，其公式如下：
$$AF_{t+1} = F_{t+1} + T_{t+1} \tag{4.4}$$
式中：T 为指数平滑趋势因子。

趋势因子的计算方法类似于指数平滑预测值的计算。实际上，它就是一种面向趋势的预测模型：
$$T_{t+1} = \beta(F_{t+1} - F_t) + (1-\beta)T_t \tag{4.5}$$
式中：T_t 为最后一期（第 t 期）的趋势因子；β 为趋势平滑常数。β 的值在 0~1，它体现了近期数据趋势的权重。β 通常由预测者主观判断决定。β 值越大，对趋势变化的反应越明显。在这里，β 等于 α 的现象比较普遍。

注意：趋势因子的公式体现了下一期预测 F_{t+1} 和本期预测 F_t 之间的增或减的加权方法。

案例 4.4　电脑公司现在想要使用表 4.5 中所给的 6 个月的实际需求，采用一种调整的指数平滑法来计算需求预测。我们将采用 $\alpha=0.50$、趋势平滑系数 $\beta=0.30$ 来计算。

解：调整的指数平滑法需要一个 T_t 初始值来启动整个计算过程。这个初始趋势因子通常通过预测者主观估计或历史数据来确定。本例中有了需求数据，我们就可以从初始趋势因子 T_t 等于 0 开始计算。为了计算 7 月的预测值 F_7，我们需要一个相对准确的趋势因子。

由于初始趋势因子为 0,2 月的调整预测值 AF_2 与指数平滑法计算的预测值相同（$AF_2 = F_2 = F_1$，且 $T_2 = 0$）。这样,我们从确定 3 月的趋势因子 T_3 开始,按如下公式计算 3 月的调整预测值 AF_3：

$$T_3 = \beta(F_3 - F_2) + (1-\beta)T_2 = 0.3 \times (38.5 - 37) + 0.7 \times 0 = 0.45$$

且 $AF_3 = F_3 + T_3 = 38.5 + 0.45 = 38.95$（台）

表 4.6 给出了 3 月和其他各月的调整预测值,7 月的预测计算如下：

$$T_7 = \beta(F_7 - F_6) + (1-\beta)T_6 = 0.3 \times (45.84 - 41.68) + 0.7 \times 1.04 \approx 1.98$$

且，$AF_7 = F_7 + T_7 = 45.84 + 1.98 = 47.82$（台）

表 4.6 调整的指数平滑预测

月 份	需 求	预测值 F_{t+1}	趋势因子 T_{t+1}	调整预测值 AF_{t+1}
1	37	37.00	—	—
2	40	37.00	0.00	37.00
3	41	38.50	0.45	38.95
4	37	39.75	0.69	40.44
5	45	38.37	0.07	38.44
6	50	41.68	1.04	42.73
7	—	45.84	1.98	47.82

4.3.3 线性趋势线

1. 线性趋势线的基本方程

线性回归是建立需求和引起需求变化的相关因素之间的数学关系的一种预测方法。因此,当需求呈现一种明显的与时间有关的趋势时,可以运用最小二乘回归或线性趋势线将时间与需求相关联来预测需求。

线性趋势线是建立因变量（需求）与自变量（时间）之间的线性方程：

$$y = a + bx \tag{4.6}$$

式中：a 为截距（第 0 期时）；b 为斜率；x 为期数；y 为第 x 期的预测值。

这些线性趋势线的参数可以采用线性回归的最小二乘法来确定：

$$b = \frac{\sum xy - n\overline{xy}}{\sum x^2 - n\overline{x^2}} \tag{4.7}$$

$$a = \overline{y} - b\overline{x} \tag{4.8}$$

式(4.7)和式(4.8)中：n 为期数；$\overline{x}$ 为 $\frac{\sum x}{n} = x$ 的均值；$\overline{y}$ 为 $\frac{\sum y}{n} = y$ 的均值。

案例 4.5 例 4.3 中的数据似乎呈现上升的线性趋势。公司希望能通过计算线性趋势线来比较线性趋势预测是否要比指数平滑法和调整的指数平滑法的预测更准确。

解：最小二乘法所需要的数据如表 4.7 所示。

表 4.7 最小二乘法所需要的数据

x（预测期）	y（需求）	xy	x^2
1	37	37	1
2	40	80	4
3	41	123	9
4	37	148	16
5	45	225	25
6	50	300	36

采用表 4.7 中数据，我们可以计算线性趋势线的参数如下：

$$\bar{x} = \frac{\sum x}{n} = \frac{21}{6} = 3.5$$

$$\bar{y} = \frac{\sum y}{n} = \frac{250}{6} \approx 41.67$$

$$b = \frac{\sum xy - n\,\overline{xy}}{\sum x^2 - n\,\overline{x}^2} = \frac{913 - 6 \times 3.5 \times 41.67}{91 - 6 \times 3.5^2} \approx 2.17$$

$$a = \bar{y} - b\bar{x} = 41.67 - 2.17 \times 3.5 \approx 34.08$$

因此，线性趋势线方程为

$$y = 34.08 + 2.17x$$

为了计算第 7 期（七月）的预测值，在方程中令 $x = 7$，则

$$y = 34.08 + 2.17 \times 7 = 49.27（台）$$

2. 季节性调整

季节性模式是需求重复增减的现象。许多产品的需求变化呈现季节性行为。服装销售每年都遵循季节性模式，如羽绒服的销售在冬季增加，而在春夏季下降；T 恤的销售旺季在春夏季上升。季节性模式可以每月、每周，甚至每天发生。例如一些商场晚上顾客人数多于白天，游乐场周末人数远远多于平时。

在时间序列预测中，有许多方法适合于带季节性变化的需求。例如，季节分解方法从数据中除去季节性模式的部分，并对这些处理过的数据应用上面列出的预测方法。与此相似，我们阐述一种利用季节性因子的简单方法。季节性因子是一个数值，将它乘以普通预测，从而得到季节性调整的需求预测。

一种确定季节性因子的方法是根据以下公式，将各季节的需求除以全年的需求。

$$S_i = \frac{D_i}{\sum D} \tag{4.9}$$

季节性因子在 0~1，它表示的是分配到每季的需求占整年需求的比例。这些季节性

因子以整年预测需求为分母,来调整每季需求预测。

案例 4.6 某商场糖果过去 3 年的销售记录如表 4.8 所示。很显然,销售旺季是每年的第 1 季度,预测未来一年的销售情况。

表 4.8 某商场糖果销售记录

年份	每季度的需求/吨				
	1	2	3	4	合计
2011	1.50	0.50	0.60	0.65	3.25
2002	1.90	0.70	0.90	0.85	4.35
2013	2.30	0.90	1.10	1.00	5.30
合计	5.70	2.10	2.60	2.50	12.90

解:

首先,分别计算每季度的季节性因子:

$$S_1 = \frac{D_1}{\sum D} = \frac{5.70}{12.90} \approx 0.442$$

$$S_2 = \frac{D_2}{\sum D} = \frac{2.10}{12.90} \approx 0.163$$

$$S_3 = \frac{D_3}{\sum D} = \frac{2.60}{12.90} \approx 0.201$$

$$S_4 = \frac{D_4}{\sum D} = \frac{2.50}{12.90} \approx 0.194$$

然后,计算出未来一年的预测需求。本例中,表 4.8 中数据看起来呈现上升的趋势,我们就用线性趋势线方法,根据这 3 年的历史数据建立预测方程并计算如下:

$$y = 2.25 + 1.025x = 2.25 + 1.025 \times 4 = 6.35(吨)$$

最后,计算 2014 年每季度的需求预测。计算过程及结果:

$$\text{SF}_1 = S_1 F_5 = 0.442 \times 6.35 \approx 2.807$$

$$\text{SF}_2 = S_2 F_5 = 0.163 \times 6.35 \approx 1.035$$

$$\text{SF}_3 = S_3 F_5 = 0.201 \times 6.35 \approx 1.276$$

$$\text{SF}_4 = S_4 F_5 = 0.194 \times 6.35 \approx 1.232$$

比较这四个季度的实际值和预测值,可以看出预测结果是比较好的,既反映了季节性影响,又反映了需求的上升趋势。

4.3.4 回归法

回归法是通过建立两个或多个变量之间的数学关系模型进行预测,重点是辨别变量和需求之间的关系。如果知道过去某种因素以某种方式引起模式变化,我们希望能辨识出这种关系,这样如果今后再发生同样的事,就能够预测需求的变化。

最简单的回归模型就是线性回归,之前讨论的线性趋势线预测就是线性回归模型。

现在我们讨论如何建立除了时间以外的其他变量与需求之间的回归模型。

1. 线性回归

线性回归是建立一个自变量与一个因变量之间的线性关系方程,分析二者之间关系的数学技术。线性方程形式如下:

$$y = a + bx \tag{4.10}$$

式中:Y 为因变量;a 为截距;b 为回归直线的斜率;x 为自变量。

我们希望利用线性回归模型进行需求预测,因变量 y 就是需求,自变量 x 就是与需求呈现线性关系的因素。

为了建立线性方程,我们必须先用最小二乘法计算斜率 b 和截距 a:

$$b = \frac{\sum xy - n\overline{x}\overline{y}}{\sum x^2 - n\overline{x}^2} \tag{4.11}$$

$$a = \overline{y} - b\overline{x} \tag{4.12}$$

式(4.11)和式(4.12)中:$\overline{x}$ 为 $\frac{\sum x}{n} = x$ 的均值;$\overline{y}$ 为 $\frac{\sum y}{n} = y$ 的均值。

案例 4.7 某物流公司想要对未来一个月的运输量进行预测。运输收入占该物流公司的最大部分,并且公司领导认为运输量与公司每月签订的大客户订单有直接的关系。表 4.9 是过去 8 个月的运输量数据。

表 4.9 某物流公司过去 8 个月的运输量

大客户数 x	运输量 y/吨
4	363
6	401
6	412
8	530
6	440
7	456
5	390
7	475

根据对市场行情和业务人员的反馈,公司决策者预测下月至少有 6 个大客户。根据以上数据,建立一个简单线性回归方程预测运输量。

解:

$$\overline{x} = \frac{\sum x}{8} = \frac{49}{8} = 6.125$$

$$\overline{y} = \frac{\sum y}{8} = \frac{3\,467}{8} = 433.375$$

$$b = \frac{\sum xy - n\overline{xy}}{\sum x^2 - n\overline{x}^2} = \frac{21\,677 - 8 \times 6.125 \times 433.375}{311 - 8 \times 6.125^2} \approx 40.609$$

$$a = \overline{y} - b\overline{x} = 433.375 - 40.609 \times 6.125 \approx 184.645$$

将 a 和 b 的值代入线性方程，得到

$$y = 184.645 + 40.609x$$

因此，对 $x=6$，预测运输量为

$$y = 184.645 + 40.609 \times 6 = 428.299(吨)$$

2. 相关性

线性回归方程中的相关性是用来衡量自变量和因变量之间的相关程度的。相关系数的计算公式为

$$r = \frac{n\sum xy - \sum x \sum y}{\sqrt{\left[n\sum x^2 - \left(\sum y\right)^2\right]\left[n\sum y^2 - \left(\sum y\right)^2\right]}} \tag{4.13}$$

r 的值在 $-1.00 \sim +1.00$，$+1.00$ 表示变量之间存在显著的线性关系。如果 $r=1.00$，自变量增加会相应地导致因变量线性增加。如果 $r=-1.00$，自变量增加会相应地导致因变量的线性减少。r 的值接近 0 表示变量之间几乎不存在线性关系。

我们可以确定案例 4.7 中线性回归方程中变量之间的回归系数：

$$\begin{aligned} r &= \frac{n\sum xy - \sum x \sum y}{\sqrt{\left[n\sum x^2 - \left(\sum y\right)^2\right]\left[n\sum y^2 - \left(\sum y\right)^2\right]}} \\ &= \frac{8 \times 21\,677 - 49 \times 3\,467}{\sqrt{(8 \times 311 - 49^2)(8 \times 1\,522\,475 - 3\,467^2)}} \approx 0.948 \end{aligned}$$

相关系数的值非常接近 1，这说明大客户数与运输量之间显著性相关。

另一个衡量回归方程变量之间相关性的指标是决定系数。它等于 r 的平方，表示自变量引起的因变量变化占整个因变量变化的百分比。在本例中，$r \approx 0.948$，因此决定系数为

$$r^2 \approx 0.948^2 \approx 0.8987$$

决定系数的值说明，运输量中 89.87% 受大客户数量的影响。如果决定系数是 1 或 100%，则说明运输量完全由大客户数决定。但预测是有一定误差的，决策者在进行决策时要综合多方面因素。

4.4 预测准确度检验

预测不可能完全准确，预测值总会和实际需求有一定的偏差。预测和实际需求之间的偏差称为预测误差。尽管预测误差是不可避免的，预测的目标还是尽可能降低预测误差。较大的误差可能是因为选错了预测技术，或是需要调整参数。

衡量预测误差的方法有很多。本节我们将介绍几种常用的方法：平均绝对偏差、平均

绝对偏差率、累积误差和平均误差。

4.4.1 平均绝对误差

平均绝对偏差（MAD），是一种最常用、最简单的衡量预测误差的方法。平均绝对偏差是预测和实际需求之间差额的均值，计算公式如下：

$$\text{MAD} = \frac{\sum |D_t - F_t|}{n} \tag{4.14}$$

式中：t 为时期数；D_t 为第 t 期实际需求；F_t 为第 t 期需求的预测值；n 为总期数；

案例 4.8 在案例 4.3~4.5 中，根据公司的历史需求数据，采用的预测方法分别是一次指数平滑法、调整的指数平滑法和线性趋势线。公司可以采用 MAD 来比较这些预测方法的准确性。

解：表 4.10 给出了针对一次指数平滑法计算 MAD 的一些必要数据。

表 4.10 一次指数平滑法计算 MAD 的相关数据

预测期	实际需求 D_t	预测值 F_t	误差 $(D_t - F_t)$	$\lvert D_t - F_t \rvert$
1	37	—	—	—
2	40	37.00	3.00	3.00
3	41	37.90	3.10	3.10
4	37	38.83	−1.83	1.83
5	45	38.23	6.72	6.72
6	50	40.29	9.69	9.69

根据表中数据，MAD 计算如下：

$$\text{MAD} = \frac{\sum |D_t - F_t|}{n} = \frac{24.34}{5} = 4.868$$

因为第一期预测值我们没有考虑或设定其为实际值，所以只计算第 2~6 期总共 5 期的 MAD。MAD 的值越小，预测准确度越高。本例中，MAD 值是 4.85，相对实际需求来说比较小。总的来说，可以认为 MAD 是比较小的，也就是说，预测看起来比较准确。但是，如果实际需求值很大，达到上千或上万级，我们就不能直接比较 4.868 与 4 868，然后认为前者比较好，后者比较差。预测准确性除了 MAD 值，还有赖于原始数据的数量级。

同样的方法，我们也可以计算出其他预测方法的 MAD 值，计算结果如下：
调整的指数平滑法：MAD=4.464
线性趋势线：MAD=2.144
由此可见，线性趋势线的 MAD 值 2.144 最小，因此我们认为该方法是最准确的。

4.4.2 平均绝对偏差率

平均绝对偏差率是绝对偏差与总需求的百分比。它能够解决 MAD 遇到的预测准确性相对于需求与预测的数量级问题。平均绝对偏差率计算公式如下：

$$\text{PMAD} = \frac{\sum |D_t - F_t|}{\sum D_t} \tag{4.15}$$

根据案例 4.8 的数据,采用一次指数平滑法的 PMAD 计算如下:

$$\text{PMAD} = \frac{24.34}{250} \approx 0.097$$

百分比越低说明预测准确性越高,其他两种方法的 PMAD 值为

调整的指数平滑法:PMAD=0.089

线性趋势线:PMAD=0.043

由此可见,线性趋势线的平均绝对偏差率最小,其预测准确性最高。

4.4.3 累积误差

累积误差就是预测误差之和,计算公式如下:

$$E = \sum (D_t - F_t) \tag{4.16}$$

正值表示预测值可能是大部分低于实际需求值,负值表示预测值可能大部分高于实际需求值。

根据表 4.10 中给出的一次指数平滑法各期的预测误差,可以计算出累计误差,计算方法及结果如下:

$$E = \sum (D_t - F_t) = 20.68$$

累积误差是正的,并且表中只有一期是负数,其余各期误差均为正数,这表明本例中预测值一般是低于实际需求的。其他预测方法的累积误差如下:

调整的指数平滑法:E=15.44

线性趋势线:E=−0.8

4.4.4 平均误差

与累积误差类似的一个评价预测准确性的指标是平均误差或偏差。它等于累积误差除以总期数。

$$\bar{E} = \frac{\sum (D_t - F_t)}{n} \tag{4.17}$$

例如,一次指数平滑法的平均误差计算如下:

$$\bar{E} = \frac{20.68}{5} = 4.136$$

因为第一期预测值我们没有考虑或设定其为实际值,所以总期数为 5。

平均误差的含义与累积误差相似。正数表示预测值一般是低于实际需求的,负值则表示预测值通常高于实际需求。如果接近 0,则意味着预测几乎没有偏差。

最后,根据以上几种检验方法,比较各种不同的预测方法,从而找出最优的预测方案。

需求预测在物流运作的各个方面都起着举足轻重的作用。影响商品需求的因素包括商品的价格、收入水平、客户的偏好、相关商品的价格、社会预期等。需求预测具有时间性、科学性和局限性的特点,期限越短,需求预测的误差越小,综合预测比单项预测的准确度更高。根据预测时间的长度,需求预测可分为短期需求预测、中期需求预测和长期需求预测。定性预测方法包括集合意见法、德尔菲法、市场调查法、对比类推法、主观概率法等。定量预测方法包括移动平均法、指数平滑法、线性趋势线、回归法等。评价需求预测的准确度可以使用平均绝对误差、平均绝对误差率、累积误差、平均误差等指标。

预测并不容易,百分之百的准确性是不可能的。但随着大数据、云计算等技术的发展和应用,需求预测的准确性会不断提高。

1. 如何理解需求预测的特点?
2. 如何提高需求预测的准确度?
3. 什么是定性预测方法?何时是适用的?
4. 比较简单移动平均法、加权移动平均法和指数平滑法的特点。
5. 如何能够让移动平均法对于需求的变化更加敏感?
6. 如何能够让指数平滑法对于需求变化更加敏感?
7. 请对回归分析法的适应情况以及优缺点作简要说明。
8. 组织选择预测方法的依据是什么?

1. 某种产品过去一年的月度需求数量如下表所示。请分别使用3、4作为移动平均预测法的数据周期长度预测下一个周期的需求数量,并比较采用哪种时间周期长度进行预测的结果比较准确。

月份	1	2	3	4	5	6	7	8	9	10	11	12
需求	40	20	25	35	42	38	48	50	52	56	65	80

2. 某产品过去一年的月度需求数量如下表所示。公司决定使用指数平滑法,选取一次平滑系数为0.4,对第一个月的初始预测为104个产品单位,请对下一月的需求作出预测。

月份	1	2	3	4	5	6	7	8	9	10	11	12
需求	108	120	90	85	75	92	84	110	102	80	125	98

3. 某乐器商店的销售经理认为,大鼓的需求也许与受欢迎的某摇滚乐队在每一期电视演唱次数有关。该经理收集了如下表所示数据。

大鼓需求	3	6	7	5	10	8
电视演唱次数	3	4	7	6	8	5

要求:(1) 用最小二乘法求出预测方程。
(2) 如果上月某摇滚乐队电视演唱次数为9次,你预测大鼓销量是多少?

 案例

天猫"水晶球"

"天猫"原名淘宝商城,是一个综合性购物网站。2012年1月11日,淘宝商城正式宣布更名为"天猫",其整合数千家品牌商、生产商,为商家和消费者之间提供一站式解决方案。2014年2月19日,阿里集团宣布天猫国际正式上线,为国内消费者直供海外原装进口商品。2018年11月26日,天猫升级为"大天猫",形成天猫事业群、天猫超市事业群、天猫进出口事业部三大板块。

2018年5月,在天猫消费电子生态峰会(TES)上,天猫发布行业首个可精准预测销量的产品"水晶球"。该产品由天猫资深算法专家周虎成所带领的15人算法团队和浙江大学管理学院霍宝锋团队合作研究,通过上百次的创新算法预测角度以及多次选用不同特征因子,"水晶球"终于成功问世。"水晶球"可以为品牌商提供未来滚动365天,基于货品、货品分仓等维度的销售预测。商业预测的"钥匙",正被算法专家们掌握,行业、类目、品牌、店铺、商品,数据颗粒度从粗到细,日、周、月、年,预测时间周期也不断拉长。

"水晶球"的公众首秀,是针对海尔、美的、西门子、Kindle等10大品牌在4月9日至5月6日期间的店铺销量进行预测。这个时间段包括了"五一"节促销。4月9日,数据提请公证处公证,28天后,真实销量出炉,"水晶球"平均预测准确度达到91%,SKU(库存量单位)维度的周销售量精确度也比传统预测高几倍,已经处于世界先进水平。依靠误差很小的预测数值,天猫智慧供应链不只希望支持品牌方采购补货、规划生产,还希望未来可以推动品牌方开仓、搬仓的计划。

浙江大学管理学院教授霍宝锋认为,供应链预测包括库存(生产)预测、需求预测、智慧供应链预测三个层次。随着技术与商业模式的变革,库存精准预测变得非常艰难。供应链预测转向了需求预测,精准的需求预测能助力库存预测,降低供应链成本。但对于需求的精准预测难度较高,首先,是脉冲式消费需求,在"双十一""6·18"等促销时,消费者的需求是井喷式的,且每次大促销会创出历史新高,在这种需求变化下,想要达到精准预测十分困难。其次,在新零售与全渠道的背景下,随着消费全景化,消费者可以在各种渠道以各种方式接触到商品,并以各种方式购买和获得商品,商家要完全预测需求更是变得难上加难。

过去的销量预测主要是基于历史数据针对传统商品进行的,所以在面对脉冲式促销

和快速发展的消费电子行业时比较乏力。没有精准的销量预测信息，商家只能大量备货或面临缺货风险，这就造成很高的供应链成本，而成功进行智慧供应链预测，就能避免上述风险。周虎成表示，"水晶球"的一大优势在于比较擅长预测由大促销引发的"脉冲式"消费。霍宝峰表示，"水晶球"全面整合了库存预测和需求预测，是供应链预测的一次突破，并且天猫作为平台商将对销量数据的精准预测传递给商家，协调商家的库存预测及管理，是非常优秀的供应链整合者。

天猫消费电子事业部供应链中心总经理提到，数据模型的搭建只是一部分，准确地预测还要靠各种商业因子的输入，只有算法、平台、品牌商三者融合，才能真正实现销售预测的本质且引领消费趋势。这些商业因子的来源，包括基于消费需求的研究，用户分层和需求的主动满足，模型中包括用户信息、流量趋势、曝光精准度、点击、转化、复购等一系列数据，同时也包括品牌商的价格策略、平台的营销计划等。

"水晶球"尚处起步阶段，天猫智慧供应链接下来要做的工作之一，是将算法平台变成产品界面，与品牌商深度合作，达成拥有一致目标的战略联盟；在货品、价格、库存等多方面信息共享；最后，实现流程协调。

（资料来源：根据公开资料整理）

第 5 章

库 存 管 理

本章将对组织保有库存的原因以及库存给组织带来的问题进行介绍,对库存系统的构成和组织面临的库存问题进行描述。同时,本章还将介绍库存控制方面的一些量化模型。主要包括:库存的总量控制、连续库存管理系统、间隔库存管理系统、一次性订货系统和物料需求计划系统。并将讨论库存系统的约束和限制问题。

通过本章的学习,读者将具备下列能力:
- 理解组织保有库存的原因以及库存对组织的不利影响;
- 了解库存的类型和库存价值的核算方法;
- 掌握库存的总量控制方法;
- 掌握不同库存系统的建立方法;
- 理解存在约束或限制的条件下,库存系统的建立方法;
- 了解供应链中的库存管理技术。

5.1 库存概述

5.1.1 库存的基本含义

1. 库存与存货

在现在社会的所有组织中,我们到处都可以看到存货。存货(stock)是指将来按预定目的使用而暂时处于闲置状态的物品或商品。例如,制造企业为了生产产品,需要购买原材料及消耗品,并将它们储存起来,以保证生产过程能够连续不断地进行;零售商店为了能够不断满足顾客的购买需求,需要从制造商或批发商处购买商品并进行储存;学校、事业单位和政府机构等需要购买办公用品进行储存,以保证教学和办公用品的正常消耗;水库在每年雨季到来的时候要储存大量的水资源,以保证全年农业生产和人民生活的用水需求;银行要储存一部分现金,以应对储户每天对现金的需求;等等。因此,任何一个组织,无论在任何时间,只要它拥有不会被马上消耗的物品,则都属于存货的范畴。

与存货的含义比较接近的另外一个术语是库存。库存(inventory)是指存储的一系列物品。"存货"与"库存"两个术语从严格意义上讲有不同的含义。但是,近年来,人们常常把存货和存储的一系列物料都统称"库存",由于这种用法变得越来越普遍,这两个术语现在也逐渐变得通用起来。在本书中,我们使用"库存"这一术语,它与"存货"的含义相同。

库存中的每一个单品都代表着许多存货中某一种特有的物料种类。比如说,在一家超市门店中,"750 毫升瓶装农夫山泉矿泉水"代表的就是一个特有的存货种类,它专指750 毫升瓶装的农夫山泉矿泉水这种商品。同时,在这家超市存货单品中还可能会有"1 升瓶装农夫山泉矿泉水""5 升瓶装农夫山泉矿泉水""1 升瓶装雀巢矿泉水"以及其他每一种在这家超市中销售的商品。一般情况下,一家大型超市会拥有 30 000 种左右的库存单品。

库存不仅普遍存在,而且表现形式也会有差别。在有些情况下,库存表现为一些有形的、可识别的货物,在另一些情况下,也可以表现为不太明显的甚至是无形的东西。例如银行所持有的现金储备、水库的蓄水、燃气公司的燃气储备、运动队可用的替补队员以及影剧院中的可用座位等,这些库存都是有形的。而一些科研机构的信息储备、咨询师们所积累的经验、大学所积累的知识财富等则是无形的、人们看不到的库存。无论是有形的库存,还是无形的库存,它们都需要相同的管理体系。

2. 库存周期

各类组织之所以保持库存是因为组织采购了物料之后,并不会马上使用这些物料。一般的做法是采购组织向供应商采购物料,这些物料通过运输工具被送到采购组织的仓库,仓库管理人员对这些到达的物料进行检验、分拣,然后被放置到仓库的货架上,等待客户将其买走。当库存降低到一定水平时,采购组织就会安排第二次的采购和送货活动。

库存周期是指从补充的库存到达仓库开始一直到库存消耗到一定水平,新的订货发出之间的时间。

为了能够不断满足市场的需求,在库存周期中库存的补充和库存的减少这两种情况将会持续不断地出现。在通常情况下,每一个库存周期中都具备以下一些要素。

(1) 一个从供应商处采购某种商品的采购组织。

(2) 在约定的时间实施送货。

(3) 如果这些商品没有被立即投入使用,采购组织将对它们实施存储,对库存进行补充。

(4) 内部或外部的客户对商品提出需求。

(5) 商品从库存中取出,以满足客户的需求。

(6) 在某个时间点上,库存降低到一定水平时,采购组织就要安排第二次的送货。

在通常情况下,由于来自供应商的送货具有大批量、少频率的特点,而客户的需求却是批量小、多频率的特点,所以,库存水平的变化会呈现如图 5.1 所示的特点。

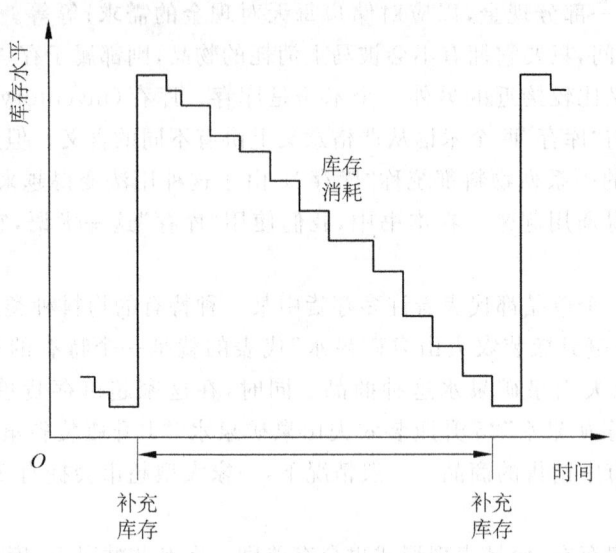

图 5.1 一个库存周期内的库存变化情况

供应商指的是能够提供所需商品的任何组织或部门,客户指的是需要某种商品的任何组织、部门或个人。供应商和客户既可以是来自组织内部,也可以是来自组织外部。库存周期的长短根据具体的产品特点和需求情况而定,有时候可以相差很大,有的产品的库存周期只有几小时(如鲜活农产品,像蔬菜、鱼、虾等),而有的产品的库存周期可以长达几十年(如黄金制品、一些矿产等)。

5.1.2 库存的功能和弊端

每个组织究竟是不是需要保有库存?库存具有哪些功能?尽管各个组织保有库存的原因很多,但是,近年来,也有许多人对组织保有库存提出了批评,认为组织没有必要保持库存,将库存看成是组织的一种浪费。因此,了解库存具有哪些功能以及库存给企业带来的问题十分重要。

1. 库存的功能

组织保有库存的原因与组织正常运营、客户服务以及由库存带来的成本节约直接有关。具体来讲,库存的功能主要体现在以下四个方面。

1) 时间性功能

任何物品在到达最终消费者之前都要经过漫长的生产和流通过程。从原材料采购、物品生产到成品流通都需要时间,而每一位消费者都不愿意等待如此长的时间。如果组织保持有库存,就可以缩短消费者等待的时间,满足需要。物品的生产周期越长,流通条件越差,库存保持的时间就越长。例如,一家蛋糕店就需要保有蛋糕的库存。其原因是烤蛋糕需要一定的时间,而消费者往往不愿意等待。他们总是希望一到蛋糕店,就可以买到蛋糕。这就要求蛋糕店的工作人员必须对工作进行事先安排。如果蛋糕店能够准确地知道消费者来购买蛋糕的具体时间，那么蛋糕店的工作人员就可以对烤制蛋糕进行计划，使得蛋糕在最佳的时间出炉。如果能这样，不但有利于蛋糕店减少库存，并且可以为客户提供最新鲜的蛋糕，同时，还有利于解决面包的剩余、腐败变质的问题。然而事实上，蛋糕店根本无法准确地得知什么时间消费者会来以及消费者究竟需要多少蛋糕。从总体看来，在消费者前来采购的时间和数量方面，通常都会有变化的特点和不可知性，这样，就要求蛋糕店要事先烤好蛋糕，并把蛋糕摆到货架之上，等候消费者上门购买。除此以外，还有一个问题，这就是批量地制作蛋糕的规模效益与消费者小批量购买之间的矛盾。库存的出现，也有利于解决供给的最佳批量和需求的实际批量之间存在差异的矛盾。

2) 分离功能

库存的分离功能是指库存可以把本来相互连接、相互依赖的各环节分离开来，使每一环节都能以最经济的方式运行。原材料库存把供应商和制造企业分离，半成品库存把各个生产环节分离，成品库存把制造企业和采购商、供应商和消费者分离。我们用一个组装流水线中两个连续的操作环节进行分析。在理想状态下，第一个操作环节制造了一个部件，随后把该部件发送给第二个操作环节进行处理。随着部件的到来，第二个操作环节就会立即开展工作。但是，如果第一个操作环节生产出的是废品，或者这个部件有毛病，或者由于某种原因，该部件未能被及时地传递到第二个操作环节，这时，第二个操作环节就会出现无事可做的情况。避免这种情况出现的方法，就是储备一些第一个操作环节生成的在制品。一旦出现上述问题，下游的操作环节就可以利用这些存货进行工作。也就是说，库存可以将本来相互关联的各个环节分离成各自独立的部分，可以使每个部分以本身最经济的运行规模和节奏进行运作。

3) 缓冲功能

库存在生产环节和销售环节之间起缓冲作用，这就使得生产和销售不一定需要形成密切的匹配。这样做可以带给企业两大好处：第一，相对于变幻不定的生产来说，均衡的生产由于拥有从容和固定的计划与步骤、标准化的工作流程、变动较少等优点，因而能够实现更高的生产效率。第二，企业不需要为了应对销售高峰而配备大量的生产能力，因而不会在销售低潮时出现机器设备闲置、生产效率低下的问题。企业的产量和市场需求量之间的矛盾可以通过库存的调整来解决。当企业的产量大于需求量的时候，库存水平上升，当产量小于需求量的时候，库存水平下降。库存的变化既可以针对制成品进行调整，也可以通过调解各个生产环节的速度，对在制品进行调整。

4) 经济性功能

保持库存虽然会产生一些成本，但是也会间接降低其他方面的运营成本，从而有可能达到综合成本的节约。首先，保持库存可以使生产的批量更大、批次更少、运作水平更高，因而产生一定的经济效益；其次，持有库存有助于组织进行大批量的采购和运输，从而获得价格折扣和运输规模效益；再次；在产品市场价格较低时进行提前购买，也可以获得产品涨价带来的经济利益；最后；保有库存可以降低一些像自然灾害、需求突然增加、供货延误等突发事件对组织的影响，使组织运行更加平稳。

库存具有的上述功能使得保有库存的各类组织具有以下的能力。

(1) 能够满足大于预期的需求，或者满足未能预期的时间点的需求。
(2) 能够允许延迟到货或者到货数量低于预期的出现。
(3) 能够允许在供给的最佳批量和需求的实际批量之间存在差异。
(4) 在相邻的操作环节之间提供缓冲作用，降低相互的关联性。
(5) 可以避免出现向客户送货延迟的情况。
(6) 可以通过大批量订货而获益。
(7) 可以在商品价格较低的时候进行采购。
(8) 可以采购那些即将停产或者不易购买到的商品。
(9) 可以实施整车运输，从而降低运输成本。

2. 库存的弊端

人们反对持有库存的原因是因为库存还会给组织带来一些负面的影响，这些影响集中体现在以下三个方面。

1) 库存占压资金

库存是企业的流动资产，大量的库存会占压企业的流动资金，影响组织资金的周转，从而影响组织的运行效果。据统计，组织的库存占压资金一般占流动资金的40%~60%。库存越多，其占压的流动资金越多，企业的流动资金的周转率就越低，对组织经济效益的影响就越大。组织如果实现零库存，则能够节省大量流动资金的占用。

2) 库存会产生成本

库存需要占用储存空间，增加固定资产的投资和固定成本的支出；库存的管理需要人力、物力的耗费，增加组织的管理成本和产品成本。这些成本主要包括占用资金的利息、仓库费用、搬运费用、管理人员费用、丢失或被盗的风险、库存物品变旧、质量发生变化而导致价值降低等。据统计，一般库存成本占库存价值的30%。

3) 库存掩盖企业存在的问题

库存是企业经营管理过程存在问题的缓冲剂。库存的存在，使得组织经营管理中存在的许多问题不能及时暴露出来，影响了问题的及时解决，不利于组织经营管理水平的提高。例如，库存过多，就会掩盖经常性的产品或零部件的制造质量问题，掩盖工人的缺勤问题、技能水平差的问题、劳动纪律松弛和现场管理混乱问题，掩盖供应商的供应质量问题、交货不及时问题，掩盖企业计划安排不当问题、生产控制不健全问题，等等。总之，生产经营中的诸多问题，都有可能用高库存掩盖。而问题如果不暴露出来，就不会有压力和动力去改进。反过来，如果库存水平很低，所有问题就会立刻暴露出来，迫使企业去改进。

5.1.3 库存的种类

库存的类型很多，我们可以从不同的视角来看待库存。

(1) 从库存作用的视角来看，库存包括经常库存、安全库存、季节库存和在途库存四种类型。

经常库存是企业在正常的经营环境下为满足日常的需要而建立的库存。在每一期初，经常库存处于最高水平，随着需求的发生，库存不断减少，直到库存水平降为零。在库存还没降到零之前,新的订货将被启动,于是在还没发生缺货之前就会完成补充。

安全库存是为了防止不确定因素对库存的影响而建立的。在一个订货周期内,如果由于不确定因素的发生而导致更高的需求或导致更长的订货周期,安全库存将会发生作用。

季节库存是为了调节商品生产与商品销售在季节上的差异而建立的。

在途库存是企业已取得商品的所有权,但尚处于运输、检验、待运过程中的商品。在途库存也是企业的资产也要占压企业的资金,但暂时又不能使用,因此需尽量减少这一部分库存。电子订货的普及导致企业订货的批量更小、订货周期更短,这就使得在途库存在总库存中的比重将趋于更大,因此库存管理也将更大的注意力集中在在途库存的数量和各种影响因素上。

(2) 从库存商品的形态进行观察,组织内的库存包括原材料的库存、消耗品的库存、在制品的库存和制成品的库存四种类型。

原材料的库存:是组织从供应商处采购来的,在组织内进行储存,直到投入组织的生产活动的物品。

消耗品的库存:是组织从供应商处采购的,并在组织内进行储存,随着组织运营不断消耗的商品。

在制品的库存:是生产组织特有的库存,是指生产组织内部各环节之中操作用的半成品。

制成品的库存:是指生产组织完成生产过程,准备发给下游客户的成品。

不同组织保有的库存种类会有所不同。像零售组织或者批发组织都属于流通组织,流通组织只需要保有消耗品和制成品的库存,而生产组织则需要拥有上述四种类型的库存品。同时,上述分类也不是绝对的,一个组织的制成品可能会是另一个组织的原材料,因此,在供应商处的制成品库存,如果销售给下游的生产商,就变成了生产商的原材料库存了。举一个简单的例子,李宁体育用品有限公司专门生产体育用品,其中包括运动服装、鞋帽等。该公司原材料有棉布、织物、拉锁等,在制品是那些在各个生产环节中的半成品,制成品是那些准备发往客户的成品,消耗品是那些为了保证公司正常运营的文具、清洁用品等。

5.1.4 库存的意义

在不同的行业和组织中,库存的具体方式有着天壤之别。建筑用材料如沙子和沙砾,需要较大面积的存储区域,但是通常不需要特殊的照料;而对于那些价值较高的物料如黄金和钻石,则不需要太大的存储空间,但是需要采取严密的安全措施;容易腐败的物料如鲜活易腐产品,需要特殊的存储方式;而对于信息来说,则要求具备大量存储能力的同时,还要求具有快速搜索、分类和可以恢复的能力。除上述区别外,我们还可以发现,库存在所有的组织中都起着相当重要的、甚至本质性的作用。如果没有库存,对于任何一个组织,其后果都是不可想象的。最起码来讲,库存可以使得整体运作变得更为有效,生产率更高。库存有利于缩短订货至交货周期,提高物料的可得性,从而在客户服务、客户满意度以及产品的客户认同价值方面得到提高。此外,库存还会影响到运作成本,提高利润率、资产回报率、投资回报率以及其他一系列评估企业财务状况的指标。同时，库存还将在更为广泛的范围内，通过对最佳订购批量、存储位置以及存储设施等手段对运作造成影响。由于要考虑到存储要求、安全、卫生以及环境方面的因素，因此，库存有时会有一定的风险性。另外，库存还会促进其他一些组织，如提供特殊服务的供应商和中间商的发展。

总之，如果没有库存，各种组织就无法正常运作。然而，问题的关键并不在于是否持有库存，而在于如何对需要持有的库存进行管理。

5.2 库存管理的目标及方法

5.2.1 库存管理的目标

1. 库存管理的目标体系

各类组织的库存管理人员希望在需要的时候取得所需要的物料，并且希望能够对成本进行控制。从更广泛的意义上看，每个组织都需要建立三种类型的库存管理目标，从而形成组织的库存管理目标体系。第一种目标是建立在供应链的立场上，以库存管理致力于整个供应链中物料的有效流动为目标；第二种目标是站在一个组织的立场上，以库存管理支持物流运作，从而促进该组织整体目标的实现；第三种目标是站在库存管理职能的立场上，当库存管理人员对物料产生需求的时候，要确保物料的顺利到位。

大多数组织的库存管理人员都是在上述目标层级和决策的指导下进行工作的。有些决策非常重要，其影响会长达几年的时间，而有些决策则显得不太重要，其影响也许只能延续几天或者几个小时的时间。依据这些决策的重要性高低，可以把它们分成三种类型：第一种类型：战略性决策。其主要针对组织的整体运作指明方向，涉及组织较多资源的利用，具有较高的风险性。第二种类型：战术性决策。其主要关注中期战略的实施，比较具体，涉及的资源较少，风险性适中。第三种类型：操作性决策。其主要关注短期战略的实施细节，也更加具体，涉及的资源最少，风险最低。

通常情况下，组织的库存管理目标的制订过程是这样的：首先，处于组织较高层次的组织整体战略规定了组织的发展目标，而处在较低层次的物流战略则是为支持和保证高层目标的顺利实现而进行的物流运作。然后，更低层级的战术性和操作性决策是关于物流战略的具体实施。库存管理涉及组织各个层级的决策问题，上到组织的物流战略的一部分，下到物流战术决策的一部分。例如，一个组织的经营战略规定，在某些产品领域里，该组织要成为最低成本的供应商。为了保证这个经营战略的顺利实现，物流战略就相应地要求把物流成本降至最低，库存管理人员就会尽可能地降低库存成本。如果组织的经营战略要求向客户快速供货，那么组织的物流战略就会相应地要求把库存定位在距离客户较近的地点，库存管理的决策也会体现出快速供货的要求。

战略性决策、战术性决策和操作性决策之间，并不存在明显的界限。例如，在制订仓库的建设规划时，库存水平是一个战略性的问题，然而，在考虑对库存的投资时就变成了一个战术性问题，在决定某一周的订货数量的时候，又会成为一个操作性的问题了。总之，组织的整体战略涉及各个层次上的一系列的相关决策问题，而且，库存的相关决策要与组织的整体发展方向相一致,以保证整体目标的顺利实现。

2. 组织发展战略与库存管理目标

各类组织的经营战略规定了其库存管理决策的基调。迈克尔·波特于1985年提出了组织发展的三种基本经营战略:成本领先战略、差异化战略和集中化战略。

成本领先战略和产品差异化战略是其主导性战略,这两个战略派生出了供应链中的精益战略和灵活战略。精益战略追求减少供应链中各环节的浪费,力求以最少的人力、资金、时间、设备和库存等资源的消耗进行运作。追求精益战略的组织将库存水平过高看作一种组织资源的浪费,并且是组织内部其他浪费的根源。例如,如果一个组织的采购环节出现问题,可能会造成大量原材料的积压,生产过剩也会导致组织成品库存水平的提高。生产作业中的瓶颈现象或者作业周期过长,会造成在制品库存的水平过高,供应商的不可靠也会导致原材料库存水平过高,发货计划的不周密会造成制成品库存水平过高。此外,物流质量有问题往往会引发整个组织内的库存水平过高等。精益战略的运作实践证明,降低组织的库存水平不但可以直接降低组织的经营成本,而且可以发现组织运作中存在的问题。随着组织存在问题的被解决,组织的整体运作绩效也会得到提高。

供应链的精益战略将工作的重点放在组织运营成本的降低方面。但是,面对外界环境的不断变化、市场竞争越来越激烈以及客户要求的不断升级,精益战略存在着诸多不够适应的地方。由此,灵活战略应运而生。灵活战略包括两项基本内容:第一,组织要具备快速反应的能力,采取灵活战略的组织必须密切关注客户的需求,对需求的变化作出快速反应。第二,要具备根据客户的具体需求进行客户化处理的能力。灵活战略的核心是客户的满意,为了实现客户满意,即使有时不得不付出高额的成本,也在所不惜。

从表面上看,精益战略与灵活战略的目标是截然相反的。精益战略关注成本的最小化,把客户服务水平视为障碍;灵活战略提倡客户服务水平的最大化,把成本看成是障碍。但在实际的运作中,可以通过新技术和新方法的采用,同时实现两个战略的目标。例如,如果一个供应商与其客户之间建立了EDI链接,其结果是既可以降低成本,同时又提高了客户服务,也就是同时实现了精益战略和灵活战略。这两个战略的共同点都是把客户满意和成本水平看作运作中的关键因素,都要在这两个因素之间进行合理的平衡。实际上,处理好这两个战略的关键就在于如何找到这个平衡点。

5.2.2 库存价值的核算

在组织的会计核算中,库存通常是以现有资产的名目出现的。由于库存的价值会直接影响企业的总体价值和绩效水平,因此,准确地掌握库存价值,对于一个组织来讲,是十分重要的。总体看来,人们可以通过库存的单位价值和库存的数量相乘来计算库存的总体价值。然而,由于库存数量是不断变化的,因此,人们只能通过某一点或者某一段时间内的库存平均值,反映出总体库存的价值。此外,由于库存通常会被企业持有一段时间,因此,库存价值还会受到通货膨胀、折扣、品质变化、供应商的不同、产品品种和特点的不同、贸易方式和条款的不同等因素的影响。人们也可以使用商品在某一时点的市场价格,而不是采购价格进行判断。但是采取这种做法会进一步加大库存价值的不确定性。那么,如何才能准确地判断出库存的价值呢?一般可以用以下四种方法来加以判断。

1. 实际成本法

如果一个组织在几种产品上持有存货,那么就可以准确地判断出每一种产品的实际成本。例如,在汽车展示厅中的库存车辆只有为数不多的几辆,那么我们就可以准确地判断出每一辆汽车的实际成本。这种做法有两个优点:一是准确;二是能适应变化了的情况,即使某一款汽车的价值发生了变化也会准确地在存货价值方面反映出来。但是,这种做法也有一定的缺点,需要我们对每一款产品来加以确定和查询。此外,这种做法还把关注的重点放在每一个产品的最初价值上,而不是市场价值上。对于绝大多数的组织来说,产品的周转量太大,因此,它们往往会使用基于产品的平均成本的一些方法来进行计算。

2. 先进先出法

先进先出法是一种普遍采用的做法。该方法假定那些购进时间较早的库存会被首先使用,这样的话,库存的价值就会根据最后购进的库存的价值加以确定。这种方式可以准确地反映出市场提供的替代价值(replacement cost),但是,对于那些价格涨幅较大的物料的价值,将会产生过高的估计。我们无法保证客户会根据涨价后的价格支付款项。同时,存货价值的上扬还会影响到企业的整体绩效,降低资产回报率。

3. 后进先出法

与先进先出法正好相反,后进先出法是假定那些最后购进的库存将会被首先使用。对于煤炭库存来说,这是一个较为合理的做法。由于后进先出能假设在库存中始终包含首先购进的商品这一缺点,因此,后进先出法并没有得到广泛的认同。库存产品的价格一旦出现上涨,那么库存价值就会被低估。然而,在某些情况下,对于企业来说,这样做有利于合理避税和提高资产回报率,因此,这也是一个比较吸引人的做法。

4. 加权平均成本法

这种方法通过计算出一段时间内所有采购商品的平均价值,以此作为全部库存的单位平均值。具体的做法是,把一段时间内的所有交易金额相加,除以采购商品的实际总体数量,得出单位库存的加权平均价值。该方法的优点在于简便实用,只需要在一个会计周期内进行一次计算,就可以得到一个较为合理的库存价值。该方法的缺点是,如果库存的实际价值出现上升,由于以前采购的商品将会使当前的价值降低,因此,通过该方法得到的结果就低估了实际的情况。

库存价值的核算方法十分重要,不同的核算方法得出的库存价值不同。另外,库存价值还会对其他一些指标如利润率等产生影响。先进先出法假设首先售出的是那些最先运到的库存物品,通常这些库存物品的成本是最低的。而后进先出法的假设条件是首先售出的是最后运到的库存物品,成本通常比较高。因此,采用先进先出法核算出的利润率要比采用后进先出法得到的利润率高。

5.2.3 库存成本的类型

有库存,就必然会产生成本。在有些情况下,较低的库存水平可以为组织带来最小化的成本。但是在另外一些情况下,较低的库存水平也会造成商品的短缺,使组织的整体运作中断,从而产生更大的机会成本。因此,有必要了解与库存相关的成本,以寻求使总成本最低的方法。通常情况下,库存成本主要分为四种,即购进成本、再订货成本、库存持有成本和缺货成本。

1. 购进成本

购进成本是供应商向客户收取的销售商品的总价款,或者是客户采购商品所支付的价款。其包括商品的销售成本、运输装卸费用及装运过程商品的损耗等。购进成本与购进的商品品种、规格、购买地点、运输方式、运输路线等直接有关。当商品是从外部购买时,其购进成本是商品的购进数量与单位商品的购买成本的乘积;当商品采用自己制造时,其购进成本是商品的生产总量与单位商品的生产成本的乘积。在库存总成本中之所以要考虑购进成本,是因为它要占压企业的资金,要支付利息,要影响资金的周转。

2. 再订货成本

再订货成本是针对某种产品再次订货所发生的成本,其包括制作订单的相关费用、通信费用、订购手续费、催货跟踪费、收货费等。再订货成本不包括第一次采购时所发生的成本,因此,不包括对供应商的选择、检查产品的质量、询价以及谈判等所发生的成本。再订货成本与每次的订货量无关,只与订购的次数有关。再订货成本的影响因素很多,所以,很难准确地计算每一订货的订购成本。在实际工作中,通常采用估算的方法,也就是采用采购部门的年采购总成本除以年订货次数得到。

在企业自己制造产品时,每一个产程的启动都会产生准备成本,它包括相关的文件档案成本、重新配置设备时产生的机会成本、操作人员的闲置成本、试车时产生的测试物料的成本、试运行时生产效率较低所造成的机会成本等。

3. 库存持有成本

库存持有成本是指一定时间内,在库存中持有一个单位的某种产品所产生的成本。一般计算库存持有成本的时间是 1 年。库存持有成本一般包括资金占压成本、仓库保管费用、库存品的保险费、库存品的损耗费等。库存持有成本与组织的每次订货批量的水平直接有关。

4. 缺货成本

缺货成本是组织发生缺货时所发生的成本。当零售组织发生缺货时,会造成销售损失、组织声誉受损和潜在的销售损失。当制造企业发生缺货时,会引起生产中断和工人失业,需要组织重新制订生产计划、部署应急方案等。除此之外,缺货成本还包括发布紧急订单、支付特殊送货费用、采用更昂贵的替代品和供应商以及对一些半成品进行储存等所发生的成本。因此,缺货成本包括由于缺货所造成的损失以及为了弥补损失所发生的相关费用总和。通常情况下,缺货成本难以测量。尽管我们都知道,缺货将会影响今后的销售,但是,我们无法将这种影响加以量化,因此,使用缺货成本的时候一定要慎重。不过,有一点是普遍认可的,就是缺货会对组织的正常运作造成破坏性的影响,组织在一般情况下宁可支付较高的库存持有成本也不愿意出现缺货的情况。

5.2.4 库存系统的构成

任何库存系统都是由需求、补充、约束和成本四部分构成的。

1. 需求

需求可根据其数量的变化分为不变需求和可变需求。如果不同时期的需求数量相同,则为不变需求;否则,便是可变需求。当需求数量已知时,则该库存系统被称为确定性库存系统;当需求数量不知但知道其概率分布时,则该库存系统被称为概率型库存系统。

需求又可分为相关需求和独立需求。当某种物品的需求与组织内其他物品的需求不相关,而是取决于组织以外的因素时,这种需求被称为独立需求。独立需求的数值是不确知的,必须靠预测。例如成品、消耗品都属于独立需求的物品。由于独立需求的物品随时都可能发生需求,因此必须经常保持库存;当某种物品的需求与组织内的其他物品的需求相关时,这种需求被称为相关需求。相关需求的数值不需预测,只要确定了它的母项物品的需求,就可准确地计算出来。例如原材料、半成品都属于相关需求的物品。大多数相关需求的物品都是用来生产独立需求的物品,只有在生产独立需求的物品时才会需要相关需求的物品,因此相关需求的物品不需经常保持库存。

2. 补充

当库存系统的库存量消耗到一个临界点时,为了满足未来客户的需求,需要对库存进行补充。补充可根据其数量、模式和前置时间进行分类。补充的数量是指订货的数量,补充的时间是指订货的间隔时间。根据库存管理系统的不同类型,订货的数量可分为不变的订货量和可变的订货量,订货的间隔时间也可分为不变和可变两种。订货量和订货时间是相互影响的关系。订货量不变的库存管理系统被称为固定订货数量系统;订货间隔时间不变的库存管理系统被称为固定订货间隔时间系统。所谓补充模式是指物品入库的方式,补充模式包括瞬时的、均衡的和分批的。瞬时的入库是指物品是一次性的入库,如外购物品的补充模式。均衡的入库是指物品以相同的补充速率入库,如自制物品的补充模式。补充的前置时间是指从确定订货到物品入库之间的时间。前置时间是由订货准备时间、发送订单时间、物品的生产和运输时间、物品的检验和搬运时间组成的。前置时间可以是不变的,也可以是可变的。前置时间不变且已知时,该库存模型是确定型模型;前置时间可变,但能确定它的概率分布时,该库存模型是概率型模型。

3. 约束

约束是指在库存系统上的限制。由于库存系统是组织整体系统的一个子系统,所以,其常常会受到组织在管理上的约束。库存系统的约束通常有两方面：一是仓容的约束会限制库存的数量，二是组织资金的约束也会限制库存的投资额。在存在约束的情况下，组织需考虑在约束条件下，库存管理系统的优化策略。

4. 成本

成本是指组织在确定库存策略时，以追求库存总成本最低为目标。库存系统的建立和维护需要成本的支出，这些成本的总和就构成了库存总成本。

5.2.5 库存问题的类型

库存问题有很多类型。可以根据订货的重复性、物品的来源、对未来需求量和前置时间的确定程度及所选择的库存管理系统的类型等来划分。

(1) 根据订货的重复性，可把库存管理系统划分为一次性订货问题和重复性订货问题。一次性订货是指物品一次性订齐，不再重复订购。例如鲜花、圣诞树、报纸等物品的订货属于一次性订货。重复性订货是指一次又一次地订购同一物品，消耗的库存要不断得到补充。例如冰箱、服装等大多数物品都属此类。

(2) 根据物品的来源，可把库存管理系统划分为外购和自制。外购是指物品要从组织的外部购买。这种库存系统物品的入库补充是瞬时的。自制则是指物品的来源是组织内部，这时的补充模式是均衡的或分批的。自制问题要考虑库存与生产计划的协调。

(3) 根据影响库存的两个变量——需求量和前置时间的确定程度，可把库存管理系统分为确定型和概率型。当需求量和前置时间不变且已知时，该库存系统是确定型库存系统，确定型系统的订货量和订货间隔时间都是确定的。当需求量和前置时间可变，但知道它的概率分布时，该库存系统是概率型库存系统。概率型系统的订货量和订货时间依据不同的管理系统可能相同也可能不相同。

(4) 库存系统有五种类型。通常把库存管理系统分为连续库存管理系统、双堆库存管理系统、周期库存管理系统、非强制补充库存管理系统和物料需求计划系统。连续库存管理系统、双堆库存管理系统、周期库存管理系统和非强制补充库存管理系统适合于独立需求的物品，物料需求计划系统适合于相关需求的物品。连续库存管理系统和双堆库存管理系统统称固定订货量系统(以数量为基础的系统)，是每当库存降到再订货点时就开始订货，每次订货的数量相同。周期库存管理系统和非强制补充库存管理系统统称固定订货间隔期系统(以时间为基础的系统)，周期库存管理系统是每隔一段时间就订货，每次订货的数量不相同，但订货的间隔时间相同。非强制补充库存管理系统是每隔一段时间就检查库存，但当库存降到再订货点时才订货，每次的订货数量不同。物料需求计划系统是根据独立需求物品的需求量和时间来确定相关需求物品的订货量与订货时间。

5.2.6 库存的总量控制方法

组织的高层管理者比较关注的往往是库存占用的总资金量和大类产品的服务水平，因此，对库存进行总量控制的方法被人们普遍认可。

1. 周转率

利用库存周转率这一指标进行库存控制的方法是库存总量管理中比较常用的方法之一。库存周转率是指商品的年销售额与同期库存平均投资额的比率。对于处于不同地点的库存来讲,其年销售额和库存投资额的计算以当地价值为准。即

$$周转率 = \frac{某库存成本下的年销售额}{平均库存投资}$$

不同种类的商品会有不同的库存周转率,组织的管理者可以通过制定组织要求达到的库存周转率,对一定销售水平下的总库存投资进行控制。

2. 平方根法则

对库存进行整体规划时常常涉及仓储点的数量及其吞吐量变化对库存水平的影响。在物流网络规划中,经常需要通过仓库的合并或扩建来满足客户服务和达到成本目标的事情。这里要涉及的问题就是,仓库合并后的库存会有怎样的变化。平方根法则在库存合并中是比较有用的一种方法。如果仓储点都保持有相等水平的库存数量,平方根法则可用下列公式表示:

$$Q_2 = Q_1 \sqrt{\frac{n_2}{n_1}} \tag{5.1}$$

式中:Q_2 为表示仓储设施数量为 n_2 时的总体库存数量;Q_1 为仓储设施数量为 n_1 时的总体库存数量;n_1 为现有仓储设施的数量;n_2 为合并之后的仓储设施数量。

平方根法则在实践中非常有用,但其缺陷也是显而易见的。平方根法则假设所有仓库的库存量相等且库存合并后恰好等于仓库数量的平方根,这种假设具有相当大的局限性。要降低其局限性,组织可以根据其库存状况报告绘制组织的平均库存与仓库吞吐量的关系图,从中找到两者关系的曲线图,然后利用曲线图得出仓库平均库存水平的估计值。

3. 库存投资额

对许多组织而言,库存都是一笔很大的资金投入。为此,组织的管理者经常会对组织的库存占用资金设置上限。在此情况之下,库存管理者就需要对组织的库存投资进行衡量,如果总的平均库存投资超过组织设置的上限,就需要调整库存管理政策以实现库存管理目标。假设需求量和前置时间是确定的,要规定某个仓库所有库存商品占用资金的上限,可以用如下的表达式:

$$\sum_{i}^{n} P_i \cdot \frac{Q_i}{2} \leqslant L \tag{5.2}$$

式中:L 为库存商品 i 的最大投资额;P_i 为商品 i 的单位价值;Q_i 为库存商品 i 的订货批量。

当所有商品的平均库存价值超过组织的最大投资额时,就需要降低订货批量以降低平均库存,满足组织的要求。组织可以采取人为提高库存持有成本的方法,来降低订货批

量,从而到达将库存量降低到合适水平的目的。

4. ABC 库存商品分类管理

每个组织都保持有成千上万种物品的库存,如果对组织的所有库存都进行严格的管理,这不但是不经济的,有时甚至也是不可能的。为了把组织的主要精力和资金投放在组织的最重要的库存上,有必要对组织的库存进行分类,以便对不同的库存物品实施不同的库存管理方法。

ABC 分析法(ABC-analysis)起源于意大利社会学家帕累托对英国人口和收入问题的研究。该研究得出了一个重要结论:80%的财富掌握在 20%的人手中,即关键的少数和次要的多数规律。后来人们发现这一普遍规律存在于社会的各个领域,称为帕累托现象。美国通用电气公司董事长迪基经过对该公司的库存物品调查发现,上述原理也适用于存储管理。1951 年,管理学家戴克将其应用于库存管理,并命名为 ABC 法,使帕累托法则(80/20 法则)从对一些社会现象的反映和描述发展成一种重要的管理手段。1951 年至 1956 年,朱兰将 ABC 法引入质量管理,用于质量问题的分析,被称为排列图。1963年,德鲁克将这一方法推广到全部社会现象,使 ABC 法成为组织提高效益普遍应用的管理方法。

ABC 分析法是运用数理统计的方法,对种类繁多的各种事物及相关因素,按其影响程度或事物属性及所占权重等不同要求,进行统计、排列和分类,划分为 A、B、C 三部分,分别给予重要、一般、次要等不同程度的相应管理。在库存管理中,ABC 分类方法,通常就是将库存品按品种和占用资金的多少分为三类:特别重要的库存品,即 A 类;一般重要的库存品,即 B 类;最不重要的库存品,即 C 类。

1) ABC 库存分类管理法的基本原理

由于各种库存品的需求量和单价各不相同,其年耗用金额也各不相同。那些年耗用金额大的库存品,由于其占压组织的资金较大,对组织经营的影响也较大,因此需要进行特别的重视和管理。ABC 库存分类法就是根据库存品的年耗用金额的大小,把库存品划分为 A、B、C 三类。A 类库存品:其年耗用金额占总库存金额的 75%～80%,其品种数却占总库存品种数的 15%～20%;B 类库存品:其年耗用金额占总库存金额的 10%～15%,其品种数占总库存品种数的 20%～25%;C 类库存品:其年耗用金额占总库存金额的 5%～10%,其品种数却占总库存品种数的 60%～65%。

2) ABC 库存分类法的实施步骤

ABC 库存分类法的实施步骤主要包括以下几个方面。

(1) 收集数据。在对库存进行分类之前,首先要收集有关库存品的年需求量、单价以及重要度的信息。

(2) 处理数据。利用收集到的年需求量、单价,计算出各种库存品的年耗用金额。

(3) 编制 ABC 分析表。根据已计算出的各种库存品的年耗用金额,把库存品按照年耗用金额从大到小进行排列,并计算累计百分比。

(4) 确定分类。根据已计算的年耗用金额的累计百分比,按照 ABC 分类法的基本原理,对库存品进行分类。

(5) 绘制 ABC 分析图。把已分类的库存品,在曲线图上表现出来。

案例 5.1 某小型电子商务企业拥有十项库存品,各库存品的年需求量、单价如表 5.1 所示。为了加强库存品的管理,企业计划采用 ABC 库存管理法。假如企业决定按 20% 的 A 类物品,30% 的 B 类物品和 50% 的 C 类物品来建立 ABC 库存分析系统。问该电子商务企业应如何进行 ABC 分类?

表 5.1 某小型电子商务企业库存需求情况

库存品代号	年需求量(件)	单价(元/件)
a	40 000	5
b	190 000	8
c	4 000	7
d	100 000	4
e	2 000	9
f	250 000	5
g	15 000	6
h	80 000	4
i	10 000	5
j	5 000	7

解:首先,计算出各种库存品的年耗用金额,并按从大到小排序。

计算数据如表 5.2 所示。

表 5.2 某小型电子商务企业库存耗用情况

库存品代号	年耗用金额(元)	次序
a	200 000	5
b	1 520 000	1
c	28 000	9
d	400 000	3
e	18 000	10
f	1 250 000	2
g	90 000	6
h	320 000	4
i	50 000	7
j	35 000	8

其次,计算出各库存品的累积耗用金额和累积百分比,如表 5.3 所示。

表 5.3 库存品的累积耗用金额和累积百分比

库存品代号	年耗用金额(元)	累计耗用金额(元)	累计百分比/%	分类
b	1 520 000	1 520 000	38.9	A
f	1 250 000	2 770 000	70.8	A
d	400 000	3 170 000	81.1	B
h	320 000	3 490 000	89.2	B
a	200 000	3 690 000	94.3	B
g	90 000	3 780 000	96.6	C
i	50 000	3 830 000	97.9	C
j	35 000	3 865 000	98.8	C
c	28 000	3 893 000	99.5	C
e	18 000	3 911 000	100.0	C

最后，按照题目的规定，把库存品划分为 A、B、C 三类，如表 5.4 所示。

表 5.4 库存商品分类

分 类	每类金额(元)	库存品数百分比/%	耗用金额百分比/%	累计耗用金额百分比/%
A=b,f	2 770 000	20	70.8	70.8
B=d,h,a	920 000	30	23.5	94.3
C=g,i,j,c,e	221 000	50	5.7	100.0

ABC 库存分析图如图 5.2 所示。

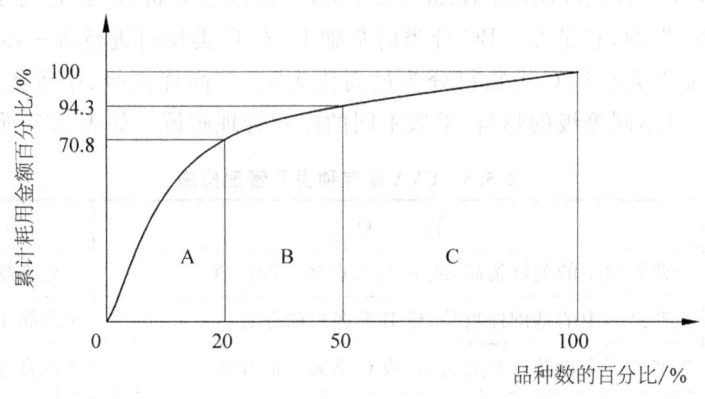

图 5.2 ABC 库存分析图

需注意的是：在进行 ABC 分类时耗用金额不是唯一的分类标准，还需结合企业经营和管理等其他影响因素。有时某项 C 类或 B 类物品的缺少会严重地影响整个生产，于是该项 C 类或 B 类物品必须进行严格的管理，会强制地进入 A 类。所以在分类时不但要依据物品的耗用金额，还要考虑物品的重要程度等。

3）ABC 库存管理原则

对库存品进行分类的目的是对不同类的物品实施不同的管理。

A 类库存品：这类库存品品种虽然较少但其耗用的金额较大，对组织最重要，因此需要最严格的管理。组织对 A 类库存品通常采用的管理原则是：保持完整、精确的库存记录；严格控制库存水平，防止缺货；根据过去的资料，进行需求预测，以决定订单发出的时机；对交货期严加控制，以缩短前置时间；使需求的变动减少，减少安全存量；增加交货次数，采取分批交货的方式；增加循环盘点次数，以提高库存精确度；物品放置于容易出入库之处；等等。

B 类库存品：这类库存品属于一般的品种。对它的管理的严格程度也介于 A 类和 C 类之间。通常的做法是将若干物品合并一起订购。

C 类库存品：这类库存品数量虽多但其耗用的金额较小，对组织的重要性最低，对其的管理也最不严格。对这类库存品通常订购 6 个月或一年的需要量，期间不需要保持完整的库存记录；可以大量订购以取得数量折扣，并简化采购程序；采用定期盘点方式，尽量简化库存管理程序；同一地方放置多种类的商品；由于这类库存的投资较少，所以往往把它的服务水准定得很高。

ABC 分类管理的优点是减轻了库存管理的工作量。它把"重要的少数"与"不重要的多数"区别开来，使组织把管理的重点放在重要的少数上，从而既加强了管理又节约了成本。

5．CVA 库存管理法

ABC 库存管理法的关注点是库存中的 A 类物料，而对 C 类物料的重视不够。在有些时候，C 类物料中的某些物料却是非常重要的，这些物料的缺货可能会导致生产中断的严重后果。CVA 管理法（critical value analysis，关键因素分析法）正是为了弥补 ABC 分类法的不足而产生的，它是在 ABC 分类的基础上，对 C 类物料进行进一步的区分。它是依据物料的重要性大小将 C 类物料分为最高优先级、较高优先级、中等优先级和较低优先级四个等级，对不同等级的物料，采取不同的库存管理政策。如表 5.5 所示。

表 5.5　CVA 库存种类及管理措施

库存类型	特　点	管理措施
最高优先级	经营管理中的关键物品，或 A 类重点客户的存货	不允许缺货
较高优先级	生产经营中的基础性物品，或 B 类客户的存货	允许偶尔缺货
中等优先级	生产经营中比较重要的物品，或 C 类客户的存货	允许合理范围内缺货
较低优先级	生产经营中需要，但可替代的物品	允许缺货

5.3　固定订货数量系统

企业为了保证生产和经营活动的正常进行，必须储存一些商品，当需求发生时，需要消耗掉一部分商品以满足需求,从而使库存减少,需求不断发生,库存不断减少,为了补充库存,就必须不断购买新的商品以弥补消耗掉的库存,如此循环进行,才能确保生产和经营连续不断地进行下去。

库存因需求而减少,因补充而增加。

库存是企业经营所必需的,但也不是越多越好,库存过多,商品销售不掉,造成积压,会占压企业大量的资金,影响资金的周转,同时又支付不必要的费用;库存过少,造成商品失销,影响企业的利润水平。因此库存必须保持一合理的数量。这正是库存管理所要解决的问题。

决定多长时间补充一次以及每次补充多少数量的策略称为库存策略。在确定库存策略时,首先是把实际问题抽象为数学模型。在形成模型的过程中,往往对一些复杂的条件尽量加以简化,只要模型能反映问题的实质就可以了。然后对模型用数学的方法加以研究,得出数量的结论。这些结论是否正确,还要拿到实践中加以检验,如果结论与实际不符,就需对模型进行研究和修改。库存问题经长期的研究得出一些行之有效的模型。从库存问题的两个影响因素——需求量和前置时间的知晓情况可分为确定型与概率型库存模型。

确定型库存模型假设需求量和前置时间已知,且需求率与前置时间是固定不变的。

概率型库存模型假设需求量和前置时间可变,但它们的概率分布已知。

在实际情况中,需求和前置时间受许多不确定因素的影响,绝对不变是不可能的。但有时这些变量可以近似看作固定值,而不会引起很大误差时,常常可有效地作为确定型库存问题处理,利用确定型库存模型可以得到非常接近实际的结论。

5.3.1 基本原理

固定订货数量制又称定量库存制或定量库存管理系统。它是以订货数量为基础的库存管理制度。也就是说,在固定订货数量系统中,每次补充库存的订货数量是固定不变的。

固定订货数量制是指以固定的订货量和再订货点为基础的库存管理制度。其基本原理如图5.3所示。

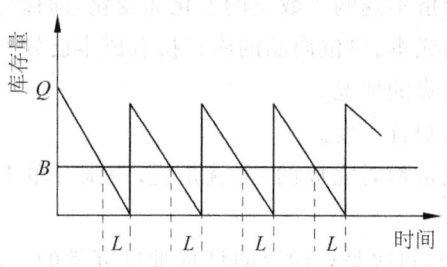

图 5.3 固定订货数量制的基本原理

图5.3中,B为再订货点,当库存量降至再订货点时立即发出订单,补充库存,且每次订货量为Q,L为前置时间。

在固定订货数量制中,要求经常和连续地检查库存,当库存量降到 B 时,发出订单,补充库存。由于在固定订货数量制中每次都按固定的经济批量进货,所以每次的订货数量不变,但由于不同时期的商品的需求可能不同,库存量降到 B 的时间可能不同,两次订货之间的间隔时间可能是变化的。固定订货数量制的工作原理用框图表示如图 5.4 所示。

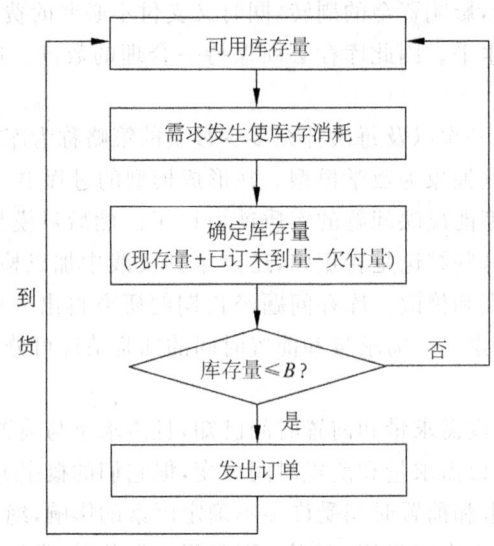

图 5.4 固定订货数量制的工作原理

5.3.2 确定型库存模型

1. 标准经济批量模型

标准经济批量模型是由威尔逊于 1934 年创造并引入市场的。该模型的基本假设如下。

(1) 假定市场需求已知并且不变。

(2) 假定产品购买价格不随购买数量的变化而变化,即保持不变。

(3) 假定每次订货的成本、单位商品的库存持有成本已知并且不变。

(4) 假定不会出现缺货的情况。

(5) 假定前置时间已知且不变。

(6) 假定产品的补充是瞬时完成的,也就是说,一张订单上的货物都是同时到达,并且立即可以使用或销售。

在固定订货数量制中,每次是以固定的订货批量订货的。订货批量的大小直接关系到库存的水平和库存总成本的高低,为了降低企业的库存总成本,企业通常按照经济批量(economic order quantity, EOQ)进行订货。

1) 经济批量的确定

所谓经济批量是指使年库存总成本最低的每次订货量,可用图 5.5 说明。

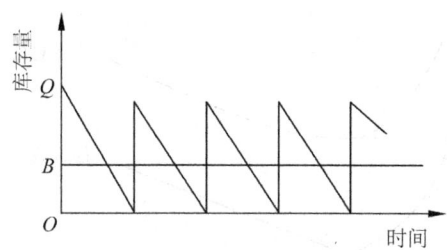

图 5.5　确定型库存模型(不允许缺货)

在图 5.5 中，Q 表示订货量，当订货刚到达时，库存量为 Q。随着商品的不断销售，库存不断减少，当库存量降到 0 时，新的订货到达，库存量重新回到 Q(由于需求率和前置时间是固定不变的，所以可以恰好在前置时间处发出订货，当库存恰好用完时，新的订货到达)。库存不断被消耗，又不断得到补充。平均库存量为 $\dfrac{Q}{2}$。

由此可见，每次订货的量确定了平均库存水平。订货数量越小，平均库存水平越低，但由于年需求量一定，两次订货的间隔时间越短，订货次数就越多。反之，订货数量越大，平均库存水平越高，两次订货的间隔时间越长，订货次数就越少。

如果不允许缺货，库存总成本由购进成本、订购成本和储存成本构成。
用公式表示如下：

年库存总成本＝购进成本＋订购成本＋储存成本

$$\text{TC} = R \cdot P + \frac{R}{Q} \cdot C + \frac{Q}{2} H \tag{5.3}$$

式中：TC 为年库存总成本；R 为年需求量；P 为单位购进成本；C 为每次的订购成本；Q 为每次订货量；F 为年储存成本率；H 为单位商品每年的储存成本，$H = P \times F$。

为了获得年库存总成本最低的订货量，需对式(5.3)求关于 Q 的一阶导数，并令其等于 0，得如下公式：

$$\text{EOQ} = \sqrt{\frac{2 \cdot R \cdot C}{H}} = \sqrt{\frac{2 \cdot R \cdot C}{P \cdot F}} \tag{5.4}$$

经济批量 EOQ 也可以用下面的方法求出。库存总成本、购进成本、订购成本、储存成本与订货量之间的关系可用图 5.6 表示。

从图 5.6 可以看出，总库存成本最低的点 Q_0 正好是订购成本与储存成本相等的地方，即

$$\frac{R}{Q_0} \cdot C = \frac{Q_0}{2} \cdot H$$

为了从该等式中求 Q_0，它可以变成：

$$Q_0^2 = \frac{2 \cdot R \cdot C}{H}$$

Q_0 就是经济订货批量 EOQ，所以，对上式开方得到

$$Q_0 = EOQ = \sqrt{\frac{2 \cdot R \cdot C}{H}} = \sqrt{\frac{2 \cdot R \cdot C}{P \cdot F}}$$

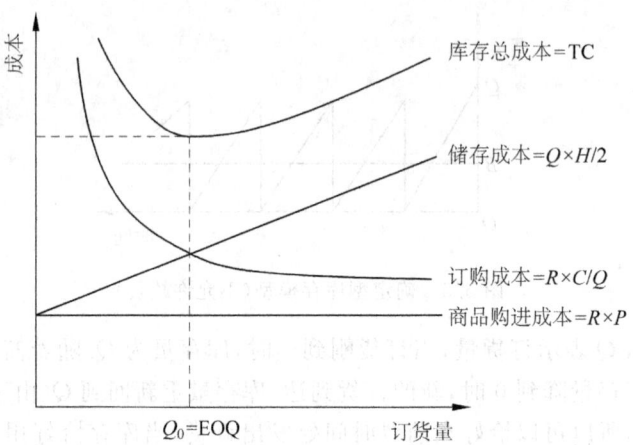

图 5.6　EOQ 与库存总成本、购进成本和订购成本的关系

从经济批量公式可以得出结论:经济批量与商品的单位购进成本和商品的储存成本成反比,与商品的订购成本成正比。对于单位购进成本或储存成本相对订购成本较高的商品,经济批量倾向于较小,可降低商品的储存成本。相反,对于单位购进成本较低,储存成本相对订购成本较低的商品,经济批量倾向于较大,以减少订购次数,降低订购成本。

求出经济批量后,就可求出年订购次数 n 和订货间隔时间 T:

$$n = \frac{R}{Q} = \sqrt{\frac{H \cdot R}{2 \cdot C}}$$

$$T = \frac{1}{n} = \frac{Q}{R} = \sqrt{\frac{2 \cdot C}{H \cdot R}}$$

案例 5.2　某企业每年需购进某种商品 10 000 件。已知该商品的单位购进成本为 10 元,订购成本为 18 元,储存成本为 4 元,求经济批量、年库存总成本和年订购次数?

解:

$$\text{EOQ} = \sqrt{\frac{2 \cdot R \cdot C}{H}} = \sqrt{\frac{2 \times 10\,000 \times 18}{4}} = 300(\text{件})$$

$$\text{TC} = R \cdot P + H \cdot \text{EOQ} = 10\,000 \times 10 + 4 \times 300 = 101\,200(\text{元})$$

$$n = \frac{R}{Q} = \frac{10\,000}{300} \approx 34(\text{次})$$

当根据标准经济批量模型确定了经济批量之后,这一理论上的经济批量往往会与现实情况存在着矛盾。譬如,供应商提供的单位包装不能拆包;运输工具的装载量有限或者理论上确定的经济批量为非整数而实际产品数量必须是整数等,此时,就需要对经济批量进行调整。

2) 经济批量的敏感性分析

在推导经济批量的过程中,为了使问题简化,进行了一些假设,如年需求量、订货成本、单位商品的储存成本都假定是已知且不变的。但在企业的实际运营中,这些参数往往很难准确地计算出来,有时只能采用预测或估计的方法。那么,这些参数估计的误差对经济批量的影响如何呢?即经济批量的敏感性如何呢?经济批量的误差又会对总库存成本造成什么样的影响呢？现在,我们就来考察经济批量模型以及总库存成本模型的敏感性,也就是考察这两个模型中,输入参数的变化对输出参数的影响程度。

因为,在总库存成本中,经济批量只是对订货成本和储存成本产生影响,而不会对年购进成本产生影响,因此,本讨论只限于年总可变库存成本(年订货成本和储存成本之和)。

首先,讨论经济批量模型的敏感性。

设 $K_R = \dfrac{R}{R_0}, K_C = \dfrac{C}{C_0}, K_H = \dfrac{H}{H_0}$

$$Q_0 = \sqrt{\dfrac{2R_0 C_0}{H_0}}$$

则 $\dfrac{Q}{Q_0} = \sqrt{\dfrac{2R_0 K_R C_0 K_C}{H_0 K_H}} \bigg/ \sqrt{\dfrac{2R_0 C_0}{H_0}} = \sqrt{\dfrac{K_R K_C}{K_H}}$

为了使问题简化,假定两个参数固定不变,考察第三个参数对经济批量的影响。如果 $K_C = 1, K_H = 1$,则

$$\dfrac{Q}{Q_0} = \sqrt{K_R}$$

如果 $K_R = 2$,则 $Q = 1.41 Q_0$,即经济批量的误差远远小于需求量的误差,说明经济批量对年需求量是不敏感的。同样的方法,可以检验出经济批量对订货成本和年库存持有成本同样不敏感。由此得出结论:经济批量模型是不敏感的。这一结论提高了经济批量模型的实用性,即在实际应用中,允许企业对年需求量、订货成本和单位商品的年库存持有成本进行估计,由此得出的经济批量与最优经济批量相差并不明显。

其次,讨论总可变库存成本模型的敏感性。

由前面的结论可知:

$$TC_0' = HQ_0, \quad \text{并且} \ TC' = \dfrac{RC}{Q} + \dfrac{QH}{2}$$

用 TC' 除于 TC_0',则

$$\dfrac{TC'}{TC_0'} = \dfrac{R \cdot C}{Q \cdot H \cdot Q_0} + \dfrac{Q \cdot H}{2 \cdot H \cdot Q_0}$$

将 $Q_0 = \sqrt{\dfrac{2 \cdot R \cdot C}{H}}$ 代入上式,得如下结果:

$$\dfrac{TC'}{TC_0'} = \dfrac{1}{2}\left(\dfrac{Q_0}{Q} + \dfrac{Q}{Q_0}\right)$$

现在考察 Q 的变化对年总可变库存成本的影响。如果总可变库存成本可接受的变动范围为 5%,那么,经济批量的变动范围有多大呢?

设 $K = Q/Q_0$,则 $Q = KQ_0$,现在将 $VC = 1.05 VC_0$ 代入上述公式,则

$$1.05 VC_0 = \dfrac{1}{2}\left(\dfrac{Q_0}{KQ_0} + \dfrac{KQ_0}{Q_0}\right)$$

化简,得 $1.05 VC_0 = \dfrac{1}{2}\left(\dfrac{1}{K} + K\right)$

解方程,得出 $K = 1.37$ 或 $K = 0.73$

由此可以看出,当经济批量的波动范围在上浮 37% 或下浮 27% 时,年可变库存成本的波动范围在 5% 的范围之内,说明经济批量大的波动只是引起年可变库存成本的较小的波动。

同样的道理,如果总可变库存成本可接受的变动范围为 10%,即 $VC = 1.1VC_0$,可以计算出 $Q = 1.56Q_0$ 或 $Q = 0.64Q_0$,即当经济批量的波动范围在上浮 56% 或下浮 36% 时,年总可变库存成本只在 10% 的范围内波动。通过这些分析,可以看出,总库存成本模型是不敏感的。这一结论非常重要,它使总库存成本模型的实际应用性更强。企业在实际订货时,可以根据供应商提供的条件或运输工具的限制条件等灵活调整经济批量,只要调整幅度在一个合理的范围内,其产生的总库存成本就与最低的总库存成本十分接近。经济批量与总可变库存成本的波动关系如图 5.7 所示。

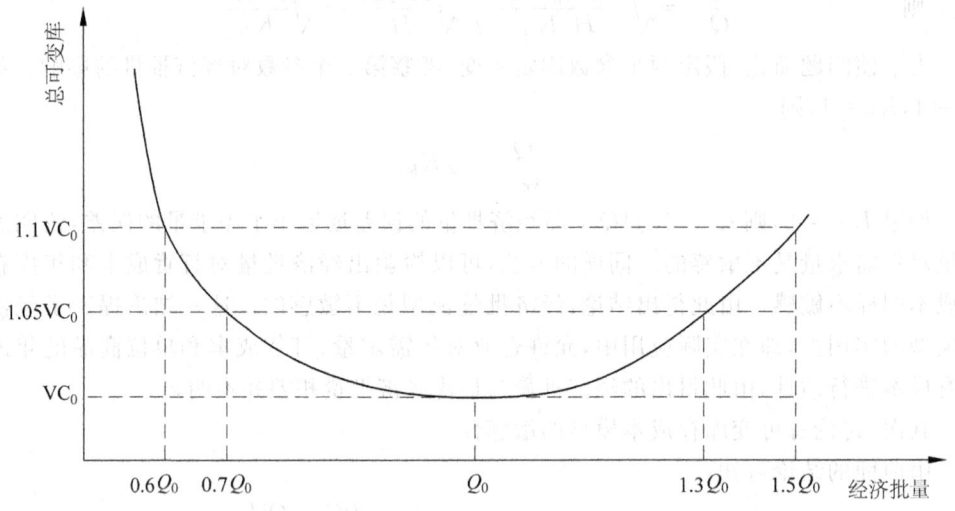

图 5.7 经济批量与总可变库存成本的波动关系

以上的分析揭示了经济批量和总可变库存成本模型不敏感的特性,说明了这两个模型的输入参数的误差对输出的影响都大大降低了。这一结论增加了企业采购人员在运用该模型时的可操作性。

3) 经济批量为非整数

涉及经济批量的另一个问题是经济批量的非整数问题。例如,根据经济批量公式计算出的订货数量是 200.3 件服装、零件或 200.3 袋面粉等,显然,实际中无法实现。此时,需要对订货数量进行调整。尽管经济批量是不敏感的,采购部门可以取近似值,而不会对年可变库存成本造成很大的影响。但是,究竟应该如何近似,经济批量是上浮合理还是下浮合理呢?特别是所订购的为高价值的产品,如汽车、黄金饰品等,企业则更需要十分谨慎。

假定根据经济批量公式得出的经济批量 Q_0 为非整数,距离 Q_0 最近的两个整数分别为 Q' 和 $Q'+1$(图 5.8)。

现在来比较订货量取不同整数时的总可变库存成本。总可变库存成本较小者即为最

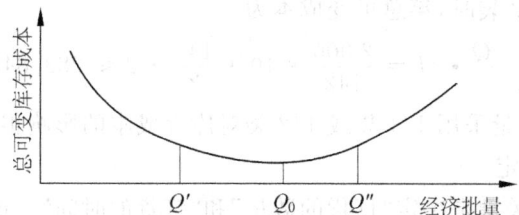

图 5.8 在非整数经济批量附近的备选整数值

合理的订货数量。

设订货量为 Q' 的年可变库存总成本为 TC'，订货量为 $Q'+1$ 时年可变库存总成本为 TC''，则

$$TC' = \frac{R \cdot C}{Q'} + \frac{Q' \cdot H}{2}, \quad TC'' = \frac{R \cdot C}{Q'+1} + \frac{(Q'+1) \cdot H}{2}$$

设 $TC' \leqslant TC''$，则

$$\frac{R \cdot C}{Q'} + \frac{Q' \cdot H}{2} \leqslant \frac{R \cdot C}{Q'+1} + \frac{(Q'+1) \cdot H}{2}$$

化简不等式，得出

$$Q'(Q'+1) \geqslant Q_0^2$$

由此可归纳出，当经济批量为非整数时，确定订货数量的步骤如下。

(1) 运用经济批量公式计算出经济批量 Q_0。

(2) 确定经济批量 Q_0 两旁的两个整数 Q' 和 $Q'+1$。

(3) 计算 $Q'(Q'+1)$ 的值和 Q_0^2 值。

(4) 比较数值的大小。

如果 $Q'(Q'+1) \geqslant Q_0^2$，则订货量为 Q'；如果 $Q'(Q'+1) \leqslant Q_0^2$，则订货量为 $Q'+1$。

案例 5.3 某粮店每年销售面粉 2 000 袋，每次购货的订货成本是 10 元，面粉的年库存持有成本是每袋 2 元。该粮店最佳订货批量应如何确定？如果这个订货数量不是整数，那么，把它向上近似与向下近似到最近的整数的差别有多大？

解：根据案例可知：$R=2\,000$ 袋/年，$C=10$ 元/次，$H=2$ 元/袋年，则

$$\text{经济批量为 } Q_0 = \sqrt{\frac{2 \cdot R \cdot C}{H}} = \sqrt{\frac{2 \times 2\,000 \times 10}{2}} \approx 141.42 \text{(袋)}$$

显然，该粮店不可能订购 141.42 袋面粉，其选择是 141 袋或 142 袋。根据非整数经济批量的确定方法，设 $Q'=141$ 袋，$Q'+1=142$ 袋，则

$$Q'(Q'+1) = 141 \times 142 = 20\,022, Q_0^2 = 141.42^2 \approx 19\,999.62$$

因为，

$$Q'(Q'+1) > Q_0^2$$

因此，订货数量应为 141 袋。

下面来比较订货数量为 141 袋和 142 袋时，对库存成本的影响。

当订货数量为 141 袋时，年总可变成本为

$$\frac{R}{Q} \cdot C + \frac{Q}{2} \cdot H = \frac{2\,000}{141} \times 10 + \frac{141}{2} \times 2 \approx 282.844\,0 \text{(元)}$$

当订货数量为142袋时,年总可变成本为

$$\frac{R}{Q} \cdot C + \frac{Q}{2} \cdot H = \frac{2\,000}{142} \times 10 + \frac{142}{2} \times 2 \approx 282.845\,1(元)$$

由此可见,订货数量采用141袋或142袋对库存成本的影响很小。

4) 再订货点的确定

库存管理问题的关键是决定"订货的数量"和"订货的时间"。前面的讨论已经告诉我们,在固定订货数量系统中,订货的数量就是经济批量。那么,订货时间如何决策呢?下面讨论固定订货数量系统中订货时间问题,即何时发出订单的问题。

前置时间(lead time)又称订货提前期,是指采购人员从发出订货单到所订购的产品到达仓库或生产线之间的时间耗费。如图5.9所示,与订货有关的所有相关活动所花费的时间都包括在前置时间之内,主要有订单传输时间、订单处理时间、备货时间、送货时间以及其他相关活动的时间。前置时间的长短受到订单的传输方式、供应商的库存政策、所采用的运输方式以及供应商的管理水平等因素的影响。

订单传输时间根据订单传输方式的不同,其构成因素也会不同。对采用传统下订单方式,其订单传输时间可能包括采购人员填写订单的时间、打电话或电报沟通的时间以及订单的送达时间等;企业如果引进了POS系统(销售时点信息系统)、EDI技术或连续补货系统等先进的信息系统,则订单传输的时间仅包括订单在通信中所耗费的时间。

订单处理时间是指供应商接到客户的订单后,到开始备货之间的时间。它包括订单的分割时间,订单输入库存系统的时间,核对订单的时间,信用结算的时间,向企业内生产、财务、销售等有关部门互通信息进行沟通的时间等。

备货时间是指供应商的物流部门根据订单准备货物所需要的时间。包括从仓库内货物的存放地点将货物拣出的时间、将拣出的货物送到仓库的理货场所或发运区域的时间、必要的包装或简单加工的时间以及货物组配所需的时间等。

在实际工作中,订单处理和备货往往同时进行。所以这两项活动全部完成所需的时间并不是两项活动所需时间之和,而是小于两项活动的时间之和。这是因为,订单处理中的一部分活动可以与备货同时进行,如信用结算和库存数据的更新都可以与备货活动同时进行。

送货时间是指从供应商的仓库到客户所在地之间运输产品所需的时间。其包括装车的时间、中转所需的时间、运输时间以及卸车的时间等,采用的运输方式不同,送货的时间差别很大。

以上几部分活动及其时间只是在正常状况下,前置时间的构成要素。如果供应商在接到客户订单后,发现其仓库中的库存不足或仓库中没有存货,供应商就需要采取从其他仓库进行调运或马上组织生产的措施,这些额外的活动所花费的时间也是前置时间的一部分。下面讨论不同前置时间情况下的再订货点确定问题。

(1) 前置时间小于订货周期。根据固定订货数量系统的工作原理,在需求量已知的情况下,每一次的订货应该在现有库存刚好消耗完时到达。为此,订货的时间应设定为前置时间开始的时间。换句话说,再订货点(指再次订货时的库存水平)应是前置时间内所消耗的库存量。再订货点的确定如图5.9所示。

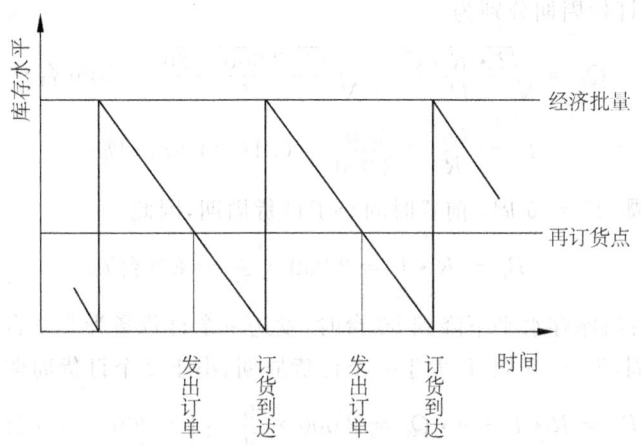

图 5.9 固定订货数量系统中的再订货点

在确定型库存模型中,由于需求量和前置时间都是已知且不变的,所以,再订货点可由下列公式求出:

$$B = R \cdot L \tag{5.5}$$

式中:B 表示再订货点;R 表示需求量;L 表示前置时间。

因此,在固定订货数量系统中,当库存水平下降到 B 时,发出订单,订购 Q_0 的数量。

(2) 前置时间大于订货周期。如图 5.9 所示,当前置时间大于订货周期时,每次订货时,总有订单没有到达,并且,该订单在下次订货之前会到达。例如,发送第二个订单时,第一个订单没有到达,发送第三个订单时,第二个订单没有到达,但第一个订单已经到达;发送第四个订单时,第三个订单没有到达,而第二个订单已经到达;依次类推。因此,现有库存与尚未到达的订货之和应该能够满足前置时间内的需求,即

现有库存+未交付的订货=前置时间的需求量,或,现有库存=前置时间的需求量-未交付的订货

此时的再订货政策可描述为:当库存水平降到前置时间内的需求与未交付的订货之间的差时,发出订货单,订购 Q_0 的数量。

需要说明的是,如果前置时间远远超过订货周期几倍时,就会出现有几个订单都没有到达的情况,此时,再订货点应是前置时间内的需求与未交付订货总和之间的差,即

$$B = R \cdot L - n \cdot Q_0 \tag{5.6}$$

式中:B 表示再订货点;R 表示需求量;L 表示前置时间;n 表示未交付的订单数量;Q_0 表示经济批量。

案例 5.4 某电器商店每年销售 2 000 台电视机,每次订货的成本为 20 元,每台电视机的库存持有成本每年 2 元。请你根据下列情况制定相应的再订货政策:

(1) 前置时间为 2 周;

(2) 前置时间为 6 周;

(3) 前置时间为 17 周。(一年按 50 周计算)

解:根据案例中的条件,可知 $R = 2\,000$ 台,$C = 20$ 元/次,$H = 2$ 元/台年,则

经济批量和订货周期分别为

$$Q_0 = \sqrt{\frac{2 \cdot R \cdot C}{H}} = \sqrt{\frac{2 \times 2\,000 \times 20}{2}} = 200(台)$$

$$T_0 = \frac{Q_0}{R} = \frac{200}{2\,000} = 0.1(年) \approx 5(周)$$

(1) $L = 2$ 周，$T_0 = 5$ 周，前置时间小于订货周期，因此

$$B_0 = R \cdot L = 2\,000 \times \frac{2}{50} = 80(台)$$

再订货政策：当库存水平下降到 80 台时，发送一个订货量为 200 台的订单。

(2) $L = 6$ 周，$T_0 = 5$ 周，L 大于一个订货周期，小于 2 个订货周期，因此，$n = 1$，

$$B_0 = R \cdot L - n \cdot Q_0 = 2\,000 \times \frac{6}{50} - 1 \times 200 = 40(台)$$

再订货政策：当库存水平下降到 40 台时，发送一个订货量为 200 台的订单。

(3) $L = 17$ 周，$T_0 = 5$ 周，L 大于 3 个订货周期，小于 4 个订货周期，因此，$n = 3$

$$B_0 = R \cdot L - n \cdot Q_0 = 2\,000 \times \frac{17}{50} - 3 \times 200 = 80(台)$$

再订货政策：当库存水平下降到 80 台时，发送一个订货量为 200 台的订单。

2. 允许缺货

在企业的实际经营中，完全不发生缺货的情况有时经济上是不合算或者是不可能的。例如，由于戴尔公司实行的是定制化的生产，当顾客通过网络或电话向戴尔公司订购电脑时，戴尔公司需要根据顾客的个性化需要为客户组装电脑，然后才能通过其物流系统向客户交付电脑。每当客户的需求不能通过现有的库存得到满足的时候，就会发生缺货问题。这时客户会有两种选择：一是客户等待货物的到来，此时，客户的需求通过延期交货来得到满足；二是客户转向其他企业进行购买，此时，企业就损失了销售机会。当客户经常遇到缺货问题时，客户可能会重新考虑未来的订货政策，因此，企业应慎重对待缺货问题。

1）延期交货

在延期交货的情况下，企业不会损失销售，这些商品会在下一期交付给顾客。延期交货的策略往往是在商品有垄断地位、顾客非常忠实、有耐心的情况下适用。如果延期交货不会对企业造成经济损失，则企业就不会保持库存，所有的订货都会推迟交付。相反，如果延期交货的经济损失非常大，企业就不会让其发生。但是，在企业的经营过程中，存在一个延期交货损失的中间区域。在这一区域，延期交货所造成的经济损失会因储存成本的节约而得到补偿，甚至还可能有盈余。在这种情况下，延期交货策略是可行的。

延期交货库存模型如图 5.10 所示。

图 5.10 中：Q 表示订货量，V 表示最高库存量，$Q - V$ 表示缺货量。

在延期交货的情况下，库存总成本由以下四部分组成。即

年库存总成本 = 购进成本 + 订购成本 + 储存成本 + 延期交货成本

年购进成本和订购成本仍然为 $R \cdot P$ 和 $\dfrac{R \cdot C}{Q}$。

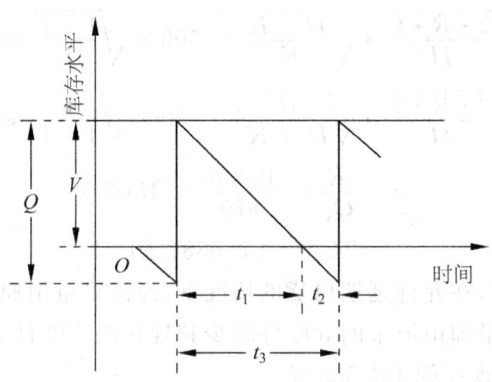

图 5.10 延期交货库存模型

年储存成本将发生变化。由于仅在 t_1 时间内有库存,所以其储存成本为 $H \cdot \dfrac{V}{2} \cdot \dfrac{t_1}{t_3}$。

从图 5.10 可看出:$\dfrac{t_1}{t_3} = \dfrac{V}{Q}$,则

$$\text{年储存成本} = H \cdot \dfrac{V}{2} \cdot \dfrac{V}{Q} = \dfrac{H \cdot V^2}{2 \cdot Q}$$

t_2 为缺货时间,假设单位延期交货成本为 K,则

$$\text{延期交货成本} = K \cdot \dfrac{(Q-V)}{2} \cdot \dfrac{t_2}{t_3}$$

根据相似三角形:$\dfrac{t_2}{t_3} = \dfrac{(Q-V)}{Q}$ 则

$$\text{延期交货成本} = K \cdot \dfrac{(Q-V)}{2} \cdot \dfrac{(Q-V)}{Q} = \dfrac{K \cdot (Q-V)^2}{2 \cdot Q}$$

所以年库存总成本 $\text{TC} = R \cdot P + \dfrac{R}{Q} \cdot C + \dfrac{H \cdot V^2}{2 \cdot Q} + \dfrac{K \cdot (Q-V)^2}{2 \cdot Q}$

为了得到最优的 Q 和 V 的值,求 TC 关于 Q 和 V 的偏导数,并令其等于 0,可得如下结果:

$$Q_0 = \sqrt{\dfrac{2 \cdot R \cdot C}{H}} \cdot \sqrt{\dfrac{H+K}{K}} \tag{5.7}$$

$$V_0 = \sqrt{\dfrac{2 \cdot R \cdot C}{H}} \cdot \sqrt{\dfrac{K}{H+K}} \tag{5.8}$$

从上述公式可以看出:当 $K \to \infty$ 时,$\sqrt{\dfrac{H+K}{K}} \to 1$,$Q_0 = \sqrt{\dfrac{2 \cdot R \cdot C}{H}}$,与前面的标准经济批量公式相当。此时 $V_0 = Q_0$,也就是不允许缺货;当 $K = 0$ 时,$\sqrt{\dfrac{K}{H+K}} \to 0$,$V_0 = 0$,此时,企业将不保持库存,所有的订货都延迟交货。

案例 5.5 在案例 5.2 中,如果允许延期交货,并且每单位每年的延期交货成本为 1 元,问经济批量应是多少?

解:根据上例中的资料,可得出

$$Q_0 = \sqrt{\frac{2 \cdot R \cdot C}{H}} \cdot \sqrt{\frac{H+K}{K}} = 300 \times \sqrt{\frac{4+1}{1}} \approx 670(件)$$

$$V_0 = \sqrt{\frac{2 \cdot R \cdot C}{H}} \cdot \sqrt{\frac{K}{H+K}} = 300 \times \sqrt{\frac{1}{4+1}} \approx 132(件)$$

$$n = \frac{R}{Q_0} = \frac{10\,000}{670} \approx 15(次)$$

$$TC_0 = 100\,538(元)$$

从上面的计算可知,在允许延期付货的情况下,经济批量由原来的 300 件增加到现在的 670 件,但最高库存量却由原来的 300 件减少到现在的 132 件,同时库存总成本却从原来的 101 200 元降低到现在的 100 538 元。

2) 损失销售

对许多商品来说,当企业出现缺货时,顾客不会等待,而是会转向其他商店购买。例如,当顾客要买的书籍没有时,通常顾客不会等到第二天购买,而是会到另一家书店购买,这种情况对商家来讲,就出现了销售损失的状况。在损失销售的情况下,供应企业不但失去了应获得的收入,而且还可能支付由此所造成的商誉损失以及采取补救行为等增加的支出。因此,损失销售问题的目标函数已不再是成本的最小化,而应是获得利润的最大化。

如图 5.11 所示,Q 为经济批量,T 为订货周期,T_1 为订货周期内有货的时间。

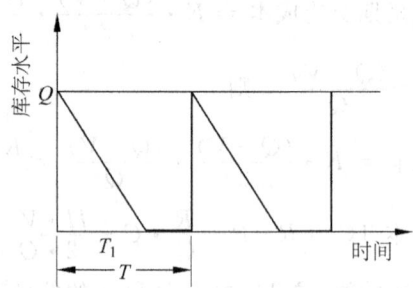

图 5.11 损失销售下的库存变化示意图

设企业购买产品的价格为 P_B,产品的销售价格为 P_S,单位产品的缺货成本为 K,需求满足的比例为 Z,则该产品的年总利润的表示式是

年总利润 = 年总收入 − 年购进成本 − 年订货成本 − 年库存持有成本 − 年缺货成本

$$S = Z \cdot R \cdot P_S - Z \cdot R \cdot P_B - \frac{Z \cdot R \cdot C}{Q} - \frac{Z \cdot Q \cdot H}{2} - K \cdot (R - Z \cdot R)$$

为了求最大利润,求 S 关于 Q 的导数,并令其等于零

$$\frac{\mathrm{d}S}{\mathrm{d}Q} = \frac{Z \cdot R \cdot C}{Q^2} - \frac{Z \cdot H}{2} = 0$$

解方程,得出

$$Q_0 = \sqrt{\frac{2 \cdot R \cdot C}{H}}$$

将经济批量代入年总利润公式中,得出

$$S_0 = Z \cdot [R \cdot (K + P_S - P_B) - \sqrt{2 \cdot R \cdot C \cdot H}] - K \cdot R \qquad (5.9)$$

上述公式中，Z 是需求满足的比率，即满足的需求占全部需求的比率，它的取值范围在 $0\sim1$。因此，在损失销售的情况下，企业可以采取的库存政策是

当 $R \cdot (K + P_S - P_B) > \sqrt{2 \cdot R \cdot C \cdot H}$，中括号内的值为正值，此时，$Z$ 的值越大，企业获得的利润越大。因此，$Z=1$，即，没有缺货时，企业获得的利润最大化。

当 $R \cdot (K + P_S - P_B) < \sqrt{2 \cdot R \cdot C \cdot H}$ 时，中括号内的值为负值，此时，Z 值越大，企业亏损越大。因此，$Z=0$，即企业没有库存时，企业获得的利润最大化。

当 $R \cdot (K + P_S - P_B) = \sqrt{2 \cdot R \cdot C \cdot H}$ 时，中括号内的值为零，即无论 Z 为何值时，收入值均为零。

案例 5.6 某书店每年以 100 元的单价销售某种经济类图书 5 000 册，该图书的购进价格为 20 元，每次订货的成本为 30 元，库存持有成本是每年 10 元，单位缺货的成本为 5 元。根据经验，如果货架缺货，顾客不会等待，而是转向其他书店进行购买。请制定该书店的最佳订货政策。

解：首先，计算出 $R(K + P_S + P_B)$ 的值：
$$R \cdot (K + P_S + P_B) = 5\,000 \times (5 + 100 - 20) = 425\,000$$

其次，计算出 $\sqrt{2R \cdot C \cdot H} = \sqrt{2 \times 5\,000 \times 30 \times 10} \approx 1\,732$

最后，比较上述结果，得出
$$R \cdot (K + P_S - P_B) > \sqrt{2 \cdot R \cdot C \cdot H}$$

因此，$Z=1$，以实现利润最大化，此时，企业获得的利润为
$$S_0 = Z \cdot [R \cdot (K + P_S - P_B) - \sqrt{2 \cdot R \cdot C \cdot H}] - K \cdot R$$
$$= 1 \times (425\,000 - 1\,732) - 5 \times 5\,000$$
$$= 398\,268(元)$$

企业的订货数量为 $\quad Q_0 = \sqrt{\dfrac{2 \cdot R \cdot C}{H}} = \sqrt{\dfrac{2 \times 5\,000 \times 30}{10}} \approx 173(册)$

3. 价格折扣

在商品的交易活动中，供应商为了吸引顾客一次购买更多的商品，往往规定对于购买数量达到或超过某一数量标准时给予价格上的优惠，这个事先规定的数量标准称为折扣点。当企业的订购量超过折扣点时，折扣将自动获得。但如果企业的订购量没有达到折扣点，企业就需决策，决定是否增加订购量以获得此折扣。因为增加订购量对组织有两方面的影响：一方面可以享受较低的价格，减少企业的购进成本，订货量增大使订货次数减少，订购成本也将降低；另一方面订货量的增加会提高库存水平，增加储存成本。在此种情况下，企业的目标仍然希望寻求总库存成本最低的订货量。存在价格折扣情况下，库存成本变化状况如图 5.12 所示。

图 5.12 表明在存在价格折扣的情况下各项成本和总库存成本的变化。从图 5.12 可以看出，在存在价格折扣时，各项成本是不连续的，尽管目标函数仍然是极小库存总成本，但由于总成本曲线是不连续的，最小总成本无法通过求导得到。

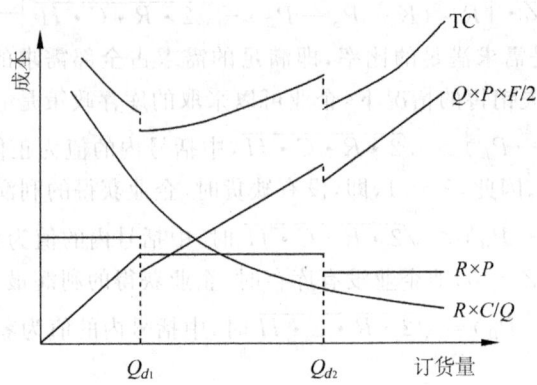

图 5.12 价格折扣情况下的库存模型

在存在价格折扣的情况下,最低库存总成本的订货量有三种可能:
(1) 订货量大于折扣点,可以获得折扣,是一个新的订货量。
(2) 订货量等于折扣点,可以获得折扣,是最理想的情况。
(3) 订货量小于折扣点,不能获得折扣,还是原来的订货量。

在存在价格折扣的情况下,通常采用以下步骤确定最小库存总成本的订货量。

首先,按不同价格分别计算经济批量,并计算以每一有效经济批量订货的年库存总成本。有效经济批量是指大于相应价格起点的经济订货量,对于最高单价(无折扣的情况),起点数量为零。

其次,计算以不同价格折扣点的数量进行订货的年库存总成本。

最后,比较以上计算出的各项年库存总成本,选取年库存总成本最小的订货量。

案例 5.7 某企业每年购进某种商品 10 000 件,供应商规定的价格是:400 件以下,每件 10 元;400 件或 400 件以上,每件 9 元。若订购成本为 18 元,储存成本率 40%,求经济订货量?

解:首先,分别计算单价 10 元和 9 元的经济批量:

$$Q_1 = \sqrt{\frac{2 \cdot R \cdot C}{P_1 \cdot F}} = \sqrt{\frac{2 \times 10\,000 \times 18}{10 \times 0.4}} = 300(件)$$

$$Q_2 = \sqrt{\frac{2 \cdot R \cdot C}{P_2 \cdot F}} = \sqrt{\frac{2 \times 10\,000 \times 18}{9 \times 0.4}} \approx 316(件)$$

由于在 400 件以下不存在 9 元的价格,所以按单价 9 元计算的 EOQ 无效。按单价 10 元计算的 EOQ 有效,该 EOQ 订货的年库存总成本为

$$TC_2 = R \cdot P + H \cdot Q_1 = 10\,000 \times 10 + 10 \times 0.4 \times 300 = 101\,200(元)$$

其次,以价格折扣点 400 件订货的年库存总成本为

$$TC_1 = R \cdot P + \frac{R}{Q} \cdot C + \frac{Q}{2} \cdot P \cdot F = 10\,000 \times 9 + \frac{10\,000}{400} \times 18 + \frac{400}{2} \times 9 \times 0.4$$

$$= 91\,170(元)$$

最后,比较以上各项总库存成本,可知最低库存总成本订货量为 400 件。

4. 临时售价

在企业的订货过程中,往往会遇到供应商临时降低商品销售价格的情况。供应商这样做有时是出于与其他供应商的竞争,有时是为了降低企业的库存水平。当企业遇到此种情况时,通常的做法是:采取增加订货量的策略,以便获得降价的好处。

在正常的情况下,企业将按确定的经济批量订货。但出现临时降价时,企业经营者就要决定特殊订货的数量。因为增加订货量,尽管可以获得降价的好处,减少企业的购进成本和订购成本;但是却会由于企业库存水平的增加而使企业的储存成本提高。如果企业订货数量过多,储存成本的增加额就会抵消甚至超过购进成本和订购成本的减少额。其结果是企业的库存总成本将会增加。因此企业在采取特别订货时,需要确定一个合理的订货数量。

临时售价的库存模型如图 5.13 所示。

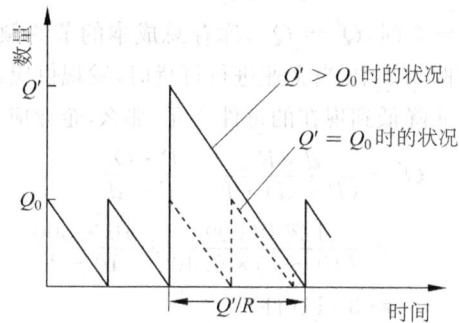

图 5.13 临时售价的库存模型

在图 5.13 中,假设企业在某次订货时,发现供应商正在临时降低商品的销售价格。该商品的正常销售价格是 P,但现在购买的价格为 $P-d$,d 是降价幅度。在临时降价之后,该商品的销售价格将恢复到 P。降价之前和结束降价之后,该商品的经济订货量均为 $Q_0 = \sqrt{\dfrac{2 \cdot R \cdot C}{P \cdot F}}$。

为了获得最优特殊订货量,需使 $\dfrac{Q'}{R}$ 期间采取与不采取特殊订货量的库存总成本的差额最大化。

当采取特别订货时,$\dfrac{Q'}{R}$ 期间的库存总成本为

$$\text{TC}' = Q' \cdot (P-d) + \dfrac{Q'}{2} \cdot (P-d) \dfrac{F \cdot Q'}{R} + C$$

若在 $\dfrac{Q'}{R}$ 期间不采取特别订货,而按正常 EOQ 订货,则第一次订货按 $P-d$ 成交,以后各次订货均按 P 成交的情况下,$\dfrac{Q'}{R}$ 期间的库存总成本为

$$\text{TC} = (P-d) \cdot Q_0 + P \cdot (Q' - Q_0) + \dfrac{Q_0}{2} \cdot (P-d) \cdot F \cdot \dfrac{Q_0}{R} +$$

$$\frac{Q_0}{2} \cdot P \cdot F \cdot \frac{(Q'-Q_0)}{R} + \frac{C \cdot Q'}{Q_0}$$

$$= P \cdot Q' - d \cdot Q_0 + \frac{(P-d) \cdot F \cdot Q_0^2}{2 \cdot R} + \frac{P \cdot F \cdot Q_0 \cdot Q'}{2 \cdot R} - \frac{P \cdot F \cdot Q_0^2}{2 \cdot R} + \frac{C \cdot Q'}{Q_0}$$

为了得到最优特殊订货量,需使 TC 与 TC' 间的差额最大化,并令其导数等于 0,即

$$g = \mathrm{TC} - \mathrm{TC}' = d \cdot Q' - d \cdot Q_0 - \frac{d \cdot F \cdot Q_0^2}{2 \cdot R} + \frac{P \cdot F \cdot Q_0 \cdot Q'}{2 \cdot R} -$$

$$\frac{(P-d) \cdot F \cdot (Q')^2}{2 \cdot R} + \frac{C \cdot Q'}{Q_0} - C$$

$$\frac{\mathrm{d}g}{\mathrm{d}Q'} = d + \frac{P \cdot F \cdot Q_0}{2 \cdot R} - \frac{(P-d) \cdot F \cdot Q'}{R} + \frac{C}{Q_0} = 0$$

则最优特殊订货量为

$$Q' = \frac{d \cdot R}{(P-d) \cdot F} + \frac{P \cdot Q_0}{P-d} \tag{5.10}$$

在式(5.10)中,当 $d=0$ 时,$Q'=Q_0$,库存总成本的节约额为 0。

案例 5.8 假设在案例 5.2 中,当企业进行订货时,发现供应商正在临时降低商品的销售价格,从原来的每件 10 元降低到现在的每件 9 元,那么,企业应采取怎样的订货政策。

解:
$$Q' = \frac{d \cdot R}{(P-d) \cdot F} + \frac{P \cdot Q_0}{P-d}$$

$$= \frac{1 \times 10\,000}{(10-1) \times 0.40} + \frac{10 \times 300}{10-1}$$

$$\approx 3\,111(\text{件})$$

当供应商将价格从 10 元降到 9 元时,企业一次特殊订货量约为 3 110 件。这个数量可以满足 $3\,111 \div 10\,000 \approx 0.31$(年)的需求。在此之后,仍按 300 件订货。

5. 已知价格上涨时的特殊订货问题

在企业的经营过程中,如果预先知道某种商品的销售价格要上涨,那么,企业也将面临选择,即是否要在价格上涨之前采取特殊订货以及特殊订货的数量。

价格上涨时的库存模型如图 5.14 所示。

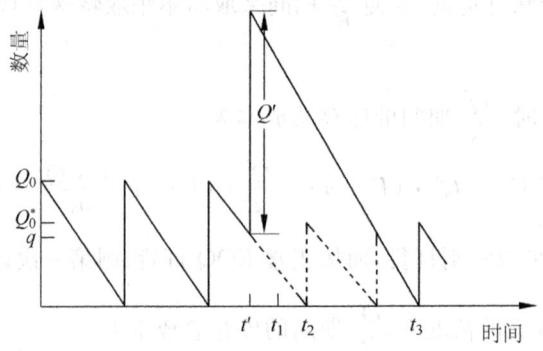

图 5.14 价格上涨时的库存模型

在图 5.14 中，假设提价日期是 t_1，价格提高幅度为 d，在 t_1 之前，购买商品的价格是 P，在 t_1 之后，购买商品的价格是 $P+d$。t_3 为提价后第一次订货的时间，t' 为特别订货到达的时间，q 为提价之前最后一次订货到达时的剩余库存量。Q' 为提价前的特殊订货量。

在预先知道商品的销售价格提高的情况下，企业一般会在提价之前多订购一些商品。但是，如果一次订货的数量太大，储存成本的增加将抵消从价格上获得的好处，其结果库存总成本不但不会降低，反而会上升。因此，企业需要确定一个特殊订货的最优数量。

在供应商提价之前，企业以价格 P 订货时的经济订货量是

$$Q_0 = \sqrt{\frac{2 \cdot R \cdot C}{P \cdot F}}$$

在提价之后，企业以价格 $(P+d)$ 订货时的经济订货量是

$$Q_0^* = \sqrt{\frac{2 \cdot R \cdot C}{(P+d) \cdot F}}$$

如果在提价之前，即 t' 时进行特殊订货的数量为 Q'，订货时的剩余库存量为 q，那么要经过 $\dfrac{Q'+q}{R}$ 一段时间才开始订货。

为了获得最优特殊订货量，需使 $\dfrac{Q'+q}{R}$ 期间有与没有特殊订货量的库存总成本的差额最大化，并令其导数为 0。

当采取特别订货时，在 t' 与 t_3 之间的库存总成本为

$$\begin{aligned} \text{TC}' &= P \cdot Q' + \frac{Q'+q}{2} \cdot P \cdot F \cdot \frac{Q'+q}{R} + C \\ &= P \cdot Q' + \frac{P \cdot F \cdot q \cdot Q'}{R} + \frac{P \cdot F \cdot (Q')^2}{2 \cdot R} + \frac{P \cdot F \cdot q^2}{2 \cdot R} + C \end{aligned}$$

t' 与 t_3 期间若不采取特别订货，而按正常情况进行订货时，则此期间的库存总成本将为

$$\text{TC} = (P+d) \cdot Q' + \frac{Q_0^*}{2} \cdot (P+d) \cdot F \cdot \frac{Q'}{R} + \frac{q}{2} \cdot P \cdot F \cdot \frac{q}{R} + \frac{CQ'}{Q_0^*}$$

由于在提价之后，商品的购买价格为 $P+d$，则按新价格的经济订货量是 $Q_0^* = \sqrt{\dfrac{2 \cdot R \cdot C}{(P+d) \cdot F}}$，将 $Q_0^* = \sqrt{\dfrac{2 \cdot R \cdot C}{(P+d) \cdot F}}$ 代入 TC 中，得出如下式子：

$$\text{TC} = (P+d) \cdot Q' + Q' \cdot \sqrt{\frac{2 \cdot C \cdot F \cdot (P+d)}{R}} + \frac{P \cdot F \cdot q^2}{2 \cdot R}$$

这样在提价之前由于采取特别订货而节约的库存总成本为 $g = \text{TC} - \text{TC}'$

$$g = \text{TC} - \text{TC}' = Q'\left(d + \sqrt{\frac{2 \cdot C \cdot F \cdot (P+d)}{R}} - \frac{P \cdot F \cdot q}{R}\right) - \frac{P \cdot F \cdot Q'^2}{2 \cdot R} - C$$

对 $g = \text{TC} - \text{TC}'$ 求微分并令其等于 0，得

$$\frac{\mathrm{d}g}{\mathrm{d}Q'} = d + \sqrt{\frac{2 \cdot C \cdot F \cdot (P+d)}{R}} - \frac{P \cdot F \cdot q}{R} - \frac{P \cdot F \cdot Q'}{R} = 0$$

则最优特别订货量 Q' 如下：

$$Q' = Q_0^* + \frac{d \cdot (F \cdot Q_0^* + R)}{P \cdot F} - q \tag{5.11}$$

在式(5.11)中,当 $d = 0$ 时,$Q' = Q_0$,$q = 0$。在 t' 就不采取特别订货,公式将还原为 EOQ 公式。

案例 5.9 某文具店每年销售某品牌的文具 18 000 件,订货成本为 30 元,储存成本率为 75%,假设供应商决定于明年 1 月 1 日起,将该品牌文具的销售价格从 4 元提高到 5 元。那么该文具店在今年年末供应商提价之前应采取怎样的订货政策。假设该文具年末的剩余库存为 245 件。

解:提价之后的经济批量: $Q^* = \sqrt{\dfrac{2 \cdot R \cdot C}{(P+d) \cdot F}} = \sqrt{\dfrac{2 \times 18\,000 \times 30}{5 \times 0.75}} \approx 537 (件)$

特殊订货量为

$$Q' = Q_0^* + \frac{d \cdot (F \cdot Q_0^* + R)}{P \cdot F} - q = 537 + \frac{1 \times (0.75 \times 537 + 18\,000)}{4 \times 0.75} - 245$$
$$\approx 6\,426 (件)$$

所以年末的特殊订货量应为 6 426 件。与下次订货的间隔时间为 $6\,426 \div 18\,000 \approx 0.36$(年),在此之后,该品牌文具的销售价格将为 5 元,订货量将为 537 件。

6. 均衡补货

前面谈论了流通型企业通常面对的情况,即补货是瞬时的。当这些企业某种产品的库存下降到再订货点时,采购部门发送订单,经过前置时间之后,订货到达,使库存很快恢复到最高水平。然后,随着需求的不断发生,库存缓慢地消耗,直到库存下降到再订货点,又一个订单发出……周而复始,循环往复。但是,在生产企业中,其成品的库存增加模式与上述流通型企业的库存瞬时增加模式不同。在生产企业中,生产是以一定的速度进行的,同时需求也会按照一定的速度发生。当生产的速度小于需求发生的速度时,企业没有成品的库存。当生产的速度大于需求发生的速度时,企业才会产生成品库存。生产企业的成品库存是以生产速度与需求速度之差的速度均衡增加的。下面来讨论生产企业最佳生产规模的确定问题。

如图 5.15 所示,p 表示生产的速度,r 表示需求消耗库存的速度,Q 表示生产量。则

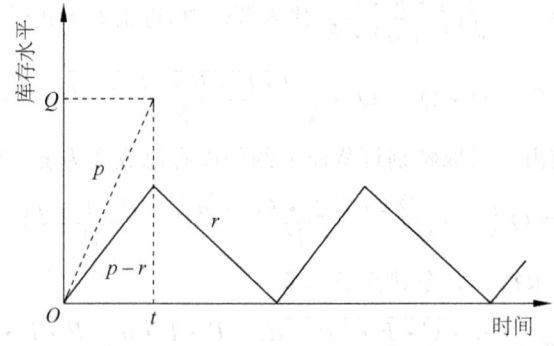

图 5.15 均衡补货的库存水平变化示意图

库存增加的速度为$(p-r)$。现在假定其他假设条件与标准经济批量模型的假设前提相同，即需求和成本都是已知且不变的，不允许缺货，考虑单一品种产品。假定 T_1 是一个产程的时间，T_2 是从最高库存到下一个产程开始的时间。

从图 5.15 可以看出，生产的总量 Q 为 $Q = p \cdot T_1$

$$最高库存量 = (p-r) \cdot T_1 = (p-r) \cdot \frac{Q}{p}$$

在生产企业中，在不允许缺货的情况下，保持库存的年总成本包括三项成本：生产成本、再生产总成本和库存持有成本。

生产成本 = 生产总量 × 单位商品的生产成本
再生产总成本 = 生产线的开工次数 × 每次开工的生产准备成本
库存持有成本 = 平均库存量 × 单位产品年库存持有成本
年库存总成本 = 生产成本 + 再生产成本 + 库存持有成本

$$TC = R \cdot P + \frac{R}{Q} \cdot C + \frac{Q}{2} \cdot H \cdot \frac{p-r}{p}$$

为了获得最佳生产量，对 TC 求 Q 的导数，并令其等于零，即

$$\frac{dTC}{dQ} = -\frac{R}{Q^2} \cdot C + \frac{H}{2} \cdot \frac{p-r}{p} = 0$$

$$Q_0 = \sqrt{\frac{2 \cdot R \cdot C}{H}} \cdot \sqrt{\frac{p}{p-r}} \tag{5.12}$$

式中：R 为年需求量；C 为每一个产程的生产准备成本；H 为单位产品年库存持有成本；p 为生产速度；r 为库存消耗的速度。

确定最佳生产量之后，就可以确定两次生产之间的最佳时间间隔，即

$$T_0 = \frac{Q_0}{R}$$

现在来比较瞬时补货模式与均衡补货模式的不同。两种模式的不同点如表 5.6 所示。

表 5.6　瞬时补货模式与均衡补货模式的区别

项　目	瞬时补货模式	均衡补货模式
最佳订单数量	$\sqrt{\dfrac{2 \cdot R \cdot C}{H}}$	$\sqrt{\dfrac{2 \cdot R \cdot C}{H}} \cdot \sqrt{\dfrac{p}{p-r}}$
最佳订货（生产）次数	$n = \sqrt{\dfrac{H \cdot R}{2 \cdot C}}$	$n = \sqrt{\dfrac{H \cdot R}{2 \cdot C}} \cdot \sqrt{\dfrac{p-r}{p}}$
最佳可变总成本	$\sqrt{2 \cdot R \cdot C \cdot H}$	$\sqrt{2 \cdot R \cdot C \cdot H} \cdot \sqrt{\dfrac{p-r}{p}}$
再订货（生产）点	$R \cdot L$	$r \cdot L$
最佳生产时间		$\dfrac{Q_0}{p}$

从表 5.6 中可以看出,在其他条件都相同的条件下,两种补充模式存在着许多不同点:均衡补货模式的最佳订单数量要大于瞬时补充模式的最佳订单数量;而再订货或生产次数却是瞬时补充模式大于均衡补货模式;均衡补货模式的最佳可变总成本低于瞬时补货模式的最佳可变总成本。

案例 5.10 某小型工厂每年生产某种汽车零件 5 000 件,该产品的市场需求是每年 3 000 件。该汽车零件的单位生产成本是 100 元,生产准备成本是 500 元,库存持有成本为每年库存价值的 20%。那么,该工厂的最佳生产批量应如何确定?如果每一批生产的准备时间需要 3 周,什么时间开始生产比较合适?

解:根据案例可知:$p=5\,000$ 件/年,$R=3\,000$ 件/年,$P=100$ 元/件,$C=500$ 元/次,$H=20\%\times100=20$ 元/年,则最佳生产批量为

$$Q_0 = \sqrt{\frac{2\cdot R\cdot C}{H}}\cdot\sqrt{\frac{p}{p-r}} = \sqrt{\frac{2\times3\,000\times500}{20}}\times\sqrt{\frac{5\,000}{5\,000-3\,000}} \approx 612.37(件)$$

最佳库存周期为 $T_0 = \dfrac{Q_0}{R} = \dfrac{612.37}{3\,000} \approx 0.20(年) \approx 10(周)$

最佳再次生产时间为 $B_0 = R\cdot L = 3\,000\times\dfrac{3}{52} \approx 173.08(件)$

最佳年总成本为

$$TC_0 = R\cdot P + \frac{R}{Q_0}\cdot C + \frac{Q_0}{2}\cdot H\cdot\frac{p-r}{p}$$

$$= 3\,000\times100 + \frac{3\,000}{612.37}\times500 + \frac{612.37}{2}\times20\times\frac{5\,000-3\,000}{5\,000}$$

$$\approx 304\,899(元)$$

因此,该企业的最佳政策是:每当库存水平下降到 173 件时,开始启动生产,生产批量为 612 件。

5.3.3 概率型库存模型

前面讨论的库存问题都是建立在顾客需求、前置时间以及其他参数都为已知的基础上。但是,在企业实际的运营过程中,这些参数都有可能发生变化。例如,产品价格的波动、新产品的出现对现有产品的市场需求产生影响、供应链中某环节出现问题等。其中企业最常遇到的变化因素是顾客需求和前置时间。当顾客的需求和订货的前置时间是变化的,但其变化的规律可以找到时,此时的库存问题是随机型库存问题,所建立的库存模型是概率型库存模型。现在将讨论概率型库存模型。

1. 保险储备

在固定订货量系统中,每当库存量降到再订货点 B 时,就会发出订货,订货量为 EOQ。因此,如果在发出订单之前的时间内需求发生变化,企业可以调整订单发送的时间。但是,如果需求的变化发生在订单发出之后至订货到达之间的时间,即前置时间之内,或者发出订单之后的前置时间发生波动,则企业就无法进行调整了,此时将出现缺货问题。因此,固定订货数量系统中,需求和前置时间的变化是其考虑的关键要素。概率型库存模型如图 5.16 所示。

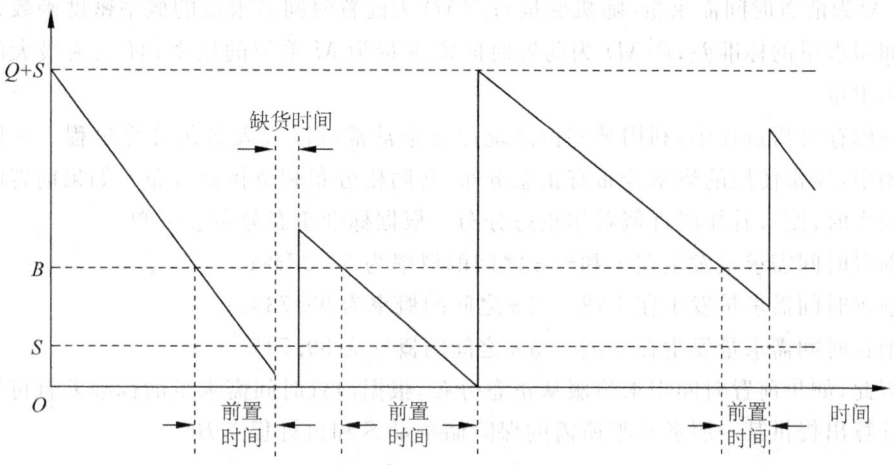

图 5.16 概率型库存模型

从图 5.16 可以看出,当需求量超过平均需求量或前置时间超过平均前置时间时,将发生缺货。为了防止发生缺货,就必须持有保险储备。保险储备可以有效地吸收由于需求量或前置时间的波动而发生的缺货。但是保险储备对企业的影响有两个方面:一是可以防止发生缺货,降低缺货成本,提高了顾客的服务水平;二是会提高企业的库存水平,增加企业的储存成本。因此必须确定一个合理的保险储备量。在固定订货量系统中,再订货点 B 是由前置时间内的平均需求量 $\overline{M}$ 和保险储备 S 组成的,保险储备是再订货点 B 的一部分。确定了再订货点 B 也就确定了保险储备。

在确定型模型中,再订货点 $B=R \cdot L$。在概率模型中,再订货点 B 仍然是前置时间内的需求量,但由于前置时间内的需求量是可变的,所以必须利用概率分布来求出。描述一个概率分布的两个统计量是均值和标准差。

均值:说明了概率分布的集中趋势。

标准差:说明了概率分布的离散程度。

利用均值和标准差,就可以描述任何需求和前置时间的变化。

在固定订货量系统中,缺货只可能发生在前置时间内,因此分析的重点将集中在前置时间内的需求变化。

假设前置时间需求量为 M,对于连续概率分布,前置时间内需求量的均值 $\overline{M}$ 为

$$\overline{M} = \int_0^\infty M f(M) \, \mathrm{d}M$$

前置时间需求量的标准差是方差的平方根。前置时间需求量的方差为

$$\sigma^2 = \int_0^\infty (M - \overline{M})^2 f(M) \, \mathrm{d}M$$

对于离散分布:

$$\overline{M} = \sum_{M=0}^{M_{\text{MAX}}} M P(M)$$

$$\sigma^2 = \sum_{M=0}^{M_{\text{MAX}}} (M - \overline{M})^2 P(M)$$

式中：M 为前置时间需求量(随机变量)；$f(M)$ 为前置时间需求量的概率密度函数；σ 为前置时间需求量的标准差；$P(M)$ 为前置时间需求量为 M 单位的概率；M_{max} 为最大的前置时间需求量。

在库存分析过程中，利用某些标准统计分布常常可以大大简化计算过程。一般在库存模型中，经常使用的概率分布有正态分布、普阿松分布和负指数分布。如果前置时间需求量较大时，则可看作或近似看作正态分布。根据标准正态分布表可知

前置时间需求量发生在＋和－σ 之间的概率为 68.27%；

前置时间需求量发生在＋或－2σ 之间的概率为 95.73%；

前置时间需求量发生在＋或－3σ 之间的概率为 99.73%。

因此，如果前置时间需求量服从正态分布，根据前置时间需求量的标准差就可以很容易地计算出提供某一服务水平所需的保险储备量 S 和再订货点 B。

$$B = \overline{M} + S = \overline{M} + Z \cdot \sigma$$

式中：$\overline{M}$ 为前置时间需求量的均值；S 为保险储备量；Z 为标准正态偏差(可查标准正态分布表)；σ 为前置时间需求量的标准差。

2. 保险储备 S 的确定

确定保险储备通常有两种方法：①当缺货成本已知时，可通过极小保险储备的总成本求出最优保险储备量；②当缺货成本未知时，根据所要求的顾客服务水平，确定保险储备量。

1) 缺货成本已知

随着保险储备数量的增加，缺货数量不断减少，缺货成本不断降低。但增加保险储备量，将增加储存成本。管理者的任务就是确定一适当的保险储备量或缺货概率，以便使储存成本和缺货成本之和为最小。

假设单位缺货成本为 A，保险储备量为 S，那么保险储备的年总成本可用下式表示：

年总保险储备成本 ＝ 储存成本＋缺货成本

$$TC_S = S \cdot H + A \cdot \frac{R}{Q} \cdot E(M > B) = H \cdot (B - \overline{M}) + \frac{A \cdot R \cdot E(M > B)}{Q}$$

式中：S 为保险储备的数量；B 为再订货点；A 为每单位每年的缺货成本；Q 为经济批量；M 为前置时间内的需求量；$\overline{M}$ 为前置时间内的平均需求量；$E(M > B)$ 为前置时间内的平均缺货数量。

将上式求关于 B 的导数，令其等于 0，可得最佳缺货概率：

$$P(S) = P(M > B) = \frac{H \cdot Q}{A \cdot R} \tag{5.13}$$

式(5.13)给出了最优缺货概率，它对前置时间需求量的连续和不连续分布都适用。求出了最优缺货概率，便可确定最小库存成本的再订货点 B 或保险储备 S。

案例 5.11 某小型企业对某商品的年需求量为 5 000 件，该商品的周需求量服从正态分布，并且均值为 100 件，标准差为 20 件。假如订购成本为 10 元，储存成本为 0.10 元，单位缺货成本为 0.20 元，前置时间为 1 周，求再订货点和保险储备？

解：
$$Q_0 = \sqrt{\frac{2 \cdot R \cdot C}{H}} = \sqrt{\frac{2 \times 5\,000 \times 10}{0.10}} = 1\,000(件)$$

$$P(S) = \frac{H \cdot Q}{A \cdot R} = \frac{0.10 \times 1\,000}{0.20 \times 5\,000} = 0.10$$

查正态分布表得： $Z = 1.282$

$$S = Z \cdot \sigma = 1.282 \times 20 = 25.64 \approx 26(件)$$

$$B = \overline{M} + S = 100 + 26 = 126(件)$$

所以，最佳保险储备为 26 件，再订货点为 126 件。

值得注意的是：上例中周需求量服从正态分布，而前置时间恰恰也是一周，这样平均前置时间需求量和标准差有已知条件直接给出。但在许多情况下，需求分布和前置时间不一致，这就需要进行调整，使它们相一致。调整的方法是

$$\overline{M} = \overline{M}_0 L$$

$$\sigma = \sigma_0 \cdot \sqrt{L}$$

2）缺货成本未知

在实际经营过程中，企业很难确定缺货成本的值。或者由于缺少有关数据，缺货成本根本无法确定。在这种情况下，一般是管理人员根据需要预先确定一个顾客服务水平，然后根据顾客服务水平再确定保险储备 S 和再订货点 B。

顾客服务水平表明了企业库存满足顾客需求的能力。保证百分之百的满足有时是不可能的，或者即使可能，但所需的保险储备量过大，对企业反而不利。所以管理部门就需根据经验选择一个适当的顾客服务水平，也就是规定一个适当的缺货概率。

$$顾客服务水平 = 1 - 缺货概率$$

假如顾客服务水平确定为 98%，也就是允许的缺货概率为 2%。根据缺货概率就可以利用上面的公式求再订货点 B 和保险储备 S。

5.4 固定订货间隔时间系统

5.4.1 基本原理

固定订货间隔时间系统也被称为固定订货间隔制、定期库存制、定期订货法等。

固定订货间隔制是以时间为基础的库存管理制度。

固定订货间隔制是指以固定的订货间隔时间和最高库存量为基础的库存管理系统。

在固定订货间隔系统中，没有固定的再订货点，每次订货的数量也不相同。而是按固定的订货周期，定期检查库存，以每次实际盘存的库存量与预定的最高库存量之差，作为每次的订货量。因此，固定订货间隔制的两个重要参数是检查周期和最高库存量。固定订货间隔制模型如图 5.17 所示。

在图 5.17 中，T 为检查周期，E 为最高库存量。每经过 T 时间检查库存，发出订货，订货量为 $Q =$ 最高库存量 $-$ 现有库存量。

固定订货间隔制工作流程如图 5.18 所示。

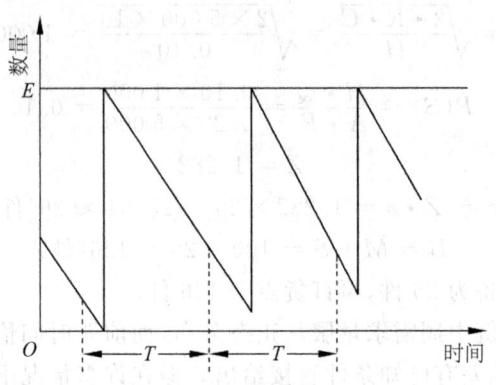

图 5.17 固定订货间隔制模型

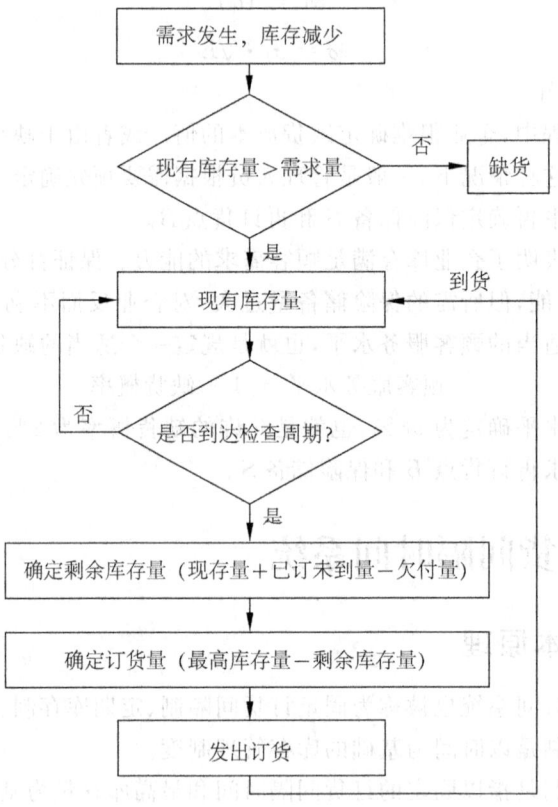

图 5.18 固定订货间隔制工作流程

5.4.2 确定型库存模型

确定型库存模型假设需求量和前置时间已知且固定不变。在实际经营中,这两个影响因素很少像确定型库存模型假设的那样是固定不变的,但如果它们的变化较小,就可近似看作确定型库存模型来处理,可以大大简化计算过程。

1. 经济订货间隔时间的确定——单项商品

确定固定订货间隔制的两个参数是固定的检查周期和最高库存量。下面先来讨论订购单项商品时这两个参数的确定。

经济的订货间隔时间(economic order interval, EOI)是使年库存总成本最小的订货间隔时间。假如不允许缺货,则年库存总成本可用下式表示:

年库存总成本 = 购进成本 + 订购成本 + 储存成本

$$TC = R \cdot P + \frac{C}{T} + \frac{R \cdot T \cdot P \cdot F}{2}$$

式中:T 为订货间隔时间;$\frac{R \cdot T}{2}$ 为平均库存量。

为了求使年库存总成本最低的订货间隔时间 T_0,求 TC 关于 T 的导数,并令其等于0:

$$T_0 = \sqrt{\frac{2 \cdot C}{R \cdot P \cdot F}} = \sqrt{\frac{2 \cdot C}{R \cdot H}} \tag{5.14}$$

最高库存水平:$E = R \cdot T + R \cdot L = R \cdot (T+L) = Q + B$ (5.15)

年库存总成本: $TC_0 = R \cdot P + R \cdot H \cdot T_0$

案例 5.12 某企业每年以单价 10 元购进某种商品 10 000 件。每次订货的订购成本为 18 元,每单位每年的储存成本为 4 元。如果前置时间为 9 天,问经济订货间隔时间,最高库存水平和年库存总成本各为多少?

解:

$$T_0 = \sqrt{\frac{2 \cdot C}{R \cdot H}} = \sqrt{\frac{2 \times 18}{10\,000 \times 4}} = 0.03(年) \approx 11(天)$$

$$E = R \cdot (T_0 + L) = 10\,000 \times (0.03 + \frac{9}{365}) \approx 546.6 \approx 547(件)$$

$$TC_0 = R \cdot P + R \cdot H \cdot T_0 = 10\,000 \times 10 + 10\,000 \times 4 \times 0.03 = 101\,200(元)$$

所以,每隔 11 天检查一次库存并发出订单,最高库存量为 547 件,最低库存总成本为 101 200 元。

从上述的计算结果可以看出:在确定型库存模型下,固定订货间隔制和固定订货数量制的库存总成本相同。

2. 经济订货间隔时间的确定——多项商品

在企业的实际工作中,为了减少工作量,往往把多种商品的检查周期统一起来。并且如果是从一个供应商处订货,还可采取联合订货的方式,会减少企业的运输成本。下面就来讨论多种商品联合订货的经济订货间隔时间和每种商品的最高库存量的确定。

与单种商品相同,多种商品的经济订货间隔时间仍然可通过年库存总成本最小化来得到。如果不允许缺货。则年库存总成本可用下式表示:

库存总成本 = 购进成本 + 订购成本 + 储存成本

$$TC = \sum_{i=1}^{n} R_i P_i + \frac{C+nc}{T} + \frac{1}{2} TF \sum_{i=1}^{n} R_i P_i$$

式中：R_i 为 i 种商品的年需求量；P_i 为 i 种商品的单位购进成本；C 为联合订货的订购成本；c 为与每一项商品有关的订购成本；T 为订货间隔时间，以年为单位；F 为年储存成本率。

为了求使年库存总成本最低的订货间隔时间，需求 TC 关于 T 的导数，并令其等于 0，得出

$$T_0 = \sqrt{\frac{2(C+nc)}{F \sum_{i=1}^{n} R_i P_i}} \tag{5.16}$$

其中，T_0 为经济订货间隔期，以年为单位。

每项商品的最高库存水平为

$$E_i = R_i(T+L) = Q_i + B_i \tag{5.17}$$

案例 5.13 某企业从同一供应商处订购五种商品，每种商品的单价和年需求量如表 5.7 所示；假如订购成本为每份订单 2.00 元，对于每一品种为 0.40 元，储存成本率为 40%，如果前置时间为 7 天，求经济订货间隔时间和每种商品的最高库存量？

表 5.7 某公司商品需求情况

品　　种	年需求量/份	单价/元	购进成本/元
A	200	1.00	200
B	400	0.50	200
C	150	2.00	300
D	100	4.00	400
E	70	5.00	350
合计	920		1 450

解：根据式(5.16)有

$$T_0 = \sqrt{\frac{2(C+nc)}{F \sum_{i=1}^{n} R_i P_i}} = \sqrt{\frac{2 \times (2 + 5 \times 0.4)}{0.4 \times 1\,450}} \approx 0.11(年) \approx 43(天)$$

各种商品的最高库存量可由下式求得

$$E_i = R_i(T+L) = R_i \cdot \frac{43+7}{365} \approx 0.14 R_i$$

根据此公式计算所得的各种商品的最高库存量如表 5.8 所示。

表 5.8 各种商品的最高库存量

品　　种	最高库存量 E_i
A	28
B	56
C	21
D	14
E	10

3. 价格折扣

企业在采取固定订货间隔系统时,如果遇到供应商提供价格折扣策略,同样需要确定每次订货的数量。当订货量大于折扣点时,则自然可以获得折扣。当订货量小于折扣点时,企业就需确定是否应增加订货量以获得折扣的好处。

企业如果为了获得价格折扣而增加每次订货的数量。其结果是:商品的购进成本会因商品价格的降低而减少,但商品的储存成本却因平均库存水平的提高而增加。如果购进成本的减少额大于储存成本的增加额,则应增加订货量;相反,如果购进成本的减少额不大于储存成本的增加额,则不应增加订货量。

在固定订货间隔系统中,由于每次的订货量都不相同,所以需要分别确定每一个检查周期的订货量,确定是否应接受价格折扣。对于固定订货间隔系统的价格折扣问题,一般遵循如下的决策准则。

(1) 如果 $Q_d \leqslant (E-I)$,则订货量为 $E-I$。

其中:Q_d 为折扣点;E 为最高库存量;I 为现有库存量。

(2) 如果 $Q_d > (E-I)$,且 $Q_d(P-P_d) > \bar{q} P_d FU \dfrac{T+L}{N}$,则订货量为 Q_d

如果 $Q_d > (E-I)$,且 $Q_d(P-P_d) \leqslant \bar{q} P_d FU \dfrac{T+L}{N}$,则订货量为 $E-I$

式中:P 表示无折扣的价格;P_d 表示有折扣的价格;F 表示年储存成本率;$\bar{q}$ 表示 U 个 $(T+L)$ 时期持有的额外库存的平均数量,可表示为

$$\bar{q} = \frac{1}{U} \sum_{i=1}^{U} [Q_d - (iE - I)]$$

其中,$U = \dfrac{Q_d - (E-I)}{E}$,是指将持有额外库存的延时为 $T+L$ 的时期数,U 必须取整数,如果是分数,则需要化成下一个整数;N 为一年的周期数。

案例 5.14 已知某企业 A 商品的经济订货周期是 40 天,最高库存量是 130 件,订货的前置时间为 8 天,储存成本率是 10%,假如在某一检查期 A 商品的现有库存量为 80 件,供应商提供的价格折扣条件是:0~200 件,价格是 2.00 元;大于或等于 200 件,价格是 1.50 元。问 A 商品的订货量应为多少?

解:

$$U = \frac{Q_d - (E-I)}{E} = \frac{200 - (130-80)}{130} \approx 1.2, 取 U = 2$$

$$\bar{q} = \frac{1}{U} \sum_{i=1}^{u} [Q_d - (iE - I)]$$

$$= \frac{(200 - 1 \times 130 + 80) + (200 - 2 \times 130 + 80)}{2} = 85$$

$$Q_d(P - P_d) = 200 \times (2.00 - 1.50) = 100 (元)$$

$$\bar{q} P_d FU \frac{T+L}{N} = 85 \times 1.50 \times 0.10 \times 2 \times 0.13 = 3.315 (元)$$

由此可见,价格折扣的结果使成本节约了 100－3.315＝96.685(元),所以,应该接受价格折扣,订货量为 200 件。

5.4.3 概率型库存模型

固定订货间隔制的概率模型与固定订货数量制的概率模型一样,也由于模型的两个参数需求量和前置时间都是变化的,所以需要保持有保险储备以吸收由于这两个参数的波动而引起的缺货。其工作原理如图 5.19 所示。

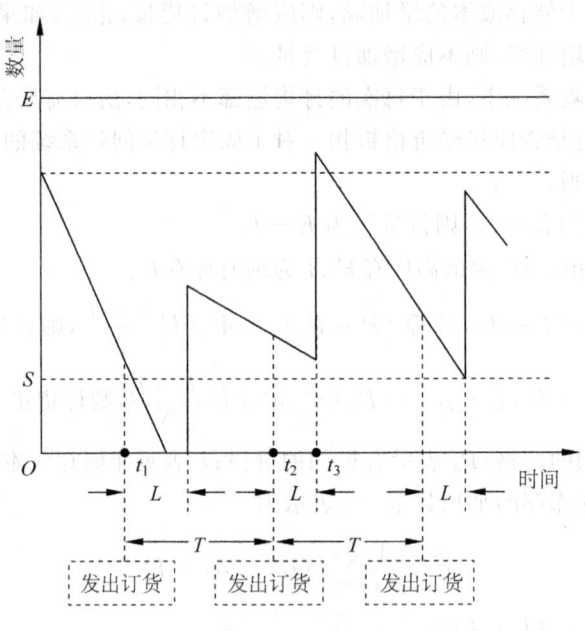

图 5.19 固定订货间隔制工作原理

从图 5.19 可以看出,在时间 t_1 检查库存量并发出订货,在整个 T 期间既不检查库存也不发出订货且在 t_2 发出订货之后,需经过 L 时间在 t_3 处所订的商品才能到达。因此,在 $t_1 \sim t_3$ 这段时间里,都有可能发生缺货。保险储备必须考虑 $T+L$ 时间的需求的变化。

为求保险储备的量,仍然是使年保险储备成本为最小。当单位缺货成本已知时,通过极小年保险储备成本来求出经济的保险储备量。年保险储备成本可用下式表示:

$$\text{年保险储备成本} = \text{储存成本} + \text{缺货成本}$$

$$\text{TC}_S = H \cdot S + m \cdot A \cdot V(M > E) = H \cdot (E - \overline{M}) + m \cdot A \cdot V(M > E)$$

式中:TC_S 为保险储备的期望年成本;S 为保险储备量;M 为 $T+L$ 时间内的需求量;$\overline{M}$ 为 $T+L$ 时间内的平均需求量;$m = \dfrac{1}{T}$ 为订购次数;A 为每单位每年的储存成本;$V(M > E)$ 为订货间隔期内的平均缺货数量。

为求最佳的保险储备量,求 TC_S 关于 E 的导数,并令其等于 0,得

$$P(M > E) = P(S) = \frac{H}{m \cdot A} = \frac{H \cdot T}{A} = \text{最优缺货概率} \tag{5.18}$$

求出最佳缺货概率 $P(S)$,根据给定的概率分布,就可求出最佳的 E 和 S

$$E = \overline{M} + S$$

案例 5.15 某商品的月需求量服从正态分布,且均值为 100 件,标准差为 20 件。假如单位缺货成本为 10 元,年储存成本为 5 元,该商品的订货间隔时间是 2 个月,前置时间为 1 个月。问应保持多少保险储备,最高库存量为多少?

解:
$$P(S) = \frac{H \cdot T}{A} = \frac{5 \times 2}{10 \times 12} \approx 0.08$$

查正态分布表,$Z=1.35$。

由于月需求量的均值为 100 件,标准差为 20 件,所以 $T+L=3$ 个月的需求量的均值为 300 件,标准差为 $20\sqrt{3}$,则

$$S = Z \cdot \sigma = 1.35 \times 20\sqrt{3} \approx 47(件)$$
$$E = \overline{M} + S = 300 + 47 = 347(件)$$

当缺货成本未知时,同固定订货数量制一样,仍然可以通过确定顾客服务水平来确定适当的缺货概率,进而确定保险储备 S 和最高库存量 E。

以上讨论了两种库存管理制度:固定订货数量系统和固定订货间隔时间系统。这两种管理制度各有特点:固定订货数量系统对库存品控制比较严格,每次订货都按经济批量订购,并且只考虑前置时间内的需求量的变化,保险储备量较小,因此库存水平相对比较低。但它的不足之处在于工作量大,需要经常检查库存量;固定订货间隔时间系统的优势是不需要经常检查库存,只在检查周期到达时才检查库存并订货,工作量小,而且此系统还可通过把多种库存品的检查周期统一起来,实行联合订货,节约成本。但固定订货间隔时间系统的不足是保险储备量大,库存水平较高。企业在实际应用中,需根据库存品的不同特性,选择适合其特点的库存管理系统。

5.5 库存系统的重建和约束

5.5.1 库存系统的重建

随着时间的推移,企业的经营条件在不断地变化,库存品的需求特性也在不断地变化。因此企业已经建立的优化的库存管理系统可能已不是最优,而暴露出许多缺陷。例如,经常出现缺货现象,不能很好地满足顾客的需求等;或者库存水平居高不下,库存周转率低,出现超储现象。所有这些现象的出现都表明库存系统已不能满足企业经营的需要,需要进行重建。

在对库存系统进行重建时,应明确库存系统的各种目标及其相对重要性。这些不同的目标及其相对重要性可能随着时间和经济状况的不同而改变。所以管理部门必须全面了解企业的经营情况,并根据管理的要求,来考虑重建库存系统。

在对库存系统进行重建时,可按如下的步骤进行。

(1) 选择并分析有代表性的库存品的样品。
(2) 对现有的库存系统和改变后的库存系统进行比较。
(3) 确定实施两个不同系统的成本节约额和综合效益。

(4) 决定是改变库存系统还是保持原库存系统不变。

案例 5.16 某企业有 5 种库存物品,正在考虑将连续库存系统改变为固定订货间隔时间系统。目前,每次订货的订购成本为 30 元,库存持有成本均为单价的 20%。据估计,如果采用固定订货间隔时间系统,则可以采用联合订货方式,其与每个品种有关的订货成本为 2 元。5 种库存物品的相关资料如表 5.9 所示。

表 5.9 某企业 5 种库存物品的相关资料

物 品	年需求量/件	单价/元	订货批量/批
A	1 000	50.00	100
B	500	100.00	40
C	4 000	10.00	500
D	1 500	20.00	100
E	8 000	5.00	1 000

该企业是否应改变其库存管理系统?

解:首先,该企业目前库存系统的总可变库存成本为

$$TC_1 = \sum_{i=1}^{5} \frac{R_i}{Q_i} \cdot C + \sum_{i=1}^{5} \frac{Q_i}{2} \cdot P_i \cdot F$$

$$= 30 \times \left(\frac{1\,000}{100} + \frac{500}{40} + \frac{4\,000}{500} + \frac{1\,500}{100} + \frac{8\,000}{1\,000}\right) + \frac{0.2}{2} \times$$

$$(100 \times 50.00 + 40 \times 100.00 + 500 \times 10.00 + 100 \times 20.00 + 1\,000 \times 5.00)$$

$$= 3\,705(元)$$

其次,该企业如果采用固定订货间隔时间系统,则其订货检查周期为

$$T = \sqrt{\frac{2(C + n \cdot c)}{F \sum_{i=1}^{5} R_i \cdot P_i}} = \sqrt{\frac{2 \times (30 + 5 \times 2)}{0.2 \times 210\,000}} \approx 0.04(年)$$

则采用固定订货间隔时间系统时,其年总可变库存成本为

$$TC_2 = \frac{C + n \cdot c}{T} + \frac{T \cdot F}{2} \sum_{i=1}^{5} R_i \cdot P_i$$

$$= \frac{30 + 5 \times 2}{0.04} + \frac{0.04 \times 0.2}{2} \times$$

$$(1\,000 \times 50.00 + 500 \times 100.00 + 4\,000 \times 10.00 + 1\,500 \times 20.00 + 8\,000 \times 5.00)$$

$$= 1\,840(元)$$

由于 $TC_2 < TC_1$,因此,该企业应将目前的连续库存系统改变为固定订货间隔时间系统,其联合订货的间隔周期为 0.04 年,即约 2 周检查一次库存,并发送订单。

注意:在建立新库存系统时,应分步进行。首先对小范围的库存品进行实施,在实施过程中,不断去发现问题,修改差错和误使之更完善。然后再逐渐扩展到其他库存品。只有分阶段建立新系统才有时间去做事先未预料到的某些调整和修正。新建立的系统也不是完美无缺的,也会存在许多问题。这就需要管理部门不断地加以改进,以适应新形势的需要。

5.5.2 库存系统的约束

在确定最优库存系统时,曾假设了许多假定条件。但在企业的实际经营过程中,由于许多客观条件的限制,最优库存系统很难实现。而且,由于库存系统只是企业整个大系统的一个子系统,管理部门从企业整体利益出发,也要求库存系统次优化。这时就需要建立有约束条件下的优化的库存系统。最常见的约束条件是流动资金的约束和仓容的限制。下面讨论流动资金和仓容的约束对企业库存系统的影响。

1. 流动资金的约束

假设某企业采用的是固定订货量系统,其平均库存金额为 3 000 万元,由于企业流动资金比较紧张,必须把库存金额控制在 2 000 万元,现在的储存成本系数为 0.15,那么新的储存成本系数是多少?

原来的平均库存金额与新的平均库存金额的比是

$$\frac{\left[\sum_{i=1}^{n} P_i Q_i/2\right]_1}{\left[\sum_{i=1}^{n} P_i Q_i/2\right]_2} = \frac{3\,000}{2\,000} = \frac{\sum_{i=1}^{n} \sqrt{\frac{P_i R_i C}{2F_1}}}{\sum_{i=1}^{n} \sqrt{\frac{P_i R_i C}{2F_2}}} = \sqrt{\frac{F_2}{F_1}}$$

$$\frac{3\,000}{2\,000} = \sqrt{\frac{F_2}{0.15}}$$

$$F_2 \approx 0.34$$

储存成本系数已从原来的 0.15 增大到 0.34,这样每一库存品的订货量则要根据储存成本系数为 0.34 来计算,这样才能保证库存金额为 2 000 万元。

假设某企业采用的是固定订货间隔时间系统,其平均库存金额为 4 000 万元,现在由于流动资金的约束,需把平均库存金额降到 3 000 万元。如果现在的经济订货间隔时间为 2 个月,储存成本系数为 0.15,那么新的订货间隔时间和储存成本系数为多少?

原来的平均库存金额与新的平均库存金额的比是

$$\frac{\sum_{i=1}^{n} R_i P_i T_1/2}{\sum R_i P_i T_2/2} = \frac{T_1}{T_2} = \frac{4\,000}{3\,000}$$

$$\frac{2}{T_2} = \frac{4\,000}{3\,000}$$

$$T_2 = 1.5$$

订货检查周期由原来的 2 个月降到 1.5 个月,最高库存量也要按照新的检查周期来确定。新的储存成本系数可由下式求出:

$$\frac{T_1}{T_2} = \frac{\sqrt{\dfrac{2C}{F_1 \sum_{i=1}^{n} R_i P_i}}}{\sqrt{\dfrac{2C}{F_2 \sum_{i=1}^{n} R_i P_i}}} = \sqrt{\frac{F_2}{F_1}}$$

$$\frac{2}{1.5} = \sqrt{\frac{F_2}{0.15}}$$

$$F_2 \approx 0.27$$

储存成本系数已有原来的 0.15 增加到 0.27。订购周期由 2 个月降到 1.5 个月,这样才能保证平均库存金额由原来的 4 000 万元下降到 3 000 万元的水平。

2. 仓容的限制

当企业的现有仓容不足于满足企业按照经济批量政策订货时所需的仓容时,企业就需要针对现有仓容建立新的订货政策。此时,企业可以采用的方法之一是投入资金,增加仓容。因此,在这种情况下,产品的库存持有成本将由原来的 H 转变为 $H + U \cdot S_i$。其中 U 是与单位储存空间相关的额外成本,S_i 是第 i 种产品单位产品所需的储存空间。因此,新的库存持有成本所对应的经济批量为

$$Q_i = \sqrt{\frac{2 \cdot R_i \cdot C_i}{H_i + U \cdot S_i}}$$

产品种类不同,其单位产品所需的储存空间不同,计算出的经济批量也会不同。当 $U = 0$ 时,表示仓容没有限制,上述公式变成为标准经济批量公式。如果仓容存在限制,企业可以赋予 U 不同的值,计算出新的经济批量 Q_i,此时的经济批量要小于标准经济批量 Q_0,其对应的平均库存水平也小于标准经济批量下的平均库存水平,从而达到减小储存空间需要量的目的。

案例 5.17 某企业的物流部门正在为企业的仓库空间紧张而焦虑。目前该企业共有三种产品的库存。这三种库存物品的相关资料如表 5.10 所示。

表 5.10 某企业三种库存物品的相关资料

货物代码	年需求量/单位	单价/元	单位货物规格/(立方米/单位)
A	500	100	1
B	400	200	2
C	200	300	3

这三种货物的订购成本均为 1 000 元,库存持有成本为单价的 20%。如果该企业决定把平均储存空间 300 立方米分配给这三种货物。那么,最佳的订货政策应是怎样的? 储存空间的不足会对库存成本的提高产生什么影响?

解:首先,确定三种货物所需要的储存空间。

货物 A: $Q_A = \sqrt{\frac{2 \cdot R_A \cdot C}{P_A \cdot F}} = \sqrt{\frac{2 \times 500 \times 1\,000}{100 \times 0.2}} \approx 223.61$(单位)

所需的平均储存空间 $= \frac{223.61}{2} \times 1 \approx 111.80$(立方米)

货物 B: $Q_B = \sqrt{\frac{2 \cdot R_B \cdot C}{P_B \cdot F}} = \sqrt{\frac{2 \times 400 \times 1\,000}{200 \times 0.2}} \approx 141.42$(单位)

所需的平均储存空间 $= \frac{141.42}{2} \times 2 \approx 141.42$(立方米)

货物 C：$Q_C = \sqrt{\dfrac{2 \cdot R_C \cdot C}{P_C \cdot F}} = \sqrt{\dfrac{2 \times 200 \times 1\,000}{300 \times 0.2}} \approx 81.65$（单位）

$$\text{所需的平均储存空间} = \dfrac{81.65}{2} \times 3 \approx 122.48\text{（立方米）}$$

三种货物所需的储存空间之和为 111.80＋141.42＋122.48＝375.70（立方米）

由于三种货物所需的储存空间之和超过了企业设定的 300 立方米，所以，该企业需要调整库存政策，即需要降低库存水平。

设储存空间的额外成本为 U，则新的订货数量为

$$Q_i = \sqrt{\dfrac{2 \cdot R_i \cdot C}{P_i \cdot F + U \cdot S_i}}$$

通过设计不同的 U 值，计算三种货物的订货数量及所需的储存空间，直到所需的储存空间之和小于等于 300 立方米。计算结果如表 5.11 所示。

表 5.11　U 取不同值时三种库存物品的储存空间需要量

U	Q_1	Q_2	Q_3	所需储存空间之和/立方米
1	218.2	138.0	79.7	366.7
10	182.6	115.5	66.7	306.8
11	179.6	113.6	65.6	301.8
12	176.8	111.8	64.5	297.0

因此，由于储存空间的限制，新的库存政策的库存成本为

$$\begin{aligned}
\text{TC} &= \sum_{i=A}^{C} \dfrac{R_i}{Q_i} \cdot C + \sum_{i=A}^{C} \dfrac{Q_i}{2} \cdot P_i \cdot F \\
&= 1\,000 \times \left(\dfrac{500}{176.8} + \dfrac{400}{111.8} + \dfrac{200}{64.5}\right) + \dfrac{0.2}{2} \times \\
&\quad (176.8 \times 100 + 111.8 \times 200 + 64.5 \times 300) \\
&\approx 15\,446\text{（元）}
\end{aligned}$$

经济批量订货时的年总可变库存成本为

$$\begin{aligned}
\text{TC}_0 &= \sum_{i=A}^{C} Q_i \cdot P_i \cdot F = 0.2 \times (223.61 \times 100 + 141.42 \times 200 + 81.65 \times 300) \\
&= 15\,028\text{（元）}
\end{aligned}$$

由此可以看出，由于储存空间的限制，使订货政策发生改变，由此给该企业的库存成本增加了。

5.6　一次性订货问题

在企业经营的商品中，有些商品的性质与其他商品不同。例如报纸、杂志、鲜花、圣诞树、年历等。这些商品或者市场寿命很短，或者商品寿命很短。它们的共同特点是在同一时期内不会重复订货。假如需求量大于订货量，就会由于没有足够的时间订货而失去销

售机会;如果需求量小于订货量,则会出现为了减少库存而降价销售的情况。这些商品的订货问题属于一次性订货问题。

为了确定最优的一次性订货量,需要考虑与一次性订货有关的成本。由于只订一次货,所以与订购成本无关。由于这些商品的需求很难预测,所以储存成本也不重要。与一次性订货有关的成本是由于订货量小于需求量而失去销售机会的失销成本和由于订货量大于需求量而使库存积压,并以低于成本价销售的损失即超储成本。一次性订货量的确定就是要平衡这两项成本。

一次性订货问题与重复性订货问题一样,仍然是确定订货的时间和订货的量。当需求量和前置时间都是已知时,即在确定型模型下,问题将非常简单。订货的时间就是前置时间的时点,订货量就是需求量。但在实际中这种情况很少出现。下面就来讨论需求量和前置时间变化时一次性订货问题。

5.6.1 需求量已知,前置时间可变

当需求量已知时,一次性订货量就是需求量。但前置时间可变,一次性订货问题就是要确定订货的具体时间。下面通过一个案例来讨论。

案例 5.18 某企业计划订购一批年历。为了能提前占领市场,希望能在 11 月 1 日开始销售。假如要求年历按期到达的概率为 95%,问应何时发出订单?已知前置时间的分布如表 5.12 所示。

表 5.12 某企业年历到货情况

前置时间 L/天	概率 P/L	缺货概率 P/s
10	0.10	0.90
11	0.10	0.80
12	0.25	0.55
13	0.35	0.20
14	0.15	0.05
15	0.05	0.00

解:由于要求年历按期到达的概率为 95%,所以允许的缺货概率为 5%。根据表 5.12 的计算结果可知:最佳前置时间为 14 天。则年历应在 11 月 1 日之前 14 天进行订货。

5.6.2 前置时间已知,需求量可变

当前置时间已知,需求量变化时,一次性订货问题就是确定订货的数量。如果知道需求量的概率分布,则一次性订货量将选择能获得最大期望利润或最小期望损失的订货量。

假如某商品的每天销售量是一个随机变量,每销售出一单位商品可盈利 K 元,如果未能售出,每单位亏损 H 元,每天销售商品的单位数 r 的概率为 $P(r)$ 是已知的。问每天订购多少能使获利的期望值最大?

假设每天订购量为 Q 时，获利的期望值最大。则一般有如下的关系式：

$$\sum_{r=0}^{Q-1} P(r) < \frac{K}{K+H} \leqslant \sum_{r=0}^{Q} P(r)$$

案例 5.19 某企业计划在春节期间销售鲜花，该企业购进一束鲜花需支付 2 元，鲜花的销售价格为 5 元，订购成本可忽略不计。而未售出的鲜花必须扔掉。节日期间，鲜花每天的需求量概率如表 5.13 所示。

表 5.13 某企业春节期间鲜花需求概率

需求量 M/束	概率 $P(M)$
100	0.10
110	0.15
120	0.20
130	0.30
140	0.15
150	0.10

问该企业每天应订购多少鲜花才能获利最大？

解：$K = 3$ 元，$H = 2$ 元，则 $\dfrac{K}{K+H} = \dfrac{3}{3+2} = 0.60$

因为，$P(100) = 0.10, P(110) = 0.15, P(120) = 0.20, P(130) = 0.30$

$$\sum_{r=0}^{120} P(r) = 0.45 < 0.60 < \sum_{r=0}^{130} P(r)$$

所以，该企业每天应订购鲜花 130 束，才能获得最大的利润。

对于前置时间和需求量均可变时，问题比较复杂，在此不作讨论。

无论是固定订货数量系统、固定订货间隔时间系统还是一次性订货问题都属于传统库存管理技术，其基本思想都是在企业现有条件不变的情况下，寻求最优的库存水平，使企业的库存总成本最低。但是，随着企业经营环境的改变，企业经营观念的创新，以及先进技术的采用等经营条件的变化，企业的库存管理思想也发生了转变，从而产生了许多新的库存管理技术。

5.7 物料需求计划系统

当企业库存中的某些物品的需求与另外一项产品的需求直接有关时，这些物品被称为相关需求的物品。相关需求物品与独立需求物品不同，前者需求的数量和时间是与另一项产品有关，而后者需求的数量和时间是独立的。相关需求物品的库存管理系统是物料需求计划系统（material requirements planning，MRP）。

5.7.1 MRP 的产生

众所周知，产品的生产过程是将原材料进行加工或将零配件进行组配的过程。在这一过程中,如果确定了需要生产的产品的数量和时间,就可以根据产品的结构确定出所需原材料的数量和时间,并结合原材料的生产周期确定出原材料的生产时间。原材料在转化为产品的过程中,需要投入机器设备、人员、资金、土地等各种资源,只要确定了这些资源的投入时间和数量,就可以进一步确定这些资源的需要时间和数量,这样就建立了产品生产过程与物料需求之间的联系,从而实现按需生产。

由于现代工业产品的结构十分复杂,每个产品所需要的原材料和零配件成百上千甚至上万种之多。用手工方法来计算产品生产中所需的每一种原材料、零配件及相应的制造资源的数量和时间需要耗费相当长的时间。据有关资料统计,在使用电子计算机之前,美国有些企业用人工计算生产所需的零配件的数量和时间,往往需要 6~13 周的时间。由于耗时过长,这种计划只能一个季度制订一次,所以,人们把这种编制生产作业计划的方式叫作"季度订货系统"。季度订货系统不但耗时长、计划粗糙、准确性差,而且应变能力很低。由于企业的经营处在不断变化的内外部环境之中,在企业的实际生产和经营的过程中,由于市场需求预测的误差以及意外事件的影响等可能导致原材料的交货不及时或出现差错。这些异常情况的出现往往需要企业修改已制订的生产计划。计划制订得越详细,修改起来越困难。而且计划的修改又常常要求在极短的时间内完成,否则,修改的计划就有可能跟不上变化的实际。很明显,采取手工方式是不可能实现对生产计划的及时制订和修改的。

MRP 首先在美国产生,并经由美国生产与库存管理协会(APICS)的倡导而发展起来的。20 世纪 40 年代至 60 年代,美国工业企业的生产方式实现了以产品为中心向以零部件为中心的转变,即根据客户需求预测的信息,进行零部件的生产,并将生产出的零配件储存在仓库中,一旦接受订单,就马上组织生产,迅速交付货物。但这种生产方式也带来了库存过多和缺货严重的双重问题,使企业的经营受到很大影响。20 世纪 60 年代,计算机进入实用阶段,美国工业企业对生产运作管理方式也进行了相应改革,变善后处理型为计划主导型的生产运作管理系统。计划主导型的生产管理系统需要强大的数据处理技术支持,MRP 系统应运而生。美国 IBM 公司推出了生产信息与控制系统,MRP 系统是其中最主要的组成部分,这是最早的 MRP 软件。20 世纪 70 年代,计算机与网络技术的应用飞速发展,IBM 公司于 1971 年又推出了通信型生产信息与控制系统(communication-oriented production and inventory control system,COPICS)。随后,美国生产与库存管理协会在全美工业企业中广泛推行 MRP。20 世纪 70 年代中期,出现了"闭环 MRP",它是对 MRP 的扩展。20 世纪 80 年代初,又出现了 MRP Ⅱ(manufacturing resource planning system,MRP Ⅱ,制造资源计划系统),它是对闭环 MRP 系统的进一步扩展和延伸。

5.7.2　MRP 的基本原理

物料需求计划系统是根据企业的主生产计划,制订出原料供应的计划,它提供了物料的生产与订购的时间表,以确保有充足的原料供应。因此,物料需求计划系统的工作原理如图 5.20 所示。

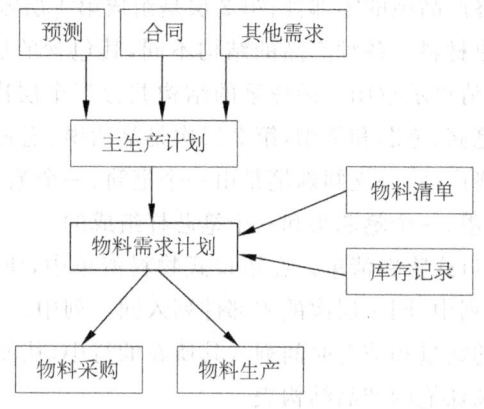

图 5.20 物料需求计划系统的工作原理

1. MRP 系统的输入

物料需求计划系统的建立，需要大量的信息，主要有主生产计划（master production schedule，MPS）、物料清单（bill of material，BOM）和库存记录。

1) 主生产计划

主生产计划包括了每一段时间要生产出的产品的数量。这一计划必须与企业的生产规划相一致。生产规划从广义上规定了生产的总体水平，它包括产品的市场需求信息、企业已签订的该产品的市场销售合同、库存状况以及企业的技术、资金、人员等方面的具体条件，并考虑供应商的表现和其他因素。生产规划是在综合考虑这些影响因素的基础上制订出来的。如图 5.21 所示为生产从计划到执行的规划过程。各层次计划相互支持，也相互制约。每一级的计划都必须是可行的，否则，就需要对其上一级计划进行调整。主生产计划是由生产规划过程发展而来的，生产规划限定了主生产计划的上限和下限。

主生产计划是关于企业满足市场需求和生产规划所需的各个项目，它决定生产什么和何时生产。管理人员必须在生产周期内遵守该项计划。许多企业在制订主生产计划时，采用了滚动计划的编制方法，即将主生产计划中的短期部分"固定"下来，这个被固定的计划被称为"固定的""冻结的"计划。"固定的"计划是不能被修改的，可修改的部分只能是固定计划以外的部分。例如，一个固定为 8 周的计划，每完成 1 周就增加 1 周，这样就保持了一个固定 8 周的计划。

2) 物料清单

物料清单是根据计划生产的产品结构状况，详细列明生产该产品所需要的物料，并分层次分别加以标明。物料清单通常的描述形式是采用产品结构图或产品结构表的形式。由于产品的生产过程是由不同的生产环节组成的，每一生产环节分别形成产品的不同部分，因此，用来描述所需物料清单的产品结构图或表应按照产品生产过程的时间顺序分成不同层次，每一层次代表一个完整的生产加工环节。通常，最高层为 0 层，代表最终产品项;第1层代表组成最终产品项的零部件;第2层是组成第1层零部件的零部件……以此类推,最底层为零件和原材料。各种产品的结构不同,其包含的层数也不同。图5.22所示为一支圆珠笔的物料清单示意图。圆珠笔的结构共分三个层次:最高层即第0层次是圆珠笔,第1层次包括笔筒、笔芯和笔帽,第2层次是笔油墨、笔芯头和笔芯杆。从结构图可以知道,圆珠笔是最终产品,一支圆珠笔是由一个笔筒、一个笔芯和一个笔帽组成的;一个笔芯又是由一个笔油墨、一个笔芯头和一个笔芯杆组成的。

产品结构表又称错口式物料清单。在错口式物料清单中,所有零部件都根据其所在的层次分别列入不同的列中,同一层次的零部件列入同一列中,不同层次的零部件列入不同的列中,并把零配件的数量和前置时间列入其所在的行中,从而形成一个完整的产品结构表。表5.14所示为圆珠笔的产品结构表。

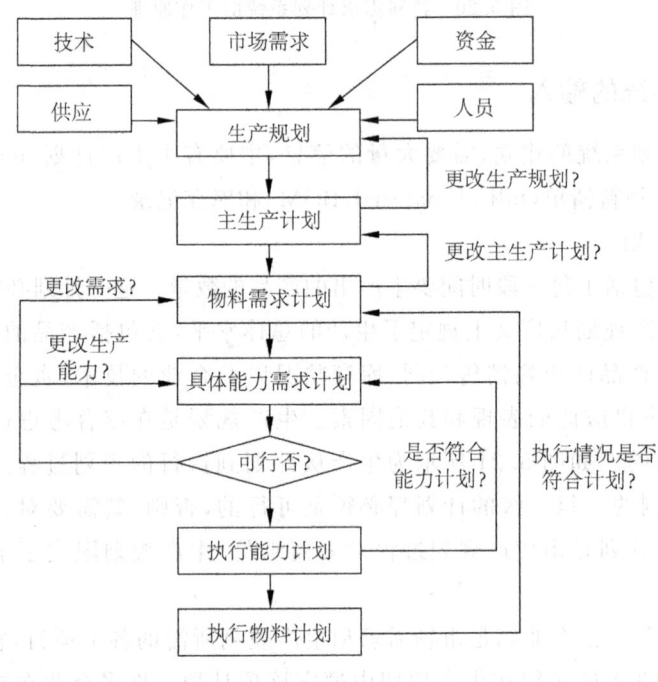

图 5.21 规划过程

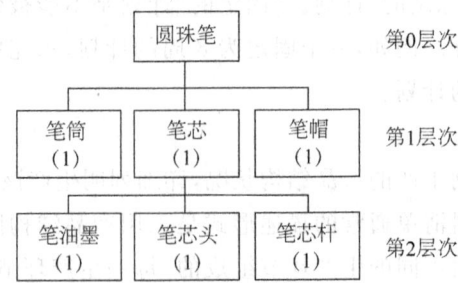

图 5.22 一支圆珠笔的物料清单示意图

表 5.14 圆珠笔的产品结构表

产品及零部件的名称及层次			每一零配件需用的数量	前置时间
0	1	2		
圆珠笔				2
	笔筒		1	2
	笔芯		1	1
	笔帽		1	2
		笔油墨	1	1
		笔芯头	1	1
		笔芯杆	1	1

在绘制产品结构表时,如果某种零部件出现在几个层次中,那么,为了计算机处理方便,通常把它归入它所出现的最低层次中,这样,每一个零部件就有一个唯一的低层次码与之对应。

3) 库存记录

库存记录记录了产品和每一种物料的库存变化状况,包括产品及每一种物料的库存数量、订货或生产批量政策、订货或生产的前置时间、未到货的采购订单以及供货方的相关政策等。准确及时的库存变动记录是生产或采购人员制订主生产计划和执行 MRP 系统的有效保障。

2. MRP 系统的输出

MRP 系统根据产品结构,结合主生产计划和库存记录,逐层确定零部件的需求量和需求时间,依据每一种零部件的前置时间,确定零部件的订单发送或生产时间。因此,MRP 系统可以为企业的生产运行提供详细的物料报告。MRP 系统的输出主要包括以下几个方面。

(1) 零部件的投入产出计划。该计划详细列明了每一种零部件的投入数量和投入时间、产出数量和产出时间。如果一个零部件需要经过几个车间加工,则要将零部件投入产出计划分解成"分车间零部件投入产出计划"。

(2) 原材料需求和订货计划。该计划详细列明了每个零件所需要的原材料种类、需要数量及时间,并按原材料品种、型号、规格汇总。各种原材料的计划订货量和订货时间以及对订货的修改计划。

(3) 工艺装备需求计划。该计划提供了每种零部件不同工序所需的工艺装备的编号、种类、数量及时间。

(4) 库存状态记录。该记录可以提供各种原材料、零部件等的库存状态数据。

5.7.3 MRP 的编制

获得了产品及物料的准确信息之后,就可以制订物料需求计划了。物料需求计划包含了所有产品及物料的净需求量(总需求量－现有库存－已定未到订单量)及发送订单或开始生产的时间。

制订物料需求计划,需要根据产品的物料清单,从最高层次开始,逐级制订。例如,根据主生产计划,在第 8 周对圆珠笔的总需求为 100 件,现有库存数为 20 件,则第 8 周圆珠笔的净需求为 80 件。如果圆珠笔的生产周期是 1 周,那么,开始生产的时间就应该是第 7 周,其生产的数量为 80 件,这样就能够保证在第 8 周圆珠笔的交货了。从圆珠笔的结构图可知,生产一支圆珠笔需要笔筒 1 个、笔芯 1 个和笔帽 1 个。接下来,编制笔筒的需求计划,笔筒是用来生产圆珠笔的,所以笔筒的需要时间是第 7 周,总需求量为 80 件。如果仓库中笔筒的库存数是 10 个,那么,第 7 周笔筒的净需求量是 70 件,如果笔筒的订货前置时间是 2 周,则,笔筒的订单发送时间为第 5 周,订单批量为 70 件。以此类推,可以编制笔芯、笔帽以及下一层次笔油墨、笔芯头和笔芯杆的需求计划。

案例 5.20 某工厂计划在第 8 周生产 100 件某种电器产品。该产品的产品结构如图 5.23 所示。目前,仓库中现有 A 产品 30 件,B 产品 15 件,C 产品 20 件,D 产品 10 件,E 产品 10 件,F 产品 5 件。假如没有已定未到的订货。请编制物料需求计划。

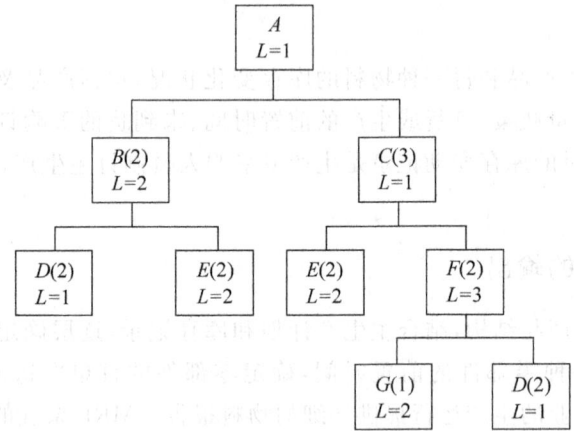

图 5.23 产品结构

解:

生产周期/周	现有库存	保险储备	底层编码	物品		周							
						1	2	3	4	5	6	7	8
1	30		0	A	总需求								100
					已定未到的订货								
					现有库存	30	30	30	30	30	30	30	30
					净需求								70
					计划收到的订货								70
					计划发出的订货							70	
2	15		1	B	总需求							140	
					已定未到的订货								
					现有库存	15	15	15	15	15	15	15	
					净需求							125	
					计划收到的订货							125	
					计划发出的订货					125			

续表

生产周期/周	现有库存	保险储备	底层编码	物品		周							
						1	2	3	4	5	6	7	8
1	20		1	C	总需求							210	
					已定未到的订货								
					现有库存	20	20	20	20	20	20	20	
					净需求							190	
					计划收到的订货							190	
					计划发出的订货						190		
2	10		2	E	总需求					250	380		
					已定未到的订货								
					现有库存	10	10	10	10	10			
					净需求					240	380		
					计划收到的订货					240	380		
					计划发出的订货			240	380				
3	5		2	F	总需求						380		
					已定未到的订货								
					现有库存	5	5	5	5	5	5		
					净需求						375		
					计划收到的订货						375		
					计划发出的订货			375					
1	10		3	D	总需求				750	250			
					已定未到的订货								
					现有库存	10	10	10					
					净需求				740	250			
					计划收到的订货				740	250			
					计划发出的订货			740	250				
2	0		3	G	总需求			375					
					已定未到的订货								
					现有库存			0					
					净需求			375					
					计划收到的订货			375					
					计划发出的订货	375							

物料需求计划通过把库存与计划的执行直接对应起来,从而避免了在固定订货数量系统和固定订货间隔时间系统中需求预测不准确所导致的高库存与高成本。除此之外,物料需求计划系统还为企业带来了如下好处:使物料供应与已知的需求直接联系起来;库存水平低、节省资金和仓库空间;库存周转率较高;客户服务水平更高,缺货减少、交付时间更快;设备利用率提高;企业的管理水平提高。

物料需求计划也存在一些不足。首先,它需要的信息量和计算量很大。这些信息包括一份物料清单、一份主生产计划、库存状况记录、已定未到的订单、订货或生产的前置时间等。企业往往要面对成百上千种产品和物料,其信息量和计算量之庞大可想而知。而实际上,有很多企业或者缺乏完整的信息记录,或者获得的信息准确性不高,这些都会影响该系统的使用效果。其次,缺乏灵活性。在固定订货数量系统和固定订货间隔时间系统中,往往持有各种物料的大量库存,这种情况为短时间内调整生产计划创造了条件;而在物料需求计划中,所有物料都是与特定的主进度计划相对应的,企业没有多余的物料供新计划的运行。为此,企业在实施物料需求计划系统时,也需要备有一定数量的保险储备以应对由于不确定性导致的计划的调整。最后,频繁的、小批量的订货。由于物料的需求与主生产计划的对应关系,导致物料的频繁的、小批量的订货。

5.7.4 MRP 的调整

我们知道,物料需求计划系统是根据每一生产周期的净需求量进行订货的,这样造成了频繁的订货,而且订货的数量也比较小。这种频繁的、小批量的订货不但导致企业成本的增加,而且工作量也比较大。为此,企业可以采用一定的方法对物料需求计划进行调整。

1. 批量订货

对物料需求计划中频繁订货的解决方法是采用批量订货的方法。例如,可以把经济批量模型和定期订货方法引入 MRP 系统,也可以采取更为合理的分批订货的方法。

1) 经济批量模型的引入

企业可以把一定时期内的需求量汇总起来,利用经济批量模型计算出经济的订货批量,每次按照经济批量发送订单。企业也可以采用一个集装箱、一整车等比较简便易行的批量订货政策。

2) 定期订货

企业可以把几个时期的净需求量集合起来,定期发送订单。例如,企业可以每周、旬、月进行订货,每次的订货数量根据净需求量的不同而不同。这种方法的最大好处是操作简单。

2. 闭环物料需求计划

将物料的需求合并起来,采用批量订货的政策能够降低成本,减少工作量。但是,批量订货使得上层物料的需求变得更加集中,下层物料的需求更加难以预测。当许多产品都是用同一种物料时,此种现象将更加突出。订货量的波动对生产能力提出了新的挑战。如果生产能力有限,企业就无法应付高需求的状况,物料的供应将出现危机。为了解决此类问题,企业需要在生产能力和物料需求计划系统之间建立联系,在计划的制订阶段就对生产能力的瓶颈作出预测,从而在完成计划之前可以对生产计划和生产能力作出相应调整。这种在物料需求计划系统中引入信息反馈功能的系统是闭环物料需求计划(closed-loop MRP)。闭环 MRP 系统的操作流程如图 5.24 所示。

闭环 MRP 系统中,如果制订的计划与企业的实际能力发生冲突,系统将检测出出现的问题并及时对物料计划进行调整。此时,物料需求计划系统对生产能力的安排起主导作用。如果企业的控制系统发现问题不是发生在物料需求计划上,而是企业的主生产计划出现问题,就需要调整主生产计划。但是,主生产计划的调整必须考虑物料的供应情

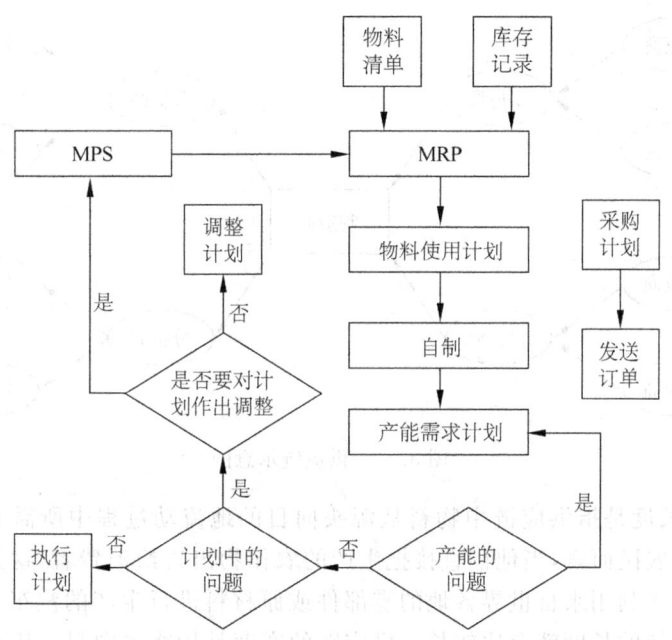

图 5.24 闭环物料需求计划系统的操作流程

况,此时,物料需求计划是企业控制系统的一部分。

5.8 供应链中的库存管理

5.8.1 供应链中的库存问题

前面我们探讨了单个组织中的库存问题。然而,没有任何一个组织是脱离其他组织而单独存在的。每一个组织实际上都是客户(当它从供应商处采购物料时)和供应商(当它向客户提供物料时)。例如,当一个批发商从生产商处采购产品时,它所扮演的角色是客户,然而当该批发商向零售商提供产品的时候,它又担当了供应商的角色。在产品从最初的供应商向最终的客户运动的过程中,它经过了多个组织和运作过程。譬如,牛奶向最终客户运动的过程中,经过了牧场、采集容器、牛奶厂、灌装厂、经销商和超级市场等一系列组织,最终才到达消费者的手里。而对于牙刷来说,它经过了原油公司、输油管道、炼油厂、化工厂、塑料厂、生产厂、进口商、批发商和零售商,才最终到达用户的卫生间里。我们上面提到的所有组织和运作行为的总和,被统称为供应链。供应链包括物料从最初的供应商向最终的客户运动过程中所涉及的一系列商业组织和运作行为。

每一个产品都有其特有的供应链。在各自的供应链中,物料要经历原材料供应商、生产商、生产环节、物流中心、第三方物流公司、批发商以及零售商等一系列运作环节。总之,一种产品的供应链包括从原材料的产地开始的多级供应商和到达最终客户为止的多级客户。如图 5.25 所示。

在这个基本的供应链模型中,存在着很多变化,其中,最主要的是供应链的长度和宽

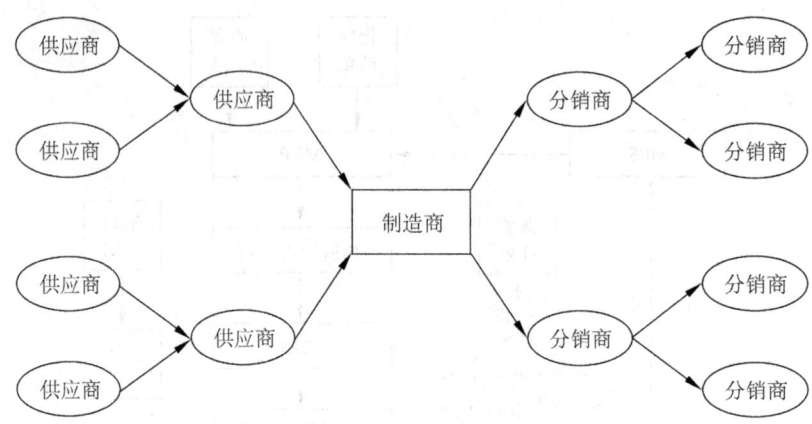

图 5.25　供应链示意图

度。供应链的长度是指供应链中物料从源头向目的地流动过程中所需要通过的层级数量。例如，对于农民而言，当他们直接把生产的农作物出售给消费者，这条供应链的长度会比较短；而对于利用来自世界各地的零部件或原材料进行生产的汽车、电脑、服装等产品来讲，其供应链的长度就会比较长。供应链的宽度是指物料向最终用户流动的过程中可能利用的渠道数量。例如，许多零售商店中都有销售和路雪冰淇淋，和路雪冰淇淋的供应链的宽度就比较大，而哈根达斯冰淇淋却只在冰淇淋店才有销售，因此，它的供应链的宽度就比较小。

供应链上的每个组织都保持有自己的库存。如果一个供应链比较长或比较宽，那么在这个供应链中就会存在有大量的库存，并且它们向客户运动的速度也会比较慢。因此，设计供应链的一个主要因素就是对库存的数量进行限定。

供应链的形式是否最佳取决于许多因素，如产品的价值、大小、易损耗程度、可得性、利润率等。此外，它还取决于组织的目标和经营策略的正确与否。通常，一个长度和宽度都不大的供应链可以使组织对物流有很大的控制权，然而，在这种只有很少的、分散的媒介的环境中，想要营造出高水平的客户服务或者达到低廉的成本，将会变得很难。如果提高供应链的宽度，并且增加更多的媒介，会有利于提高客户服务的水平，但是，这又会增加成本，并且将降低组织对整体运作的控制力。如果加大供应链的长度，降低其宽度，会有利于降低成本，但是这在丧失组织的一部分控制力的同时，也无法提高客户服务水平。如果同时加大供应链的长度和宽度，将会提高客户服务的水平，但是随之而来的将是组织控制权的降低和成本的升高。在库存管理方面十分常见的现象是，每个组织经常需要在成本和客户服务水平之间进行权衡。

对供应链的设计与库存的决策问题是相互影响的。如果要设计宽幅的供应链，如确定存货位置、可用空间、作业设施、整个系统和投资等，对于库存的影响是很大的。同时，对库存的决策反过来也会对供应链的设计产生相应的影响。譬如，一个组织认为应该把大量的制成品放在距离目标客户很近的位置上，那么，它们就将按照这个原则对供应链进行设计。

当前，供应链管理正经历一个快速变革的时期。在这个时期中，各种组织越来越认识到,在较短的供应链中快速流转不仅能降低成本,而且可以提高服务质量,因此,供应链正变得越来越短。为了实现这一目标,这些组织减少了中间商的数量,把库存控制在少量的、规模较大的物流设施中。例如,高效的运输体系可以使组织只用一个覆盖全中国的中央物流中心就可以取代几个地区的仓库。然而,为这些中央库存找到最佳的位置并非易事。这样的库存地点可以在工厂、客户、运输线以及其他设施的附近,甚至可以在一些开发区里。如果一个组织希望实施快速送货,那么它就必须把库存布置在客户的周边;如果它要求低廉的成本,那么它就必须把库存集中布置在一些大型仓库里,很显然,这些仓库距离客户都会有相当一段距离,如果它需要进口和出口大量的物料,那么它就会把仓库布置在港口、机场和铁路枢纽的附近。如果它进行生产,就会在工厂的附近拥有一定量的制成品存货。虽然我们在这里不会涉及供应链设计的具体细节问题,但是,我们一定要清楚地看到,上述决策都在一定程度上涉及库存管理的一些关键要素。

5.8.2 供应链合作的必要性

在传统观念的影响下,供应链中的每一个组织基本上都在相互隔离的状态中开展工作,它们关心的只是自己的直接客户和供应商。然而,这种短视的做法忽视了一个很明显的现实,这就是,整个供应链的存在和成功与否,要取决于该供应链满足最终客户需求的能力。供应链中的各个商业组织越来越认识到,它们实际上都拥有一个共同的总体目标,因此,它们不应该相互竞争,而是在应该通过相互合作来满足最终客户的需求。对这些商业组织来说,它们真正的竞争对手并不是在同一个供应链中的其他组织,而是在其他供应链中的组织。正如美国供应链管理专家 Christopher 曾经说过的:"现在,世界上不存在单个组织之间的竞争,存在的是供应链之间的竞争。"

现在我们来分析同一个供应链中的各个组织之间如果不进行合作将会产生什么样的后果。如果供应链中的一个零售商注意到市场中对某一种产品的需求在某一周增加了 100 个产品单位。于是,在进行下一次订货的时候,该零售商就会多订购 200 个单位的产品,以确保能够满足市场的需求。当地的批发商看到市场需求上升了 200 个产品单位,就会多订购 300 个单位的产品,以应对需求的上升。该区域的批发商看到需求上升了 300 个产品单位,于是他就会多订购 400 个单位产品。随着供应链向后端的运动,最终需求的微小变化在前端的供应商处,却被放大了许多。同样的道理,如果最终客户的需求略有下降,那么,它也同样会被放大,在供应链前端的供应商处,需求将出现大幅的下降。这种现象被称为牛鞭效应。

牛鞭效应的存在造成了供应链中的组织保持有更高水平的库存,以保证应对下游需求的能力。提高库存水平不仅会造成成本的上升,而且使供应链应对变化的速度变慢。例如,当最终客户提出了对另外一种产品的需求,这时,各个组织只有在把老产品的库存全部售出之后,才能够引入新产品。避免此类问题的办法是,供应链中的各个组织在库存和物料流转方面进行紧密合作。这种合作,将会为供应链中的组织带来如下好处。

(1)较低的成本。更低的存货水平带来的是更少的加急运作,从而产生平衡的运作体系,实现较好的规模效益。

(2)绩效的提高。稳定的运作带来的是更准确的计划和资源的更高的生产率。

(3) 更好的物料流转。在存货和物料流转方面开展合作将使得物料的流转变得更快、更可靠。

(4) 更好的客户服务、更短的准备周期和快速送货。

(5) 更灵活。各个组织应对变化的能力将得到提高。

5.8.3 库存管理的方法与技术

上一节讨论了固定订货数量系统、固定订货间隔时间系统和一次性订货系统。这些库存管理方法都是建立在"推动系统"的基础上，是从单个企业的角度来考虑企业库存的合理性。而随着企业经营环境的变化，市场的竞争已不再是单个企业之间的竞争，而是整个供应链之间的竞争。在一个供应链中的企业需要更多的合作和协调，以达到降低企业库存水平、提高顾客服务水平的目的。因此，需要新的思路和新的方法来解决库存问题，实现库存管理的目标。

随着库存管理概念的变化和通信信息技术的发展，出现了许多能降低库存水平，提高顾客服务标准的管理方法和管理技术。在此主要介绍及时管理方式、配送需求计划、快速反应、供应商管理库存和联合库存管理。

1. 及时管理方式

及时管理方式(just in time，JIT)与传统库存管理概念不同。传统库存管理认为库存是保证企业经营能够正常进行的保障，是企业的一种资产；而及时管理方式认为库存是一种浪费，应尽量实现"零库存"。

1) JIT 技术的基本概念

JIT 技术是由日本丰田汽车公司开发出来的看板管理方式，又称及时管理方式。及时管理方式的基本思想是库存就是浪费，消除库存就是消除浪费。为此，及时管理方式强调商品应该在需要的时候保持。为了达到此目的，及时管理方式要求供应链的上一环节的商品的数量、品种和时间由下一环节的商品的数量、品种和时间决定，即在需要的时间及时供应需求的数量，也就是在供应链的每一环节不会出现商品的库存。所以，及时管理方式又称零库存管理方式。但在实际经营过程中，绝对的零库存是不可能的，但及时管理方式强调的及时服务，高质量的商品以及通过消除浪费把库存降到最低的基本思想具有重要的意义。

及时管理方式认为库存掩盖了企业存在的问题。有人把库存比作一条充满石头的小溪一样。溪中的水代表库存流，而石头则代表了企业所存在的问题，如预测准确性差、产品的质量合格率低，组织松散、销售链过长、不了解顾客的需求，等等。当小溪中的水较多时，水(库存)掩盖了水下的石头(企业存在的问题)，企业可以正常经营，而不需担心会碰到石头。因此，只有降低库存，才能使企业存在的问题暴露出来。及时管理方式就是通过消减库存，暴露问题，问题解决之后，再进一步消减库存发现新问题，并设法加以解决的不断循环进行的过程。最后，库存和问题都完全不存在了。

2) JIT 技术实施的条件

及时管理方式的最终目标是在整个供应链中实现零库存，而不仅仅局限在一个公司中。因此,它的成功实施需要具备以下几项条件。

(1) 需求拉动的思想。及时管理方式强调需求拉动,以最终需求为起点,由供应链的下一环节的需求决定上一环节的商品的需求,并且要求对最终需求以准确地预测为基础。只有这样才能达到降低库存水平的目的。

(2) 与供应商建立战略伙伴关系。及时管理方式要求与供应商建立战略伙伴关系。这是因为实施及时管理方式要求供应商做到在需要的时间提供需要数量的商品,并且要求供应商提供的商品的品质优良、稳定,省去企业对商品检验的时间。同时,及时管理方式还要求供应商能够对企业的订货的变化作出及时、迅速的反应。为了达到以上的目的,企业必须寻找几个优秀的供应商,并与它们建立战略伙伴关系,共享信息资料,共同面对顾客的需求。

(3) 小批量的配送。及时管理方式要求对顾客的需求作出及时、迅速的反应。只有实行小批量的配送,才能适应不断变化的顾客需求,也才不会造成商品的滞销,从而达到降低库存、提高顾客服务的水准的目的。

(4) 先进的物流条件。及时管理方式要求供应商及时、迅速、小批量地配送商品。而拥有先进的物流设施和设备是实现及时迅速配送的必备条件。同时,小批量配送会提高商品的运输成本,为了降低运输成本,需要各供应商的相互配合、共同配送。因此,采用先进的通信信息技术也是必不可少的。

(5) 全员参与。及时管理方式的实施要求企业的全体员工认真地参与。首先,企业的高层管理者必须认真研究及时管理方式,特别是从一些优秀的已成功实施及时管理方式的企业吸取经验,并不断与本企业相比较,以发现自己的长处和短处。其次,及时管理方式的实施必须自上而下地进行。要向员工表明最高管理层推行及时管理方式的决心。最后,必须调动企业员工实施及时管理方式的积极性和主动性。要使员工的目标与企业的目标保持一致,才能真正调动员工的积极性和主动性。为此,必须了解员工的需要,并针对不同员工的不同需要实施不同的激励方式。管理者与员工要相互信任。同时还要意识到实现及时管理方式是对本企业文化的巨大改变,从组织结构上改变管理者之间、管理者与被管理者之间原有的关系。改变选拔管理人员的标准,改变工作的评估尺度,改变每年的绩效评估标准,改变交流的方式,对目的和目标进行评估,把重点从控制型活动转移到改进型活动上。

2. 配送需求计划

配送需求计划(distribution requirements planning,DRP)是 MRP 的延伸。但这两种技术存在着根本的差异。MRP 技术是由制造企业制定和控制的生产计划、产品结构和各零件的库存水平确定的。而 DRP 技术则是由顾客需求确定的,企业无法控制。MRP 技术通常适用于相关需求的物品,DRP 技术则是对独立需求的商品而言的。因此,MRP 技术是在制造企业内部发挥作用,而 DRP 是在流通领域发挥作用。

1) DRP 技术的基本输入

DRP 技术的主要输入是市场需求、销售网络结构、订货的前置时间和库存报表。如果没有这些输入,DRP 便不能发挥作用。DRP 的输入流程如图 5.26 所示。

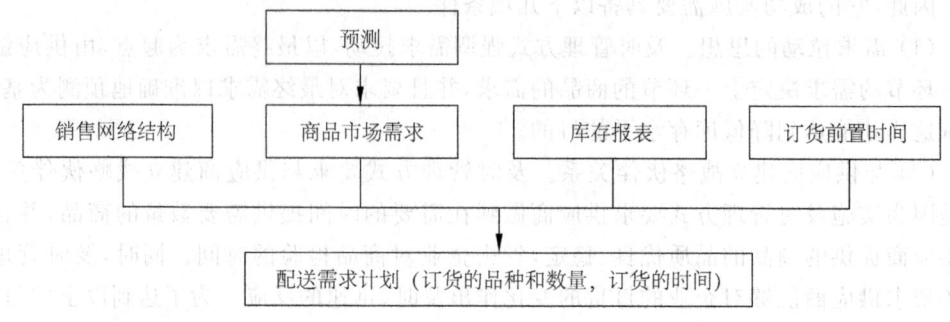

图 5.26　DRP 的输入流程

DRP 技术的输入包括以下几项内容。

（1）顾客需求量。企业在实施 DRP 技术时，需要对每一个配送中心的每一种商品的市场需求作出准确的预测。该预测数是供应链订货的基础。由于商品的市场需求是随机的变量，无法通过计算获得，只能依靠预测来得出。因此，该预测数的准确性是非常重要的。如果预测存在误差，将会对整个供应链产生影响。所以，在对商品的市场需求进行预测时，应避免出现三种错误：预测本身的错误，在错误的地点对需求做了预测，在错误的时间对需求做了预测。

（2）准确的前置时间。企业实施 DRP 技术的核心是确定每一种商品的订货数量和订货时间。因此，必须了解每一种商品准确的前置时间，以便在恰当的时间发出订货。但由于运输条件和其他因素的干扰，前置时间的变化是必然的。而前置时间的变化又会影响到 DRP 技术的应用效果。为此，企业可采取保险储备的方法，以缓解由于前置时间的波动对企业库存系统产生的影响。

（3）销售网络结构。企业在实施 DRP 技术时，必须对企业的整个销售网络的结构进行充分的了解并划分层次。一般采用图 5.27 所示的形式。

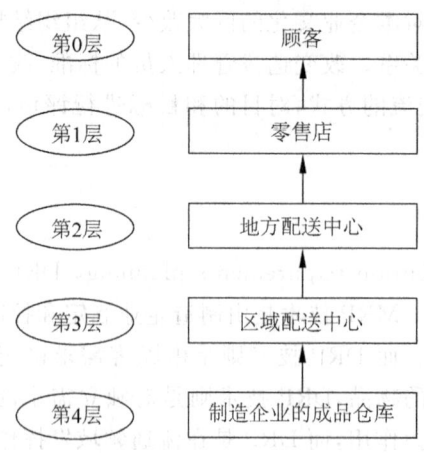

图 5.27　电子商务企业的销售网络层次

（4）库存报表。库存报表是指全部商品的库存状况。所有的库存商品都需单独记录每一笔的进、销、存情况,以及每种商品的订货批量、前置时间和其他有关该种商品特点的资料。DRP 要根据商品的需求量、商品销售网络结构以及库存报表所记载的可用库存量(现存量加已订未到量)来确定每一层次的订货量。计划周期开始时的库存量是可供使用的,称为"现存"的商品数量。"已订未到量"是指已发出订单但还未到达的商品。

2) DRP 的输出

DRP 通过对商品市场需求的预测,并按照销售网络结构来确定每一层次的商品的需求量。然后根据库存报表,在扣除可用库存量后就可得到净需求量。与此同时,还需确定商品的需求时间,需求时间是通过位移每种商品的前置时间来确定的。因此,DRP 的输出是每种商品的订货数量和订货时间。

在实行 DRP 的组织中,销售网络中的不同位置(如地方配送中心、区域配送中心等)的 DRP 相关计划数据呈现紧密的联系,如一个组织在两个不同的地方配送中心和一个区域配送中心之间的订货数量、订货时间等 DRP 输出之间的数据如表 5.15～表 5.17 所示。

表 5.15　地方配送中心 1 的相关数据

现有库存:345		前置时间:2 周		保险储备:50		订货批量:400		
时期/周		1	2	3	4	5	6	7	8
总需求量		50	50	60	70	80	60	50	70
预计到达量									
预计现存量	345	295	245	185	115	435	375	325	255
净需求量									
计划订货到达量						400			
计划订货量				400					

表 5.16　地方配送中心 2 的相关数据

现有库存:200		前置时间:2 周		保险储备:120		订货批量:700		
时期/周		1	2	3	4	5	6	7	8
总需求量		120	120	130	130	135	135	130	125
预计到达量			700						
预计现存量	200	780	660	530	400	265	130	700	575
净需求量									
计划订货到达量								700	
计划订货量						700			

表 5.17　区域配送中心的相关数据

现有库存:800		前置时间:3周		保险储备:210		订货批量:1 200	

时期/周	1	2	3	4	5	6	7	8
总需求量			400		700			
预计到达量								
预计现存量	800	800	800	400	400	900	900	900	900
净需求量								
计划订货到达量					1 200			
计划订货量		1 200						

3．快速反应

快速反应(quick response, QR)技术是 20 世纪 80 年代首先在美国的纺织服装行业发展起来的。它是为了提高整个纺织服装行业的市场竞争力,降低企业的库存量,提高顾客的服务水平,减少经营风险而建立的。

1) QR 技术的基本内容

QR 技术主要是通过信息技术的应用,增强企业对市场的反应能力,以达到增加销售额,降低库存量和企业经营成本的目的。QR 技术的一般做法如下。

首先,零售商通过 EDI 系统把企业的销售数据传送给商品的供应商,供应商根据零售商传送来的销售数据,可及时了解商品销售情况,掌握商品的需求状况,并及时调整商品的订货或生产计划。

其次,供应商利用 EDI 系统在发货之前向零售商传送预先发货清单(advanced shipping notice, ASN)。零售商在接到预先发货清单之后,马上作好进货准备工作。

再次,零售商在接收商品时,用扫描器读取商品包装上的物流条码,并把读取的信息与预先储存在计算机中的进货清单进行核对,以判断商品与发货清单上所列的项目是否一致,从而简化了检验作业,提高了商品检验作业的效率。

最后,零售商利用电子支付手段向供应商支付货款。同时零售商只要把 ASN 数据与商品销售数据进行比较,就可迅速了解商品库存的信息。

2) QR 技术成功实施的条件

企业实施 QR 技术,必须具备以下几项条件。

(1) 企业必须与供应链各方建立战略伙伴关系。企业应积极寻找优秀的企业,使之成为本企业的战略伙伴,并与之建立分工和协作关系。以达到降低各企业库存水平,增加商品销售额的目的。

(2) 企业必须改变传统的对企业商业信息保密的做法,把企业的商品销售数据、库存信息、成本资料等与合作方共享,双方共同分析问题,寻找解决问题的方法。

(3) 企业必须采用先进的信息处理技术。QR 技术的实施,需要依靠商品条码技术、物流条码技术、电子订货系统(EOS)、POS数据读取系统、EDI系统、ASN系统、电子支付系统(EFT)等现代信息技术的应用。

(4) 供应商必须进行多频度小批量的配送,以降低零售商的库存水平。

总之,QR是一个零售商与供应商建立战略伙伴关系,运用先进的信息技术,进行销售时点的信息交换以及订货补充等,用多频度小批量配送方式连续补充库存,以实现缩短交货时间,降低库存水平,提高顾客服务水平和企业竞争力为目的的管理技术。

4. 供应商管理库存

一直以来,流通领域的各企业都是各自管理自己的库存,供应链的各环节也都有各自的库存策略。其结果不但各个企业的库存水平比较高,而且整个供应链的库存很大。这是由于需求的放大作用造成的,通常称为"牛鞭效应"。例如零售商根据商品的需求数据,向供应商订货,而供应商由于没有商品的需求数据,只能根据零售商的订单进行预测,再向上一供应商发出订货。同时由于需求的波动、前置时间的变化以及零售商采取批量订货等因素的影响,都会造成零售商订单的波动。供应商为了保持与零售商同样的服务水平,必须持有比零售商更多的安全库存,或者保持比零售商更高的能力。为了提高企业的竞争能力,增强企业的快速反应能力,降低库存水平,近年来,出现了一种新的库存管理技术——供应商管理库存(vendor managed inventory,VMI)。

1) VMI的基本思想

供应商管理库存(VMI)系统是一种在供应链环境下的库存运作模式,它是将多级库存管理问题变成单级库存管理问题,它是以实际或预测的消费需求和库存量,作为市场需求预测和库存补货的解决方法,即由销售资料得到消费需求信息,供货商可以更有效的计划、更快速的反应市场变化和消费需求。

2) VMI的实施

(1) 库存管理部分:首先由买方企业那里获得产品的销售数据,然后和当时的库存水平相结合及时传送给供应商,然后由供应商的库存管理系统作出决策。如果供应商现有仓库中的库存能够满足库存管理系统作出决策所需要的产品数量,就直接由仓储与运输配送系统将产品及时配送给买方企业;如果供应商现有的库存不能满足库存管理系统作出决策的商品数量,就需要通知生产系统生产产品后再通过运输与配送系统及时将产品配送给买方企业。其中,在正式订单生成前,还必须交由买方企业核对,调整后再得出最后订单。

(2) 仓储与配送部分:主要是将产品按要求及时送达买方企业手中,同时负责制订合理的运输及配送计划,如批量运输和零担运输的选择,运输的线路和时间安排以及承载量的确定,等等。

3) VMI成功实施的条件

企业在实施VMI时,必须具备以下条件。

(1) 供应商和零售商必须建立先进的信息系统。零售商通过电子数据交换(EDI)将销售点的信息传送给供应商,而供应商则通过EDI将配送信息传送给零售商。同时采用条码技术和扫描技术来确保数据的准确性。此外,如库存管理、计划系统等都必须运用有效的信息处理技术。如果供应商或者零售商的任何一方没有建立完善的信息系统,VMI就不能实施。

(2)供应商和零售商必须建立战略伙伴关系。双方必须发展一定的信任度。VMI的实施需要供应商掌握零售商的销售信息、库存信息等许多机密信息,零售商必须确认这些机密信息不会被竞争者所了解。而供应商也必须确认由于这种合作使零售商的店面库存减少而增加的有效空间不会用来使竞争者受益。

(3)企业最高管理层的支持是非常重要的。因为原来可能只有最高管理层才有资格了解的机密信息,现在不得不与供应商和客户共享。而且这种战略伙伴关系也可能对企业内部的权力分配产生影响。例如实施"供应商管理库存"后,经常与零售商接触的不再是营销人员而是物流人员。这种权力转移可能会影响部门之间的协作和配合。因此需要企业最高管理层的参与和支持。

(4)供应商和零售商必须签订合同,并就合同中的各项条款双方达成一致。这些条款主要包括商品所有权的转移时间、信用条件、订货责任、绩效指标(包括财务指标和非财务指标)等。

4) VMI获得的好处

(1)供应商获得的好处:①通过销售点(POS)数据透明化,简化了配送预测工作;②结合当前存货情况,使促销工作易于实施;③减少分销商的订货偏差,减少退货;④需求拉动透明化、提高配送效率,以有效补货避免缺货;⑤有效的预测使制造商能更好地安排生产计划。

(2)分销商和消费者获得的好处:①提高供货速度;②减少缺货;③降低分销商的库存水平;④将计划和订货工作转移给供应商,降低分销商的运营费用;⑤在恰当的时间,适量补货——提升总体物流绩效;⑥可以使供应商更专注地提升物流服务水平。

(3)整个供应链获得的好处:①通过计算机互联通信,减少数据差错;②提高整体供应链的处理速度;③从各自角度,各方更专注于提供更优质的用户服务。避免缺货,使所有供应链成员受益;④长期利益包括更有效的促销运作、更有效的新品导入和增加终端销售量等。

5. 联合库存管理

联合库存管理(jointly managed inventory,JMI),是一种在VMI的基础上发展起来的由供应链中的上游企业和下游企业权利、责任平衡和风险共担的库存管理模式。联合库存管理强调供应链中各个节点同时参与,共同制订库存计划,使供应链过程中的每个库存管理者都从相互之间的协调性考虑,保持供应链各个节点之间的库存管理者对需求的预期保持一致,从而消除了需求变异放大现象。

联合库存管理和 VMI 不同,它强调双方同时参与,共同制订库存计划,使供应链过程中的每个库存管理者都从相互之间的协调性考虑,保持供应链相邻的两个节点之间的库存管理者对需求的预期保持一致,从而消除了需求变异放大现象。任何相邻节点需求的确定都是供需双方协调的结果,库存管理不再是各自为政的独立运作过程,而是供需连接的纽带和协调中心。联合库存管理示意图如图 5.28 所示。

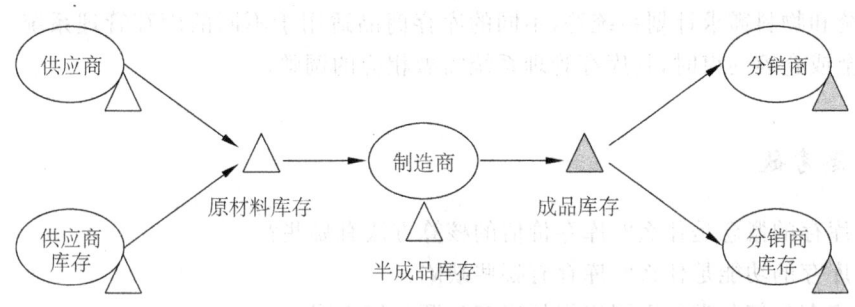

图 5.28 联合库存管理示意图

联合库存管理的优点有以下几个方面。

(1) 由于联合库存管理将传统的多级别、多库存点的库存管理模式转化成对核心制造企业的库存管理，核心企业通过对各种原材料和产成品实施有效控制，就能达到对整个供应链库存的优化管理，简化了供应链库存管理的运作程序。

(2) 联合库存管理在减少物流环节降低物流成本的同时，提高了供应链的整体工作效率。联合库存可使供应链库存层次简化和运输路线得到优化。在传统的库存管理模式下，供应链上各企业都设立自己的库存，随着核心企业的分厂数目的增加，库存物资的运输路线将呈几何级数增加，而且重复交错，这显然会使物资的运输距离和在途车辆数目的增加，其运输成本也会大大增加。

(3) 联合库存管理把供应链系统管理进一步集成为上游和下游两个协调管理中心，从而部分消除了由于供应链环节之间不确定性和需求信息扭曲现象导致的库存波动。通过协调管理中心，供需双方共享需求信息，因而提高了供应链的稳定性。

同时，也需要看到联合库存管理也存在着一些缺陷，主要表现在：系统的建立和协调成本较高，企业合作联盟的建立较困难，建立的协调中心运作困难，联合库存的管理需要高度的监督，等等。

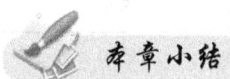本章小结

库存就像是一把双刃剑，组织的生产与经营活动离不开。可是一旦管理不当，也会给组织带来麻烦。组织保有库存的原因是因为库存具有时间性功能、分离功能、缓冲功能和经济性功能，同时，库存也会占压资金、产生成本和掩盖管理问题。依据库存所发挥的作用不同，库存可分为经常库存、安全库存、季节库存和在途库存；依据库存品的形态不同，库存可分为消耗品库存、原材料库存、在制品库存和制成品库存。库存管理的目标体系包括三个层次：供应链层、组织层和库存管理部门层，不同层次的库存管理目标会有不同。库存价值的核算方法包括实际成本法、先进先出法、后进先出法和加权平均成本法，不同的核算方法，其库存价值也不同。与库存有关的成本包括购进成本、再订货成本、库存持有成本和缺货成本。任何一个库存系统都会涉及需求、补充、约束和成本四个方面。

库存的总量控制方法包括周转率、平方根法则、库存投资额、ABC 库存商品分类管理和 CVA 库存管理法。库存管理系统包括连续库存管理系统、间隔库存管理系统、一次性

订货系统和物料需求计划系统等,不同的库存商品适用于不同的库存管理系统。当组织存在资金或仓容约束时,其库存管理系统需做相应的调整。

1. 库存的概念是什么?库存价值的核算方法有哪些?
2. 库存的功能是什么?库存有哪些缺陷?
3. 库存如何分类?不同组织的库存问题为何不同?
4. 库存的总量控制方法有哪些?
5. 请你用一段话概括你对固定订货数量系统的理解?
6. 请你用一段话概括你对固定订货间隔时间系统的理解?
7. 库存系统重建及其约束条件是什么?
8. 描述物料需求计划系统的输入和输出?
9. 库存的精益战略与灵活战略之间的区别表现在哪些方面?
10. 一次性订货问题适合于何种产品的库存管理?

1. 某企业有10种产品的库存,各种产品的相关资料如下表所示。请用 ABC 分析法将这10种产品进行分类。

产品	单价/元	销售量/件	产品	单价/元	销售量/件
a	4.00	800	f	6.00	500
b	8.00	1 200	g	1.00	1 200
c	3.00	700	h	7.00	800
d	2.00	1 000	i	1.00	1 500
e	8.00	200	j	4.00	1 500

2. 某公司准备对它的一种最畅销产品进行库存分析。这种产品的年需求量是 5 000 件,单位成本为 200 元,库存持有成本约为单价的 25%,该公司每次订货成本一般为 30 元,平均交货时间为 10 天(假定每年有 200 个工作日)。问:经济订货数量是多少?再订货点是多少?每年的最优订货次数是多少?

3. 针对某种产品的需求为每周 50 个产品单位,并且通过计算得出的经济批量为 120 个产品单位。如果订货至交货周期保持为 4 周,再订货水平应该设定为多少?如果订货至交货周期降到 2 周或上升到 6 周,将会出现怎样的变化?

4. 某公司经过对某种产品库存的仔细研究,发现其库存持有成本为单价的 25%,但由于出现缺货导致的延期交货的成本却为单价的 150%。这种产品的单位成本为 400 元,再订货成本为 100 元。该产品每年的需求固定为 300 个产品单位,并且所有的缺货都可以通过延期交货的方式来弥补。最佳的订购政策是多少？在一年中有多少比例的时间是通过延期交货来满足需求的？这种做法所造成的成本是多少？

5. 万博公司每年从供应商处采购一种机械零件，该机械零件的供应商为了鼓励采购商订购产品，特制订了一个折扣计划：

订货量/件	单位成本/元
小于 100	18.00
≥100，且＜500	16.00
≥500	15.00

已知万博公司的订货成本是 45 元，该机械零件的年需求量为 1 000 件，库存持有成本为 20%。根据以上情况，你推荐怎样的订货方案？

6. 某工厂下年度计划生产某种型号的轮胎 40 000 个。生产率为每日 200 个，有 250 个可利用的工作日。生产准备成本为每产程 200 元，单位生产成本为 15 元。若储存成本为每单位每年 11.50 元，经济生产量为多少？一年要制作多少次？若生产前置时间为 5 日，求订货点？

7. 某种产品的日需求量可用如下表的经验分布表示：

日需求量/件	0	50	100	150	200
概率	0.1	0.2	0.4	0.2	0.1

该种产品的年需求量为 5 000 件，再订货成本为 100 元，库存持有成本为 20 元，单位缺货成本为 50 元，前置时间为 1 天。那么，应设定多少安全库存？

8. 某公司从同一卖主处订购 8 项物品，如下表所示。

物 品	a	b	c	d	e	f	g	h
年需求量/件	175	452	115	90	810	70	190	210
单价/元	1.00	0.60	2.10	3.00	0.75	4.00	5.00	2.00

每次采购订货的订购成本为 10 元，每项物品为 0.25 元。若储存成本均为每年 15%，经济订货间隔期为多少？若前置时间为 1 个月，每项物品的最高库存水准为多少？

9. 某面包批发商向一家廉价食品连锁商店供应成箱的柠檬饼干。面包商试图确定每天烘制柠檬饼干的箱数。这种饼干要是当天不能销售出去，就完全失去价值。每箱成本为 10 元，面包商以 12 元销售。在过去 100 天中，面包商记录了日销量，并得出以下分布：

出售箱数	26	27	28	29	30
日数	10	20	40	20	10

试确定每天烘制柠檬饼干的最佳箱数？

10. 对组合件 S 的需求是在第 7 周要 100 件。每件 S 需要 1 件 T 和 0.5 件 U，每件

T 需要 1 件 V、2 件 W 和 1 件 X，每件 U 需要 0.5 件 Y 和 3 件 Z。一家企业生产全部配件。生产 S 需要 2 周期，生产 T 需要 1 周期，生产 U 需要 2 周期，生产 V 需要 2 周期，生产 W 需要 3 周期，生产 X 需要 1 周期，生产 Y 需要 2 周期，生产 Z 需要 1 周期。

（1）绘制产品结构和相关库存产品的物料需求计划。确定所有层次、母件和配件。

（2）根据产品结构和以下现有库存制订物料净需求计划。

配件	现有库存	配件	现有库存
S	20	W	30
T	20	X	25
U	10	Y	15
V	30	Z	10

 案例

Zara 公司的库存管理

Zara 是 1975 年设立于西班牙隶属 Inditex 集团旗下的一个子公司，既是服装品牌也是专营 Zara 品牌服装的连锁零售品牌，是全球排名第三、西班牙排名第一的服装商，在 87 个国家内设立超过 2 000 多家的服装连锁店。自开创以来，Zara 的定位就是提供中低档价格、质量中等的时尚产品，Zara 的目标群体广泛，销售类目包括男装、女装、童装以及时尚服装饰品。Zara 的库存管理体现在供应链的每一个环节中，依靠各个环节的相互协作和对整个供应链的精准控制，Zara 实现了供应链管理"成本最低、库存最小"的目标。

1. 产品设计阶段

前导时间是指服装从开始设计到最终销售的时间段，Zara 最短的前导时间是 7 天，一般为 12 天左右。拥有极短的前导时间，能够大大提高其存货周转率，达到降低存货的目的。Zara 的前导时间较短的原因之一就在于其设计环节，Zara 的设计是基于模仿潮流，与时尚同步，这种设计方式使得设计师在极短的时间之内就能够将流行元素融入自身的产品之中，从而缩短前导时间。Zara 能够做到与时尚同步靠的是其"三角权衡"的团队设计方式。通过三角权衡的模式设计产品，不仅大大缩短了前导时间，同时也能够贴合顾客需求，行业内标准新品服装上架前库存量一般是压缩到 50%，Zara 则可以压缩到 15%。

2. 采购阶段

Zara 的原材料中小部分由 Inditex 集团进行外部采购，且遵循就近原则，以缩短运输时间，加快原材料存货周转率，而大部分的原材料则来自 Inditex 集团的自主生产，直接参与原材料的生产环节，可以根据市场及产品需求自主生产产品、解决原材料不能及时供应的问题、缩短运输时间。Zara 每两周就要更新一次产品，除了 60% 的基本款服饰，剩下 40% 的新款布料及颜色都要跟随流行趋势所变化，在这种情况下，为了避免投产却没有库存的情况出现，Zara 采取了延时策略。Zara 的原材料中有超过 50% 是未经染色的原胚布，从而可以根据实际需求来进行布料染色。延时策略使得 Zara 能够在不增加原材料库

存的情况下及时、灵活地应对生产中的需求,同时也可以减少对原材料供应商的依赖性。

3. 生产环节

Zara 绝大部分的产品由自己工厂生产,并引进了日本丰田公司创造的精益生产模式(JIT)。Zara 一直以来贯彻按照消费者需求进行生产的理念,专卖店能够观察市场及顾客的偏好,两周一次将销售及存货记录反馈给设计和生产部门,反馈顾客最真实的需求,为生产提供方向。因为拥有自工厂,可以省去外包商的环节,Zara 能够根据客户的即时需求来决定自己生产的产品与规模,从而达到零库存的效果。同时,Zara 采取多批次、小批量的限量生产模式,更注重产品的多样性。门店销售经理根据专卖店自身的销售量及库存记录,向总部发出订单,以满足接下来两周的销售需求,并且避免了不了解销售能力及现有库存而导致的库存积压的现象。

4. 配送环节

Zara 的专卖店都不配备专门的库存区,库存实行集中管理、统一配送。Zara 的物流系统可以在接到订单的 24 小时以内把货物运送到欧洲的门店,在 72 小时以内可以送到世界的任何一个角落。Zara 的物流贯穿于整个垂直一体化的供应链过程中,除了配送产品以外,还包括原材料的配送与折价商品的运送,采购部门采购原材料后会将原材料交给物流中心,而物流中心则根据订单需求将各工厂所需的原材料以最快的速度送达。物流中心还负责各专卖店之间的产品调换的二次配送任务,充当着专卖店之间的纽带。对于需要折价清仓的产品,Zara 则需要将所有的过季库存集中到一个物流中心,再运送至一个新的品牌进行统一销售,使得滞销库存能够快速有效地处理。Zara 的物流系统保证了 72 小时的极限运送时间,这也保证了库存待在仓库里的时间不超过 3 天,而专卖店平均库存时间只有 37 天,旺季时平均库存时间甚至不高于 5 天。

5. 销售环节

Zara 采取前向一体化的销售模式,省略了隔绝在生产和销售的最大的利益体——中间供货商,因此产品价格相对较低。Zara 的产品更新速度快,两周就会更新一次,且很多款式的衣服是不会进行补货的,这种饥饿营销的策略一方面可以减少存货,避免大量滞销存货积压;另一方面也可以减少市场同质化产品泛滥,刺激消费者购买欲望。Zara 有其独特的促销方式,除了每年固定的两次促销活动以外,Zara 几乎不会对本品牌产品进行折扣销售,这是因为折扣活动是用低价策略将消费者的购买力提前释放,但这种迷惑性的需求量会促使企业增加投资,扩大厂房来增加供应,折扣结束后就会造成企业的生产闲置,存货积压。

6. 信息管理系统

Zara 根据自身的具体情况建立了安全稳定、便于管理的信息系统,Zara 和苹果公司合作,引进了一种设备——PDA(掌上电脑)。通过 PDA,门店经理可以知道消费者的购买偏好、近几天的库存情况,可以将自己店的销售信息传递回总部,并通过 PDA 直接与总部的产品经理沟通。总部则通过分析门店经理传来的各种销售数据,协调原料厂、工厂、配送中心。PDA 作为总部与专卖店之间的纽带,确保了两者之间信息传递能够具备时效性、准确性。信息共享在缩短产品前导时间的同时,也降低了存货水平,提高了存货周转速度。

(资料来源:根据公开资料整理)

第 6 章

运输基础结构

本章将介绍运输的概念、特点、功能和原理,介绍运输基础设施的构成和运输服务的组织。将详细介绍五种现代运输方式的发展、基础设施、经济技术特征和主要线路。对集装箱运输和货物运输费用等进行描述。

在物流的所有活动中,运输与储存一样也是其核心内容。通过运输活动,实现商品的位置移动,解决了商品的供应者与需要者之间在空间上的背离,创造了商品的空间效用。企业在从事商品的销售活动时,为了使商品的实体转移能够顺利进行,就必须借助于一定运输条件。因此,了解运输方式的特征及组织商品运输的具体要求是非常重要的。

通过本章的学习,读者将能够具备下列能力:
- 理解交通运输的功能与特征;
- 理解交通运输的基本原理;
- 了解各种现代化运输方式的基础条件;
- 了解各种现代化运输方式的经济技术特征;
- 了解货物运输运杂费的核收方法;
- 了解集装箱运输的特点及单证。

6.1 运输概述

6.1.1 运输的基本概念

1. 运输的含义

中华人民共和国国家标准《物流术语》(GB/T 18354—2021)对运输的定义是:利用载

运工具、设施设备及人力等运力资源,使货物在较大空间上产生位置移动的活动。运输从对象来分类,可分为货物运输和旅客运输。货物运输又可分为散货运输、件杂货运输和集装箱运输。如果从运输的方式来分类,可分为铁路运输、水路运输、公路运输、航空运输和管道运输五种运输方式。

运输过程中的产品,对货物运输而言,是商品的空间效用。是以运输货物的吨数或吨公里(或吨海里)数为计量单位。运输货物的吨数称为货物运输量或货运量,运输货物的吨公里数或吨海里数称为货物周转量。

2．运输的特征

运输业与国民经济的其他部门相比较,具有以下主要特征。

1) 公用性

运输业务涉及社会的各个方面。从原材料的采购到成品的输送,从工作人员的出差到普通人员的探亲度假,都必须依靠运输来完成。因此,无论是铁路,还是水路、公路、航空和管道运输,都具有公用性。市场经济越发达,人民生活水平越提高,对运输的需求就越旺盛。正是由于运输的公用性的特点,使得世界各个国家都对运输进行严格管制,以保护广大人民的利益。其中最重要的管制是运输价格和运输安全。

2) 不可储存性

运输业同工农业其他部门一样,也是借助于劳动工具,对劳动对象进行物质变化的生产过程。但运输业的生产过程既不改变商品的实物形态也不增加商品的数量,运输的产品是商品实体的空间转移,是效用,而效用是不能储存的。可以储存的是运输能力。通过运输能力的储存,能够满足需求高峰期和特殊时期的运输需要。

3) 配合性

各种运输方式都有自己的经济技术特征和适用范围。因此必须相互配合运用,协调发展。而且,无论货物运输还是旅客运输,由于客观条件的限制,往往需要几种运输方式的配合使用才能最终完成。为此需要建立完善的综合运输体系,以充分发挥各种运输方式的优势。

4) 统一性

运输的统一性是指有关运输的标志、运输的规则、运输的信号等要统一。只有这样,才能实现各种运输方式的配合使用。运输的统一性不但表现在一个国家之内,而且表现在国际运输中。

3．运输基础设施的构成

现代化运输方式的基础设施包括运输线路、运输工具、通信设备和运输站点。这些运输基础设施在商品的运输过程中发挥各自的作用,相互配合形成有机整体,共同完成商品运输任务。

1) 运输线路

运输线路又称运输通路。是指运输工具从始点,经过中间地段,到终点三者连接而成的。运输线路按其形成可分为自然形成和人工建设而成。自然形成的运输线路是依靠自然条件而形成的,如水路、空路。人工建设的运输线路是专门经过人员施工建设而形成的,如铁路、公路、运河。运输线路一般分为陆路、水路、空路几种,如图 6.1 所示。

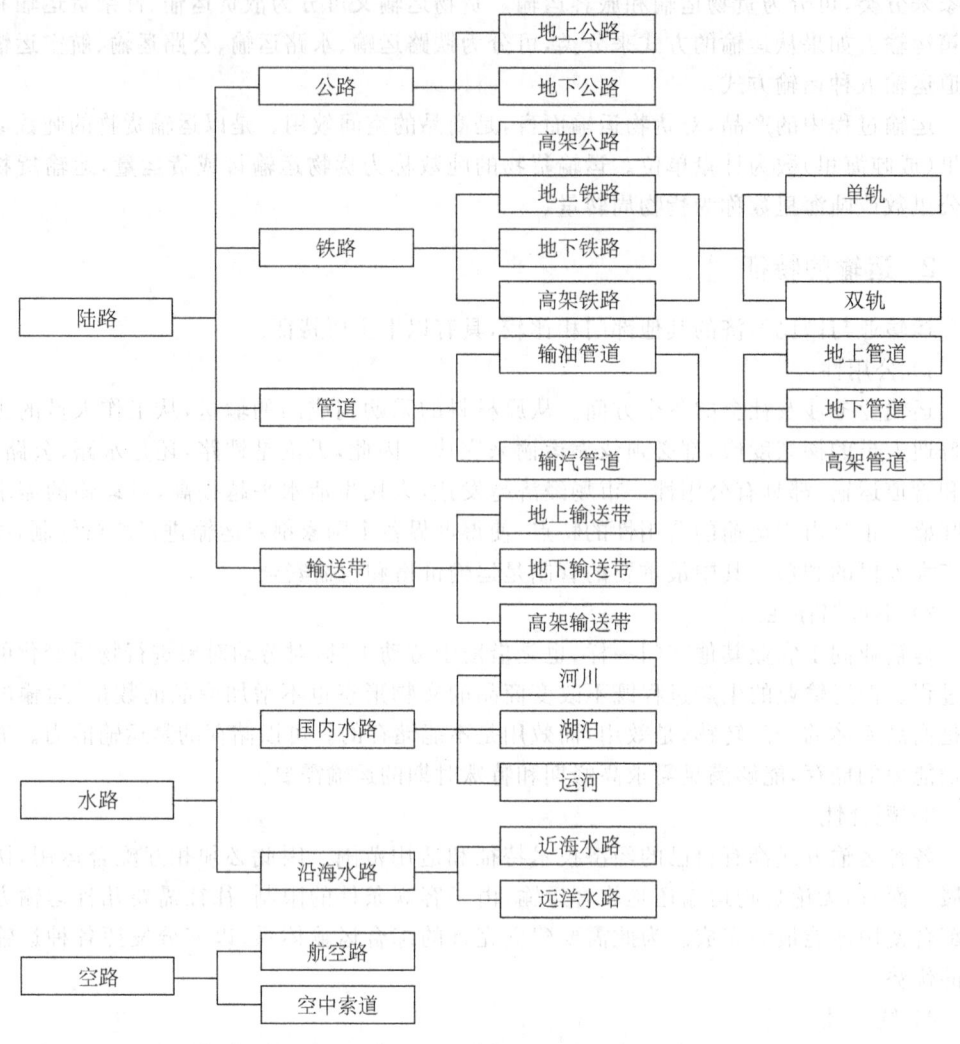

图 6.1 不同运输方式的具体构成

2) 运输工具

运输工具的功能是运送和保护运输的物品。因此运输工具是由两部分组成的,即提供运送功能的动力设备和提供保护功能的保护设备。现代化运输方式与传统运输方式的主要区别就在于这两种设备是分离还是合一。现代化运输方式的动力设备与保护设备是分离的。而传统的运输方式则是合一的。运输工具的动力设备的发展方向是动力改革和开发新型的设备。例如:采用大功率的动力装置、发展电力机车、原子能机车、转子发动机汽车等。运输工具的保护设备的发展方向是增加载重量,减轻自重,改进走行性能,提高运行速度,发展专用车船,等等。

3) 通信设备

现代化运输方式的特点是运输量大、运输速度快。因此运输的安全十分重要。在运输过程中,运输线路、运输工具、运输站点都要装设通信设备,以加强运输工具与线路、站点及有关部门的联系,保证运输的安全。随着通信技术的不断发展,运输通信技术已由过去单纯的语言传输向信息技术方向转变。例如列车无线通信、运行信息处理、自动控制的列车运行系统、货物到发计划系统等。

4) 运输站点

运输站点是指车站、港口、机场等。运输站点的主要功能是提供货物的换装、运输工具的相关服务。因此运输站点必须建设为运输服务的相关设施,如仓库、货场等。

6.1.2 运输的功能与原理

1. 运输的功能

运输具有两项功能:商品位置的转移和商品的临时储存。

(1) 商品位置的转移。商品位置的转移功能是运输的主要功能。通过运输过程,使商品从一地转移到另一地。在组织商品运输时,必须注意三个问题:①运输时间。运输时间应尽量缩短。为了降低企业的库存水平,应采取先进的库存管理技术,如 JIT 技术和 QR 技术,而这些库存管理技术的成功应用需要依靠先进合理的运输组织。所以,只有合理组织商品运输,缩短运输时间,才能达到降低企业库存水平的目的。②运输成本。在运输过程中,需要消耗大量的燃料、需要支付工作人员的工资、需要支付各种管理费用,还可能产生因商品的损坏而需补偿的费用等,所有这些开支都属运输成本的范畴。应力求节约运输成本。③环境资源成本。运输是能源消耗很大的行业,在运输成本中能源消耗成本占很大的比重。因此应采用效率更高的运输工具,以减少能源的消耗。另外,运输行业还会造成交通拥挤、空气污染和噪声污染,随着环保概念的不断普及,运输业需要在防止环境污染方面进行投资。

总之,运输的主要目的是以最短的运输时间、最低的运输成本和环境资源成本,将商品从供给地转移到需要地,并且使商品损耗达到最小。同时,商品位置转移所采用的运输方式必须能够满足顾客的要求。

(2) 商品的临时储存。商品的临时储存功能是运输的一项特殊功能。只有当正在转移中的商品,需要暂时储存,在很短的时间内又将重新转移时,为了节约装卸成本,才可能采取利用运输工具临时作为储存的设施。

2. 运输的原理

指导运输管理和运输营运的两条基本原理是规模经济和距离经济。

规模经济是指运输规模越大,单位重量商品的运输成本越低,二者关系如图 6.2 所示。这是由于运输规模越大,分摊到单位重量商品上的固定成本越少,而单位重量商品的变动成本则保持不变,从而使单位重量商品的运输成本越低。规模经济体现在两个方面:一是在一种运输方式中,整车运输的单位重量商品运输成本要低于零担运输的单位重量商品的运输成本。二是在不同运输方式中,运输能力较大的运输工具,其单位重量商品的成本要低于运输能力较小的运输工具。例如铁路或水路运输要比公路或航空运输更具规模经济。

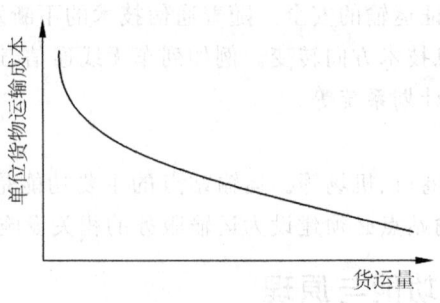

图 6.2　货物运输量与单位运输成本的关系

距离经济是指商品每单位距离的运输成本随运输距离的增加而减少。其原因与规模经济相似，也是由于随着运输距离的增加，平均分摊到单位距离的固定成本逐渐减少的缘故，二者的一般关系如图 6.3 所示。

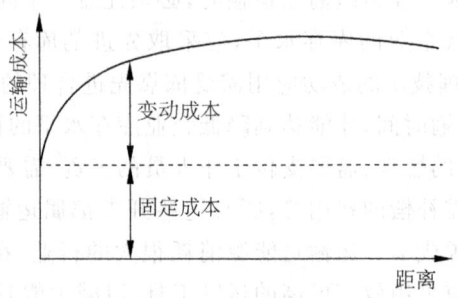

图 6.3　运输距离与运输成本的一般关系

6.1.3　运输服务组织

提供运输服务的组织共分四类：公共承运组织、联运组织、特殊运输服务组织和运输中间服务组织。

公共承运组织是指拥有运输基础设施、专门承担普通运输需求的运输组织。其主要包括铁路运输组织、公路运输组织、水路运输组织、航空运输组织和管道运输组织。

联运是指两个以上运输组织共同完成旅客或货物从发送地点至到达地点的运输业务。联运组织是承担联运业务的运输服务组织。联运组织作为托运组织和承运组织的中间服务商，为货主提供"门到门""门到港""场、站到门"等多种联运服务。联运业务具有"一次购买、一次收费、一票到底"的特点，客户只要一次委托，货物便可一票直达全程。

特殊运输服务组织是专门针对某一运输市场提供服务的运输组织。例如美国的FedEx(Federal Express Corp)公司是专门提供"次早达""次日达""隔日达"等快递业务的全球最大规模的运输服务组织。UPS 公司是专门提供快递和包裹运输服务的运输组织。另外，荷兰的 TNT、DHL 等运输组织都属于特殊运输服务组织。

运输中间服务组织是为运输组织和货主提供联系的中介组织。该组织一方面把货主零散的货物集中起来，另一方面以托运人的身份向公共承运组织办理货物的托运手续。

该类型组织主要有货代组织及其他各种运输代理组织等。

总之,运输作为物流的核心活动,对国民经济的发展具有举足轻重的作用,它不但可以扩大商品的市场范围、稳定市场价格水平,而且有利于区域分工的发展。但是,在组织和管理商品运输时,也必须清楚了解运输的特征、运输的基本原理、运输基础设施的构成等基本内容,力求使运输规划和运输组织工作更加的合理、有效。

6.2 运输方式

现代化运输方式有五种:铁路运输、公路运输、水路运输、航空运输和管道运输。各种运输方式都有自己的经济技术特征和不同的适用范围。企业在实现商品所有权转移的同时,必须选择合适的运输方式实现商品实体的转移。

6.2.1 铁路运输

铁路运输是国民经济的大动脉,铁路运输是我国现代化运输中的一种最主要的运输方式。铁路运输与公路、水路相连接构成了四通八达的交通运输网,是实现商品流通的必备条件。

1. 中国铁路运输的发展概况

1) 中国铁路运输的发展历史

中国铁路运输的基础相对较薄弱。1876年,中国土地上出现了第一条铁路——吴淞铁路。吴淞铁路是英国资本集团采取欺骗手段擅自修建的,这条铁路经营了一年多时间,就被清政府赎回拆除了。1881年,在清政府洋务派的主持下,开始修建唐山至胥各庄铁路,从而揭开了中国自主修建铁路的序幕。但由于清政府的昏庸愚昧和闭关锁国的政策,到1894年,近20年的时间里仅修建400多千米铁路。到1949年中华人民共和国成立前夕,中国铁路里程达到2.18万千米,铁路机车、客车和货车分别达到4 069台、3 987辆和46 487辆。旧中国的铁路,不仅数量少、质量低,而且布局不合理,大部分在沿海地区及东三省,西南西北地区几乎没有铁路。由于各条铁路在管理上各自为政,许多由外国人经营,限制了铁路运输能力的发挥。

中华人民共和国成立后,国家成立了铁道部,统一管理全国的铁路,在对遭受战争破坏的线路进行修复的基础上,大力修建新铁路,以保证日益增长的运输需要。1953年至1980年共新建干、支线100多条。其主要有:为开发西南、西北地区修建的成渝、宝成、黔桂、川黔、昆贵、成昆、湘黔、湘渝、阳安、天兰、兰新、包兰、兰青、青藏(西格段)及南疆等铁路;为增强中部及东部地区运输能力而修建的京原、京通、通让、京承、太焦、焦柳、汉丹、皖赣等铁路;为通往沿海港口修建的黎湛、篮烟、鹰厦、外福、萧穿等铁路;为通往邻国修建的来宾至友谊关、集宁至二连等铁路。同时在长江、黄河等大江大河上修建了武汉长江大桥、南京长江大桥等铁路桥梁,连接了各条干线,从而基本上形成了全国铁路网的骨架。1981年之后,又相继建成了京秦、大秦、兖石、新菏、皖赣、京九、宝中、广深准高速铁路等铁路线。

20世纪90年代,中国开始对高速铁路的设计建造技术、高速列车、运营管理的基础理论和关键技术组织开展大量的科学研究和技术攻关,并进行了广深铁路提速改造,修建了秦沈客运专线,实施了既有线路六次大提速等。2002年12月建成的秦皇岛至沈阳间的客运专线,是中国自己研究、设计、施工、目标速度200千米/小时,基础设施预留250千米/小时高速列车条件的第一条铁路客运专线。自主研制的"中华之星"电动车组在秦沈客运专线创造了当时"中国铁路第一速"——321.5千米/小时。2003年投资约89亿元建成了上海浦东龙阳路至浦东国际机场,线路全长30千米,设计最大时速430千米的磁悬浮铁路线。2008年8月1日,中国第一条350千米/小时的高速铁路——京津城际铁路开通运营。此后,高速铁路在中国大陆迅猛发展。按照国家中长期铁路网规划和铁路"十一五""十二五"规划,以"四纵四横"快速客运网为主骨架的高速铁路建设全面加快推进,建成并开通运营了秦沈线、京津城际线、石太客专线、杭深线、京广高速线、成灌线、郫彭线、沪宁高速线、昌九城际线、海南东环线、广珠城际线、长吉城际线、京沪高速线、合蚌高速线、沈大高速线、宁杭高速线、津秦高速线、盘营高速线、柳南客专线、武咸城际线和沪汉线合武段、沪昆高速线沪杭段、广深港高速线广深段、京哈高速线沈哈段、徐兰高速线郑西段、西宝段、宁蓉线合宁段、汉宜段、沪蓉线凉渝段、南广线根梧段等高铁线路。通过引进消化吸收再创新,我国在高速铁路的工务工程、高速列车、通信信号、牵引供电、运营管理、安全监控、系统集成等技术领域,取得了一系列重大成果,形成了具有中国特色的高铁技术体系,总体技术水平进入世界先进行列。截至2018年底,全国铁路营业里程13.17万千米,其中,高速铁路营业里程超过2.9万千米,成为世界上高速铁路运营里程最长的国家。全国铁路路网密度136.0千米/万平方千米。

1949年前,中国铁路用的机车车辆,极大部分依赖进口。1949年以后,中国铁路逐渐建成机车车辆工厂。1952年开始自制蒸汽机车,1958年开始自制内燃机车,1960年开始自制电力机车,2007年12月,时速300千米的动车组"和谐号"下线。2008年4月,国产时速350千米的CRH3"和谐号"动车组在中国北车集团唐山轨道客车有限责任公司下线。2017年6月,中国标准动车组"复兴号"在京沪高铁正式双向首发。到2017年末,全国铁路机车拥有量为2.1万台,其中,内燃机车占40.4%,电力机车占59.5%。全国铁路客车拥有量为7.3万辆,其中,动车组2 935标准组23 480辆。全国铁路货车拥有量为79.9万辆。

2013年3月,根据第十二届全国人民代表大会第一次会议审议的《国务院机构改革和职能转变方案》的议案,铁道部实行铁路政企分开。将铁道部拟订铁路发展规划和政策的行政职责划入交通运输部;组建国家铁路局,由交通运输部管理,承担铁道部的其他行政职责;组建中国铁路总公司,承担铁道部的企业职责;不再保留铁道部。

随着国民经济的发展,中国铁路承担的客货运量也逐年增长。国家统计局公布的数据显示,2018年,铁路完成货运量40.25亿吨,货物周转量28 820亿吨千米,分别比2017年增长9.1%和6.9%;完成旅客发送量33亿人,周转量14 147亿人千米,分别比2017年增长9.4%和5.1%。

2) 中国铁路主要运输干线

中国铁路网是由"五纵三横"八条铁路干线组成,将铁路干线相连的车站是枢纽车站,中国的铁路枢纽车站主要包括北京、郑州、成都、徐州、株洲、兰州等。"五纵三横"铁路干线的基本情况如下。

"五纵"是指五条南北走向的铁路干线,包括以下五条铁路。

(1) 京哈、京广铁路:京哈铁路自北京至哈尔滨,全长1 412千米,双线,部分路段实现电气化。纵贯北京、河北、天津、辽宁、吉林、黑龙江等省、市。京广铁路自北京至广州,线路全长2 324千米,双线,全部实现电气化。纵贯北京、河北、河南、湖北、湖南、广东等省、市。

(2) 京沪铁路:京沪铁路自北京到上海,全长1 462千米,双线,全部实现电气化。纵贯北京、河北、天津、山东、安徽、江苏和上海等省、市。

(3) 京九铁路:北起北京,南至深圳与香港九龙相连,正线全长2 383千米,加上天津至霸州75千米和麻城至武汉80千米两条联络线,总长2 538千米。跨京、津、冀、鲁、豫、皖、鄂、赣、粤九省市。京九铁路沿线共有特大及大中型桥梁1 045座、隧道150座,以及近9 000个大小涵洞,工程艰巨而复杂。

(4) 太焦—焦枝—枝柳铁路:北起山西太原,南经长治、焦作、洛阳、襄樊、荆门,在枝城过长江,再经怀化,到达柳州,全长2 091千米。纵贯山西、河南、湖北、湖南、广西等省和自治区。此线沟通同蒲、京包、石太、京广、陇海、湘黔、黔桂等铁路干线和长江水系,是中国中部地区同京广线平行的又一条纵贯南北的交通大动脉。

① 太焦铁路:太焦铁路是晋煤东南外运主要铁路干线。从山西太原经榆次、长治至河南省焦作,全长434千米。

② 焦枝铁路:北起焦作,南止湖北省宜都市枝城车站,全长753千米。

③ 枝柳铁路:北起枝城,南止柳州,全长883.9千米。

(5) 宝(成)、(成)昆铁路:宝昆铁路起自陇海铁路西段的宝鸡,经陕西、四川、贵州、广西,南到达昆明,全长1 762千米。

宝成铁路自陇海铁路的宝鸡至成都,全长669千米,是沟通西北与西南地区的第一套山岳铁路,1952年7月和1954年1月分别在成都和宝鸡两段开工,1956年7月12日在黄沙河接轨,1958年元旦全线交付运营。线路离宝鸡后进入秦岭山区,沿清姜河盘旋迂回,以长隧道通过秦岭垭口,沿嘉陵江南下抵广元,共16次跨越嘉陵江。全线隧道304座,延长84千米,大、中、小桥1 001座,延长28千米,桥隧总延长占线路长度的17%。宝成铁路建成后,由于坡度大、隧道多,进行了电气化改造。第一期工程宝鸡至凤州段91千米电气化已于1961年完成。1975年全线完成电气化改造。这条铁路的建成,改变了"蜀道难"的局面,为发展西南地区经济建设创造了重要条件。

成昆铁路自成都南站至昆明,全长1 091千米。1958年开工,1970年7月通车,1970年12月交付运营。线路穿越大小凉山,有深二三百米的"一线天"峡谷。从金口河到埃岱58千米线路上有隧道44座。从甘洛到喜德120千米地段4次盘山绕行50千米,13次跨牛日河,其间有66千米隧道和10千米桥梁。过喜德后8次跨安宁河,在三堆子过金沙江。金沙江河谷是著名的断裂带地震区,线路在河谷3次盘山,47次跨龙川江,然后南下至昆明。成昆铁路土石方工程近1亿立方米,隧道427座,延长345千米,桥梁991座,延长106千米,桥隧总延长占线路长度的41%。全线122个车站中有41个因地形限制而设在桥梁上或隧道内。这条铁路是西南地区的路网骨架,对开发西南资源,加速国民经济建设,加强民族团结和巩固国防都具有重要意义。

"三横"是指四条东西走向的铁路干线,具体情况如下。

(1) 连云港—阿拉山口铁路:该线自连云港起,途经江苏、河南、陕西、甘肃、新疆五个省区至乌鲁木齐,全长3 651千米,是中国最长的铁路。包括以下几个分段。

① 陇海铁路。东起连云港,西至兰州,全长1 759千米,双线。途经江苏、安徽、河南、陕西、甘肃等省市。

② 兰新铁路。从兰州至乌鲁木齐,全长1 912千米。兰新铁路1952年10月开工,1962年底铺轨至乌鲁木齐西站,1966年全线交付运营,是中华人民共和国成立后建成的最长的铁路干线。兰新铁路所经乌鞘岭、天山等处为山岳地区,其余绝大部分是戈壁滩,部分是盐渍土、沙漠等不良地段。疏勒河至烟墩、哈密至鄯善通称"百里风区",吐鲁番至盐湖称"三十里风口",全年有1/3的时间为大风期,常年风力达7~8级,给施工和运输带来极大困难。这条铁路东接陇海铁路,是横贯中国东西的交通大动脉,对开发西北地区的经济,加强民族团结和巩固国防都具有重要作用。

③ 北疆铁路:从乌鲁木齐至阿拉山口。

(2) 北京—包头—兰州铁路:包括京包铁路和包兰铁路,全长1 803千米。

京包铁路自北京至内蒙古包头,全长832千米,是中国西北铁路干线。沿线经过冀北山地、张北高原、大同盆地,出长城达河套平原。既是一条晋煤外运线,又是一条与蒙古国、俄罗斯相通的国际线的一部分。

包兰铁路自包头至兰州,全长990千米。1954年10月开工,1958年7月通车,1958年10月交付运营。包兰铁路在中卫和干塘间经过腾格里沙漠,全线有140千米在沙漠中穿行,是中国20世纪50年代在沙漠中筑成的铁路。采取的防沙、治沙措施曾获1987年国家科学技术进步特等奖。自包兰铁路干塘至兰新铁路的武威,于1965年建成了干武联络线,长172千米,从而缩短了华北到西北地区的运程。这条铁路是华北通往西北的重要干线,对加速内蒙古、宁夏、甘肃的经济建设起着重要作用。

(3) 沪昆铁路:自上海,经浙江、江西、湖南、贵州、云南六个省市。全长2 679千米。该线包括沪杭、浙赣、湘黔、贵昆铁路干线。

沪杭铁路东起上海市闸北区,西到浙江省杭州市上城区,全长201千米,共有车站36个,全线为复线、电气化铁路。

浙赣铁路自浙江杭州至湖南株洲,1899年动工,1937年建成,全长946千米,是我国早期铁路干线之一。

湘黔铁路自京广铁路田心至黔桂铁路的贵定,全长820千米,1958年8月开工,中途曾一度停建,1970年9月复工,1975年交付运营。全线土石方工程达1亿立方米,隧道297座,延长113千米,桥梁309座,延长44千米,桥隧总延长占线路长度的19%。

贵昆铁路自贵阳至昆明,全长644千米。1958年8月开工,1966年3月通车,1970年12月交付运营。该线蜿蜒于云贵高原乌蒙山区,地势险峻,地质复杂。该线建成后,沿线工矿企业发展很快,运量急剧增加,1980年进行电气化改造。全线隧道187座,延长80千米,桥梁301座,延长20千米,桥隧总延长占线路长度的16%。

2．铁路运输的基础设施

铁路运输的基础设施主要由四部分组成，它们是：铁路线路设备，铁路运输设备，铁路通信、信号设备和铁路车站。

1) 铁路线路设备

铁路线路设备包括路基、桥梁、隧道和轨道。

铁路路基是承受并传递轨道重力及列车动态作用的结构，是轨道的基础，是保证列车运行的重要建筑物。它包括路基本体、排水设备和防护加固设施。路基是一种土石结构，处于各种地形地貌、地质、水文和气候环境中，有时还遭受各种灾害，如洪水、泥石流、崩塌、地震等。

桥梁是在江、河、湖以及山间等地区修建的，它也是铁路线路的重要组成部分。

铁路隧道是修建在地下或水下并铺设铁路供机车车辆通行的建筑物。根据其所在位置可分为三大类：为缩短距离和避免大坡道而从山岭或丘陵下穿越的称为山岭隧道，为穿越河流或海峡而从河下或海底通过的称为水下隧道，为适应铁路通过大城市的需要而在城市地下穿越的称为城市隧道。这三类隧道中修建最多的是山岭隧道。

轨道是由钢轨、轨枕、连接零件、道床、道岔和其他附属设备等组成的构筑物。它位于铁路路基上，承受车轮传来的荷载，传递给路基，并引导机车车辆按一定方向运转。轨距为1 435毫米的铁路称为标准铁路。较此窄的称窄轨铁路，较此宽的称宽轨铁路。轨枕一般为横向铺设，用木、钢筋混凝土或钢制成。道床采用碎石、卵石、矿渣等材料。钢轨以连接零件扣紧在轨枕上；轨枕埋在道床内；道床直接铺在路基面上。根据铁路运量、机车车辆轴重和行车速度等不同运营条件，铁路轨道包括有砟轨道、无砟轨道、有导向而无轨的磁悬浮轨道等不同类型。

2) 铁路运输设备

铁路运输设备包括铁路机车、铁路车辆、动车及幼车组。

(1) 铁路机车。铁路机车是提供牵引动力的铁路动力设备。铁路机车包括不同类型，根据机车的用途不同，机车可分为客运机车、货运机车和调车机车。客运机车要求其速度快，货运机车要求牵引力大，调车机车要求机动灵活。根据机车的动力不同，铁路机车又可分为蒸汽机车、内燃机车和电力机车。

蒸汽机车是利用蒸汽机，把燃料（一般用煤）的热能变成机械能，而使机车运行的一种火车机车。它主要由锅炉、蒸汽机、车架走行部和煤水车四大部分组成。蒸汽机车结构简单，制造和维修容易，成本较低，因此，也是最早使用的铁路机车类型。但蒸汽机车的热效率很低。锅炉内燃料燃烧的热量只有50%～80%转变为蒸汽的热能，蒸汽在汽机内做功，汽机效率只有10%～15%。在汽机到轮周的力的传递中，机械效率为80%～95%。因此蒸汽机车的最高热效率只有8%～9%，而且在车站停车，在机务段整备、停留等仍需消耗燃料，所以实际热效率只有5%～7%。另外，蒸汽机车需要消耗大量的煤水，乘务员工作强度大，环境污染严重。因此蒸汽机车已逐步被其他类型的机车所替代。目前，世界上使用蒸汽机车的国家已经寥寥无几，我国也于2005年停止使用蒸汽机车。图6.4所示为我国生产的"建设型"蒸汽机车。

图 6.4　建设型(JS)蒸汽机车

内燃机车是指以内燃机作为原动力,通过传动装置驱动车轮的机车。根据机车上内燃机的种类,内燃机车可分为柴油机车和燃气轮机车。燃气轮机车发展比柴油机车落后,这是由于燃气轮机车的效率低于柴油机车,而且其耐高温材料成本高、噪声大等原因。在中国,内燃机车通常指的是柴油机。内燃机车由柴油机、传动装置、辅助装置、车体走行部(包括车架、车体、转向架等)、制动装置和控制设备等组成。内燃机车的特点:与蒸汽机车相比,内燃机车总效率高,能源利用率高,一般可达 27%～30%,内燃机车用水量少,仅为蒸汽机车的 0.05%,内燃机车用齿轮传递牵引力,减少了轮对对钢轨的冲击,冲击力为蒸汽机车的 80%。可采用电阻制动,闸瓦不磨耗,减少列车检查的工作量。与电力机车相比,内燃机车与电力机车一样,操纵自动化程度高,司机室宽敞明亮,视野广阔,瞭望方便,改善了乘务人员的工作条件,内燃机车与电力机车都具有起动加速快、整备时间短、运行里程长、可采用电子控制技术、自动调速等,与电力机车比,内燃机车线路投资少,见效快,为电力铁路投资的 1/3。但是,内燃机车比蒸汽机车的结构复杂,制造工艺水平和运用保养要求高,与电力机车相比,对高温、高海拔和长大隧道适应能力较差,牵引力也不如电力机车大,对大气和环境的污染比较严重。图 6.5 所示为 DF11 型内燃机车。

图 6.5　DF11 型内燃机车

电力机车是指从外界撷取电力作为能源驱动的铁路机车。电力机车的电源包括架空电缆、第三轨、电池等。电力机车具有以下优点:①功率大。由于电力机车是非自给式机车,没有燃料储备,因而在同样的机车重量下,其功率要比自给式机车大。目前,电力机车的比功率一般达到40~60千瓦/吨,而较好的内燃机车,其功率也只有25~30千瓦/吨。②速度高。由于电力机车功率大,因而可以获得较高的速度。目前,客运机车电力机车运行速度已达到250千米/小时,货运电力机车达到120千米/小时。2006年9月7日,奥地利联邦铁路的1216型050—5号机车在德国纽伦堡和英戈尔施塔特之间新建线路上创造了357千米/小时的机车速度新世界纪录。③效率高。另外,电力机车还具有污染小、噪声小、自重轻、运作成本低、再生制动比较良好、过载能力强、整备作业时间短、维修量小、馈线用铜量小等优点。但电力机车需要对铁路线路进行电气化改造,其改造成本较高。图6.6所示为韶山6型(SS6)电力机车。表6.1所示为蒸汽机车、内燃机车和电力机车性能比较表。

图6.6 韶山6型(SS6)电力机车

表6.1 蒸汽机车、内燃机车和电力机车性能比较表

机车类型	构造与造价	运行速度	牵引力	热能效率	污染度	维护难易
蒸汽机车	简单、低廉	最小	最小	最低	最严重	容易
内燃机车	复杂、较高	较高	较大	较高	严重	困难
电力机车	复杂、较高	最高	最大	最高	没有	容易

(2)铁路车辆。铁路车辆是指由机车牵引运行的运载工具。铁路车辆通常由车体、走行部、车钩缓冲装置、制动装置和车辆设备五部分组成。车体是车辆上容纳旅客或货物的部分,车辆类型不同,车体结构也不同。车体由下面的走行部支承,两端装有车钩缓冲装置,内部根据需要布置各种设备。走行部是车辆借以在钢轨上运行的部分,有轮对、轴箱装置、弹簧和减震器、转向架的构架或侧架及其他梁件和杆件等零部件。车钩缓冲装置是车辆上实现与其他车辆或机车相互联结,并在列车运行和编组过程中传递与缓和拉伸力和压缩力的部件,由车钩和缓冲器及其他零部件组成,安装在车体两端的底架牵引梁内。制动装置是车辆上实现运行中列车减速或停车,保证列车安全运行的设备,由装在车

体下部的制动主管、空气分配阀、制动缸等部件和装在走行部内的基础制动装置(制动梁、闸瓦等)组成。为保证单独停放时不致溜动,车辆上还安装手制动装置。车辆设备是车辆上为客货运输服务的附加设施,随车辆类型而异。例如客车的照明设备、供电设备、空气调节设备、采暖设备、卫生设备等,保温车上的制冷装置、发电机组,货车上的床板托、拴马环、绳栓、柱插以及供调车人员使用的脚镫、扶手等。

铁路车辆按照用途的不同可划分为客车、货车和特种用途车。客车是用于运输旅客并为其提供旅途服务的车辆,包括硬座车、软座车、硬卧车、软卧车、餐车、行李车和发电车等。客车的特点是保证旅客的舒适性,对车辆减震、车厢内的装饰和车速都有较高的要求。铁路货车是用于载运货物的车辆,包括敞车、漏斗车、自翻车、棚车、家畜车、平车、长大货车、集装箱平车、各种罐车,以及保温车和冷藏车等。货车的特点是保证所载运的货物在装卸与运输中完好无损以及方便实用。货车按照适合装运货物品种的多少,又可分为通用车和专用车。敞车、棚车、平车、罐车、保温车等适应多种货物运输要求的,称为通用车;只适应于装运一种或少数几种性质相近的货物的,如漏斗车、水泥车、长大货物车、集装箱平车、高压罐车等,称为专用车。特种用途车是铁路企业从事本身技术业务工作所使用的车辆,主要有检衡车、救援车、试验车、石渣车、长钢轨车、办公车及发电车等。铁路车辆按照轨距的不同也可分为准轨车、宽轨车和窄轨车。

(3)动车及动车组。传统的铁路车辆本身没有动力装置,其动力装置都集中安装在铁路机车上,由铁路机车牵引车辆进行行驶。动车则是将动力装置分散安装在每节铁路车辆上,使其既具有牵引力,又可以载客。动车组则是由两辆或两辆以上带动力的动车和不带动力的客车固定编组在一起的列车。动车组以固定编组进行运营,运行时不能解编;往返运行只需改变操纵端,不需要更换车头。世界上著名的动车组有德国的"ICE"、法国"TGV""欧洲之星"、瑞典"X2000"、美国"ACELA"和中国"CRH""CR"。

动车组牵引动力的分布方式有两种:动力分散方式和动力集中方式。动力分散方式是将动力装置分布在列车不同的位置上。该方式的优点是牵引力大,编组灵活,制动效率高,调速性能好,而且列车中一节动车的牵引动力发生故障对全列车的牵引指标影响不大。其缺点是牵引力设备的数量多,总重量大。因此,该方式适合用于限速区段较多的线路。动力集中方式是将动力装置集中安装在2~3节车上,检查维修比较方便,设备的总重量小于动力分散方式的动车组。但该方式的缺点是动车的轴重较大,对线路不利。目前,动车组主要用于客运。图6.7是我国具有完全自主知识产权、达到世界先进水平、运行于京沪高铁的中国标准动车组"复兴号"CR400AF,该动车组最高时速400千米,平均运行时速350千米。

3)铁路通信、信号设备

(1)铁路通信设备。铁路通信设备是指挥列车运行、组织运输和进行公务联络等的设备。铁路通信设备根据传输方式可分为有线通信和无线通信,根据业务性质可分为公共通信、专用通信和数据传输,根据服务区域可分为长途通信、地区通信、区内通信和站内通信。

(2)铁路信号设备。铁路信号设备是组织指挥列车运行、保证行车安全、提高运输效率、传递信息、改善行车人员工作条件的关键设备。铁路信号设备包括信号、连锁设备和

图 6.7 "复兴号"CR400AF 动车组

闭塞设备。

铁路信号机和信号表示器构成信号显示，用来指示列车运行和调车作业的命令。其主要包括进站信号机、出站信号机、预告信号机、通过信号机、调车信号机、驼峰信号机、移动信号、手信号以及机车信号等。图 6.8 所示为铁路信号机。

图 6.8 铁路信号机

铁路连锁设备是保证车站内列车行驶安全、提高车站通过能力的车站信号设备。列车的进、出站和站内的调车作业都是根据防护每一通路的信号机的显示状态进行的，而被防护的进路又是靠操纵道岔完成的，为了保证车站内行车的安全，在信号机和道岔之间、信号机和信号机之间需要建立相互制约的关系，这种制约关系就是连锁，实现连锁的设备就是连锁设备。连锁设备包括集中连锁（继电器连锁和计算机连锁）和非集中连锁。

铁路闭塞设备是指列车进入区间后，使之与外界隔离起来，区间两端车站都不再向这一区间发车，以防止列车相撞和追尾。闭塞设备是为了实现"一个区间（闭塞分区）内，同一时间只允许一列火车占用"而设置的铁路区间信号设备。它是保证列车在区间内行车安全以及提高区间通过能力的区间信号设备。铁路应用的区间闭塞类型有人工闭塞、半自动闭塞和自动闭塞三类。人工闭塞主要包括电话（报）闭塞和电气路签（牌）闭塞。目前已很少使用，只有在闭塞设备出现故障时才启用。半自动闭塞是区间两端车站各装设一台具有相互电气锁闭关系的半自动闭塞机,并以出站信号机开放显示为行车凭证的闭塞方法。自动闭塞是利用通过信号机把区间划分为若干个装设轨道电路的闭塞分区,通过轨道电路将列车和通过信号机的显示联系起来,使信号机的显示随着列车运行位置而自动变换的一种闭塞方式。

4）铁路车站

车站是设有配线,办理列车到发、会让、越行、解编以及客货运业务的地点。车站是铁路进行运输生产活动的基本单位,是铁路和旅客、货主之间联系的纽带。铁路车站根据业务类型分为客运站、货运站和客货运站,根据技术作业可分为中间站、区段站和编组站。中间站是办理列车的运行与调整,并办理客货运业务。区段站是除办理列车的运转作业及客货业务外,还为列车在相邻区段内运行提供动力设备——机车。编组站是办理货物列车的解体和编组,并设有比较完善的调车设备的车站。编组站和区段站又统称技术站。

3. 铁路运输的技术经济特征

1）载重量大

铁路是把各个单个车辆编组成列车的方式组织运输。列车的动力设备（机车）和保护设备（装载货物的部分）不像汽车、轮船和飞机那样是合一的,而是分离的。这就使得列车的载重量不像其他运输工具那样受到承受载重力方面的限制,铁路列车的动力可以完全用来牵引列车做水平方向的移动,所以铁路运输的载重量比较大。一般一列客车可载1 800人左右,单线铁路年运输能力平均为1 000万～1 800万吨,复线自动闭塞铁路的年运输能力平均为3 500万～5 500万吨,一列货车的载重量是3 500～5 000吨,长大重载列车可达20 000吨。

2）运输速度较快

铁路列车是沿钢轨运行,其走行阻力较低,所以铁路运输的运输速度较快。目前我国铁路提速后,普通线路的列车运行速度可达200千米/小时,高速铁路的运行速度达350千米/小时。中国制造的CIT500型号高铁,在测速实验中,速度达到了605千米/小时。日本的新干线运行速度320千米/小时,法国的TGV试验列车的速度达到574.8千米/小时。

3）运输成本较低

在铁路运输成本中,在设备、站点、轨道等方面的固定成本较高,占运输成本的50%,这部分成本随着运输量的增加,其单位重量成本会降低。另外,铁路运输的到发成本占运输成本的比重较大,占18%～20%,这部分成本不随运输距离的延长而增加。因此铁路运输对于大宗货物的中长距离的运输,其运输成本较低。

4）适用性强

铁路运输由于是在钢轨上运行,受自然条件的影响较小,无论刮风、下雨、下雪等,只要铁路不被破坏,运输都可正常进行。所以铁路运输的适用性较强。

但铁路运输的缺点是投资大,建设周期长,需要消耗大量钢材、木材,占用土地,运输的灵活性差,短距离运输成本较高。因此,铁路运输特别适合承担大宗货物的中长距离的运输任务。

6.2.2 公路运输

公路运输有广义和狭义之分,广义的公路运输是指在公路上以各种运输工具所进行的运输生产活动,狭义的公路运输仅指在公路上以汽车为主进行的运输生产活动。

1. 我国公路运输发展概况

中华人民共和国成立初期,我国的公路运输十分落后。除了港、澳、台地区,中国内地公路通车里程仅为8万千米,且技术等级十分低下。经过中华人民共和国成立后几十年的建设发展,我国的公路运输状况大为改善,公路运输在综合运输体系中的地位不断提高。到2018年底,全国公路密度为50.48千米/百平方千米;全国民用汽车拥有量23 231万辆,其中载客汽车20 555万辆,载货汽车2 567万辆;公路客运量136亿人,占客运总量的76%左右;货运量395亿吨,占货运总量的76.7%左右。回顾我国公路的发展历程,其大致经历了四个发展阶段。

1) 初建阶段(1949—1978年)

中华人民共和国成立初期,根据形势的需要以及客观条件的限制,公路建设是在原大车道、便道和战争期间修建的"临时公路"上进行修补改造。之后,基于国家国防安全的思想,遵循"隐蔽、迂回、靠山、钻林"的公路选线原则,依靠国家国防边防公路建设投资和"民工建勤"等方式,完成新建公路的建设工作。到1978年底,全国公路通车里程达到89.02万千米,其中干线公路23.7万千米,县乡公路58.6万千米,企事业单位专用公路6.6万千米。但受制于技术条件和经济发展水平的限制,全国公路的等级普遍很低。

2) 大发展阶段(1979—1985年)

随着国家改革开放政策的进一步落实,国民经济得到了快速恢复,公路客货运输量急剧增加,公路交通长期滞后所产生的后果充分暴露出来,特别是主要干线公路交通拥挤、行车缓慢、事故频繁。为此,国家开始着力调整国民经济结构,在加强以铁路为中心的运输基础设施的建设的同时,也十分重视公路的建设。原国家计委、国家经委、交通部联合颁布了国道网规划,确定首都放射线12条、北南纵线28条、东西横线30条共70条国道,并采取措施加快发展公路建设。至1985年底,全国公路通车总里程增长到94.24万千米,其中一级公路422千米,四级及等外公路79.23万千米。

3) 高速公路发展阶段(1986—1990年)

随着我国国民经济的快速发展,交通运输是国民经济发展的瓶颈产业愈加突出。为此,国务院批准设立公路建设专项基金和车辆购置附加费,专门用于公路建设。公路交通部门对我国主要干线公路的交通情况进行调查研究。研究结果显示,我国公路交通存在着三个突出问题:一是由于运输工具种类繁多,汽车、拖拉机、自行车、畜力车、行人混行,车辆行驶纵向干扰大;二是由于人口稠密,公路沿线穿越城镇较多,横向干扰大;三是公路平交道口多,通过能力低,交通事故严重。针对上述问题,借鉴发达国家的实践经验,国家明确提出发展汽车专用公路的构想。1988年上海至嘉定高速公路建成通车,结束了我国大陆没有高速公路的历史;1990年,被誉为"神州第一路"的沈大高速公路全线建成通车,标志着我国高速公路发展进入了一个新的时代。到1990年底,全国公路通车总里程达到

102.8万千米,其中高速公路522千米,一级公路2 617千米,四级及等外公路61.3万千米。

4) 高速发展阶段(1991年至今)

根据国民经济发展与人民生活水平提高对交通运输的总体要求,以及社会主义市场经济建设的特点,提出"普及与提高相结合,以提高为主"的公路建设指导方针。为突出重点,在国道网规划基础上研究形成了"五纵七横"12条国道主干线规划,设想用二三十年时间,逐步建成以二级以上汽车专用公路为主组成的国道主干线网。到2018年末,全国公路总里程484.65万千米。其中,四级及以上等级公路里程446.59万千米,占公路总里程的92.1%;二级及以上等级公路里程64.78万千米,占公路总里程的13.4%;高速公路里程14.26万千米。

2. "五纵七横"国道主干线

1992年,原交通部规划在全国建设由"五纵七横"12条国道主干线、交通枢纽及信息系统组成的公路网主骨架,总里程约3.5万千米。这12条主干线全部是二级以上的高等级公路,其中高速公路约占总里程的76%,一级公路约占总里程的4.5%,二级公路占总里程19.5%。它们连接了首都、各省省会、直辖市、经济特区、主要交通枢纽和重要对外开放口岸,覆盖了全国所有人口在100万以上的特大城市和93%的人口在50万以上的大城市,是具有全国性政治、经济、国防意义的重要干线公路。2007年底,"五纵七横"国道主干线已基本建成贯通。

"五纵"由下列五条自北向南纵向高等级公路组成,总长约15 590千米。

(1) 同三高速(GZ010)。该条高速公路纵贯中国南北,全长5 700千米,起自黑龙江的同江,途经哈尔滨、沈阳、大连、烟台、青岛、连云港、上海、宁波、福州、深圳、广州、湛江、海安、海口,最后到达三亚。

(2) 京福高速(GZ020)。这条高速公路全长2 540千米,自北京出发,途经天津、济南、南京、杭州、宁波,最后到达福州。

(3) 京珠高速(GZ030)。这条高速公路全长2 310千米,起自北京,途经石家庄、郑州、武汉、长沙、广州,到达珠海。

(4) 二河高速(GZ040)。这条高速公路全长3 610千米,从内蒙古自治区的二连浩特出发,经过山西省大同、太原、陕西省西安、四川成都、云南昆明,到达河口。

(5) 渝湛高速(GZ050)。这条高速公路全长1 430千米,自重庆出发,途经贵州省贵阳市、广西壮族自治区南宁市,到达广东省湛江市。

"七横"由以下七条自东向西横向高等级公路组成,总里程约20 300千米。

(1) 绥满高速(GZ015)。这条高速公路长约1 300千米,起自黑龙江的绥芬河,途经哈尔滨,到达内蒙古自治区的满洲里市。

(2) 丹拉高速(GZ025)。这条高速公路长约4 600千米,自辽宁省的丹东市出发,途经辽宁省沈阳市、北京市、内蒙古自治区的呼和浩特市、宁夏回族自治区的银川市、甘肃省兰州市、青海省西宁市,最后到达西藏自治区的拉萨市。

(3) 青银高速(GZ035)。这条高速公路长约1 610千米,自山东省青岛市,途经济南、河北省石家庄市、山西省太原市，最后到达宁夏回族自治区的银川市。

（4）连霍高速（GZ045）。这条高速公路长约4 000千米，自江苏省连云港市，途经河南省郑州市、陕西省西安市、甘肃省兰州市、新疆维吾尔自治区乌鲁木齐市，最后到达霍尔果斯。

（5）沪蓉高速（GZ055）。这条高速公路长约3 000千米，起自上海市，途经江苏省南京市、安徽省合肥市、湖北省武汉市、重庆市，最后到达四川省成都市。

（6）沪瑞高速（GZ065）。这条高速公路长约4 100千米，起自上海市，经浙江省杭州市、江西省南昌市、湖南省长沙市、贵州省贵阳市、云南省昆明市，到达瑞丽。

（7）衡昆高速（GZ075）。这条高速公路长约2 000千米，自湖南省衡阳市出发，途经广西壮族自治区桂林市、南宁市，最后到达云南省昆明市。

3. 公路运输的基础设施

1）公路

（1）公路的构成。公路是指城市间、城乡间、乡村间主要供汽车行驶的线路设备。公路主要由路基、路面、桥涵、隧道、公路渡口、交通工程及沿线设施组成。

路基：路基是公路的基本结构，是支撑路面结构的基础，与路面共同承受行车荷载的作用，同时承受气候变化和各种自然灾害的侵蚀与影响。路基可以分为填方路基、挖方路基和半填半挖路基三种结构形式。

路面：路面是铺筑在公路路基上与车轮直接接触的结构层，承受和传递车轮荷载，承受磨耗，经受自然气候和各种自然灾害的侵蚀与影响。对路面的基本要求是具有足够的强度、稳定性、平整度、抗滑性能等。路面结构一般由面层、基层、底基层与垫层组成。

桥涵：桥涵是指公路跨越水域、沟谷和其他障碍物时修建的构造物。按照《公路工程技术标准》规定，单孔跨径小于5米或多孔跨径之和小于8米称为涵洞，大于这一规定值则称为桥梁。

隧道：公路隧道通常是指建造在山岭、江河、海峡和城市地面下，供车辆通过的工程构造物。按所处位置可分为山岭隧道、水底隧道和城市隧道。

公路渡口：公路渡口是指以渡运方式供通行车辆跨越水域的基础设施。码头是公路渡口的组成部分，可分为永久性码头和临时性码头。

交通工程及沿线设施：公路交通工程及沿线设施是保证公路功能、保障安全行驶的配套设施，是现代公路的重要标志。公路交通工程主要包括交通安全设施、监控系统、收费系统、通信系统四大类，沿线设施主要是指与这些系统配套的服务设施、房屋建筑等。

（2）公路的等级。根据交通运输部修订的《公路工程技术标准》（JTG B01—2014），我国公路分为高速公路、一级公路、二级公路、三级公路及四级公路五个技术等级。

高速公路：高速公路为专供汽车分向、分车道行驶，全部控制出入的多车道公路。高速公路的年平均日设计交通量宜在15 000辆小客车以上。

一级公路：一级公路为供汽车分方向、分车道行驶，可根据需要控制出入的多车道公路。一级公路的年平均日设计交通量宜在15 000辆小客车以上。

二级公路：二级公路为供汽车行驶的双车道公路。二级公路的年平均日设计交通量宜在 5 000～15 000 辆小客车。

三级公路：三级公路为供汽车、非汽车交通混合行驶的双车道公路。三级公路的年平均日设计交通量宜为 2 000～6 000 辆小客车。

四级公路：四级公路为供汽车、非汽车交通混合行驶的双车道或单车道公路。双车道四级公路年平均日设计交通量宜在 2 000 辆小客车以下，单车道四级公路年平均日设计交通量宜在 400 辆小客车以下。

公路等级不同，其功能和通过能力不同，建设要求亦不同。

2) 运输工具

(1) 运输工具的分类。根据中华人民共和国国家标准《汽车和挂车类型的术语和定义》(GB/T 3730.1—2001)，公路运输工具主要包括汽车、挂车及汽车列车。

① 汽车。汽车是指由动力驱动，具有四个或四个以上车轮的非轨道承载的车辆，主要用于载运人员和/或货物，牵引载运人员和/或货物的车辆和特殊用途。承担公路运输的汽车主要分为以下两类。

a. 乘用车。乘用车是指在其设计和技术特性上主要用于载运乘客及其随身行李和/或临时物品的汽车，包括驾驶员座位在内最多不超过 9 个座位。它也可牵引一辆挂车。乘用车包括普通乘用车、活顶乘用车、高级乘用车、小型乘用车、敞篷车、仓背乘用车、旅行车、多用途乘用车、短头乘用车、越野乘用车、专用乘用车。其中专用乘用车包括旅居车、防弹车、救护车、殡仪车。

b. 商用车辆。商用车辆是指在设计和技术特性上用于运送人员与货物的汽车，并且可以牵引挂车的车辆(除乘用车外)。商用车辆包括客车、半挂牵引车、货车。其中客车包括小型客车、城市客车、长途客车、旅游客车、铰接客车、无轨电车、越野客车、专用客车；货车包括普通货车、多用途货车、全挂牵引车、越野货车、专用作业车、专用货车。

② 挂车。挂车是指其设计和技术特性需汽车牵引，才能正常使用的一种无动力的道路车辆。其主要用于载运人员和/货物、特殊用途。挂车包括牵引杆挂车、半挂车和中置轴挂车。其中牵引杆挂车包括客车挂车、牵引杆货车挂车、通用牵引杆挂车、专用牵引杆挂车，半挂车包括客车半挂车、通用货车半挂车、专用半挂车、旅居半挂车，中置轴挂车包括旅居挂车。

③ 汽车列车。汽车列车包括乘用车列车、客车列车、货车列车、牵引杆挂车列车、铰接列车、双挂列车、双半挂列车、平板列车。

(2) 汽车的使用性能。汽车的使用性能是指汽车能适应各种使用条件而发挥最大工作效率的能力。汽车的使用性能主要包括以下几方面。

① 动力性能。汽车的动力性能是指汽车克服各种行驶阻力并能够保持足够的平均速度进行正常行驶的性能。汽车动力性能可从下面三方面指标进行评价。

汽车的最高车速。汽车的最高车速是指汽车在满载的情况下，在良好水平路面上能达到的最高行驶速度。

汽车的加速能力。汽车的加速能力是指汽车在各种使用条件下迅速增加汽车行驶速度的能力。汽车的加速能力通常采用加速过程中加速耗用的时间、加速距离或加速度的大小等指标进行衡量。

汽车的最大爬坡度。汽车的最大爬坡度是指汽车在满载的情况下，以最低挡位在坚硬路面上等速行驶所能克服的最大坡度。它表示汽车最大牵引力的大小。

② 通过性能。通过性能是指汽车在一定的载重量下，能以较高的平均速度通过各种坏路、无路地带以及克服各种障碍物的能力。轿车和客车由于经常在市内行驶，对通过性能的要求较低。而越野汽车、军用车辆、自卸汽车和载货汽车，就必须具有较强的通过性能。

汽车的通过性能与许多因素有关。例如汽车的驱动方式、最小离地间隙、接近角、离去角、车轮半径、转弯半径、横向和纵向通过半径、轮胎的花纹、轮胎的宽度等。

③ 制动性能。汽车具有良好的制动性是安全行驶的保证，也是汽车动力性得以很好发挥的前提。汽车的制动性包括以下三方面的内容。

制动效能。制动效能是指汽车迅速减速直至停车的能力。通常采用制动过程中的制动时间、制动减速度和制动距离来评价。汽车的制动效能与汽车技术状况、汽车制动时的速度、安装的轮胎以及路面的情况等因素直接有关。

制动效能的恒定性。制动效能的恒定性是指连续制动后制动效能的稳定程度。行驶中的汽车在短时间内连续制动后，其制动器的温度升高，从而导致制动效能下降。

制动时方向的稳定性。制动时方向的稳定性是指汽车在制动过程中不发生跑偏、侧滑和失去转向的能力。汽车在行驶过程中，当左右侧制动动力不同时，容易发生跑偏现象；当汽车车轮"抱死"时，易发生侧滑或者失去转向能力。为防止上述现象发生，现代汽车通常安装电子防抱死装置，防止紧急制动时车轮抱死而发生危险。

④ 经济性能。经济性能是指汽车以最少的燃料消耗量完成单位运输工作量的能力。汽车经济性能常用的评价指标是等速行驶百公里油耗，它是指汽车在额定载荷下，在无坡度的平直路面上以等速行驶时的油耗。影响汽车经济性能的因素包括汽车结构和汽车使用两方面。汽车结构方面的因素有汽车的尺寸和质量、发动机的工作状况、传动系统的状况、汽车的造型和轮胎等；汽车使用方面的因素有行驶速度、挡位选择、挂车的应用、保养和调整方式等。

⑤ 汽车的操纵性和稳定性

汽车的操纵性是指汽车对驾驶员转向指令的响应能力。汽车的操纵性受到轮胎的气压和弹性、悬挂装置的刚度以及汽车重心的位置等因素的影响。

汽车的稳定性是汽车在受到外界扰动后恢复原来运动状态的能力，以及抵御发生倾覆和侧滑的能力。当汽车在横向坡道上行驶、转弯以及受其他侧向力时，容易发生侧滑或者侧翻，因此，侧向稳定性十分重要。汽车重心的高度、前轮定位角度、转弯时的速度、货物的装载状况等都会对汽车的稳定性产生影响。

⑥ 汽车的行驶平顺性

汽车的行驶平顺性是指汽车在行驶中对路面不平的降震程度。汽车在崎岖不平的公路路面上行驶时，会造成汽车的振动，使乘客感到疲劳和不舒适、货物损坏、汽车的使用寿命受到影响。为防止上述现象的发生，不得不降低车速。因此，汽车的行驶平顺性通常采用速度界限指标来衡量。客车和轿车采用的评价指标是"舒适降低界限"车速特性，货车采用"疲劳——降低工效界限"车速特性。轮胎的弹性、悬挂装置的性能以及座椅的降震性能等,都会影响汽车的行驶平顺性。

⑦ 其他性能。

操作轻便性。操作轻便性通常依据操作的次数、操作时所需要的力、操作时的方便情况以及视野、照明、信号等来评价。汽车上安装动力转向、制动增加装置、自动变速器以及膜片离合器等,都可以提高汽车的操纵轻便性。

装卸方便性。汽车的装卸方便性与车厢的高度、可翻倒的栏板数目以及车门的数目和尺寸有关。

乘坐的舒适性。乘坐的舒适性与汽车行驶中的振动、噪声和车内的通风、湿度、温度、座位的软硬舒适和宽敞程度等有关。

外形尺寸利用程度。外形尺寸利用程度是指汽车的有效载货面积与汽车所占总面积的比值。

汽车的重量利用程度。汽车的重量利用程度是指汽车有效载重量与汽车自重的比值。

3) 通信及信号设备

公路交通通信设备主要由电话、电报、电传、无线通信网络以及交通信号、交通标志和交通指挥中心等组成。

(1) 通信设备。公路通信设备主要用于信息的传递,主要包括电话、电报、电传以及无线通信网络等。

(2) 信号设备。公路信号设备主要包括交通信号、交通标志以及交通指挥中心。

交通信号。交通信号分为指挥灯信号、车行灯信号、人行横道灯信号、交通指挥棒信号和手势信号五种。

交通标志。交通标志包括警告标志、禁令标志、指示标志、道路指路标志、旅游标志、道路施工安全标志、交通标线等。

交通指挥中心。交通指挥中心具有交通监测、交通控制、勤务指挥、信息服务等多项功能,能够对整个区域内交通道路的状况进行交通管理。

4) 车站

公路车站主要用于车辆的停靠、旅客的上下以及货物的装上和卸下等的公路站点。公路车站可分为客运站和货运站。

4. 公路运输的技术经济特征

自第二次世界大战结束后,公路运输得到了飞速发展。其原因就是公路运输所具有的机动灵活的"门到门"运输和快速的短距离运输。在五种运输方式中,航空运输是点上的运输,铁路、水路是线上的运输,而公路运输则是面上的运输。公路运输除了可以独立实现"门到门"的运输之外,还为其他运输方式集散货物,是其他运输方式不可缺少的补充手段。与其他运输方式比较,公路运输具有以下特点。

1) 机动、灵活、适应性强

由于公路运输网的密度较大,分布较广,所以公路运输既便于大量集中,又易于迅速分散。公路运输能够在各种类型的公路上营运,从高速公路到县乡级公路都可进行公路运输。公路运输在时间方面的机动性也比较大,车辆可随时调度、装运,各环节之间的衔接时间较短。而且,公路运输能够满足大量、小量、大件、小件、长途、短途、厂内、厂外、仓库、码头等多方面、多种运输需要。

2) 可实现"门到门"运输

公路运输不需要中途换装,可实现商品直达运输,这是其他四种运输方式所无可比拟的。

3) 运输速度较快

在五种现代化运输方式中,运输速度最快的是航空运输,其次是汽车运输、铁路运输和水路运输。在短距离运输中,汽车运输是最快的。这是因为铁路、水路在运输过程中,其发运作业、接运作业和中途换装作业花费的时间所占的比重大。在短途运输时,其运输速度降低得很多。而汽车运输时商品装卸时间很少,途中没有改编作业,而是"门到门"。因此,在短途运输中,汽车运输的运输速度较快。

4) 为铁路、水路、航空等运输方式集散商品

公路运输在地区公路运输网的基础上与铁路和水路、航空干线相配合,构成全国综合运输体系。在这个运输体系中,公路运输担负着铁路、水路和航空运输的两端点(始发站和终点站)的商品集散任务。同时对于一些铁路、水路尚不发达的地区,公路运输还承担着长途干线运输任务。在企业内部运输和城市内的商品配送中占有重要地位。

针对公路运输的经济技术特征,公路运输特别适合于承担小批量短距离的商品运输任务。同时它又是抢险、救灾和战争时最有效的运输方式。但公路运输的缺点是:运输成本较高(公路运输尽管在端点设施方面的固定投资相对较小,但其所花费的燃料、轮胎费用以及驾驶员的工资、车辆的维修费用等变动成本较大)、燃料消耗量大、单位载重量小、对环境污染性大以及安全性低。

6.2.3 水路运输

1. 我国水路运输的发展概况

水路运输是一种历史悠久的运输方式,也是我国综合运输体系的重要组成部分,我国拥有1.8万千米的海岸线,有众多的江、河,水运资源丰富,发展水路运输具有得天独厚的自然条件。水路运输经过长期的发展,成绩斐然,有力地促进了国民经济的发展。

1) 建成比较完善的水路运输基础设施

为加快水运基础设施建设,国务院先后批准了《全国沿海港口布局规划》《全国内河航道与港口布局规划》《国家水上交通安全监管和救助系统布局规划》《长江三角洲、珠江三角洲、渤海湾三区域沿海港口建设规划》等水运规划,交通运输部制定了《长江三角洲地区现代化公路水路交通规划纲要》等规划。

在国务院和交通运输部有关水运基础设施规划的指导下,国家、地方和社会三方共同努力,加大投资力度,加快基础设施的建设步伐,建成了比较完善的水运基础设施。目前,我国已形成了布局合理、层次分明、功能齐全、优势互补的港口体系,沿海港口基本建成煤、矿、油、箱、粮五大运输系统,内河航道基本形成"两横一纵两网"的国家高等级航道网。

截至2018年底,全国港口拥有生产性泊位23 919个,其中沿海港口生产用码头泊位5 734个,内河港口生产用码头泊位18 185个。全国港口拥有万吨级及以上泊位2 444个,其中,沿海港口万吨级及以上泊位2 007个,内河港口万吨级及以上泊位437个。内河航道通航里程达12.71万千米,其中等级航道6.64万千米,占总里程的52.3%。截至2018年底,我国有7个港口进入世界港口吞吐量排名前10位,有10个港口进入世界前20位。上海港更是成为世界第一大港。中远、中海、长航、招商、中国外运集团等大型骨干航运企业规模化、专业化、集约化水平不断提高,中远船队运力规模居世界前两位,中远、中海双双进入世界班轮公司排名前十位。中型航运企业、民营航运企业也迅速崛起。截至2018年底,全国拥有水上运输船舶达13.70万艘,净载重量25 115.29万吨,载客量96.33万客位,集装箱箱位196.78万标准箱,海运船队规模位居世界第三。

2) 基本形成统一的水路运输市场

为了促进水运市场的健康发展,国家先后颁布实施了《港口法》《海商法》《国际海运条例》《内河交通安全管理条例》《船员条例》《海上交通安全法》《国内水路运输管理条例》等法规,出台了《老旧运输船舶管理规定》等部门规章,水运法规体系已初步形成。

同时,逐步减少水运项目的行政审批事项,积极推进水运市场化,建立起与国际接轨的市场体系。国内水路运输价格和港口内贸装卸作业价格全面放开。加强了水路运输市场准入资质管理,建立了老旧运输船舶强制报废制度,促进了航运企业和船舶的结构调整。建立了较为完善的基建管理程序、规章制度和资质标准,规范了水运建设市场主体行为。

3) 水路运输生产快速增长

近年来,随着水路运输基础设施的完善以及水运市场的规范化,水路运输在综合运输体系中的重要地位不断提高,水路运输在保障我国能源、原材料等大宗货物运输,有力地支撑国民经济和对外贸易发展的同时,方便了人们的出行。据统计,2018年,我国水路货物运输量70.27亿吨,港口货物吞吐量143.51亿吨,集装箱吞吐量2.51亿标准箱,水路货物运输量、货物周转量在综合运输体系中分别占14%和48%。水路客运量2.80亿人、旅客周转量79.57亿人千米。水运承担了90%以上的外贸运输量,港口接卸了95%的进口原油和99%的进口铁矿石,港口吞吐量和集装箱吞吐量连续五年位居世界第一。

(资料来源:2018年交通运输行业发展统计公报)

2. 水路运输的基础设施

1) 运输船舶

运输船舶是用来载运人或货物的运输工具。运输船舶的发展经历了舟筏、木帆船和蒸汽机船三个阶段,现在已经进入到以柴油机为动力的钢船阶段。根据其用途不同,运输船舶可分为一般运输船舶、专用运输船舶、多用途运输船舶和特种用途船舶。尽管运输船舶种类很多,构造不同,但都是由船体(包括上层建筑)、动力装置、各种舾装设备和其他系统组成的。船体及其上层建筑是运输船舶的主体,是为人、货物、动力装置以及燃料等提供装载空间的。动力装置包括为运输船舶提供动力的主机、提供电的发电机以及其他各种辅机和设备。舾装设备包括操纵设备、系船设备、关闭设备、信号设备、救生设备、起货设备以及其他设备。其他系统则包括舱底水排水系统、向压载水舱压水和排水的压载水系统以及消防系统等。此外,为使运输船舶能够在水上安全、平稳地承载人或货物的运输任务,运输船舶应具有航行性能、重量性能、体积性能和装卸性能。

根据用途不同,运输船舶可分为一般运输船舶、专用运输船舶、多用途运输船舶和特种用途船舶。

(1) 一般运输船舶。一般运输船舶根据其用途的不同,又细分为客船、杂货船和散货船。

SOLAS 公约(国际海上人命安全公约)中规定,客船是指载客超过 12 人的运输船舶。其特点是具有多层甲板的上层建筑,配备有较完善的生活设施,并且具有较好的抗沉性。

杂货船又称普通货船,是专门运输包装成捆、成包、成箱的杂货的船。杂货船一般设有 2~3 层甲板,每个货舱一个舱口并装设有起货设备。杂货船由于货物品种多,货源不足,装卸速度慢,停港时间长,所以其载重量过大或运输速度过快都会不经济。因此,杂货船一般载重量较小,速度也较慢。

散货船是专门运输散装货物的运输船舶。依据货物品种的不同,散货船的结构也不同,具体又分为通用型散货船、矿砂船和自卸式散货船。

(2) 专用运输船舶。专用运输船舶是指专门用来运输某一类货物的运输船舶。其具体包括集装箱船、木材船、滚装船、油船和液体气体船。

集装箱船是专门运输集装箱货物的船舶。可分为全集装箱船、半集装箱船和可变换的集装箱船三种类型。全集装箱船是一种专门装运集装箱的船,不装运其他型式的货物,目前,世界上最大的全集装箱船是马士基系列,其满载时,可装运 1 万多标准箱;半集装箱船是在船的中部区域作为集装箱的专用货舱,而船的两端货舱装载其他杂货;可变换的集装箱船是一种多用途船。这种船的货舱,根据需要可随时改变设施。既可装运集装箱,也可以装运其他普通杂货,以提高船舶的利用率。

木材船:专门用于运输木材或原木的船舶。

滚装船:货物装卸不是从甲板上的货舱口垂直地吊进吊出,而是通过船舶首、尾或两舷的开口以及搭到码头上的跳板,用拖车或叉式装卸车把集装箱或货物连同带轮子的底盘,从船舱至码头的一种船舶。滚装船的主要优点是:不需要起货设备,货物在港口不需要转载就可以直接拖运至收货地点,缩短货物周转的时间,减少货损。

油船:从广义上讲是指散装运输各种油类的船。除了运输石油外,装运石油的成品油、各种动植物油、液态的天然气和石油气等。但是,通常所称的油船,多数是指运输原油的船。而装运成品油的船,称为成品油船。装运液态的天然气和石油气的船,称为液化气体船。油轮的载重量越大,运输成本越低。由于石油货源充足,装卸速度快,所以油船可以建造得很大。近海油船的总载重量为 30 000 吨左右,近洋油船的总载重量为 60 000 吨左右,远洋的大油轮的总载重量为 20 万吨左右,超级油轮的总载重量为 30 万吨以上。最大的油轮已达到 56 万吨。油船都是单甲板、单底结构。因为货舱范围内破损后,货油浮在水面上,舱内不至于大量进水,故油船除了在机舱区域内设置双层底以外,货油舱区域一般不设置双层底。但是,油轮发生海损事故会造成污染,近年来有的大型油轮,设置双层底或双层船壳。

液化气体船:专门散装运输液态的石油气和天然气的船,也有人称之为特种油船。

(3) 多用途运输船舶是指具备多种用途功能的船舶。广义上，凡能装运两类以上货物的船舶都可称为多用途船。多用途船可分为多用途杂货船和多用途散货船。多用途杂货船由杂货船演变而来，装载杂货同时可装载集装箱和重大件货物。多用途散货船由散货船演变而来，装载散货，同时又装载集装箱等。

(4) 特种用途船舶是指为海上运输、海洋勘探、海上钻井及海上采油等海上作业提供服务和安全保障的工程船和工作船。主要包括半潜船、重吊船、海洋救助船等。

半潜船主要用于装运超大件货物，既可以离岸装载，也可以进行半下沉漂浮装载。

重吊船是指自身装备重型起重设备的远洋船。可航行无起重设备的港口。主要用于装卸、搬运传统船舶无法装下的设备或非机动设备。

海洋救助船是海洋运输和各种作业安全保障系统的重要装备。

2) 航道

航道是供船舶航行的水道。为保证运输船舶的航行，航道应有与设计通航船舶相应的航道尺度，包括深度、宽度和弯曲半径；航道中的水流速度和水面比降不能太大，流态不能太乱；跨航道的建筑物如桥梁等应符合水上净空要求。航道包括天然航道和人工航道。天然航道往往存在着弯急、滩多或险恶流态等影响运输船舶安全航行的碍航条件，为了消除航行障碍，延长航道里程，加大通航船舶吨位，需要对天然航道进行治理，以提高航道的通行能力。

3) 航标

航标是用以帮助船舶定位、引导船舶航行、表示警告和指示碍航物的人工标志。设计和安置航标的主要目的是保证运输船舶通行安全，有效航行。为了发挥航标的作用，航标应具备定位、危险警告、确认和指示交通四项功能。航标通常设在通航水域或其附近，以标示航道、锚地、滩险及其他碍航物，表示水深、风情、指挥狭窄航道的交通。永久性航标会载入各国出版的航标表和海图中。根据其工作原理，航标分为视觉航标、音响航标和无线电航标。

4) 港口

港口是指具有一定面积的水域和陆域，供船舶出入和停泊、货物和旅客集散的场所。港口由港口水域和港口陆域两大部分组成。

港口水域主要供船舶进出港，以及在港内运转、锚泊和装卸作业使用，因此要求它有足够的水深和面积，水面基本平静，流速和缓，以便船舶的安全操作，港口水域包括港内水域和港外水域。港口水域包括港池、航道和锚地。港池是指码头附近的水域，供船舶靠离岸操作，要保持足够的水深、宽广的水域。航道是指船舶进出港通道，需有足够的水深与宽度（通航船舶宽度的 5~8 倍），弯曲度不能过大（转弯半径应不小于通航船舶总长的 3~5 倍）。锚地是供船舶抛锚候潮、等候泊位、办理手续、接受船舶检查或过驳装卸等停泊的水域，要求有足够的水深、水域，水底为平坦的沙土或亚泥土。

港口陆域是供旅客上下船，以及货物的装卸、堆存和转运使用的，因此陆域必须有适当的高程、岸线长度和纵深，以便在这里安置装卸设备、仓库和堆场、铁路、公路，以及各种必要的生产、生活设施等。

3. 水路运输的技术经济特征

水路运输是最古老的运输方式。随着科学技术的不断发展，使水路运输方式的技术装备不断革新。例如19世纪初期蒸汽机船替代了帆船,20世纪20年代柴油发动机又替代了蒸汽机,以及先进的信息通信技术,如GPS(全球定位系统)技术等在水路运输中的应用。所有这些都使得水路运输的经济技术性能和使用范围在不断发生变化。水路运输的技术经济性能在各种运输方式中是比较好的。因此在有条件的地方,应充分利用水运。

1) 载运量大

水路运输所使用的运输工具——船舶的载重量很大。例如一般的机动船舶的载重量从3千吨到50万吨,集装箱船的载重量从7 000吨到5万吨;散货船一般在5万~10万吨,油船在20万~30万吨,大型油船可达到50万吨。一条万吨级船舶的载重量可相当于铁路50吨重货车250~300辆,等于5~6列货车的载重量。因此,水路运输适合大宗货物的运输,如煤炭、石油、矿石及散装粮食等。

2) 建设投资小、通过能力大

水路运输是利用天然水道进行运输,所需的建设投资相对较小。由于是水上航道,纵横交错,四通八达,各种船舶均可通行,它的通过能力几乎不受限制。

3) 运输成本低

水路运输的运输成本中,固定成本(船舶和设备等的投入)较低,而且由于其载重量大,单位变动成本也很低。因此水路运输的运输成本较低。

但是,水路运输的缺点是:受自然条件的限制较多。运输的连续性差,运输速度慢,造成货物在途时间长,待运时间长。因此水路运输适合于承担数量大、距离长且对运输时间没有要求的大宗货物的运输。

6.2.4 航空运输

1. 我国航空运输的发展概况

我国的航空运输事业在中华人民共和国成立以前的30余年里发展缓慢。在1929—1949年的20年时间里,航空运输的总周转量只有2亿吨千米。中华人民共和国成立后,航空运输事业得到了较快的发展。截至2018年底,我国民用航空航线4 945条,其中国际航线849条,国内航线4 096条。旅客运输量6.12亿人,旅客周转量10 711.59亿人千米;货物运输量739万吨,货物周转量262.42亿吨千米。拥有民用航班飞行机场235个,民用飞机6 134架,其中民用运输机3 639架。

(资料来源:《中国统计年鉴》2019)

中国对外贸易额的激增,带来了航空货运量的增长。我国航空业正处于规模扩张阶段。根据国际民航业发展的经验,民航运输的成长期一般为30~40年,我国民航业在未来20年仍将保持较高增长率。民航业在我国是处于较高管制的行业,随着2000年《民航体制改革方案》《外商投资民用航空业规定》的出台,表明民航业的管制在放松。运输结构的改变为航空业快速发展提供了增长空间,加入WTO(世界贸易组织)后对我国航空业的发展具有促进作用,飞机维修服务开放,国外维修公司的进入都将利于我国航空公司维修成本的降低;关税的降低有利于民航企业成本降低;国际先进的管理模式的引入,有利于提高管理效率。目前,航空运输在我国的绝对量还比较小,但它在我国运输体系中具有特殊的地位,并拥有巨大的发展潜力。

2. 航空运输的基础设施

1) 航路

航路是根据地面导航设施建立的走廊式保护空域,是飞机航线飞行的领域。其划定是以连接各个地面导航设施的直线为中心线,在航路范围内规定上限高度、下限高度和宽度。对在其范围内飞行的飞机,要实施空中交通管制。

2) 飞机

飞机是主要载运工具。机型选用根据所飞航线的具体情况和考虑整体经济技术性能而定。

3) 通信导航设施

通信导航设施是沟通信息、引导飞机安全飞行并到达目的地安全着陆的设施。

4) 航空港

航空港是民用飞机场及有关服务设施构成的整体,是飞机安全起降的基地,也是旅客、货物、邮件的集散地。

3. 航空运输的技术经济特征

航空运输是最新的、也是利用程度最低的运输方式。与其他运输方式比较,航空运输具有以下特征。

1) 运输速度快

在五种运输方式中,航空运输的速度是最快的。一般飞机的最高飞行速度可达900～1 000千米/小时,是火车的5～6倍,轮船的20～30倍。由于速度快,运程越长,所节约的时间越多。

2) 运输距离短

由于航空运输是在高空飞行,所飞行的线路是两点之间的直线,可以不受地面情况的限制。因此航空线路比平行的地面线路都短,距离越远,特征就越明显。所以,航空运输与其他运输方式比较,不仅因运输速度、运输状态而有质的区别,而且因运输距离的不同还存在着量的差别。

3) 机动、灵活

航空运输受地形的限制小,在空中伸展余地大,只要飞机调配得开,有机场和地面安全保证,可以根据需要随时组织飞行任务。

4) 建设周期短,投资少

航空运输的主要技术设备,除飞机之外,只需建设机场和导航设施,不像地面运输方式那样,在线路建设上要花费大量的投资,而且筹备开航所需的准备时间也较短。航空运输比修建铁路或公路的建设投资要少,时间短,收效快。据统计,在相距1 000千米的两个城市间修建一条交通线,在运输能力相同的条件下,修建铁路的投资是开航线的1.6倍,其建设周期要长3～5年,回收投资的时间:铁路需33年,而航空线只需4年。

但是,航空运输的缺点是:运输成本高,这主要是由于运输成本中的变动成本极高的缘故。飞机机舱容积和载重量较小,而且受气象条件的限制较大,会影响运输的准确性和正常性。另外,航空运输速度快的优势在短途运输中很难发挥作用。因此航空运输没有特定的货物,它一般是在紧急的情况下使用的。例如高价值的货物、极易腐烂的货物或非常时令的货物等最有可能成为航空运输的货物。

6.2.5 管道运输

1. 我国管道运输的发展概况

从 1970 年 8 月 3 日的"八三会战"开始,中国石油天然气管道局就伴随着中国管道运输业的诞生、发展,从稚嫩走向成熟,并成长壮大为我国管道建设的主力军。

为解决大庆原油外输困难,缓解东三省以及华北十分紧张的动力燃料问题,1970 年,国家决定抢建东北输油管道。建设长距离、大口径的输油管道在我国尚属首创,一系列的技术问题均无章可循,材料设备必须从零开始。

靠人拉肩扛和气吞山河的军民大会战,完成了北起黑龙江大庆、南达辽宁抚顺的中国第一条千里油龙的建设。

1975 年 9 月,管道建设者又完成了大庆至铁岭、铁岭至大连、铁岭至秦皇岛、抚顺至四平、抚顺至鞍山、盘锦至锦西和中朝输油管道,这 8 条管道,编织成了东北输油管网。

正当东北管网紧张地建设之中,筹备成立统一建设和管理管道的职能机关——管道局的工作,也在紧锣密鼓地进行。1973 年 4 月 16 日,中国石油天然气管道局在河北廊坊诞生。这就意味着,继铁路、海运、公路、航空之后,一个新兴的运输行业——管道运输业的兴起。

随着国家进行西部大开发,管道局又把目光投向了西部。1990 年建设新疆塔里木第一条轮南到库尔勒输油管道,1995 年承建我国第一条长距离、大口径沙漠管道,紧接着是鄯乌天然气管道、库鄯输油管道。1996 年 3 月陕京天然气管道开工,然后是涩宁兰、兰成渝、陕京二线、忠武管道……2007 年,全长 4 000 千米的西气东输管道工程全部建成。这是中国距离最长、管径最大、投资最多、输气量最大、施工条件最复杂的天然气管道。

到 2018 年底,我国已建油气管道的总长度约 12.23 万千米,其中原油管道 2.31 万千米,成品油管道 2.7 万千米,天然气管道 7.6 万千米,中国已逐渐形成了跨区域的油气管网供应格局。管道运输由于具有运量大、运输成本低、易于管理等特点而备受青睐,呈快速发展的趋势。

当前管道的发展趋势是:管道的口径不断增大,运输能力大幅度提高;管道的运距迅速增加;运输物资由石油、天然气、化工产品等流体逐渐扩展到煤炭、矿石等非流体。

2. 管道运输的基础设施

管道运输设施主要包括管道站[输油(气)站]和管道线路设备两部分。

1) 管道站

管道站是沿管道干线为输送油品(油气)而建立的各种作业站(场)的总称,是给输流增加能量(加压)、改变温度、提高液流流动性的场所。按照位置不同,管道站可以分为首站、末站和中间站。

首站是长输管道的起点,通常位于油(气)田或港口附近。其主要任务是接受来自油(气)田的原油(天然气)或来自炼厂的成品油,经计量、加压(有时还加热)后输往下一站。此外还有发送清管器、油品化验、收集和处理污油等作业。有的首站还兼有油品预处理任务。

末站位于管道的终点,往往是收油单位的油(气)库或转运油库,或者两者兼而有之。其主要任务是接收管道来的油(气),将合格的油品经计量后输送给收油单位或者改换运输方式,如转换为铁路、公路继续运输。

中间站位于管道沿线,其主要任务是给油(气)流提供能量(压力、热能),它可能是只给油(气)品加压的泵站,也可能是只给油(气)品加热的加热站,或者是两者兼而有之的热泵站。

2) 管道线路设备

管道线路设施包括管道、沿线阀室、通过河流、山谷等的穿(跨)越建筑物、管道阴极防腐保护设施,以及沿线的简易公路、通信与自控线路、巡逻人员的住所等。

3. 管道运输的技术经济特征

管道运输是使用泵和管道输送流体货物的一种运输方式,是现代化运输体系的重要组成部分。管道运输所输送的货物主要是油品、天然气、二氧化碳气体、煤浆和矿浆等。管道运输是通过给被运的货物以压能,使货物连续不断地被运送。因此管道运输是一种节能、连续性强的运输方式。其主要经济技术特征有如下几点。

1) 输送能力大,连续性强

管道运输的输送能力很大。例如:一条管径为 630 毫米的管道,年输送能力可达 1 500 万吨,相当于一条单线铁路的运输能力。两条管径为 720 毫米的油管道,年输送能力可达 4 000 万吨,相当于一条复线铁路的运输能力。并且,管道运输的连续性强,它可以每周 7 天,每天 24 小时地运行。只要管道不需维修保养、所输送的货物不需更换,运输就可连续地进行。

2) 占地少

管道运输所使用的运输工具是管道。管道一般埋在地下,并且可从江、海、湖、河的底下穿过,还可翻越高山,横贯沙漠。在施工建设时临时占用的土地少,建成后大部分土地可恢复原状,仍然可以使用。因此管道运输永久性地占用土地很少。

3) 运输适应性强

管道运输不易受天气的影响,可以全天候地均衡运输,并且由于所输送的货物是在管道里,损耗小,安全可靠。运输过程中,无噪声、污染少,有利于环境保护。

但是,管道运输的缺点是:管道对金属的消耗量大,输送货物的品种单一,并且灵活性低,只能适应单向、定点、运输量大的流体货物的运输。

6.2.6 五种现代化运输方式的特征比较

铁路、公路、水路、航空和管道五种运输方式各自具有不同的特征。以下从固定成本、变动成本、速度、灵活性、可靠性、能力方面对这五种运输方式进行比较。

固定成本:是指购买运输工具、建设站点等基础设施的成本。固定成本的数值是不随运输量和运输距离的变化而变化的。

变动成本：是指燃料消耗费、运输工具的维修成本、人员的工资等。变动成本是与运输量和运输距离有关的成本。

速度：是指单位时间内的运输距离。航空运输的速度是所有运输方式中最快的。

灵活性：是指一种运输方式在任意给定的两个地点间服务的能力，公路运输的灵活性最大，因为它能直接行驶到起点和终点。

可靠性：是指在运输过程中受到外界干扰的程度，即运输的保证程度，管道运输由于可以连续不断地运营，不受气候和拥挤的限制，所以它在可靠性上是最好的。

能力：是指一种运输方式能够满足如运输批量等的需求的能力，水路运输是最有能力的。

如果将以上五种运输方式按照每种指标排序，并赋予特征值（权重），权重从1到5，权重越大指标性能越差，最后得出合计的权重数据，数值越小性能越好，这样，就可得出五种运输方式的一般比较结果，如表6.2所示。

表6.2 不同运输方案特征的一般比较结果

运输方式	固定成本	变动成本	速度	灵活性	可靠性	能力	合计
铁路运输	4	2	3	2	3	2	16
公路运输	3	4	2	1	2	3	15
水路运输	2	2	4	4	4	1	17
航空运输	1	5	1	3	5	4	19
管道运输	5	1	5	5	1	5	22

将以上每种运输方式的特征值相加可以看出，公路运输的权重最低，说明公路运输的综合特征最好，其次是铁路运输、水路运输、航空运输和管道运输。

当然，以上排列顺序是假定在同等的运输条件下每种运输方案都可以采用的情况，如果改变条件，这个排列顺序可能会发生变化。因此在确定某种运输方式对于每个运输方案是否合适时，应该综合考虑其他条件。

6.3 货物运输管理

6.3.1 货物运输业务

1. 货物运输方式

货物运输方式有铁路运输、公路运输、水路运输、航空运输和管道运输。由于管道运输是一种专业性很强的货物运输方式，只能适用于单向、定点的流体货物运输，应用范围较为狭窄，故在此不作讨论。

1）铁路运输

根据运输商品的数量、体积、性能等，铁路运输可分为整车运输、零担运输和集装箱运输三种。

整车运输：是指一批商品的重量、体积或形状需要以一辆30吨或30吨以上的货车运输的铁路运输方式。整车运输根据其组合形式又具体分为单一整车、合装整车、合装整车中转分运和整车分卸等。

单一整车是指同一发站、同一发货单位或发货人，将一批商品运达一个到站，由一个收货单位或收货人收货的商品运送形式。

合装整车是指同一个发站，由一个统一发货人将几个发货单位不同品种的商品，经过合理组配，组装在一辆货车内，运达一个到站，由一个统一收货人收货，然后分发给不同收货单位的商品运输方式。

合装整车中转分运是指一个到达站的商品，不能装满一辆货车，而与其邻近的不同到站的商品组成一个整车，运送到某一适宜地点，由到站的中转单位统一将货收下，将其他到站的商品再配成整车，或以零担形式发运到各个收货单位。

整车分卸是指同一个发货单位，将两个或三个同一线路的在一个铁路运输区段的不同到站的商品，组装成一个整车，由铁路部门根据不同到站分别卸车的商品运送形式。

零担运输：是指一批商品的重量、体积或形状不够整车运输条件的，不需要单独使用一辆货车的零星商品发运方式。按零担发运的商品，一件体积最小不得小于0.02立方米（一件重量在10千克以上的除外），每批不得超过300件。但下列商品不得按零担发运：需要冷藏、保温或加温运输的商品；规定限按整车办理的危险商品；易于污染其他商品的污秽品；蜜蜂；不易计算件数的商品；未装容器的活动物；一件商品的重量超过2吨，体积超过3立方米或长度超过9米的商品（经发站确认不致影响中转站和到站装卸车作业的除外）。零担发运按照其组织形式又分为直达零担、中转零担和沿途零担等形式。

直达零担是指所装的零担商品是由发站直运到站，不需经过中转站中转。这种零担车的零担商品的送达速度最快。

中转零担是指根据零担车组织计划的要求，将到达同一去向的商品，装运到规定的中转站进行中转作业的零担运输方式。

沿途零担是指用来装运在零担车运输的区段内，沿途各站不够条件组织整零车的零担商品的运输组织形式。

铁路部门承运零担商品一般采取以下三种形式：①日历承运：是指铁路车站根据商品到站或流向排定承运日期表，事先公布，发货人可以按照承运日期表所规定的日期办理托运。这种形式适合于零担发货量大，有条件组织整零车的车站。②随到随承运：是指在车站的营业时间内，零担商品送到车站，就可以办理，不受日期的限制。这种形式适用于零担商品运量不大的车站，或者中转量很大，发送量小，利用中转商品与发送商品配装组织整零车的车站。③集中审批：是指发货单位事先向发运站提交运单，车站根据运单进行组配，组织成整零车，并根据车站设备和作业能力加以平衡后，要求发货单位按指定日期把商品运到车站。这种方法适用于零担装运能力与零担发送量不相适应的车站。

在运输零担商品时，应在商品上拴挂货签。在运输途中如果发生货、票分离，铁路运输人员可以根据货签上所标明的商品的到站和收货单位组织运输工作。

集装箱运输：是指将商品装入铁路或自备的集装箱内，以箱为单位办理托运手续的商品发运形式。采用集装箱发运商品有两种方法:一种是发货单位根据铁路运输部门的要求,按照商品的数量和流向,组配好箱数,填好运单,将商品送往车站办理托运手续。另一种是发货单位自行装箱封好,填好运单,然后送往车站办理托运手续。在办理集装箱发运时,应遵照以下的具体规定:①集装箱运输应按批办理托运,每批至少一箱,最多不得超过铁路一辆货车所能装运的箱数,并且一批必须使用同一吨位的集装箱。②装箱时,应充分利用集装箱的载重量和容积,但不得超过集装箱的最大装载重量和容积。③集装箱发运商品的数量和品种由发货人确定,但必须符合铁路部门的规定。④集装箱的施封由发货人负责,如果需要铁路部门代为施封的,需在运单上注明。⑤发货单位使用自备集装箱时,应先经所在铁路局鉴定编号后再投入使用。并在箱体上涂刷标记以示区别,在运单上注明。需要回送空箱时,收货人在领取重箱的当日要填写"特价运输证明书"并经到站签证,在规定的时间内把空箱送到车站。如果铁路部门准备利用回空箱向原车站装运商品时,须征得收货人的同意,并且免收回空费。

2) 公路运输

根据运输货物的数量、体积等,公路运输可分为整车运输、零担运输和集装箱运输三种形式。

整车运输:是指一次运输的货物在 3 吨或 3 吨以上,或者虽不足 3 吨,但商品的性质、体积、形状等需一辆 3 吨及以上的汽车运输,都按整车发运。

零担运输:是指一次托运的货物不超过 3 吨;或单位体积大于或等于 1 立方米(单件重量在 10 千克以上的除外),而小于或等于 1.5 立方米;或单件重量小于或等于 200 千克;或货物的长度、宽度、高度分别小于或等于 3.5 米、1.5 米和 1.3 米的,都按零担发运。

集装箱运输:是指把运输的货物装入集装箱内,以箱为单位进行运输的形式。

3) 水路运输

根据所运输货物的数量、体积等,水路运输可分为整批运输、零星运输和集装箱运输三种形式。

整批运输是指一张运单的货物达 30 吨或体积达 34 立方米的,都按整批发运。否则按零星运输。使用集装箱运输的货物,每张运单至少一箱,但按"港到港方式办理的集装箱运输,可以办理两个以上收货人的拼箱货运输"。对于危险货、易污染、损坏箱体的商品,不能使用通用集装箱运输。

4) 航空运输

为了保证飞机的安全和方便作业,航空发运货物的重量和体积必须符合以下要求:除了新闻稿件外,一般货物的最小体积长、宽、高合计不得小于 40 厘米,最小一面不得小于 5 厘米;客机载运的每件货物的重量一般不超过 80 千克,体积不能超过 40 厘米×60 厘米×100 厘米;货机载运的每件货物的重量不能超过 250 千克,体积不能超过 100 厘米×100 厘米×40 厘米;如果超过以上规定的货物,航空部门将按超大超重货物的运输规定办理。

2. 货物运输业务操作程序

货物运输,由于所采用的运输方式不同,其具体的业务操作程序也会有所不同。但从整体上来讲,货物运输的业务操作程序主要包括以下几项。

1) 货物的托运和承运

货物的托运：发货人要求运输货物称为托运。托运时，发货人应向承运人提交一份运单。对于铁路整车分卸的货物，除了提出基本货物运单一份之外，每一分卸车站应该另外增加分卸货物运单两份，即分卸站、收货人各一份。如果使用机械冷藏车运输货物时，对于同一到站、同一收货人的可以数批合提一份运单。由于铁路和水路实行计划运输，发货人要求整车或整批运输时，应提前向铁路提出月度要车计划。

发货人托运货物时，应根据货物的性质、重量、运输距离、气候、运输种类和车辆装载要求等条件，使用符合运输要求、便于装卸、能够保护货物质量的运输包装。有国家包装标准或专业包装标准的，应按国家或专业包装标准进行包装。

受理：承运人接受托运人的托运要求成为受理。承运人在受理托运人提交的运单时，必须严格审查货物运单上的各项内容是否符合运输的有关规定。审查的项目主要有：托运人的名称、通信地址的填写是否清楚；货物到站（港）的名称和办理范围是否符合"货物运价里程表"的记载，是否有停运的指示；货物运输的种类、品名是否符合办理限制和有关一批的办理规定；对于整车（批）运输的，要检查运输批准计划；需要有证明文件才能运输的货物，要检查证明文件是否真实、齐全；对于零担运输，要在运输号码栏注明运输号码。检查完毕后，承运人指定具体的日期，进货、验货或进行装车（船）。

承运：整车货物装车结束，零担和集装箱运输的货物车站接受完毕后，由铁路车站在货物运单上加盖承运日期戳，即为铁路承运。承运是承运人负责运输的开始。承运人承运货物后，将领货凭证交给托运人，托运人及时将领货凭证寄给收货人，收货人凭领货凭证向到站领取货物。除此之外，承运人在承运货物时，还要开具货票。货票是用来进行运费结算的。货票一般是一式四联。甲联由发站存查；乙联由发站寄给铁路局作为统计运量的依据；丙联交给托运人作为报销的凭证；丁联由发站随运输的货物和货物运单交给到站，到站将丁联存查。运单交给收货人。

如果在运输过程中发生货运事故或运费计算错误，货物运单是处理双方责任的根据。

2) 货物的装车和卸车

托运人办完承运中规定的各项规定手续后，应承运人指定的日期将托运的货物运到承运人的公共装卸场所。承运人接收货物时，应对货物的品名、件数、运输包装、标记等进行检查。检查合格后，承运人应及时指定装车。

货物的装车和卸车工作，在承运人的公共装卸场所以内由承运人负责；在其他场所，由发货人负责。负责卸车的单位在卸车时，应将货物彻底卸净，并将货车（船）打扫干净，门、窗、端侧板、冷藏车冰箱盖、罐车盖等要关闭。

3) 货物的到达与交付

到达：货物到达后，如果由承运人组织卸车时，卸车后承运人用电话、书信等方法通知收货人。货物到达车站，收货人应及时领取。拒绝领取的，应出具书面证明。到站会在3天内通知发站和托运人，征求处理意见。从承运人发出货物催领通知的次日起，满30天仍无人领取的货物，或者收货人拒领，托运人又未在规定的期限提出处理意见，承运人可按无法交付货物处理。承运人组织卸车的货物，收货人应在到站发出催领通知的次日起2天内将货物提出，逾期承运人将核收暂存费。

交付：收货人在到站（港）领取货物时，必须持领货凭证，并在货票丁联上盖章或签字。如果领货凭证未到或者丢失时，可提交单位的证明文件。到站（港）在收货人办完领取手续和支付完费用后，应将货物和货物运单一起交给收货人。

6.3.2 货物运输安全管理

1．货物运输安全管理的基本内容

安全管理是货物运输的重要组成部分。货物运输安全管理包括两项基本内容：一是防止货物运输事故的发生，即在运输过程中，防止出现人身伤亡、货物变质、损坏、丢失以及单货不符、单货不同行等现象；二是降低货物在运输过程中由于其理化和生物性能的变化而造成货物的变质。

货物运输的安全管理要贯彻"以防为主"的方针。

2．货物运输事故的管理

货物运输要经过发运、接收、中转、装卸搬运等许多环节。由于各种主观和客观因素的影响，难免会发生一些差错事故。当发生差错事故后，除了应积极采取必要的措施，尽量把损失降到最低之外，还应当认真仔细地分析造成差错事故的原因，分清责任，进行处理。

1）货物运输事故责任划分的原则

货物的运输是由发货人、承运人和收货人共同完成的。根据彼此的分工，其责任划分的一般原则是：货物在承运人承运之前发生的损失和由于发货人的工作失误而造成的损失，由发货人负责；货物自承运起到交付收货人之前所发生的损失，由承运人负责（但由于不可抗力和货物本身的原因或由于发货人、收货人的原因所造成的损失除外）；货物到达收货地，并与承运人办妥交接手续后所发生的损失，由收货人负责。

2）货物运输事故的记录

货物运输事故记录是分析事故原因和处理事故的依据。同时货物运输事故记录也是总结经验教训和制订防止事故发生措施的重要参考资料。因此，当发生货物运输事故时，应按照有关规定，认真做好事故记录。货物运输事故记录可分为以下两种。

（1）货运记录。货运记录是承运部门在承运货物的过程中，当发生货损、货差，并确定事故责任属于承运部门时所编写的一种书面凭证。它是发货人或收货人向承运人提出索赔的依据。

（2）普通记录。普通记录是承运部门在承运货物的过程中，发现有属于其责任范围之外的运输事故所编写的一种书面凭证。它是用来分析发货人和收货人之间运输事故责任的一般证明文件，不是向承运部门索赔的依据。

3）货物运输事故的处理

发生货物运输事故后，应根据承运部门编写的运输事故记录，认真分析事故原因，分清责任。如果属于承运部门的责任，发货人或收货人应在承运人规定的时间内向承运人提出索赔。要求索赔时，发货人或收货人应提交索赔要求书和相应的材料，这些材料包括货物运单、货运记录、货物损失清单和货物发票等。如果不属于承运人的责任,发货人或收货人应根据承运人提供的普通记录、货物运单、标签、装箱单等有关材料向对方查询,分清责任,妥善处理。

6.3.3 货物运输保险

货物运输保险是对货物运输过程中因自然灾害和意外事故所造成的经济损失,由承保方负责经济补偿,承担保险责任的工作。

1. 货物运输保险的分类

货物运输保险属于财产保险性质,它是以运输的货物为保险标的的保险。投保后,承保人对保险货物因自然灾害和意外事故所造成的损失都要负责补赔。目前,根据我国国内货物运输保险的有关规定,投保险别分为两种:基本险和综合险。当保险货物发生损失时,保险人按承保险别的责任负责。

1)基本险

基本险主要包括以下几方面的内容。

(1)因火灾、爆炸、雷电、冰雹、暴雨、洪水、海啸、地震、地陷、崖崩所造成的损失。

(2)因运输工具发生火灾、爆炸、碰撞所造成的损失,以及因运输工具在危难中发生卸载所造成的损失或支付的合理费用。

(3)在装货、卸货或转载时因遭到不属于明显包装质量或违反操作规程所造成的保险物的损失。

(4)利用船舶运输时因船舶搁浅、触礁、倾覆、沉没或遭到码头坍塌所造成的损失,以及根据国家法令或一般惯例应分摊的共同海损费用和救助费用。

(5)利用火车、汽车运输时,因车辆倾覆、出轨、隧道坍塌等所造成的损失。

(6)利用飞机运输时,因飞机倾覆、坠落、失踪及遭遇恶劣气候或其他危难事故发生抛弃行为所造成的损失。

(7)在发生上述灾害或事故时,遭受盗窃或在纷乱中造成的损失。

另外,在发生保险责任范围内的灾害或事故时,因施救或保护保险商品而支出的合理费用,保险公司也负责赔偿责任。但在货物运输过程中,遇到下列情况,保险公司不负责赔偿:因发生战争或军事行动而造成的商品损失,货物的自然损耗,被保险人的故意行为或失误以及其他不属于保险责任范围内的损失。

2)综合险

运输货物除了投保基本险之外,还可投保综合险。综合险是为了弥补除了基本险以外所发生的危险而设立的。其内容主要有以下几个。

(1)因受震动、碰撞、挤压而造成破碎、弯曲、凹瘪、开裂或包装破裂使货物散失的损失。

(2)液体货物因受震动、碰撞或挤压而使所用容器(包括封口)损坏而渗漏的损失,或用液体保藏的货物因液体渗漏而造成的保藏货物的损失。

(3)遭受盗窃的损失。

(4) 符合安全运输规定而遭受雨淋的损失。

除了投保基本险和综合险外，还可加投各种附加险，如战争险、第三方责任险等。

2. 商品运输保险的投保程序

商品运输保险的投保程序如下。

(1) 填写保险单：运输货物投保时，由投保人填写投保单。
(2) 审查投保单：保险公司接到投保单后进行认真审查，审核无误后，接受投保。
(3) 签发保险单：保险公司根据投保单的内容填制保险单。
(4) 结算保险费：根据投保人投保的险别的不同费率，结算保险费。
(5) 变动：在投保期内，如果情况发生变化投保人想调整货物的数量和保险金额，可由投保人填写变动申请书，交保险公司审核后签发批准。

6.4 集装箱运输

第二次世界大战之后，世界上各个国家都处在经济的恢复和发展时期，企业为了降低产品的成本，增加利润，提高市场竞争力，纷纷采用机械化和提高原材料、设备利用率的措施。运输业也不例外，许多海运国家都把船舶的大型化和专业化作为降低运输成本的重要手段之一。随着船舶的大型化和专业化，港口发展专用码头和专用装卸机械，大大提高了港口装卸效率，这又促进了船舶的大型化和专业化。最早实现船舶大型化和专业化的是石油运输与大宗散货运输，出现了50万吨的油轮和30万吨的矿石船。与散货运输形成强烈反差的是件杂货的运输仍然沿用普通的杂货船，运输效率很低。其主要原因是船舶的装卸效率很低，造成船舶在港的停留时间很长。据统计，杂货船在港的停留时间占航次时间的40%~50%，而散货船和油船仅占10%~15%。如果不提高杂货船的装卸效率，即使船舶大型化，单位运输成本的降低也会被船舶停留时间的延长所抵消。因此提高杂货船的装卸效率是减少杂货船在港停留时间，降低运输成本的关键。

件杂货的特点是品种繁多，包装各异，单件货物的重量差异很大。为了提高杂货船的装卸效率，必须采用机械化。而采用机械化装卸，又必须使货物外包装尺寸和重量实现标准化。为此，出现了成组运输。件杂货的成组运输最先采用的是网络，由于网络是柔性结构，在装卸过程中容易损坏货物。后来改为托盘运输，但托盘运输也存在着不足，如托盘的尺寸有限，不能大幅度提高装卸效率；托盘上的货物是外露的，运输过程中容易发生偷盗事故；而且托盘的层层堆码，对货物的包装要求很高；等等。所以最后采用集装箱运输。集装箱运输是件杂货成组运输的最理想形式，是交通运输现代化的产物。

6.4.1 集装箱运输的特点

集装箱运输是提高件杂货运输和装卸效率的重要手段，是运输史上的革命。经过几十年的努力，集装箱运输已经发展成为软件，硬件技术日渐完善的现代化的先进运输方式。集装箱运输具有以下特点。

1. 运输效率高

集装箱的英文名词为"CONTAINER",意思是"容器"。也就是集装箱通过把形状、尺寸重量各异的货物装入具有标准规格的专为周转使用的大型"容器"中,使件杂货具有了标准化的外形尺寸和重量,实现了包装的标准化,为大规模的机械化作业提供了条件。同时集装箱运输的各环节都使用专用设施和设备,从而大大提高了件杂货的装卸效率,加快了船舶的周转。因此集装箱运输是实现全部机械化作业的高效率运输方式。

2. 运输质量高

集装箱具有坚固的箱体,而且运输全程都处于封闭状态。与外界接触的是箱体而不是货物,不易发生货物的丢失、损坏。同时,由于集装箱具有保护货物的作用,对货物包装的要求不像传统运输那样严格,可大大节省包装费用。

3. 有利于多式联运的开展

由于在集装箱运输中,集装箱是作为一个运输单元,在由一种运输方式转换成另一种运输方式进行联合运输时,交接的是集装箱,而集装箱内的货物不需移动。这就大大简化了交接工作,提高了交接效率。因此集装箱运输是最适合开展多式联运的运输方式。

4. 人员的素质要求较高

集装箱运输是比较复杂的综合运输系统工程。它要求船舶周转快,港口装卸效率高,集疏运网络健全,单证流转科学简捷,信息传递及时准确,等等,只有各方面、各个环节的协作配合,才能发挥其优越性。因此,集装箱运输要求管理人员、技术人员、业务操作人员具有较高的业务素质。只有这样,才能保证综合运输系统的运行,发挥集装箱运输的优越性。

6.4.2 集装箱运输条款

集装箱运输条款是指在集装箱运输中实行适合其本身特点、符合国际运输惯例、保证运输顺利进行的规定和约定。完善集装箱运输条款是实现集装箱运输管理正规化、专业化,发挥集装箱运输优越性的重要保证。因此企业在组织集装箱运输时,必须遵守集装箱运输条款。集装箱运输条款主要包括以下内容。

(1) 箱货交接方式条款。集装箱的交接地点是在集装箱堆场、集装箱货运站或收、发货人的工厂或仓库。

(2) 价格条款。集装箱运输的价格取决于运输线路、中转港口、箱货交接地点和货物类别。

(3) 责任划分条款。应明确划分有关各方的责任。特别是在分段运输或联运中,应分清货主、经营人和承运人的责任。

(4) 保险条款。采用集装箱运输时的货物的保险范围和保险费的收取标准。

(5) 索赔条款。有关索赔的程序、索赔期限等的约定。

6.4.3 集装箱运输的主要单证

集装箱运输单证是整个集装箱运输过程中有关各方责任、权利、义务转移的凭证和证明。涉及集装箱运输的主要单证有以下几种。

（1）箱联运提单。与普通海运提单相似，它是由承运人或其授权的关系人签发的货物联运凭证，是货物所有权的支配文件，是承运人与托运人之间运输契约成立的证明。

（2）装箱单。装箱单是详细记载箱内所装货物的品名、规格、数量以及积载情况的单证。它是向承运人提供箱内所装货物的明细清单。当发生货损时，是索赔的依据之一。

（3）设备交接单。设备交接单是集装箱进出港区、场站时，用箱人、运箱人与管箱人或其代理人之间交接集装箱和设备的凭证。

（4）场站收据。场站收据是承运人签发的，证明已经收到托运货物并对货物开始负责的凭证。

（5）提货单。提货单是收货人向承运人及代理人换取的可向港区、场站提取集装箱或货物的凭证。

（6）交货记录。交货记录是承运人把箱货交付给收货人，双方共同签署的证明货物已经交付，承运人对货物责任已告终止的单证。

（7）实装船图。它是理货部门根据船舶实际积载情况编制的详细箱位分布图，是卸货港编制船舶装卸计划和堆场调箱计划的重要依据。

6.5　货物运输费用的计算与核收

货物运价是指交通运输部门对运送货物的托运者收取运输费用的标准，也是交通运输部门凭以计算费用，取得运输收入的手段。而货物运输费用则是各类组织为了完成货物的运输而支付的各项费用。货物运输费用主要包括运费和杂费两部分。货物运输费用最终将加到货物的成本中，成为计算和确定社会各货物价格的依据之一。因此货物运价对工农业生产和人民生活都有着广泛而深刻的影响。

6.5.1　铁路货物运输运杂费的计算

1. 铁路货物运价

运价是运输价格的简称，它是货物运输承运、托运双方计算、核收和交纳货物运费的标准与依据。铁路货物运价，按其适用范围可分为普通运价、特定运价、优待运价、地方运价和国际联运运价；按货物运输种类可分为整车运价、零担运价和集装箱运价。

在铁路货物运价中，既包括运输货物所应核收的运费，也包括与货物运输有关的各项辅助作业所应核收的杂费，一般统称货物运杂费。

《铁路货物运价规则》是计算铁路货物运输费用的依据，全国营业铁路的货物运输，除军运、水陆联运、国际铁路联运过境运输及未与铁路网办理直通的临时营业铁路运输另有规定者外，都按这个"运价规则"计算货物运输费用。未与铁路网接通的营业铁路货物运价,由中国铁路总公司另行规定。

2. 铁路货物运输费用的计算程序

铁路货物运输费用的计算步骤如下。

(1) 按货物运价里程表确定出发站至到站的运价里程。铁路货物运价里程的确定要符合以下的有关规定:要根据《货物运价里程表》,按发站与到站的最短径路计算;运价里程不包括专用线的里程;如要通过轮渡时,应将轮渡里程加到运价里程内;国际联运货物经由国境时,另算国境站至国境线的里程;水陆联运货物经由码头支线时,另加算换装站至码头支线里程;运输途中装卸货物,不论发货人、收货人要求在途中装卸地点的前方或后方货运站办理托运或领取手续,途中装车以后方货运站计算运价里程,途中卸车以前方货运站计算运价里程,不另收取送车费;如因货物性质必须绕路运输或因自然灾害等不是铁路责任,或发货人要求绕路运输时,应按绕路的里程计算;运价里程不够起码里程时,应按起码里程100千米计算。

计算货物运价里程的方法是:发站与到站在同一线上的,用两站到本线起点或终点的里程相减,即可求得两站间的里程;发站与到站不在同一线上的,要先参照货物运价里程换算站和货物运价里程最短示意图,查出发站和到站至换算站的最短径路,再求两站间的里程。

(2) 根据货物的名称查找货物运价分类表,确定适用的运价号。如规定有特定运价,则按特定运价办理。

铁路运输的货物按其性质、特点分成不同的种类,不同种类的货物规定有不同的运价号。在计算铁路货物运费时,可从货物运价分类表中查出某种货物按整车运输或零担运输的运价号。一般整车货物分为10个运价号,编号分别为1~10;零担货物分为5个运价号,编号分别为21~25。

(3) 根据铁路货物运价里程和运价号,在货物运价率表中查出应适用的运价率。

整车货物运价率分为1号到10号,运价率以元为单位,元以下一位小数,重量以吨为单位。

零担货物运价率分为21号到25号,运价率以元为单位,元以下三位小数,重量以10千克为单位。

集装箱货物运价率分为1吨和5吨两种箱型,每种箱型分为两个运价号,运价率以元为单位,元以下一位小数,按箱计算。

(4) 确定货物计费重量。整车货物以吨为单位,吨以下四舍五入,整车货物除一些特殊情况外,一律按货车标重计算运费。

零担货物以10千克为单位,不足10千克进为10千克。

集装箱货物以箱为单位。

(5) 计算运费。整车、零担和集装箱货物运费的计算公式如下:

$$整车运费 = 计费重量 \times 整车运价率$$

$$零担运费 = 计费重量/10 \times 零担运价率$$

$$集装箱运费 = 集装箱数 \times 集装箱运价率$$

3. 运费的其他规定

运费的其他规定有以下几个方面。

(1) 不同运价等级的货物,以一批按整车托运的,或者在一个包装内以总重量按零担托运的,或在一个集装箱内托运的,均按其中最高的运价等级和运价率计算运费。

(2) 以整车托运的快运、超长、越限、限速货物,和以零担方式托运的轻泡、易碎、流质和贵重货物,均按《铁路货物运价规则》实行不同比例的加成核收运费。

(3) 托运人以自备货车、集装箱、集装用具和装备用品运送货物和回送时,按《铁路货物运价规则》实行一定比例的减成核收运费。

(4) 托运人组织的整装零担车,和适用冷藏车运价率,中途不需制冷加冰,或由托运人自行加温的,均实行减成核收运费。

(5) 一批货物如同时适用两种以上减成率时,用其中较大的一种;适用两种以上加成率时,用不同加成率之和;如同时适用于加成率和减成率时,用加成率和减成率的差作为适用的加(减)成率。

(6) 托运人自备的篷布、支柱、车钩缓冲器等装备物品,托运人凭"特价运输证明"办理回送原发站时,免收运费。

(7) 一项货物名称如适用于两种以上减成的特定运价时,用其中减成较大的;有特价与无特价货物作一批按总重量托运时,按无特价计算;减成特价不同的货物以总重量托运时,按运价减成较小的特价计算。

4. 铁路杂费的计算

铁路运输货物,除了核收运费之外,还要按规定核收各种杂费。杂费的计算是根据不同的应交杂费的项目所适用的杂费率乘以适用的计量数值得到的。目前铁路杂费主要有货物装卸费、货物过秤费、货物暂存费、货物保价费、货物运单和货签费、货车清扫费、货车消毒费、货车延期使用费、其他费用等。

各种杂费的计算公式为

$$杂费 = 适用计量数值 \times 适用杂费率$$

6.5.2 汽车货物运输运杂费的计算

1. 汽车运价的种类

1) 基本运价

基本运价是指以中型吨位普通车辆,采用整车运输形式在正常运营路线上从事长途运输一等货物的每吨千米运价。

2) 长途运价和短途运价

一般规定,运距在 25 千米以上的为长途运输,长途运价执行基本运价;运距在 25 千米以下的为短途运输,短途运价按递近递增的原则,采用里程分段或基本运价加吨次费计算。

3）整车运价和零担运价

一次托运的货物的重量达到3吨或3吨以上的,都按整车运价计费;不足3吨的按零担运价计费。零担运价一般不得高于整车运价的50%。

4）普通货物分等运价

普通货物运输实行分等计价。根据《汽车运价规则》的规定:普通货物分为三等,以一等货物为基数,二等货物运价比一等货物的运价提高10%,三等货物比一等货物运价提高20%。

5）特等货物分等运价

特种货物分为长大笨重、危险、贵重、鲜活四类。特种货物执行特种货物运价。长大笨重货物分为三级,危险货物分为两级。

6）特种车辆运价和包车运价。

2. 汽车货物运费的计算程序

1）确定计费重量

一般货物计费重量按实际重量计算,整车货物运输以吨为单位,尾数不足100千克的,四舍五入;零担货物运输以千克为单位,起码计费重量为1千克,不足1千克的,按1千克计算,超过1千克的,以实际重量计算,尾数不足1千克的四舍五入。轻泡货物(指每立方米重量不足333千克)的计费重量可根据如下规定确定。

（1）整车运输的轻泡货物装载的长、宽、高不得超过有关部门规定的限度,而是以车辆标记吨位计算。

（2）零担运输的轻泡货物以最大单件体积计算,以每立方米折算333千克计重。

2）确定计费里程

汽车货物运输的计费里程单位以千米为计算单位,不足1千米的,其尾数四舍五入。在计算运费时,货物运输的营运里程以省、自治区、直辖市的交通主管部门核定的为准,未经核定的营运里程,由承运双方协商确定。

计费里程,包括运输里程和装卸里程。运输里程是按装货点到卸货点的实际载货里程计算的。如是多点装卸,一般以第一个装货点到最后一个卸货点的载货里程计算。装卸里程是按汽车由车站到装货点加卸货点到附近车站的空驶里程50%计算。如果在同一个运输区间有两条或两条以上运输线路,以最短运输线路为计费里程。如果在运输过程中,必须绕道行驶时,以实际运输里程为计费里程。

3）运费的计算公式

汽车货物运费的计算,可分为三种形式:以吨千米计算,以吨计算和以包车计算。

（1）以吨千米计算:

运费＝(计费重量×计费里程×运价率)×(1＋加成率)＋车辆通行费＋其它法定收费

（2）以吨计算:

运费＝(计费重量×运价率)×(1＋加成率)＋车辆通行费＋其它法定收费

（3）以包车计算时,通常按时间计费,即按车辆出场到车辆回场之间的时间计算:

运费＝计费时间×计时费率＋包车吨位＋车辆通行费＋其它法定收费

3. 汽车杂费的计算

汽车杂费是指汽车运费之外的其他费用。一般包括调车费、延滞费、装货落空费、停运费、车辆、货物处置费、装卸费、过渡费、保管费、手续费等。

汽车杂费的计算程序是：确定应核收的杂费项目，查出使用的杂费率，确定计费单位和计费重量，核算有关的杂费。

6.5.3 水路货物运输运杂费的计算

1. 水路货物运价的特点

1）统一领导，分级管理

我国水运是一个多种经济成分并存的运输行业。在同一通航区域，就有各种不同经济成分、不同隶属关系的水运企业承担着货物运输任务。因此，交通部门对水运企业实行统一领导，交通运输部和各省、自治区、直辖市交通主管部门分级管理的方法。对运价的管理也是采取由各地确定，再向交通部上报的方式。

2）实行航区差别运价

由于各个通航区域的自然条件和地理位置的不同，运输条件的差异，使得货物的运输成本存在着差别；并且各个水运企业的性质、隶属关系的不同，也使得水运企业不能像铁路运输那样实行全国统一运价，而只能实行航区差别运价。

3）按运输要求的不同实行不同运价

例如：普通货物运价是适用于绝大多数货种的货物运价，特定运价是根据特定季节、特定航线或特定货种规定的货物运价。

2. 水路货物运价的种类

水路货物运输包括船舶运输和港口作业两部分。这是两种不同的生产过程，具有不同的性质。因此，水运部门将水路货物运输划分为船舶货物运价和港口费率两类。

（1）船舶货物运价根据适用范围划分，可分为远洋船舶货物运价、交通运输部直属航运企业的船舶货物运价、地方水运企业船舶货物运价、集体运输企业及个体运输户船舶货物运价四种形式。

（2）船舶货物运价根据运输形式，可划分为直达运价、联运运价和集装箱运价等。

（3）船舶货物运价根据运价制定方式，可划分为单一运价、航区运价和航线运价。

（4）港口费率是指港口对船舶提供港口设备，对货物进行装卸作业和各项服务工作，而向货主或船方收取各种费用的标准。根据港口服务对象的不同，港口费率可划分为与船舶有关的港口费率和与货物有关的港口费率两类。

3. 水路货物运输费用的计算

1）确定货物的运价等级

在"货物运价分级表"中，把货物划分为不同的运价等级。在计算水路运输费用时，首先根据货物名称,查出所适用的运价等级。具体方法如下。

列有具体品名的货物,按表中该项所属的等级确定。

未列具体品名,但列有可适用的概括名称的货物,按表中该项概括名称所属的等级确定。

未列具体品名,又无可适用概括名称的货物,按表中"列名外货物"的等级确定。

如一种货物的品名,适用于两种或两种以上概括名称时,以收货人的用途确定等级。

不同运价等级的货物混装或捆扎成一件,按其中最高等级计费。

2) 确定运价里程

货物运价里程按公布的"运价里程表"计算。未规定里程的地点按实际里程计算,实际里程难以确定时,按里程表中邻近而又较远的里程计算。运价里程表中的里程单位,沿海为海里,内河为千米。

3) 确定货物运价率

水运部门把每吨货物运送全程应收的运费,也称运价率。在货物运价规则中都附有货物运价率表。在货物运价率表中所反映的是各种货物运价等级在各种运输距离时,每吨货物的全程运价率。根据货物的运价等级和运输里程,就可在货物运价率表中查出所适用的运价率。

4) 确定计费重量

水运货物的计费重量分为重量吨(W)和体积吨(M)。重量吨按货物的毛重,以1 000千克为1重量吨;体积吨按货物"满尺丈量"的体积,以1立方米为1体积吨。在货物运价分级表中,计费单位为 W 的按重量吨计算;计费单位为 W/M 的,按货物的重量吨和体积吨二者择大计算;订有换算重量标准的货物,按换算重量计算;包船、包舱,不论是否足载,均按船舶或船舱的定额载重吨作为计费吨。

体积吨中的"满尺丈量"是指由货物最大处丈量长、宽、高三个尺码,以米为单位。

5) 运费的计算公式

$$船舶货物运费 = 计费重量(吨) \times 适用的运价率(元/计费吨)$$

4. 港口费用的计算

港口费用的项目很多,航线不同,港口不同,其港口费用项目也不同。一般可根据港口费用的发生性质划分为四大类:港务设施费、船舶作业费、货物作业费和其他劳务费。这四大类费用又可细分成许多小类。

港口费用的计算,可根据不同的费用项目,分类计收。与船舶有关的港口费按下列公式确定:

$$船舶港口费 = 相应港口费率 \times 船舶净吨$$

与货物有关的港口费按下列公式计算:

$$货物港口费 = 相应港口费率 \times 计费吨$$

5. 水路货物运输全程费用的计算

水路货物运输全程费用的计算,根据不同的运输形式,按以下几种情况计算。

1) 水运直达运输

货物全程运费＝起运港港口费＋船舶运费＋到达港港口费

2) 海江联运

货物全程运费＝起运港港口费＋海段船舶运费＋换装港换装包干费＋江段船舶运费＋到达港港口费

3) 海江河联运

货物全程运费＝起运港港口费＋海段船舶运费＋第一换装港换装包干费＋江段船舶运费＋第二换装港换装包干费＋河段船舶运费＋到达港港口费

4) 水陆联运

货物全程运费＝起运港港口费＋船舶运费＋换装港换装包干费＋铁路运费＋到达港港口费

6.5.4 航空货物运输费用的计算

航空货物运输费用也是由运费和杂费两部分组成的。

航空货物运费的确定比较简单。它是采用航线基本运价形式，没有运价号，也没有里程表，只规定了不同航线的运价率。所以航空货物运费的计算公式为

航空货物运费＝货物重量×运价率

航空运输货物的计费重量按货物的毛重计算；计重单位为千克，不足 1 千克的以 1 千克计算，超过 1 千克的尾数四舍五入；每千克的体积超过 6 000 立方厘米的货物为轻泡货物，轻泡货物体积折算计费重量，按每 6 000 立方厘米折合 1 千克，分件折算。

航空货物运输的每张运单的最低运费为 30 元。

货物运价率表中的运价是指发站至到站机场之间的航空运输价格，不包括机场与市区之间的运费。

对特殊货物，如动物、危险货物、贵重货物等，应按照普通货物运价的 150% 计算运费。

航空货物运输杂费包括地面运费、保险费、退运手续费、保管费等。其收取方法按航空运输部门的有关规定执行。

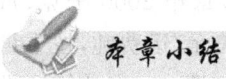
本章小结

运输是物流的所有活动中的一项核心内容。通过运输活动，实现商品的位置移动，解决了商品的供应者与需要者之间在空间上的背离，创造了商品的空间效用。运输已经成为现代社会中不可或缺的一项活动，研究运输对于人类的经济活动非常重要。本章介绍了五种主要的现代化运输方式：铁路运输、公路运输、水路运输、航空运输和管道运输。各种运输方式都有自己的经济技术特征和不同的适用范围。除此之外，还介绍了两种交通运输现代化的产物：集装箱运输和多式联运。商品运输费用最终将加到商品的成本中，成为计算和确定社会各商品价格的依据之一，因此本章还介绍了不同运输方式的商品运输费的计算和核收。

1. 运输基础设施的构成有哪些？
2. 运输的功能是什么？
3. 请阐述指导运输管理和运输营运的两条基本原理。
4. 请举例说明现代化运输方式有哪些？它们分别具有哪些特点？
5. 了解商品运输业务操作程序。
6. 货物运输事故责任划分的原则是什么？
7. 商品运输保险有哪些？
8. 集装箱运输具有哪些优点？
9. 描述集装箱运输的主要单证。
10. 铁路货物运杂费如何计算？

1. 从郑州北站通过铁路运输运往广州东站一批农用化肥，这批农用化肥重 40 吨，用一辆 50 吨的货车进行运输。农用化肥整车运输执行 4 号运价，发到基价为 16.30 元/吨，运行基价为每吨公里 0.098 元。根据铁路运价里程表，郑州北站至广州东站的运费里程是 1638 千米，试计算该批货物的铁路运费。

2. 某货主委托一家汽车运输公司运输一批瓷砖。瓷砖毛重为 3356 千克，运距为 36 千米。汽车运输公司的运价标准是：一级普货费率为 1.2 元/吨公里，普货二级费率加成 20%，普货三级费率加成 30%，整批运输货物按货物重量加收吨次费，吨次费的标准为 16 元/吨次。途中通行收费为 35 元。试计算该批瓷砖的总运费？（说明：瓷砖为普货三级）

3. 某货主委托某汽车运输公司托运两箱毛绒玩具，每箱规格为 0.8 米×0.8 米×0.8 米，毛重 165.3 千克，该货物运费率为 0.002 5 元/千克·千米，运输距离 128 千米，货主要支付多少运费？（说明：毛绒制品属于普通三级货物，轻泡货物 1 立方米折算 333 千克）

4. 某公司委托一家海运公司运输一批出口箱装货物，共 100 箱，每箱 2000 千克，每箱的尺寸为长 150 厘米、宽 100 厘米、高 110 厘米，基本运费率为 26 美元/运费吨，按重量(W)计算运费，加收燃油附加费 10%，货币贬值附加费 20%，转船附加费 40%，计算这批货物的总运费。

5. 某海运公司运输一批出口货物，纸箱包装，共 500 箱。纸箱的尺寸：长 45 厘米，宽 40 厘米，高 25 厘米，每箱 30 千克，以体积(M)计算运费，基本费率是 120 美元/运费吨。加收燃油附加费 10%，货币贬值附加费 20%，请计算这批货物的运费。

6. 某服装公司向一家航空运输公司托运一箱服装样品，从广州运往成都。货物毛重 5 千克，包装为纸箱，包装箱的尺寸：长、宽、高分别为 50 厘米、25 厘米、35 厘米。航空公司公布的运价标准为：M(每票最低运费)为 30 元，N(45 千克以下的普通货物运价)为 6.70 元，45 千克以上为 4.00 元，100 千克以上为 2.30 元，300 千克以上为 2.00 元，试计算该批货物的航空运费?

 案例

日本新干线

新干线(shinkansen)是连接日本全国(除四国外)的高速铁路系统。1964年10月1日,日本第一条东海道新干线开通,连通东京、名古屋和大阪三大都市圈。该线路也是全世界第一条投入商业营运的高速铁路系统。至今,新干线仍是世界上先进的高速铁路系统之一。日本新干线是世界高速铁路的先驱,和法国TGV、德国ICE、中国CRH一起,并列为世界高铁四巨头。2006年3月,由新干线E2电力动车组改造而来的和谐号CRH2型电力动车组从神户港装船出发前往中国青岛。2007年2月1日开始营运的台湾高速铁路即采用新干线系统作为基础,也是新干线技术首次向海外输出。

日本新干线以"子弹列车"闻名,轨距属于标准轨(1 435毫米),列车载客运行车速可达到每小时240~320千米,空车磁悬浮试验速度已高达603千米/小时。新干线的稳定运行全靠日本成熟的高铁调度控制技术,列车发车间隔可以缩短至5分钟,是世界上屈指可数的几种适合大量运输的高速铁路系统之一。

日本新干线采用动力分散的运行方式,而不是用机车牵引。所谓动力分散,就是每节车厢的车轮都安装了驱动装置——电动机,将列车的动力分散到各节车厢。传统的机车牵引方式需要依靠机车提供牵引力,是以较少的驱动轮对带动整列列车行走,为了有效利用牵引功率和防止机车主动轮空转,就需要在机车上加上很大的重量,从而加大了对轨面的压力,增加建设和维修成本。新干线采用动力分散方式,以每节车厢的车轴作为驱动,不需要沉重的机车,由此车厢的轴重便可大大减轻,不仅易于加减速和在大坡度线路上的平稳行驶,也降低了噪声和振动,大大提高了旅行舒适性,同时,由于降低了对轨面的压力,既降低了建设成本,又提高了经济效益。随着半导体技术的迅速发展和应用,新干线列车的制动系统由原来的空气制动改为电-空联合制动与再生制动,使用再生制动的列车在制动时会将电机的接线反接,这时电动机就变成了发电机,将列车制动时的巨大动能转化为电能,发出的电能通过转换以后可回馈牵引电网进行重新利用,从而可节省能源。同时,列车的电气控制系统由逆变器控制转向了更先进的交流电变频控制,进一步提高了运行效率,节省了电能。

日本新干线设有多重安全系统,不仅在东京和大阪分别设置了对各条线路上行驶的列车进行监视与远距离控制的中央控制系统,还为每条线路安装了"ATC"的列车速度自动控制系统。所谓"ATC"装置,就是将前方列车的位置、分辙器和路轨状况等信号转换成特定频率的电流,通过铁轨组成的封闭回路传给车载信号器,列车据此而自动地调整行驶速度或停止运行。由此可见,新干线是可以实行无人驾驶的,之所以要配置驾驶员,是为了使进站的列车能根据站内情况,准时停到规定的位置,防止因紧急刹车而给乘客带来不舒适感。

日本开发新干线的首要目标是增强客运能力,其次才是提高速度,全国8条新干线每天客运达75万人次。日本早在开发新干线的同时就研制出了综合自动售票系统,经过多

年的不断改进，每天可处理 160 万张车票，基本无差错。在开通新干线以前，从东京到大阪乘火车需要 6.5 小时，新干线运行初期，缩短为 3.1 小时，现只需 2.3 小时，而从东京到福冈 1 069 千米，现只 4.5 小时就可到达。新干线的直接经济收益十分显著，而间接的效益更加可观。如果没有东海道新干线，从东京到大阪巨型喷气式飞机每 5 分钟起飞一架才能适应需要，燃油的耗费相当惊人。如果乘汽车，则需要修建一条 6 车道的高速公路才能满足需求，不仅油耗大，因交通事故造成死亡的人数每年至少增加 470 人。

新干线的建设不仅带动了日本土木建筑、原材料、机械制造等有关产业的发展，更重要的是促进了人员流动，加速和扩大了信息、知识和技术的传播，从而带动了地方经济发展，缩小了城乡差别。

(资料来源：根据公开资料整理)

第 7 章

运输合理化

本章将介绍商品合理运输的含义、不合理运输的常见表现形式以及商品合理运输的实现途径。介绍各种运输网络结构的优势、不足及适用场景。还将介绍运输方式的选择问题、运输网络流问题、产销联系问题以及指派问题的规划方法。

运输是物流的核心功能之一。运输组织的合理与否不但直接影响企业的物流成本和客户服务水平，而且也关系到运输商品的安全、运输工具的利用率以及国民经济的健康发展。因此，合理组织运输，具有十分重要的意义。

通过本章的学习，读者将能够具备下列能力：
- 理解商品合理运输的内涵；
- 了解常见的不合理运输的表现；
- 了解实现商品合理运输的途径；
- 理解不同运输网络的特点及适用条件；
- 选择合理的运输方式；
- 规划运输线路；
- 进行运输车辆的调度。

7.1 商品合理运输概述

7.1.1 商品合理运输的基本概念

1. 商品合理运输的含义

商品合理运输是指按照商品流通的客观规律，在提高综合经济效益的前提下，根据企业的要求,遵循合理使用运力的原则,运用科学的方法,选择经济合理的运输路线、运输工具和运输形式,力争以最短的里程、最少的环节、最快的速度和最小的劳动消耗,安全优质地完成商品运输任务。

首先,商品运输是为组织的运营服务的。因此,在组织商品运输时,要从满足组织的需要出发,这是商品运输质的规定性。商品运输为组织的运营服务,主要体现在运输速度和运输质量两个方面。运输速度越快,交货越及时,运输过程中商品的损耗越小,为企业服务的水平就越高。但是运输速度并不是越快越好,应强调交货及时,只要能够满足客户对时间的要求即可。因此在组织商品运输时,应在满足企业业务需要的前提下,力求费用最省。

其次,在组织商品运输时,要考虑多方面的影响因素,提高综合经济效益,这是组织商品合理运输的核心。也就是在组织商品运输时,应综合考虑各方面的影响因素,既要考虑到运输速度的快慢,运输时间的长短,还要考虑到商品损耗的大小,装卸搬运作业的频繁程度,运输费用的高低,等等,要对影响商品合理运输的各方面因素进行比较,综合计算,以确定最优运输方案。

2．商品不合理运输的表现形式

在组织商品运输时,应避免出现以下几种不合理的运输形式,实现商品合理运输。

(1) 属于运距方面的不合理运输表现方式包括迂回运输和过远运输。

① 迂回运输。迂回运输是指商品运输本来可以走直线或经最短的运输路线,但却采取绕道而行的不合理运输现象。迂回运输延长了运输距离,增加了运输费用。

② 过远运输。过远运输是指舍近求远的不合理运输现象。也就是商品本可以就近购买,但却从较远的供应地购买的不合理运输形式。过远运输浪费了运力,增加了运输费用,延长了商品的在途时间。如果属于商品花色品种不同或商品质量价格上的差异,则不属于不合理运输。

(2) 属于流向方面的不合理运输主要表现在对流运输和倒流运输。

① 对流运输。对流运输是指同一种商品或彼此可以代用的商品,在同一运输路线上或在平行的路线上,朝着相反方向运行,与对方运程的全部或部分发生重叠的不合理运输现象。对流运输又分为明显对流运输和隐蔽对流运输。明显对流运输是指发生在同一条运输路线上的对流。隐蔽对流运输是指同一种商品在两条平行的路线上做相对方向的运行。对流运输浪费国家运力、增加运输费用。

② 倒流运输。倒流运输是指商品由消费地向生产地运输的不合理运输现象。

(3) 属于浪费运力方面的不合理运输包括亏吨运输、重复运输和无效运输。

① 亏吨运输。亏吨运输是指商品的装载量没有达到运输工具的装载标准重量或没有装满车船容积而造成亏吨的不合理运输现象。亏吨运输没有充分发挥运输工具的使用效能,浪费了运力,增加了运费支出。

② 重复运输。重复运输是指一批商品本来可以一次直接运达目的地,但由于组织工作的失误,而使商品在中途停卸,又重复装运的不合理运输现象。重复运输虽然不增加商品的运输距离,但却增加了装卸工作量和装卸费用,降低了运输工具的使用效能,延长了

商品在途时间,增加了商品损坏的可能性,是一种不合理运输现象。

③ 无效运输。无效运输是指运输的商品当地不适销,或商品质量次、杂质多,从而造成运力浪费的不合理运输现象。

7.1.2 实现商品合理运输的途径与方法

1. 按照商品的自然流向组织商品运输

商品的自然流向是指商品由产地向消费地内在的、必然的流动方向。

商品的流动方向,是由商品的产销联系决定的。由于生产的地域性和消费的地域性决定了商品的产销联系的复杂性。有些商品的生产地比较集中,而消费地却很分散,如水果、蔬菜等农副产品,这就决定了这些商品必然由集中的生产地向分散的消费地流动;有些商品的生产地比较分散,但由于消费地区的消费习惯和特点不同,使其消费被局限在一个特定的区域内,这就决定了这些商品必然由分散的生产地向特定的消费地区流动;有些商品由于各地区的生产力发展水平和资源的分布不同,造成了商品在质量、价格方面存在差异,市场竞争的结果,必然使这些商品由质量优、价格低的生产地流向质量次、价格高的生产地。所有这些,都构成了商品由生产地区向消费地区流动的自然基础,组成产、销之间的自然经济联系,形成了商品的自然流向。

按照商品的自然流向组织商品运输是由商品生产的目的决定的。商品生产的目的是满足生产和生活消费的需要。商品运输只有以消费需要为方向,按照商品的自然流向组织商品运输,才能以最快的速度、经最少的环节、花较少的费用,把适销对路的商品运送到消费地,满足生产和生活的需要。所以,按照商品自然流向组织商品运输是商品合理运输的首要条件。

2. 减少运输环节,缩短运输路线

在组织商品运输时,应尽量减少不必要的环节,并使商品的运输路线最短。为此,应组织商品的直达直线运输。实践证明,直达直线运输是减少运输环节、缩短运输路线的有效形式。

直达运输是指在组织商品运输时,应尽量越过中间不必要的环节,使商品从产地直接运到销地。直达运输的优点是:提高运输速度,节省装卸费用,降低中转货损。但是,在实际应用时,应特别注意直达运输的适用条件:只有当一次运输的数量或用户的一次需求量达到一整车时,直达运输比中转运输有优势。当运输批量较小时,中转运输更为合理。

直线运输是指在组织商品运输时,应按照商品的合理流向,选择最短的运输路线,尽量使运输路线直线化。

直达运输的实质是减少运输环节,直线运输的实质是缩短运输路线。但在实际工作中,直达运输和直线运输往往交织在一起,在减少运输环节的同时,又缩短了运输路线,收到了双重的经济效果,因此,一般合称为直达直线运输。

3. 选择经济合理的运输方式

随着交通运输事业的发展,运输线路的增多以及交通运输组织管理水平的提高,商品

由生产地或供应地向消费地或需要地转移的过程中,往往有多种运输方式可供选择。而每种运输方式都有各自的技术经济特征和适用范围。因此,在组织商品运输时,应综合考虑各种影响因素,通过对比、分析、计算以选取最经济合理的运输方式。在选择运输方式时,应主要考虑以下影响因素。

(1) 运输商品的情况。该情况包括运输货物的数量、规格、包装、价值以及理化、生物性能和运输商品对运输条件的具体要求。

(2) 交通运输情况。该情况包括在供应地和需要地之间有几条运输线路,每条运输线路的长度及通过能力,每条运输线路所适用的运输方式和每种运输方式的特点、适用范围等。

(3) 商品运输费用。商品运输费用包括每种运输方式的运杂费水平以及商品运杂费在商品价格中所占的比重。

(4) 商品交货时间。商品交货时间应根据每种运输方式的运输速度和所行驶的里程,计算出商品运输的时间,并根据商品运输的辅助作业的情况(如装卸搬运、验收、分检、换装等),推算出商品运输辅助作业所花费的时间。再结合商品的市场需求状况以及货主的要求,选择合适的运输方式。

(5) 商品损耗。应根据运输商品的性质、不同运输方式在途时间的长短和作业环节的多少,估算商品在运输中损耗的大小。

(6) 银行利息。应根据商品在途时间的长短,计算商品在途时间的银行利息的多少。

在选择运输方式时,应综合考虑以上各种影响因素,从综合经济效益上比较各种运输方式,选择出最经济合理的运输方式。

4. 提高运输工具的使用效率

在组织商品运输时,应努力提高运输工具的使用效率,防止发生亏吨运输。为此,可采取以下措施。

1) 提高整车(船)发运比重

整车运输和零担(星)运输是两种基本的发运形式。整车(船)运输由于可以充分利用运输工具的载重量和容积,是节约运力的重要方法。因此,企业在组织商品运输时,应力求提高整车(船)的发运比重,把不够发运单一整车(船)的零担(星)商品,通过合理的组配,拼凑成整车(船)。这样就可以集零为整,提高车(船)标重、容积利用率。以相同数量的车(船),运送更多的商品,节约国家运力,节省运输费用,提高企业的经济效益。

2) 提高车船的技术装载量

商品在车船上进行配载、积载的技术称为商品的装载技术。运用商品装载技术,在各种运输工具上所装商品的数量或重量,称为商品的技术装载量。提高车船的技术装载量,一方面可以提高车船的载重量利用率,另一方面可以提高车船的容积利用率。

常用的提高车船的技术装载量的方法有以下几种。

(1) 实行轻重配装。轻泡商品由于体积大、重量轻,如果车船上单独装载轻泡商品,尽管可以充分利用车船的容积,但其载重量却很浪费;同样,实重商品由于重量大,体积小,如果车船上单独装载实重商品,车船的载重量能得到充分的利用,但车船的容积却很浪费。因此，在组织商品运输时，实行轻重搭配，就可以使车船的载重量和容积都得到充分的利用，提高运输的效率。在组织轻重配装时，应注意装载方法，防止以重压轻，以大压小，造成商品损失。

（2）实行商品解体装载。对有些体积大、形状不规则，不易堆码又可拆卸的商品，可以把商品分解成几部分，这样既有利于堆码，提高运输工具的使用效率；又便于装卸搬运，提高劳动效率。

（3）改进商品的堆码方法。改进商品的装载和堆码方法，是提高车船技术装载量的重要手段。例如：对一般商品采用多层装载、压缝装载、紧密装载、大小套装等，使商品间的空隙缩小到最小限度。

3）组织双程运输。双程运输是指当商品运到目的地后，原车船将其他商品由原路运回的一种运输形式。组织双程运输，是在不增加运输工具的条件下，完成更多的运输任务。因此，双程运输对于消除车船空驶，节约能源，提高运输工具的周转率和使用效率具有很大的作用。但需注意的是：组织双程运输，必须加强各地之间的协调配合，以合理组织回程货源为前提，不能过多增加车船的停留时间，否则可能会事倍功半。

运输问题主要涉及运输网络的规划、运输方式的选择、运输网络流的规划以及产销联系问题的规划，下面将分别进行介绍。

7.2　运输网络的规划

运输网络是组织商品运输的基础，运输网络的结构直接影响市场反应能力和物流成本水平。理想的运输网络结构应综合考虑物流服务需求、物流成本等影响因素。下面针对一个包括多个供应商和多个零售商的零售供应链进行分析，分析不同运输网络结构的优势、不足及适用场景。

7.2.1　直接运输网络

在直接运输网络中，所有的货物直接从供应商运输到零售商，每次的运输线路都是确定的，物流管理人员所需决策的是每次的运输数量和所采用的运输方式。决策时，需要对库存成本和运输成本进行权衡。图 7.1 所示为直接运输网络的结构。

直接运输网络的主要优势是供应商和零售商之间没有中介仓库，操作比较简单，协调相对容易。由于每一次的运输都是由供应商直接到零售商，运输时间较短，市场反应能力较强。

如果零售商的规模足够大，从供应商到零售商的每次运输都能够达到货车的满载，那么直接运输网络就是比较理想的运输网络。

如果零售商的规模较小，直接运输网络会导致较高的物流成本。由于小规模零售商的订单规模较小，供应商如果想采用整车运输方式以降低运输成本，则必然会延长运输的间隔时间，从而导致供应链中库存成本的增加。相反，如果采用零担运输或包裹运输，尽管可以降低供应链中的库存成本水平，但却会花费更高的运输成本。另外，由于每个供应商都是单独运送各自的货物，直接运输网络会导致较高的货物接收成本。

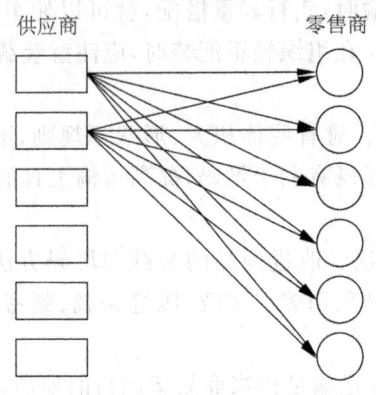

图 7.1 直接运输网络的结构

7.2.2 利用"送奶线路"的直接运送网络

送奶线路是指一辆卡车将从一个供应商处提取的货物送到多个零售商处所经历的线路，或者从多个供应商处提取的货物送到一个零售商处所经过的线路。利用"送奶线路"的直接运输网络结构如图 7.2 所示。这种运输网络结构通常是采用一辆卡车为多个零售商送货，或者用一辆卡车从多个供应商处提取货物。

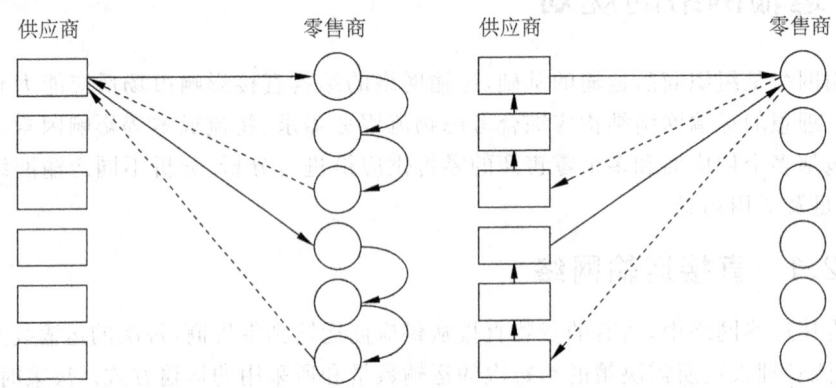

图 7.2 利用"送奶线路"的直接运输网络结构

利用"送奶线路"的直接运送网络具有直接运输网络的优势，同时通过将多家零售商的订单或者多家供应商的货物进行联合运输，降低了运输成本。此种运输网络特别适合于供应商与零售商的地理位置较近，且零售商的订单规模较小、订单频率较高的情形。

7.2.3 利用配送中心的运输网络

在此种运输网络中，供应商将所有货物先运送到配送中心，再将货物从配送中心运到零售商。企业通常根据地理位置将零售商划分区域，并在每个区域建立配送中心。供应商将货物送到配送中心，然后再选择合适的运输方式将货物由配送中心运送到零售商。利用配送中心的运输网络结构如图 7.3 所示。

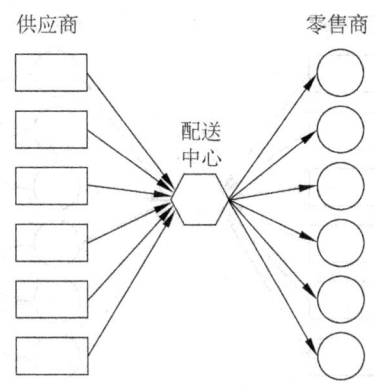

图 7.3 利用配送中心的运输网络结构

在此种运输网络中，配送中心是供应商与零售商的中间环节，发挥两种不同的作用：一是进行货物的储存，二是进行货物的转运。当供应商与零售商之间的空间距离较远、直接运输费用较高时，配送中心通过对货物的储存和转运，有利于降低供应链中的物流成本。因为供应商可以将配送中心覆盖范围内所有零售商的订货统一运送到该配送中心，通过联合运输实现运输成本的降低。同时，从配送中心送货至零售商，由于距离较短，运输成本也不会太高。

当规模经济要求大批量订货时，配送中心发挥着储存的功能，并为零售商的库存更新进行小批量的送货。当零售商的订单规模大到足以获得进货规模经济效益时，配送中心就没有必要保持库存了。此时，配送中心发挥转运功能，通过将供应商的进货分拆成运送到每一个零售商的较小规模，实现货物对接。当配送中心发挥转运功能时，每一辆进货卡车上装有来自同一供应商并将运送到多个零售商的产品，每一辆送货车辆上则装有来自不同供应商并将被送至同一家零售商的货物。货物对接的优势体现在：因为没有库存，可以减少资金的占压；由于货物不进仓库，也省去了货物的搬进搬出作业，降低了货物的处理成本；货物不在仓库中停留，能够提高货物的物流效率。但实现货物对接则需要具备一定的条件，如进货和送货的步调一致性、货物状态的完整性以及作业各环节的协调性等。

7.2.4 通过配送中心使用送奶线路的运输网络

如果每个零售商的订单规模较小，单纯利用配送中心的运输网络并不能降低物流成本。这是因为从配送中心向零售商的送货是小批量的，难以达到规模效益。如果采用配送中心和送奶线路相结合的运输网路，则能够实现物流成本的降低和市场反应能力的提高。日本 7-11 公司将来自新鲜食品供应商的货物在配送中心进行对接，并通过送奶线路向零售商送货。因为单个零售商的订单规模较小，不能达到卡车的满载，货物对接和送奶线路的使用使该公司在向每个零售商提供补货时降低了物流成本。但使用货物对接和送奶线路的运输网路需要高度的协调性与对送奶线路的合理规划。配送中心利用送奶线路送货的运输网络结构如图 7.4 所示。

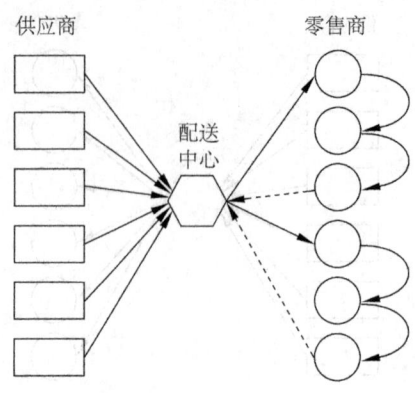

图 7.4 配送中心利用送奶线路送货的运输网络结构

7.2.5 综合运输网络

综合运输网络是上述四种运输网络的综合运用。企业在运输决策时，根据具体情况，灵活选择直接运送、配送中心对接、配送中心储存、送奶线路、整车运输、零担运输或包裹运送等运输方案。大零售商的大批量订单可以直接运送，小零售商的小批量订单则通过配送中心。综合运输网络的管理相当复杂，因为不同规模的订单、不同产品类型或不同零售商需要不同的运输方案。因此，综合运输网络的运营，需要比较完善的信息基础设施和较大的投资。表 7.1 是以上五种运输网络架构的优点和缺点。

表 7.1 五种运输网络架构的优点和缺点

运输网络架构	优 点	缺 点
直接运送网络	无须中间仓库、协作简单	库存水平高、接收成本大
利用"送奶线路"的直接运送	小批量订单的运输成本低、库存水平低	协调的复杂性加大
通过配送中心进行储存	联合订货降低了进货运输成本	库存成本增加、配送中心的处理费用增加
通过配送中心进行对接	库存水平低、联合订货降低了进货运输成本	协调的复杂性加大
通过配送中心利用送奶线路送货	小批量订货的送货成本较低	协调的复杂性进一步加大
综合运输网络	运输方案与单个订单、零售商的需求匹配度较高	协调的复杂性最大

7.3 运输方式的选择

在组织货物运输时，往往面临多种运输方式的选择。由于各种运输方式的特点、适用条件不同，每一个组织的具体情况和追求的目标不同等，组织所采用的运输方式也会有所不同。因此，组织在选择运输方式时，应从组织的实际条件、具体要求出发，权衡各种运输方式的利弊,慎重决策。

7.3.1 物流总成本

由于各种运输方式的运输速度、运输成本等方面存在着不同,所以,企业可以依据各种运输方式所花费的运输成本以及运输速度较快带来的库存成本的节约,比较采用不同运输方式时的物流总成本,以寻求最优的运输方案。

案例 7.1 某电子元器件企业的生产工厂位于苏州工业园区。该企业的物流流程是:先将工厂生产的元器件存放在工厂仓库,然后通过专业运输企业将产品运往企业在销售市场附近的仓库。目前,该企业采用的是铁路运输方式,其平均运输时间为 15 天,每个仓库的平均库存为 20 000 箱,每箱元器件的平均价值是 100 元,存货成本率是 20%。该企业希望采用总物流成本最小的运输方式。据估计,运输时间从目前的 15 天每减少 1 天,平均库存水平可以降低 1%。每年元器件的市场销售量是 1 000 000 箱。企业可以选择的运输方式的基本情况如表 7.2 所示。

表 7.2 铁路、公路、航空运输的基本资料

运输方式	运输费率/(元/箱)	运输时间/天	年运输次数
铁路运输	0.12	15	5
公路运输	0.20	5	10
航空运输	0.60	2	20

(假定不考虑采购成本和运输时间的波动)

分析:不同运输方式的运输时间对货物在途库存以及在途库存成本产生直接影响。在途库存成本=平均在途库存额×库存成本率×年运输次数×在途时间÷全年天数。工厂仓库库存成本=工厂平均库存额×库存成本率,市场仓库库存成本=市场仓库平均库存额×库存成本率。

各种运输方式的运输成本=运输总量×运输费率。

在不考虑采购成本的情况下,企业的物流成本是库存成本和运输成本之和。三种运输方式下,该电子元器件企业的物流总成本的计算结果如表 7.3 所示。

表 7.3 三种运输方式下的物流总成本 元

成本类型	铁路运输	公路运输	航空运输
运输成本	120 000	200 000	600 000
工厂库存成本	400 000	180 000	87 000
市场库存成本	400 480	180 360	87 522
在途库存成本	821 918	273 973	109 589
物流总成本	1 742 398	834 333	884 111

结论:该元器件公司应采用公路运输方式。

7.3.2 获利能力

当市场上的采购组织从多个供应组织处购买商品时,供应组织之间就存在着竞争。供应组织为了在竞争中取胜,可能会提供更好的物流服务,如选择更快捷的运输方式。对采购组织来讲,更快捷的运输方式意味着企业库存水平的降低和企业经营计划保障程度的提高。因此,采购组织往往采取提高购买量的政策,鼓励供应组织选择更快捷的运输方式。对供应组织来讲,采用更快捷的运输方式可以得到更多采购组织的订单,订单数量的增加所带来的利润的增加能够弥补由于选择更快捷运输方式而增加的运输成本,因而,供应组织也有积极性选择更快捷的运输方式。

如果市场上存在多个供应组织时,运输服务的选择就成为供应组织和购买组织博弈的结果。供应组织通过选择更快捷的运输方式获取订单,采购组织通过增加订单给供应组织以回报。采购组织订单增加的数量取决于各种运输方式之间的差异。

案例 7.2 某商场每年从两个供应商处以 1 000 元的价格购买某种家用电器 40 000 台,该家用电器的毛利率为 30%。目前,该商场从两个供应商处购买的数量相同,两个供应商采用的运输方式都是铁路运输,运输时间也相同。为了降低库存成本,该商场鼓励供应商采用更快捷的运输方式,为此,商场制定的政策是:运输时间每减少 1 天,商场将总购买数量的 2%转移到该供应商。可供选择的运输方式的运输费率和运输时间如表 7.4 所示。

表 7.4 各种运输方式的基本数据

运输方式	运输费率/(元/台)	运输时间/天
铁路运输	10	9
公路运输	40	5
航空运输	100	2

那么,供应商甲是否需要考虑改变目前的运输方式?

分析:如果供应商甲将目前所采用的铁路运输变为公路运输或航空运输方式,尽管其销售收入会相应增加,但是,运输成本也会提高。因此,供应商甲应依据获得利润的变化情况进行决策。供应商甲采用三种不同运输方式的可能获利状况如表 7.5 所示。

表 7.5 不同运输方式下供应商甲的获利比较

运输方式	销售量/台	运输成本/元	利润/元
铁路运输	20 000	200 000	5 800 000
公路运输	23 200	92 800	6 867 200
航空运输	25 600	2 560 000	5 120 000

结论:供应商甲应改变目前所采用的铁路运输方式为公路运输方式,此时供应商甲获得的利润将增加。但是,供应商甲也必须随时注意竞争对手的动向,一旦对方也采取同样的行动,其获得的优势就会消失。

影响运输方式选择的因素,除了运输成本、库存成本以及采购组织购买政策等因素之外,还存在其他一些影响因素。例如,运输方式对产品价格的影响。由于运输服务的改善,可能促使供应组织提高其产品的销售价格,进而影响采购组织的购买意愿;运输方式对供应组织库存水平也会产生影响。运输方式的变化,改变了供应组织的运输批量,进而影响其库存水平,反过来影响供应组织的销售价格及运输方式的选择;竞争对手采取的敌对行动,同样对供应组织运输方式的选择产生影响。而这些因素在上述讨论中并没有被考虑,这也正是上述运输方式选择方法的局限所在。因此,企业在应用时,应结合实际需要,在综合评价这些因素影响程度的基础上,选择主要的影响因素导入选择方法中,以提高运输方式选择的准确性。

7.4 运输网络流的规划

运输网络流是指一个标明了各交通点之间的流量限制和流动方向的交通网络。在运输网络流中,通常有一个发点、一个收点和无数个中间点,发点与收点不重合,发点只有发出,收点只有收入,中间点既有发出又有收入,从发点到收点有一条以上的路线可供选择,各条路线的运输距离、运输时间或运输费用等不同。运输网络流的规划要求在满足限制条件的前提下,选择一条最优的运输路线。

7.4.1 最短路线问题

问题描述:已知从一个产地到某个销地有多条运输路线可供选择,每条运输线路经过的环节和运输时间、距离等不同,最短路线问题是寻找从产地到销地的最短运输路线。

设一个由 $A_1,A_2,\cdots,A_n$ 节点组成的交通网络,X_{ij} 代表 A_i 与 A_j 之间的成本、距离或时间等,L_{ij} 代表从 A_i 到 A_j 的最小成本、最短距离或最快时间,求从 A_1 到 A_n 的最短路线。

最短路线问题的求解常用 Dikstra 算法。其规划步骤如下。

(1) 给发点 A_1 标号 $(1,0)$,其最短运输距离 $L_{11}=0$。

(2) 从已标号的点出发,找出与已标号的点 A_i 相邻的所有未标号的点,并找出距离已标号的点最近的点 A_j,给其标号 (i,L_{ij}),其中:$L_{ij}=\min(L_{1i}+X_{ij})$。

(3) 重复进行(2),直到所有点都被标号,标号中的第二个数字就是该节点到发点的最短距离。

(4) 利用"反向追踪"法,可以找出从发点到收点的最短路线。

案例 7.3 从 A 地到 G 地有多条运输线路,各条运输线路的运输时间及各节点之间的位置如图 7.5 所示,试找出从 A 地到 G 地的最短运输时间。(单位:小时)

规划步骤如下。

首先给发点 A 标号 $(1,0)$,运输时间 $L_{AA}=0$,从 A 出发,与 A 相邻的未标号的节点是 B,C,D,其最短时间为:$L_{AB}=\min(0+2,0+3,0+5)=2$,所以,给 B 标号 $(A,2)$,A,B 成为已标号的节点。

从 A,B 出发,有相邻的未标号的节点 C,D,E,其最短运输时间为:$L_{AC}=\min(0+3,$

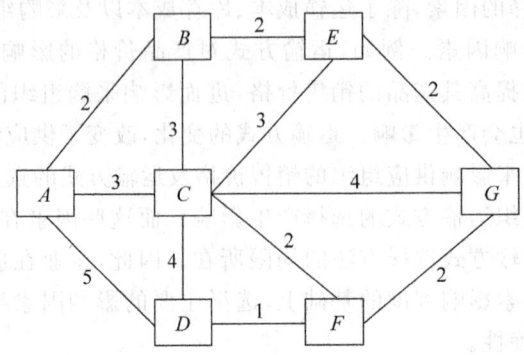

图 7.5 各线路的运输时间及节点位置

$0+5,2+3,2+2)=3$,所以,给 C 标号$(A,3)$,现在,A,B,C,成为已标号的点。

从 A,B,C 出发,有相邻未标号的节点 D,E,F,G,其最短运输时间为:$L_{BE}=$ $\min(0+5,2+2,3+3,3+4,3+2)=4$,所以给 E 标号$(B,4)$。A,B,C,E 成为已标号的点。

从 A,C,E 出发,有相邻未标号的节点 D,F,G,其最短运输时间为:$L_{AD}=L_{CF}=$ $\min(0+5,3+2,3+4,4+2)=5$,所以,给 D 标号$(A,5)$,给 F 标号$(C,5)$。A,B,C,E,D,F 成为已标号的点。

从 C,E,F 出发,有相邻未标号的节点 G,其最短运输时间为:$L_{EG}=\min(4+2,3+4,5+2)=6$,所以,给 G 标号$(E,6)$。

因为所有节点都已标号,得到从 A 地到 G 地的最短运输时间为 6 小时。利用"反向追踪"法,得最短路线为 A,B,E,G。

7.4.2 网络最大流问题

1. 问题描述及数学模型

问题描述:假设有一个连接产地 A_s 到销地 A_e 运输网络流。每一弧(A_i,A_j)代表从 A_i 到 A_j 的交通线,各个顶点弧上标明了流动方向和流量限制。在运输网络流中,箭头代表货流的方向,弧上括号外的数字 C_{ij} 表示该弧的容量,括号内的数字 X_{ij} 表示该弧的货流量。网络最大流问题是合理规划 X_{ij},使从发点到收点的货流量最大。

运输问题的货流需要满足以下两个条件。

(1)每条弧上的流量必须是非负的且不能超过该弧的最大通过能力(该弧的容量)。

(2)起点发出的流的总和(流量),必须等于终点接收的流的总和,且各中间点流入的流量之和必须等于从该点流出的流量之和,即流入的流量之和与流出的流量之和的差为零,也就是说各中间点只起转运作用,它既不产出新的物资,也不得截留过境的物资。

把满足以上两条件的货流称为该运输问题的可行流。网络最大流问题就是要寻找最大流量的可行流。

网络最大流问题的数学模型可描述为

目标函数:$\max Z(X)$

约束条件：

$0 \leqslant X_{ij} \leqslant C_{ij}$ 表示每条弧的流量不能超过该弧的最大流量限制；

$\sum\limits_{(A_s,A_j)} X_{sj} - \sum\limits_{(A_j,A_s)} X_{js} = Z(X)$ 表示发点 A_s 提供的货物数量之和等于该运输网络的最大流量；

$\sum\limits_{(A_e,A_j)} X_{ej} - \sum\limits_{(A_j,A_e)} X_{je} = -Z(X)$ 表示收点 A_e 接收的货物数量等于该运输网络的最大货流量；

$\sum\limits_{(A_i,A_j)} X_{ij} - \sum\limits_{(A_j,A_i)} X_{ji} = 0$ 表示中间点的收货量与发货量相等。

2．网络最大流问题的规划方法

对于一个包含 n 个顶点 $A_1, A_2, \cdots, A_n$ 的网络流，A_1 是发点，A_n 是收点，各弧 (A_i, A_j) 上的最大流量是 C_{ij}，设 $\{X_{ij}\}$ 是一个可行流，如果存在一条从发点 A_1 到收点 A_n 的路线，这条路线满足下列两个条件：

（1）所有前向弧（弧的方向与流向一致）上的货流量 $X_{ij} < C_{ij}$；

（2）所有后向弧（弧的方向与流向相反）上的货流量 $X_{ij} > 0$。

则该条路线是可行流 $\{X_{ij}\}$ 的一个增广链（可增加流量的链）。设 a 为该增广链可增加的最大货流量，则

$$a_1 = \min(C_{ij} - X_{ij}) \quad (A_i, A_j) \text{ 是前向弧}$$
$$a_2 = \min(X_{ij}) \quad (A_i, A_j) \text{ 是后向弧}$$
$$a = \min(a_1, a_2)$$

对增广链进行可行流的调整，调整方法如下。

（1）所有前向弧的货流量加上 a，即 $X_{ij} + a$；

（2）所有后向弧的货流量减去 a，即 $X_{ij} - a$。

此时，得到一个新的可行流 $\{X'_{ij}\}$。新的可行流是否是最大流，关键是能否寻找到新的增广链。利用标号法可以很方便地寻找到运输网络的最大流。标号法的具体步骤如下。

（1）对网络发点 A_s 标号 $(0, \infty)$。此时发点 A_s 是标号未检查点，其他点是未标号点。（标号的第一个数字表示标号的来源，第二个数字表示可调整的货流量）

（2）对与标号未检查点相连的未标号点进行标号。如果 A_i 是标号未检查点，A_j 是与 A_i 相连的未标号点，若在弧 (A_i, A_j) 上，$X_{ij} < C_{ij}$，则给 A_j 标号 $(i, +)$；若在弧 (A_i, A_j) 上，$X_{ij} > 0$，则给 A_j 标号 $(i, -)$。重复此步骤，直到给收点 A_e 标上号为止。

（3）利用"反向追踪"的方法，找出 A_s 到 A_e 的增广链。其方法是：从收点 A_e 开始，若 A_e 的标号是 $(k, +)$，则 A_e 前面的点是 A_k，且弧 (A_k, A_e) 是前向弧。接着检查 A_k，若其标号是 $(i, +)$，则找出前向弧 (A_i, A_k)，若标号是 $(i, -)$，则找出后向弧 (A_k, A_i)，接下来检查 A_i，重复此步骤，直到到达发点标号为 $(0, \infty)$ 的发点 A_s，就得到了一个 A_s 到 A_e 的增广链。

（4）调整。找出增广链的货流最大调整量，对增广链进行最大可能的调整，得到一个新的可行流 $\{X'_{ij}\}$。去掉所有标号，对新的可行流重新进行标号过程。如果所有标号都

已检查过,并且标号过程进行不下去时,过程结束,此时的可行流就是最大流。

案例 7.4 求图 7.6 所示交通网路的最大货流。

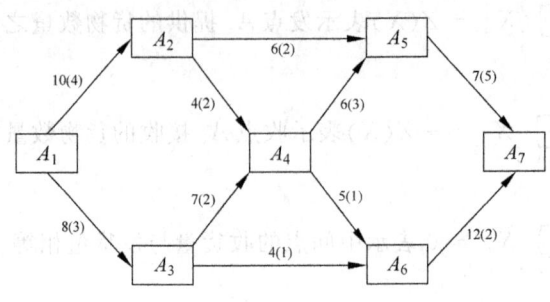

图 7.6 交通网络

规划步骤如下。

第一步:给 A_1 标上 $(0,\infty)$。

第二步:检查 A_2,由于弧 (A_1,A_2) 上 $X_{12}=4<C_{12}=10$,所以,给 A_2 标上 $(1,+)$,同理,给 A_5 标上 $(2,+)$,A_7 标上 $(5,+)$,由于 A_7 是收点,标号过程结束。

第三步:利用"反向追踪",得到增广链为 A_1,A_2,A_5,A_7。

第四步:由于增广链上的弧都是前向弧,所以其最大可能调整量为:$a=\min(10-4,6-2,7-5)=2$,调整增广链上各弧的货流量,调整后的可行流如图 7.7 所示。

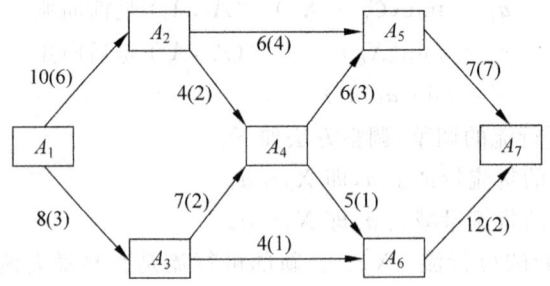

图 7.7 增广链上各弧的货流量

执行上述步骤,给 A_1 标上 $(0,\infty)$,A_2 标上 $(1,+)$,A_5 标上 $(2,+)$,A_4 标上 $(5,-)$,A_6 标上 $(4,+)$,A_7 标上 $(6,\infty)$,得增广链 A_1,A_2,A_5,A_4,A_6,A_7,该增广链上的 (A_1,A_2)、(A_2,A_5)、(A_4,A_6)、(A_6,A_7) 为前向弧,其最大调整量为:$a_1=\min(10-6,6-4,5-1,12-2)=2$;弧 (A_5,A_4) 为后向弧,其调整量为 $a_2=3$,因此,该增广链的最大货流调整量为 $a=\min(a_1,a_2)=\min(2,3)=2$,对该增广链进行货流调整,得新的可行流,如图 7.8 所示。

对图 7.8 重新执行标号过程并调整货流,给 A_1 标上 $(0,\infty)$,A_2 标上 $(1,+)$,A_4 标上 $(2,+)$,A_6 标上 $(4,+)$,A_7 标上 $(6,\infty)$,得新增广链 A_1,A_2,A_4,A_6,A_7,此增广链上的弧都是前向弧,所以,其最大货流调整量为:$a=\min(10-8,4-2,5-3,12-4)=2$,新可行流如图 7.9 所示。

对图 7.9 重新标号、调整,给 A_1 标上 $(0,\infty)$,A_3 标上 $(1,+)$,A_6 标上 $(3,+)$,A_7 标

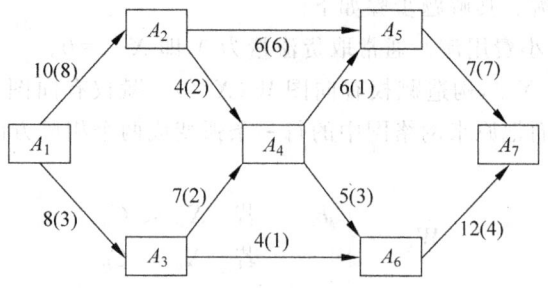

图 7.8　调整后的货流量

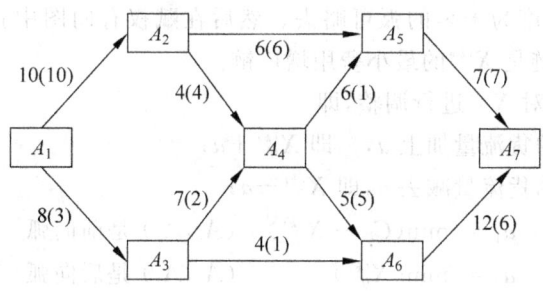

图 7.9　新可行流

上 $(6,\infty)$,得新增广链 A_1,A_3,A_6,A_7,此增广链上的弧都是前向弧,所以,其最大货流调整量为:$a=\min(8-3,4-1,12-6)=3$,新可行流如图 7.10 所示。

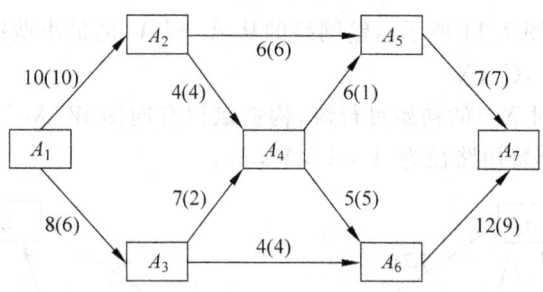

图 7.10　新增广链的新可行流

对图 7.10 显然无法用标号法得到一个增广链,故其得到的可行流即为最大货流,最大流量$=X_{12}+X_{13}=X_{57}+X_{67}=16$。

7.4.3　最小费用最大流问题

在实际运输组织时,往往遇到既需要考虑货流的问题,又需要考虑运费的问题,也就是,寻求一个最大货流量,使总运输费用最低。此类问题就是最小费用最大流问题。

问题描述:设有一个由 n 个节点组成的运输网络,C_{ij} 代表弧 (A_i,A_j) 的最大货流通过能力,b_{ij} 代表弧 (A_i,A_j) 的单位运费,要求找出一个最大货流量 X,使 $\sum b_{ij}\cdot x_{ij}$ 最小。

最小费用最大流问题的解决思路是,寻找最小费用流的增广链,对增广链调整货流量,最终得到最大货流。其解题步骤如下。

(1) 确定初始最小费用流。通常取货流量为 0,即 $X^{(0)}=0$。

(2) 对于可行流 $X^{(k)}$,构造赋权有向图 $W(X^{(k)})$。赋权有向图 $W(X)$ 的各个节点由原网络的节点组成,而把原来网络图中的每一条弧变成两个相反方向的弧,并定义 $W(X)$ 中弧的权 W_{ij} 为

$$W_{ij} = \begin{cases} b_{ij} & 若 \quad X_{ij} < C_{ij} \\ +\infty & 若 \quad X_{ij} = C_{ij} \end{cases}$$

$$W_{ij} = \begin{cases} -b_{ij} & 若 \quad X_{ij} > 0 \\ +\infty & 若 \quad X_{ij} = 0 \end{cases}$$

其中 $W(X)$ 中长度为 $+\infty$ 的弧可略去。然后在赋权有向图中找出 A_1 到 A_n 的最小费用链,此最小费用链是 $X^{(k)}$ 的最小费用增广链。

(3) 在增广链上对 $X^{(k)}$ 进行调整,即

① 所有前向弧的货流量加上 a,即 $X_{ij}^{(k)}+a$;

② 所有后向弧的货流量减去 a,即 $X_{ij}^{(k)}-a$;

$$a_1 = \min(C_{ij} - X_{ij}^{(k)}) \quad (A_i, A_j) 是前向弧$$
$$a_2 = \min(X_{ij}^{(k)}) \quad (A_i, A_j) 是后向弧$$
$$a = \min(a_1, a_2)$$

从而得到新的可行流 $X^{(k+1)}$,此可行流是同一流量中费用最小的可行流。

设 $k=k+1$,重复上述(2)和(3),直到找不出新的最小费用链,所得的货流即为最小费用最大流。

案例 7.5 规划图 7.11 所示运输网络的从 A_1 到 A_5 的最小费用最大流,图中弧上的三个数字分别代表 b_{ij}, C_{ij}, X_{ij}。

规划步骤:首先对 $X^{(0)}$ 的初始可行流,构造赋权有向图 $W(X^{(0)})$,如图 7.12 所示,并找出 A_1 到 A_5 的最小费用路径为 A_1, A_3, A_2, A_5。

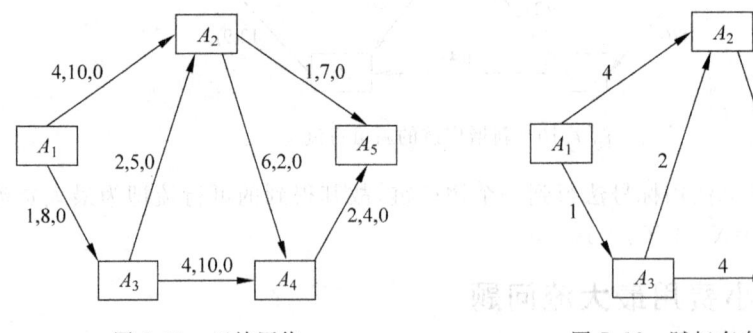

图 7.11 运输网络　　　　　图 7.12 赋权有向图 $W(X^{(0)})$

在此增广链上对 $X^{(0)}$ 进行调整,可增加的货流量为 5,得可行流 $X^{(1)}$,如图 7.13 所示,并对 $X^{(1)}$ 构造赋权有向图 $W(X^{(1)})$,如图 7.14 所示,并找出 A_1 到 A_5 的最小费用路径为 A_1, A_2, A_5。

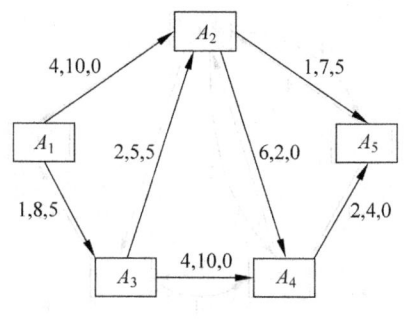

图 7.13 可行流 $X^{(1)}$

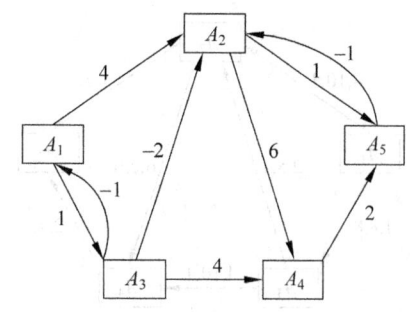

图 7.14 赋权有向图 $W(X^{(1)})$

在此增广链上对 $X^{(1)}$ 进行调整,可增加的货流量为 2,得可行流 $X^{(2)}$,如图 7.15 所示,对 $X^{(2)}$ 构造赋权有向图 $W(X^{(2)})$,如图 7.16 所示,找出 A_1 到 A_5 的最小费用路径为 A_1,A_3,A_4,A_5。

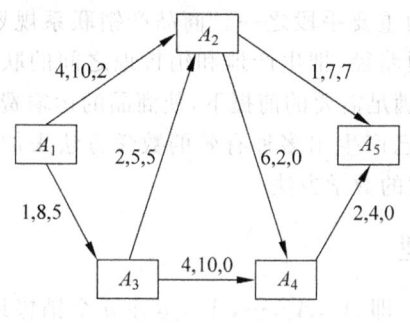

图 7.15 可行流 $X^{(2)}$

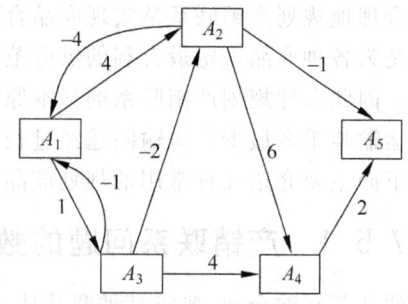

图 7.16 赋权有向图 $W(X^{(2)})$

在此增广链上对 $X^{(2)}$ 进行调整,可增加的货流量为 3,得可行流 $X^{(3)}$,如图 7.17 所示,对 $X^{(3)}$ 构造赋权有向图 $W(X^{(3)})$,如图 7.18 所示,找出 A_1 到 A_5 的最小费用路径为 A_1,A_2,A_3,A_4,A_5。

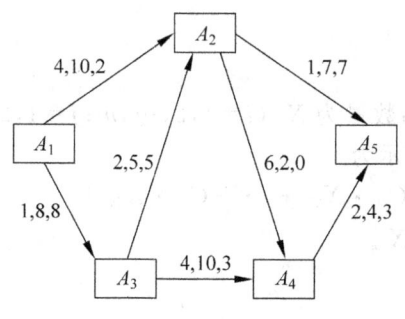

图 7.17 可行流 $X^{(3)}$

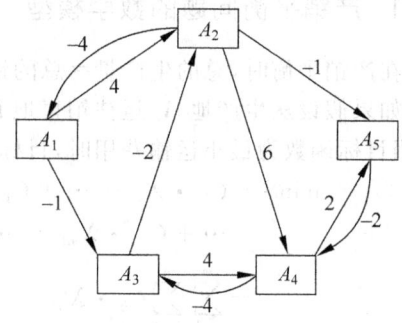

图 7.18 赋权有向图 $W(X^{(3)})$

在此增广链对 $X^{(3)}$ 进行调整,可增加的货流量为 1,得可行流 $X^{(4)}$,如图 7.19 所示,对 $X^{(4)}$ 构造赋权有向图 $W(X^{(4)})$,如图 7.20 所示。

可以看出,已不能找到从 A_1 到 A_5 的最小费用路径,则 $X^{(4)}$ 为最小费用最大流,其网络图如图 7.20 所示。

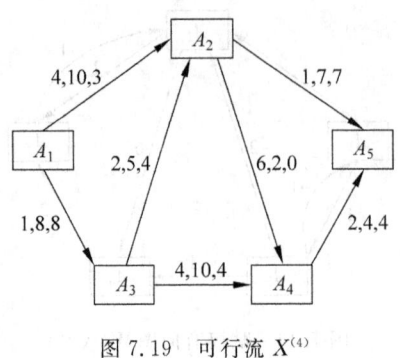
图 7.19 可行流 $X^{(4)}$

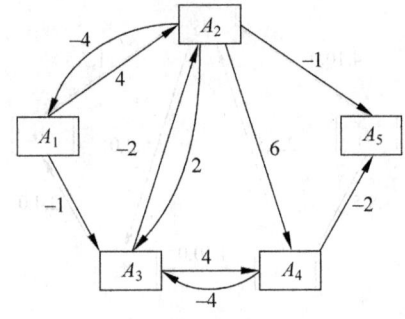
图 7.20 赋权有向图 $W(X^{(4)})$

7.5 产销联系问题的规划

合理地规划产销联系是实现商品合理运输的重要手段之一。商品产销联系规划,实质上是为各种商品规定最有利的供应范围和流通路径,把生产地和销售地之间的联系具体化。因此合理规划产销联系的基本原则是:在满足需要的前提下,使商品的运输费用最小或运输吨千米最少。运输问题经过长期实践,已产生出多种有效的数学方法来加以解决。下面主要介绍几种常用的规划商品运输方案的数学方法。

7.5.1 产销联系问题的数学模型

假如某运输企业,要将某种商品从 m 个产地,即 $A_1,A_2,\cdots,A_m$,运往 n 个销售地,即 $B_1,B_2,\cdots,B_n$。已知产地 $A_i(i=1,2,\cdots,m)$ 的发运量为 $a_i(i=1,2,\cdots,m)$ 和销售地 $B_j(j=1,2,\cdots,n)$ 的需要量为 $b_j(j=1,2,\cdots,n)$。并且每个生产地到各销售地的单位运价为 $C_{ij}(i=1,2,\cdots,m;j=1,2,\cdots,n)$ 和运输距离为 $L_{ij}(i=1,2,\cdots,m;j=1,2,\cdots,n)$。问应如何规划运输方案,使总的运费最低或运输吨千米最小?

1. 产销平衡问题的数学模型

在产销平衡时,总的生产量=总的销售量。

如果假设从生产地 A_i 运往销售地 B_j 的商品数量为 $X_{ij}(i=1,2,\cdots,m;j=1,2,\cdots,n)$,当目标函数为最小运输费用时,目标函数可表示为

$$\min S = C_{11} \cdot X_{11} + \cdots + C_{1n} \cdot X_{1n} + C_{21} \cdot X_{21} + \cdots + C_{2n} \cdot X_{2n} + \cdots + C_{m1} \cdot X_{m1} + \cdots + C_{mn} \cdot X_{mn}$$

$$= \sum_{i=1}^{m} \sum_{j=1}^{n} C_{ij} \cdot X_{ij}$$

同理,当目标函数为总运输吨千米最小时,目标函数可表示为

$$\min S = L_{11} \cdot X_{11} + \cdots + L_{1n} \cdot X_{1n} + L_{21} \cdot X_{21} + \cdots + L_{2n} \cdot X_{2n} + \cdots + L_{m1} \cdot X_{m1} + \cdots + L_{mn} \cdot X_{mn}$$

$$= \sum_{i=1}^{m} \sum_{j=1}^{n} L_{ij} \cdot X_{ij}$$

约束条件为

$\sum_{j=1}^{n} X_{ij} = a_i (i = 1, 2, \cdots, m)$　　表示从每个产地运往各销地的商品数量等于此产地的总产量；

$\sum_{i=1}^{m} X_{ij} = b_j (j = 1, 2, \cdots, n)$　　表示从各产地运到某销地的商品数量之和等于该销地的总需要量；

$\sum_{i=1}^{m} a_i = \sum_{j=1}^{n} b_j$　　表示总产量等于总销量；

$X_{ij} \geqslant 0 (i = 1, 2, \cdots, m \text{ 和 } j = 1, 2, \cdots, n)$　　表示运量为非负数

2. 产销不平衡问题的数学模型

当产销不平衡时，往往需要把产销不平衡问题转化为产销平衡问题来处理。

1）总产量＞总销量的产销联系问题

即　$\sum_{i=1}^{m} a_i > \sum_{j=1}^{n} b_j$

当生产地的总产量大于销售地的总销量时，其数学模型可写成：

目标函数　　　　　$\min S = \sum_{i=1}^{m} \sum_{j=1}^{n} C_{ij} \cdot X_{ij}$

约束条件：　　　　$\sum_{j=1}^{n} X_{ij} \leqslant a_i (i = 1, 2, \cdots, m)$

$$\sum_{i=1}^{m} X_{ij} = b_j (j = 1, 2, \cdots, n)$$

$$X_{ij} \geqslant 0 (i = 1, 2, \cdots, m \text{ 和 } j = 1, 2, \cdots, n)$$

由于总的产量大于总的销量，就要考虑多余的商品在哪一产地就地储存的问题。假设 $X_{i,n+1}$ 是产地 A_i 的储存量，于是模型变为如下形式：

$$\sum_{j=1}^{n} X_{ij} + X_{i,n+1} = \sum_{j=1}^{n+1} X_{ij} = a_i (i = 1, 2, \cdots, m)$$

$$\sum_{i=1}^{m} X_{ij} = b_j (j = 1, 2, \cdots, n+1)$$

$$\sum_{i=1}^{m} X_{i,n+1} = \sum_{i=1}^{m} a_i - \sum_{j=1}^{n} b_j = b_{n+1}$$

$$C'_{ij} = C_{ij}, i = 1, 2, \cdots, m \text{ 且 } j = 1, 2, \cdots, n$$

$$C'_{ij} = 0, i = 1, 2, \cdots, m \text{ 且 } j = n+1$$

将其分别代入目标函数中，得到

$$\min S = \sum_{i=1}^{m} \sum_{j=1}^{n+1} C'_{ij} \cdot X_{ij} = \sum_{i=1}^{m} \sum_{j=1}^{n} C_{ij} \cdot X_{ij} + \sum_{i=1}^{m} C_{i,n+1} \cdot X_{i,n+1}$$

约束条件：　　　　$\sum_{j=1}^{n+1} X_{ij} = a_i (i = 1, 2, \cdots, m)$

$$\sum_{i=1}^{m} X_{ij} = b_j (j = 1, 2, \cdots, n+1)$$

$$X_{ij} \geqslant 0 (i = 1, 2, \cdots, m \text{ 和 } j = 1, 2, \cdots, n+1)$$

由于在这个模型中,存在下列等式:

$$\sum_{i=1}^{m} a_i = \sum_{j=1}^{n} b_j + b_{n+1} = \sum_{j=1}^{n+1} b_j$$

因此,这是一个产销平衡的运输问题。

2) 总销量＞总产量的产销联系问题

即 $\sum_{i=1}^{m} a_i < \sum_{j=1}^{n} b_j$

当总销量＞总产量时,可以采取与总产量＞总销量相类似的方法,也就是在产销平衡表上增加一个假想的产地 A_{m+1},该地的产量为

$$\sum_{j=1}^{n} b_j - \sum_{i=1}^{m} a_i$$

从该假想产地到各销地的运价 $C_{m+1,j} = 0$,同样可以将"总销量＞总产量"的问题转化为一个产销平衡的运输问题。

7.5.2 图上作业法

图上作业法是利用商品的生产地和销售地的地理分布与交通路线示意图,采用图解的形式,规划商品的运输方案,以求得商品运输吨千米最小的方法。图上作业法适用于同一种运输工具进行运输的状况。

在运输交通图上,用"□"表示生产地或供应地,"□"中的数字表示该生产地的产量或供应地的供应量;用"○"表示销售地或需要地,"○"的数字为该销售地的销售量或需要地的需要量。商品运输的方向用"→"表示,称为流向,它标在前进方向的右边。把表明了产地的产量、销地的销量以及流向、流量的交通图称为流向图。图上作业法的核心就是规划出商品的最优流向图,也就是商品的最优运输方案。一般地说,最优流向图是指既没有对流又没有迂回的流向图。

图上作业法的计算步骤如下。

(1) 根据运输任务,编制产销平衡表,如表 7.6 所示。
(2) 绘制产地和销地的交通图。
(3) 就近运输的原则,画出初始流向图,并检验。
(4) 如果不是最优流向图,就需调整初始方案。
(5) 进一步检验调整后的流向图。
(6) 当确认该方案是最优后,计算总运输吨千米,并把规划结果填在产销平衡表中。

案例 7.6 设有某种商品的供应地和需要地各四个,位于成两个圈状的路网上,各供应地、需要地的距离及供应地的供应量、需要地的需要量如图 7.21 所示。问如何规划运输方案才能使运输的吨千米最小?

解:第一步:画出产销平衡表

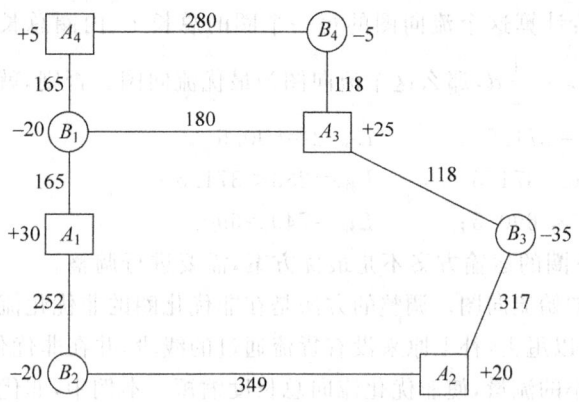

图 7.21 某商品的供应地和需要地网络图

表 7.6 产销平衡表

供应地\需要地	B_1	B_2	B_3	B_4	产量
A_1					30
A_2					20
A_3					25
A_4					5
需要量	20	20	35	5	

第二步：规划初始流向图。如果交通图成圈状，通常假设里程最长的这段线路没有货流通过，使之成为不成圈的交通图。在此例中，应甩去 A_2—B_2 和 A_4—B_4。然后按照交通图成线状的情况进行规划。

对于交通图成线状，在规划运输方案时，首先要避免对流。一般从交通图各端开始，按就近供应的原则由外向里逐步进行各供应地与需要地之间的供需平衡。就可得到一个初始流向图。本例的初始流向图如图 7.22 所示。

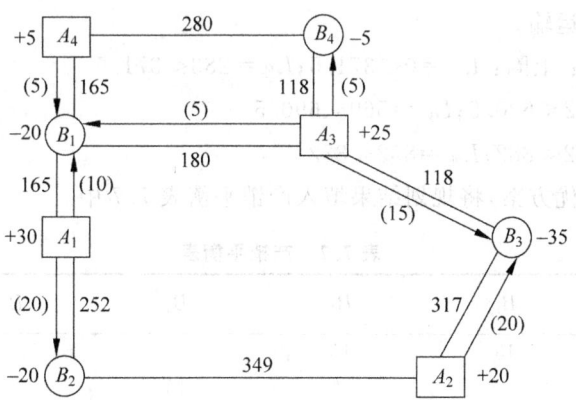

图 7.22 初始流向图

第三步：检验初始流向图。如果第二步得出流向图既没有对流又没有迂回，则为最优流向图。

检验的方法是:计算这个流向图的每一个圈的总长 L、内圈总长 $L_内$、外圈总长 $L_外$。如果 $L_内<\frac{1}{2}d$ 且 $L_外<\frac{1}{2}d$,那么这个流向图为最优流向图。否则,就不是最优解

本例中:$L_上/2=371.5$　　　　$L_下/2=690.5$

上圈:$L_内=180<371.5$　　　$L_外=283<371.5$

下圈:$L_内=283<690.5$;　　$L_外=749>690.5$

由计算可知,下圈的运输方案不是最优方案,需要进行调整。

第四步:调整初始流向图。调整的方法是在非优化圈的非优化流向上,找出最小的流量,在重新甩段时予以甩去,补上原来没有货流通过的线段,并在非优化流向的相反方向上加一个大小等于最小的流量,使非优化流向总长度缩短。本例中,非优化圈是下圈,最小的流量为 A_3—B_1,其流量为5吨,在重新甩段时甩去,补上 A_2—B_2,其流量为5吨。由于 A_3—B_1 同时又是上圈的一部分,甩去时应考虑对上圈的影响。调整结果如图 7.23 所示。

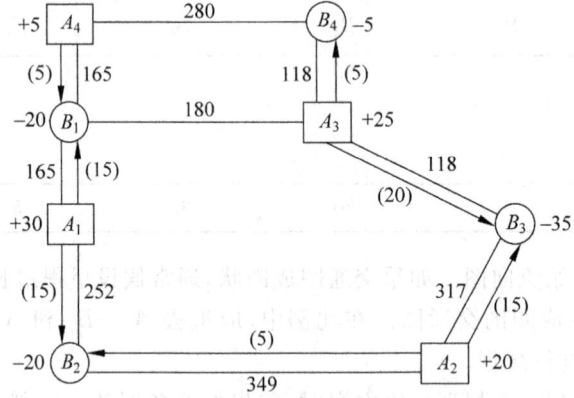

图 7.23　某商品的供应地和需要地网络图

第五步:检验。经过调整后的方案没有对流,各供应地、需要地的数量也满足要求,但还需检验有无迂回运输。

检验结果如下:上圈:$L_内=0<371.5$;$L_外=283<371.5$

下圈:$L_内=632<690.5$;$L_外=569<690.5$

大圈:$L_内=632<882$;$L_外=852<882$

则该方案是最优方案,将规划结果填入产销平衡表 7.7 中。

表 7.7　产销平衡表

供应地 \ 需要地	B_1	B_2	B_3	B_4	产　　量
A_1	15	15			30
A_2		5	15		20
A_3			20	5	25
A_4	5				5
需要量	20	20	35	5	

表7.7中运输方案的总运输吨公里 $S=16\,530$（吨千米）

在运用图上作业法规划商品运输方案时,应当牢记以下口诀:"流向画右方,对流不应当;内圈、外圈分别算,要求不过半圈长。"

7.5.3 表上作业法

表上作业法是一种以运费最小作为目标函数,利用单位运价表、产销平衡表等进行规划求出最优运输方案的数学方法。下面通过例题介绍表上作业法的规划步骤。

案例7.7 假如某种商品有三个供应地,每天的供应量分别为：A_1—7吨,A_2—4吨,A_3—9吨。要将这种商品分别运往四个地区销售,各地区每天的需要量为：B_1—3吨,B_2—6吨,B_3—5吨,B_4—6吨。已知从每个供应地到各销地每吨商品的运价如表7.8所示：

表7.8 运 价 表

供应地＼需要地	B_1	B_2	B_3	B_4
A_1	3	11	3	10
A_2	1	9	2	8
A_3	7	4	10	5

问：在满足各地销售量的情况下,应如何调运才能使总的运费支出最少？

解：第一步：确定初始方案。确定初始方案的方法有多种,包括西北角法、最小元素法、伏格尔法等,下面介绍最小元素法。最小元素法就是在单位运价表上从运价最小的元素开始确定产销联系。当某一个供应地的产量或销地的销量得到满足后,就在单位运价表中把对应行或列的运价划去,再从剩下的运价中找出最小的一个运价,重复上述的过程就可得出一个初始运输方案。

本例的计算过程和初始方案如表7.9和表7.10所示。

表7.9 利用最小元素法得出的初始方案

供应地＼需要地	B_1	B_2	B_3	B_4	
A_1	3	11	3	10	⑥
A_2	1	9	2	8	②
A_3	7	4	10	5	⑤
	①	④	③		

表7.10 与初始方案对应的产销平衡表

供应地＼需要地	B_1	B_2	B_3	B_4	产 量
A_1			4	3	7
A_2	3		1		4
A_3		6		3	9
销量	3	6	5	6	

用最小元素法给出的运输方案能否作为表上作业法的初始方案？需要满足下列两个条件：①产销平衡表中所填数字的格应为 $m+n-1$ 个。但在按最小元素法规划初始方案时，有时会遇到不需要或不能供应的情况，就在本应填数的表格内加"0"，把它当作有数字的格看待，使有数字的格仍为 $m+n-1$。②不存在以有数字的格为顶点构成的闭回路。它是指从运输方案的某一空格出发，沿水平或垂直方向前进，当遇到有数字的格时，便转角90度，继续前进，经过数次的前进、转角、前进，最后总能找到一条回到原出发点的回路。并且，对于每一个空格来说，这样的闭回路是存在的而且是唯一的。

本例中的运输方案满足以上两个条件，故是初始方案。

第二步：对初始方案进行检验。

采用最小元素法规划出的初始方案是否是运费最省？需要进行检验。检验的方法有闭回路法和位势法。

（1）闭回路法。在上述的初始方案中，从任一空格出发，规划以该空格为顶点的闭回路。例如：在 (A_1,B_1) 这个空格处，按照初始方案，A_1 的商品不运输给 B_1。假如把运输方案改变一下，让 A_1 生产的该种商品运1吨给 B_1，为保持新的平衡，就要依次在 (A_1,B_3) 处减少1吨，(A_2,B_3) 处增加1吨，(A_2,B_1) 处减少1吨。这样的方案调整对运费有如下变化：(A_1,B_1) 处增加1吨，运费增加3元，(A_1,B_3) 处减少1吨，运费减少3元，(A_2,B_3) 处增加1吨，运费增加2元，(A_2,B_1) 处减少1吨，运费减少1元，增减相抵销，总的运费增加1吨。数字"1"称为 (A_1,B_1) 这个空格的检验数。

总结以上的过程可知，闭回路法的做法是通过每一个空格作一条闭回路，沿回路前进，将空格相对应的运价加上正号，将第一个遇到的转角格的运价加上负号，将第二次转角格的运价加上正号……依次类推，穷遍相关各格对应的运价，最后加总即得该空格的检验数。依此方法，本例中各空格的检验数如表7.11所示。

表7.11 初始调运方案的检验数表

供应地＼需要地	B_1	B_2	B_3	B_4
A_1	1	2		
A_2			1	-1
A_3	10		12	

如果检验数表中的所有数字都大于或等于零，表明该运输方案作任何改变都将导致运费增加。也就是说，规划出的初始方案是最优方案。如果检验数表的数字有负数，则初始方案不是最优，需要进行调整。

（2）位势法。位势法是先作一个表，把原来运输方案中有数字的地方换上相对应的运价。本例得出的表如表7.12所示。

表7.12 与初始调运方案对应的运价表

供应地＼需要地	B_1	B_2	B_3	B_4	U_i
A_1			3	10	
A_2	1		2		
A_3		4		5	
V_j					

其次,在表的右边和下边各增加一行和一列,并填上一些数字,使表中的各个数正好等于它所在行和所在列的这些新填写的数字之和,列成位势表。U_i 和 V_j 称为第 i 行和第 j 列的位势。在确定各行和各列的位势时,可以先确定一个位势,再根据它们之间的相互关系,推导出其他位势的数值。本例中,先令 $V_1=1$,可得如表 7.13 所示的位势表。

表 7.13 位 势 表

供应地＼需要地	B_1	B_2	B_3	B_4	U_i
A_1	(2)	(9)	3	10	1
A_2	1	(8)	2	(9)	0
A_3	(−3)	4	(−2)	5	−4
V_j	1	8	2	9	

最后,用单位运价表中的数字减去位势表对应格的数字,得检验数表 7.14。

表 7.14 检 验 数 表

供应地＼需要地	B_1	B_2	B_3	B_4
A_1	1	2		
A_2		1		−1
A_3	10		12	

表 7.11 与表 7.14 的结果相同,由此可知,用闭回路法和位势法得出的检验数相同。

第三步:调整初始方案。

调整的方法是:从检验数为负数的格出发(当存在两个或两个以上的负检验数时,从绝对值最大的负检验数的格出发),在初始方案上作一个除该空格之外其余顶点均有运量的闭回路,在这条闭回路上,进行最大可能的调整。具体方法是:在该闭回路的奇次转角的运量中,选一个最小的运量填入该闭回路的空格处,而将这个最小运量所在的格变为空格。同时将闭回路的奇次转角格的运量都减去这个最小运量,偶次转角格的运量都加上这个最小运量,可以得到一个新的运输方案。本例的调整方案如表 7.15 所示。

表 7.15 调整后的调运方案

供应地＼需要地	B_1	B_2	B_3	B_4	供应量
A_1			5	2	7
A_2	3			1	4
A_3		6		3	9
需要量	3	6	5	6	20

注意:有时在闭回路的运输方案调整时,需要减少运量的格,有两个或两个以上相等的最小运量。调整后原来空格处填上这个最小运量,而原来最小运量的格都成为空格。为了用表上作业法继续规划,就需要在原来最小运量的格处,除留一个空格外,其余均填上"0",使有数字的格仍为 $m+\sim n-1$ 个。

第四步:对调整后的运输方案进行检验。

本例调整后的运输方案中各空格的检验数如表 7.16 所示。

表 7.16　与调整后的调运方案对应的检验数表

供应地＼需要地	B_1	B_2	B_3	B_4
A_1	0	2		
A_2		2	1	
A_3	9		12	

由于调整后的运输方案各空格的检验数均大于或等于 0，所以改进后的运输方案为最优方案。

用表上作业法规划出的运输方案有时并不一定是唯一的，而可能有多个运费相等的最优方案，这就使得它的适用性大大增强。在实际应用时，我们可以在综合考虑各种因素的基础上，从多个最优方案中选择最符合实际情况的运输方案。

7.5.4　分派问题

在企业的管理工作中，经常会遇到这样的问题，需要完成 n 项任务，恰好有 n 个人可以承担这些任务。由于每个人的专长不同，各人所需完成的任务量也不同，其结果效率也就不同。于是就产生了分派哪个人去完成哪项任务，才能使完成 n 项任务的总效率最高的问题。这类问题称为分派问题。分派问题也属于运输问题。

1．分派问题的数学模型

目标函数是　　$\min Z = \sum_{i=1}^{n} \sum_{j=1}^{n} C_{ij} \cdot X_{ij}$

约束条件　　$\sum_{i=1}^{n} X_{ij} = 1 \ (j = 1, 2, \cdots, n)$　即每一个发点的可供应量为 1；

$\sum_{j=1}^{n} X_{ij} = 1 (i = 1, 2, \cdots, n)$　即每一个收点的需要量为 1；

$X_{ij} = 1$ 或 0

式中：C_{ij} 为 i 点分配到 j 点的成本系数；X_{ij} 为变量，取值为 1 或 0，当发点 i 分派给收点 j 点时，$X_{ij} = 1$，否则 $X_{ij} = 0$。

2．分派问题的匈牙利算法

在分派问题中，费用矩阵 $\{C_{ij}\}$ 的某行(列)的每一元素加上(或减去)一个常数，得到一个新的矩阵 $\{C'_{ij}\}$。以 $\{C'_{ij}\}$ 为费用矩阵的分派问题与原问题是等价的。这是因为解 (X_{ij}) 的一行(列)的元素中只有一个是 1，若以 $\{C_{ij}\}$ 的第 i 行(列)元素各减去一个常数 K，它只影响到目标函数值，使目标函数值也减少 K，而最优解 (X_{ij}) 是相同的。

匈牙利算法的步骤如下。

第一步：选出分派矩阵每行中的最小元素，并从该行的所有元素中减去它，这将在矩阵的每一行中至少产生一个零元素。

第二步:选出每列的最小元素,从该列的所有元素中都减去它,在矩阵的每一列元素中至少产生一个零元素。

如果在不同行和不同列存在零元素,则分派方案产生。如果没有,则增加一个在矩阵中产生零元素的过程。过程如下。

(1) 将只有一个零元素的行的零元素用方框框起来,并将该框所在列的其他零元素划去。如果所有行都有一个方框零元素,则过程结束,否则,继续规划。

(2) 将只有一个零元素的列的零元素用方框框起来,并将该框所在行的其他零元素划去。如果所有列都有一个方框零元素,则过程结束。否则,继续规划。

(3) 如果前两步都没有得出可行解,就必须在矩阵中产生其他零元素。其方法是:画出最少数目(水平或垂直)包括矩阵中所有零元素的线。画这条线的方法如下。

① 将没有方框标记的零元素的行标上记号※。
② 将标了※的行中有一个零元素的列标上记号※。
③ 将标了※记号的列中有一个方框零元素的行标上记号※。
④ 重复②和③,直到找不到可标记号的行和列为止。
⑤ 画线通过所有没标记号的行和所有标有记号的列。

(4) 有线通过的元素称为"被覆盖"的元素,没有线通过的元素称为"未覆盖"的元素。在未覆盖的元素中选出最小的元素,用每一个未覆盖元素减去这个最小元素,并将这个元素加到两条覆盖线交叉处的各个覆盖元素上。

(5) 重复以上四步,直到找到一个最优解。

以上讨论的是求费用最小的资源分配问题。对于求效益最大的分派问题时,在用匈牙利算法之前,需先把极大化问题化成极小化问题。一般的做法是从原矩阵中找出一个最大元素,并用这个最大元素减去原矩阵,得到一个新矩阵。新矩阵的解与原矩阵的解相同。

案例 7.8 有 4 辆公共汽车可以在 4 条公交路线上运行,不同车辆在不同路线上行驶时年平均交通事故数如表 7.17 所示。问:这 4 辆公共汽车在 4 条路线上如何分派,才能使全年总事故数最少?

表 7.17 各车辆在不同线路上的交通事故数

车辆\路线	L_1	L_2	L_3	L_4
B_1	7	3	3	2
B_2	10	8	6	9
B_3	9	2	7	0
B_4	6	0	8	3

规划过程如下。

第一步:转换矩阵,使每一行和每一列都至少有一个零元素。其结果如下:

$$\begin{bmatrix} 7 & 3 & 3 & 2 \\ 10 & 8 & 6 & 9 \\ 9 & 2 & 7 & 0 \\ 6 & 0 & 8 & 3 \end{bmatrix} \xrightarrow{\text{产生零元素}} \begin{bmatrix} 1 & 1 & 1 & 0 \\ 0 & 2 & 0 & 3 \\ 5 & 2 & 7 & 0 \\ 2 & 0 & 8 & 3 \end{bmatrix}$$

第二步：规划最优分派方案。将只有一个零元素的行或列中的零元素留下，并将该行或列中的其他零元素划去。如果在不同行和列中存在 n 个零元素，则得到最优分派方案。否则，继续进行调整。本例的结果为

$$\begin{bmatrix} 1 & 1 & 1 & 0 \\ 0 & 2 & \otimes & 3 \\ 5 & 2 & 7 & \otimes \\ 2 & 0 & 8 & 3 \end{bmatrix}$$

第三步：继续调整矩阵。

用直线将所有零元素覆盖，直线个数与留下的零元素个数相同。本案例为

$$\begin{bmatrix} 1 & 1 & 1 & 0 \\ 0 & 2 & \otimes & 3 \\ 5 & 2 & 7 & \otimes \\ 2 & 0 & 8 & 3 \end{bmatrix}$$

在未被直线覆盖的元素中，找出最小的元素 1。所有未被直线覆盖的元素减去 1，直线交叉的元素加上 1，得出新的矩阵如下：

$$\begin{bmatrix} 0 & 0 & 0 & 0 \\ 0 & 2 & 0 & 4 \\ 4 & 1 & 6 & 0 \\ 2 & 0 & 8 & 4 \end{bmatrix}$$

第四步：回到第二步，直到求出最优分派方案。本案例结果为

$$\begin{bmatrix} 0 & \otimes & \otimes & \otimes \\ \otimes & 2 & 0 & 4 \\ 4 & 1 & 6 & 0 \\ 2 & 0 & 8 & 4 \end{bmatrix}$$

可以看出，已经在不同行和列中存在 4 个零元素，所以最优分派方案为

$$B_1 \to L_1, B_2 \to L_3, B_3 \to L_4, B_4 \to L_2。$$

4 辆公共汽车全年的总事故数为：$7+6+0+0=13$。

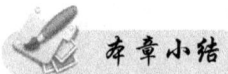

本章小结

合理组织运输对于运输商品的安全、运输工具的利用率以及国民经济的健康发展具有十分重要的意义。本章介绍了合理运输的含义及不合理运输的表现，阐述了组织商品合理运输的途径与方法，并且分析了不同运输网络方案的优缺点及适用场景，指出了如何根据企业的不同目标选择合理的运输方式。对运输网络流的规划方法：最短路线问题、网

第 7 章 运输合理化
CHAPTER 7

络最大流问题、最小费用最大流问题进行了详细的阐述。最后介绍了几种常用的规划商品运输方案的数学方法,这些方法对于产销联系问题的规划具有重要意义。

1. 什么是合理运输?
2. 不合理运输的表现形式主要有哪些?
3. 简述组织商品合理运输的途径与方法。
4. 选择运输方式时,应该考虑哪些因素?
5. 什么是车船的技术装载量?如何提高车船的技术装卸量?
6. 规划运输最短路线的基本步骤有哪些?
7. 标号法规划网络最大流问题的具体步骤有哪些?
8. 图上作业法规划商品的运输方案的基本原则和步骤是什么?
9. 表上作业法规划商品运输方案的目标及步骤是什么?
10. 分派问题的数学模型如何表示?

1. 有九个城市 $v_1, v_2, \cdots, v_9$,其公路网如下图所示。连线上数字是该段公路的长度,有一批货物从 v_1 运到 v_9,问走哪条路最短?

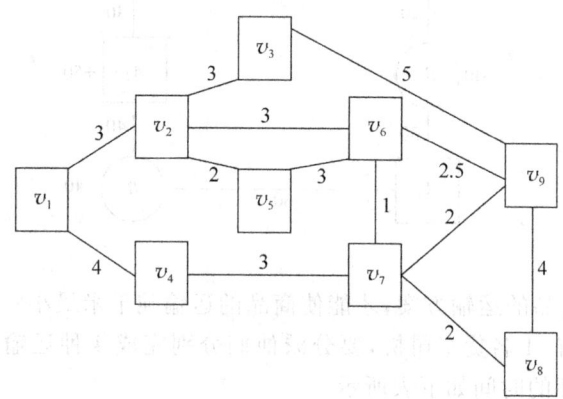

2. 求下图所示的网络最大流,每弧旁的数字是 (c_{ij}, f_{ij})。

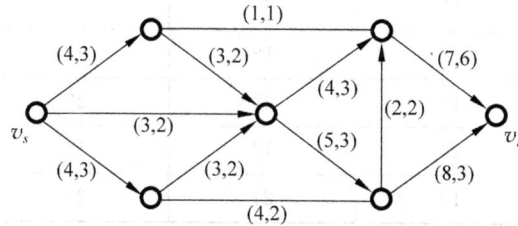

3. 求下图所示的网络的最小费用最大流,每弧旁的数字是 (b_{ij}, c_{ij})。

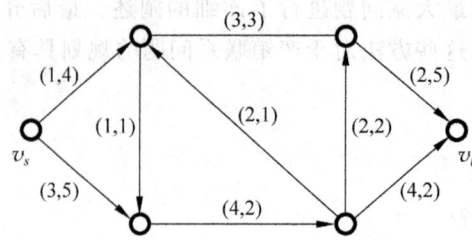

4. 假如某种商品有三个生产工厂,产量分别为:A_1—20 吨、A_2—14 吨、A_3—10 吨。有三个销售点,需要量分别为:B_1—12 吨、B_2—16 吨、B_3—16 吨。产地与销地的单位运价如下表所示。

工厂＼销售点	B_1	B_2	B_3
A_1	2	20	10
A_2	18	4	8
A_3	24	14	6

问:如何规划运输方案才能使运输费用最低?

5. 某商品的产地和销地位于呈环状的交通线路上,各产地的产量、销地的销量及它们的相对位置如下图所示。

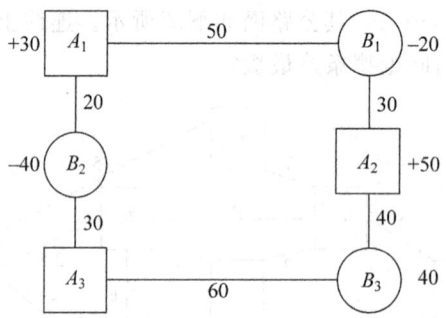

问:怎样规划商品的运输方案,才能使商品的运输吨千米最小?

6. 某物流公司有 4 名货车司机,要分派他们分别完成 4 种运输任务,每名司机完成各种运输任务所消耗的时间如下表所示。

司机＼运输任务	A	B	C	D
甲	15	18	21	24
乙	19	23	22	18
丙	26	17	16	19
丁	19	21	23	17

问:指派哪名货车司机去完成何种运输任务,可使总的消耗时间为最小?

第7章 运输合理化
CHAPTER 7

沃尔玛公司的运输管理

沃尔玛公司(Walmart Inc.),是世界上最大的连锁零售企业,总部位于美国阿肯色州的本顿维尔。沃尔玛公司在全球27个国家开设了11 300多家分店及电子商务网站,下设58个品牌,全球员工总数220多万人,每周光临沃尔玛的顾客和会员约2.75亿人。沃尔玛公司连续5年在美国《财富》杂志世界500强企业中居首位。沃尔玛有如此之大的成功,不仅得益于管理人的优秀领导、市场机遇等,更得益于沃尔玛独创的一体化供应链模式,降低运输成本,增加收益机会。

沃尔玛公司采用综合运输网络,供应商可以选择将货物直接运送到商店,也可以选择运送到配送中心。为了提高配送效率,沃尔玛公司85%的商品通过配送中心进行货物对接(cross-docking),只有15%的商品是供应商直送到门店。货物对接也称交叉配送,是沃尔玛公司首创的效率极高的作业方式,货物到达配送中心后不入仓库,没有入库储存和分拣作业,直接装车送货,货物在配送中心的停留时间不超过48小时。

在运输方面,沃尔玛公司会根据收货地和最近仓库的距离以及送达时间等因素灵活选择空运、海运和陆运方式。在陆运方面,沃尔玛创建了自己的车队,拥有超过4 000辆的卡车来完成出货补货、采购等方面的运输任务。为了减少运输成本,一次能够运输更多的商品,沃尔玛公司将运输卡车的车厢长度加长、高度加高,以扩大运输规模。

沃尔玛公司对卡车司机的挑选非常严格。驾驶里程超过一定的数量,没有任何交通事故的历史且驾驶经验丰富的老司机才能得到沃尔玛的聘用。沃尔玛公司不依赖外部的物流公司,不仅减少了突发状况,更减少了中间费用,将运输成本最低化。对于运输车队来说,保证安全是节约成本最重要的环节。沃尔玛的口号是"安全第一、礼貌第一",而不是"速度第一"。在运输过程中,卡车司机们都自觉遵守交通规则,沃尔玛公司还会定期在公路上对运输车队进行调查,卡车上面都带有公司的号码,如果看到司机违章驾驶,调查人员就可以根据车上的号码报告,以便于进行惩处。沃尔玛公司认为,卡车不出事故,就是节省公司的费用,就是最大限度地降低物流成本,由于狠抓安全驾驶,运输车队已经创造了300万千米无事故的纪录。

沃尔玛采用全球定位系统对车辆进行定位,每辆车在什么位置、装载什么货物、目的地是什么地方,总部都一目了然。因此,在任何时候,调度中心都可以知道这些车辆在什么地方,离商店还有多远,他们也可以了解到某个商品运输到了什么地方,还有多长时间才能运输到商店,送货时间可以精确到小时。商品从配送中心运送到任何一家门店的时间不超过48小时。如果员工知道车队由于天气、修路等某种原因耽误了到达时间,装卸工人就可以不用再等待,而可以安排别的工作。另外,沃尔玛的运输车队还利用夜间进行运输,从而做到了当日下午进行集货,夜间进行异地运输,翌日上午即可送货上门,保证在15~18个小时内完成整个运输过程,这是沃尔玛在速度上取得优势的重要措施。

沃尔玛的卡车把产品运到连锁门店后,门店可以直接将货物卸下,而不用对每件货物逐个检查,从而节省了时间和精力,加快了物流的循环过程,降低了成本。同时,沃尔玛连锁门店的物流部门，24小时进行工作，无论白天或晚上，都能为卡车及时卸货。

沃尔玛公司独特的物流运作模式，使其配送成本仅占销售价格的2%，而行业其他企业的物流成本占销售价格的比例平均在10%左右。这也是沃尔玛公司能够实现其"天天低价"经营策略的原因之一。

资料来源：
  [1] 王福君. 连锁超市配送策略研究——以沃尔玛为例[J]. 时代金融，2016
  [2] https://www.doc88.com

第 8 章

商品包装管理

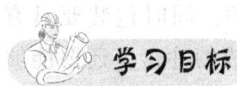

本章将介绍商品包装的概念、功能、分类和技术方法。对商品包装标准化的含义、内容和作用进行分析,并具体介绍直方体包装、圆柱体包装和袋类包装的尺寸标准。还将介绍托盘、集装箱、集装袋等集合包装和运输包装标识。

通过本章的学习,读者将能够具备下列能力:

- 理解包装的概念及功能;
- 了解常用的包装技术和方法;
- 了解商品包装标准化的主要内容;
- 了解集合包装的种类;
- 了解运输包装标志。

8.1 商品包装概述

8.1.1 包装的概念

中华人民共和国国家标准《物流术语》(GB/T 18354—2021)对包装的定义是:为在流通过程中保护产品、方便储运、促进销售,按一定技术方法而采用的容器、材料及辅助物等的总体名称。(注:也指为了达到上述目的而采用容器、材料和辅助物的过程中施加一定技术方法等的操作活动。)

包装是生产的终点,同时也是物流的起点,它是与物流全过程中的运输、保管、装卸搬运、配送等业务有机联系起来的一个重要作业环节。无论是产品或是物料,在搬运、运输以前都要进行某种程度的包装捆扎或装入适当的容器,以保证产品完好地运送到消费者手中。设计良好的包装能为消费者创造方便价值,为生产者创造促销价值。

8.1.2 包装的功能

商品包装具有保护功能、便利功能和销售功能,具体内容如下。

1. 保护功能

包装的首要功能是对内装产品的保护。产品从离开生产线开始、经过分销渠道的分销,最后到达用户手里,期间要经过一定的时间和环节,良好的包装可以使产品的形状、性能、品质在物流过程中不受损害和影响,防止丢失盗窃。包装的保护功能因内装商品的种类、性能不同而异,不同的保护功能需要采用不同的包装技术。包装的保护功能主要体现在以下四个方面。

1) 防止内装商品的破损变形

为了防止内装商品的破损变形,商品的包装必须能承受在装卸、运输、保管等过程中的各种冲击、振动、颠簸、压缩、摩擦等外力的作用,形成对外力的防护。同时包装要具有一定的强度,以减少在搬运装卸作业中,由于操作不慎使包装跌落造成的冲击。还要能够减少商品在堆码时最底层商品承受的强大压力,减少由于运输和其他物流环节的冲击震动。

2) 防止内装商品发生化学变化

为了防止内装商品发生受潮、发霉、变质、生锈等化学变化,商品的包装必须在一定程度上起到阻隔水分、潮气、光线以及空气中各种有害气体的作用,避免外界不良因素的影响。

3) 防止有害生物对内装商品的影响

鼠、虫及其他有害生物对商品有很大的破坏性。如果包装封闭不严,会给细菌、虫类造成侵入之机,导致变质、腐烂,特别是对食品危害性更大。鼠、白蚁等生物会直接吞蚀纸张、木材等物资。

4) 其他功能

防止异物混入和污物污染,同时防止商品的丢失和被盗。

2. 便利功能

商品包装具有方便储存、方便装卸和方便运输的功能,具体内容如下。

1) 方便储存

商品的包装为商品在出、入库时提供了搬运、装卸的方便,特别是集合包装还缩短了商品的验收时间和理货时间、提高商品的出、入库速度。同时,商品包装也为商品的保管工作提供了方便条件,包装物的各种标志,使仓库的管理者易于识别、存取、盘点,特别是对于有特殊要求的商品易于引起管理人员注意。

2) 方便装卸

商品的包装为各种装卸、搬运机械的使用提供了方便,有利于提高装卸、搬运机械的生产效率。包装的标准化也使装载效率得到了提高。

3）方便运输

包装的规格、形状、重量等与货物运输关系密切。包装尺寸与运输工具的吻合性，方便了运输，提高了运输效率。

3．销售功能

包装能起到美化商品、宣传商品的作用，因而能促进产品的销售。包装是商品的外衣，它给人以第一印象，包装的造型结构以及包装上的文字、图案和色彩效果向消费者传达信息，起到广告宣传的作用，富有感染力的画面和生动的文字说明，可以刺激消费者的消费心理，从而导致购买行为。

8.1.3　包装的分类

商品种类繁多，其包装也是千差万别。目前，商品包装的分类方法很多，在此主要介绍几种常见的分类方法。

1．按包装在商品流通中的作用分类

（1）运输包装。运输包装又称工业包装，是以满足物流需求为主要目的而进行的包装。运输包装的主要作用是保护商品安全，方便物流作业，提高物流效率。

（2）销售包装。销售包装又称商业包装。其主要目的是商品的促销，销售包装通常是随商品一起到达用户手里的。销售包装的主要作用是宣传、美化和保护商品的作用。

2．按包装的层次分类

（1）内包装。内包装是商品的内层包装，包括单件包装和中包装，内包装也称小包装或销售包装。

（2）外包装。外包装是商品的外层包装。一般常指商品或已完成内包装的包装单元装入箱、桶等容器中，包装上印刷有明显的收发货标志、储运指示等标志。

3．按包装材料分类

按使用的材料，包装可分为纸包装、金属包装、塑料包装、玻璃包装、陶瓷容器包装、木制包装、复合材料包装等。

4．按包装技术方法分类

按技术方法，包装可分为防水包装、防潮包装、防锈包装、缓冲包装、防霉包装、保鲜包装、防虫包装、速冻包装、喷雾包装等。

5．按包装使用范围分类

（1）专用包装。专用包装是指专供某种或某类商品使用的一种或一系列的包装。

（2）通用包装。通用包装是指一种包装能盛装多种商品，被广泛使用的包装容器。

6．按包装使用的次数分类

（1）一次用包装。一次用包装是指只能使用一次，不再回收复用的包装。
（2）多次用包装。多次用包装是指回收后经适当的加工整理，仍可重复使用的包装。
（3）周转用包装。周转用包装是指工厂和商店用于固定周转多次复用的包装容器。

8.1.4 包装的发展

包装是随着人类的进化、社会的变革、生产的发展和科学技术的进步逐渐发展起来的。一般说来，包装的发展可分为三个阶段。

1．原始包装阶段

古代人们用天然材料和植物茎叶、葛藤、荆条、竹皮、兽皮制成最原始的篮、筐等盛装物品，以便进行流通和交换。

2．近代包装阶段

随着生产的发展，包装上采用多种包装材料，包装技术也有相当的发展，尤其是防腐包装、防震包装、组合包装技术都得到了应用。

3．现代包装阶段

随着科学技术的发展，出现了许多新型的包装材料，特别是在第二次世界大战后，随着经济的复苏和发展，塑料材料、纸、玻璃、金属材料成了包装材料的四大基材，并与近年来开发的复合材料进入包装领域，促使包装由单纯的保护商品向宣传与美化商品的方向发展，使包装工业形成了一个为生产、流通、消费三者服务的完整的包装工业体系。

8.2 商品包装技术

8.2.1 防水包装技术

防水包装技术是指为防止因水浸入包装件而影响内装物质量而采取的一种包装技术。

一般说来，凡要求实施防潮、防锈、防霉、防震等技术的包装，应当与防水包装技术结合起来考虑，但不能相互代替。就包装技术方法而言，防潮包装可以包含一定程度和条件下的防水包装，但防水包装不能包括防潮包装。对要求防潮包装的内装物，其外包装应采用防水结构，内包装采用防潮或防锈、防霉等结构。常用的防水包装材料包括木材、金属材料、瓦楞纸板、钙塑瓦楞板等，用这些包装材料制造防水包装时，需要预先做防水处理。

8.2.2 防潮包装技术

1. 防潮包装基本概念

为防止潮气浸入包装件而影响内装物质量而采取的一种包装方法称为防潮包装。其技术原理是用低透湿度或透湿度为零的材料制成容器,将产品密封,使产品与外界大气隔绝,从而避免外界潮湿空气对产品的影响。

2. 防潮包装方法

1) 选用合适的防潮材料

防潮材料是影响防潮包装质量的关键因素。凡是能延缓或阻止外界潮气透入的材料,均可用来作为防潮阻隔层以进行防潮包装。防潮包装材料主要包括金属、塑料、陶瓷、玻璃及经过防潮处理的纸、木材、纤维制品等,而使用最多的是塑料、铝箔等。防潮材料的选用主要由环境条件、包装等级、材料透湿度和经济性等几方面因素综合考虑。

2) 设计合理的包装造型结构

包装容器底面积越大,包装及内装物的吸湿性也越大,越接近底部,含水量越大,因此,在设计防潮包装造型结构时,应尽量缩小底面积。此外,包装容器的尖端凸出部位也易吸湿,应将这些部位尽可能改成圆角。

3) 对易于吸潮材料进行防潮处理

有些包装材料,如纸制品,其防潮性能较差,若用于防潮包装,须经防潮处理。

4) 添加合适的防潮衬垫

在易受潮的包装内加衬一层或多层防潮材料,如沥青纸、牛皮纸、蜡纸、铝箔、塑料薄膜等。

5) 用防潮材料进行密封包装

采用防潮性能极好的材料,如金属、陶瓷、玻璃、复合材料等制成容器,包装干燥产品,然后将容器口部严格密封,潮气再不能进入。

6) 加干燥剂

在密封包装内加入适量的干燥剂,使其内部残留的潮气及通过防潮阻隔层透入的潮气均为干燥剂吸收,从而使内装物免受潮气的影响。常用的干燥剂有硅胶、无水氯化钙、分子筛、硅藻土等。

8.2.3 缓冲包装技术

1. 缓冲包装基本概念

缓冲包装(或称防震包装)是为防止产品在受到冲击和振动等外力作用时发生损坏而采取的一种包装技术。

货物在物流过程中要经受各种环境因素的危害和影响,冲击和振动是其主要的危害因素。冲击和振动主要发生在装卸环节与运输环节。缓冲包装的目的就是当包装产品受到冲击和振动等外力作用时,能把外力调整到不超过产品的脆值。

2．防震包装方法

防震包装主要有以下四种方法。

（1）全面防震包装方法。全面防震包装方法是指内装物和外包装之间全部用防震材料填满进行防震的包装方法。

（2）部分防震包装方法。对于整体性好的产品和有内装容器的产品,仅在产品或内包装的拐角或局部地方使用防震材料进行衬垫即可。所用包装材料主要有泡沫塑料防震垫、充气型塑料薄膜防震垫和橡胶弹簧等。

（3）悬浮式防震包装方法。对于某些贵重易损的物品,为了有效地保证在流通过程中不被损坏,在外包装容器比较坚固的情况下,用绳、带、弹簧等将被装物悬吊在包装容器内,在物流中,无论是什么操作环节,内装物都被稳定悬吊而不与包装容器发生碰撞,从而减少损坏。

（4）充气式防震包装方法。

8.2.4 防锈包装技术

1．防锈包装基本概念

为防止内装物锈蚀而采取一定防护措施的包装称为防锈包装。

锈蚀对金属制品的破坏作用十分严重,可使金属制品丧失使用价值,如有些机电产品,对锈蚀的要求十分严格,即使有些轻微的锈蚀也会影响使用性能甚至报废。因此,搞好金属制品的防锈包装十分重要。

金属制品锈蚀的主要原因包括金属材料耐锈蚀性差、防锈封存前清洗不干净、热处理残盐清理不净、防锈材料变质或质量不好、超期储存、大气成分与清洁度等。

2．防锈包装等级

依据中华人民共和国国家标准《防锈包装》(GB/T 4879—2016),防锈包装等级一般分为1级、2级、3级,见表8.1。

表 8.1 防锈包装等级

等　级	条　件		
	防锈期限	温度、湿度	产品性质
1级包装	2年	温度大于30℃,相对湿度大于90%	易锈蚀的产品,以及贵重、精密的可能生锈的产品
2级包装	1年	温度在20℃~30℃,相对湿度在70%~90%	较易锈蚀的产品,以及较贵重、较精密可能生锈的产品
3级包装	0.5年	温度小于20℃,相对湿度小于70%	不易锈蚀的产品

当防锈包装等级的确定因素不能同时满足表8.1的要求时,应按照三个条件的最严酷条件确定防锈包装等级。也可按照产品性质、防锈期限、温湿度条件的顺序综合考虑,

确定防锈包装等级。

3. 防锈包装方法

防锈包装方法包括一般防湿防水包装、防锈油脂包装、气相防锈材料包装、密封容器包装、密封系统的防锈包装、可剥性塑料包装、贴体包装、充氮包装以及干燥空气封存包装等。

防锈材料主要有防锈油脂、气相缓蚀剂、水基防锈剂以及可剥性塑料四大类。其中使用最多的是防锈油脂。

8.2.5 防霉包装技术

1. 防霉包装基本概念

为防止内装物长霉影响质量而采取的包装技术称为防霉包装。

霉菌孢子广泛存在，且体积小。它们飘浮于周围大气中，或者附着于物体表面，一旦遇到适宜生长的湿度、温度和营养物质，就会繁殖生长。绝大多数商品是由金属材料和非金属材料构成的。一般说来，非金属材料易为霉菌侵蚀。例如各种以动、植物等天然有机材料为原料加工制成的食品、木制品、纺织品、皮革制品、纸张、橡胶、塑料制品等，因其本身含有极为丰富的营养物质，霉菌孢子附在上面，若遇到适宜的温湿度条件，就会发育生长。另一些如机械、电子、仪器仪表、玻璃等制品，虽然产品本身不具备霉菌生长所需的营养物质，但由于制品在生产、装配、运输、储存过程中，表面会黏附尘埃、油脂、汗水等污染物质，霉菌也会利用这些物质，导致内装产品和包装材料上长霉。霉菌在代谢过程中，会产生水解酶、有机酸、氨基酸等一些有害物质，这些物质与产品本身的材料发生反应导致材料的破坏。霉菌还会分解防锈剂，使其失去防锈作用，引起金属锈蚀。另外，霉菌代谢产生的有机酸对金属也会产生化学腐蚀作用。菌体本身的堆积会造成电气产品电气性能降低以至引起功能故障。

2. 防霉包装等级

防霉包装等级分为 4 级。内外包装材料与包装件按国家标准《防霉包装》(GB/T 4768—2008)防霉试验方法进行 28 天防霉试验后，各等级有如下要求。

1 级包装：产品及内外包装未发现霉菌生长。

2 级包装：内包装密封完好，产品表面未见霉菌生长，内包装薄膜表面亦无霉菌生长。外包装（以天然材料组成）局部区域可有霉菌生长，面积不超过整个包装件的 10%，但不能影响包装件的使用性能。

3 级包装：产品及内外包装均出现局部长霉现象，面积不超过整个包装件的 25%。

4 级包装：产品及内外包装局部或整件出现严重长霉现象，面积占整个包装件的 25%以上。

3. 防霉包装材料

选择合适的包装材料和容器，再辅以良好的包装工艺方法，就可以有效地解决商品在物流过程中的发霉问题。合适的包装材料就是抗霉性好的包装材料。包装材料品种繁多,可分为外包装材料、内包装材料和衬垫材料三种。它们的抗霉性有很大的差异。根据材料抗霉能力的不同,可分为下列两种类型。

1) 抗霉性较好的材料

抗霉性较好的材料一般是金属材料和部分非金属材料。金属材料以钢、铁、铝为主。非金属材料主要是钙塑瓦楞纸箱。它是以聚烯烃树脂为基料、轻质碳酸钙为填料,加以少量助剂组成,其抗霉性、防潮性均较好,但耐老化性能差。

2) 半抗霉性材料

具有半抗霉性材料大多数是一些塑料及复合材料。复合材料是由两种或多种不同薄膜材料相层合的包装材料,如铝塑复合薄膜是由铝箔与塑料薄膜复合而成的。由于铝箔的阻隔性强,且有较好的防霉防潮性能;但铝箔不耐折叠,并常易出现针孔,会降低防潮防霉性能;另外,塑/纸或铝/塑/布等复合材料也含有有机纤维材料。抗霉性较差的纤维材料最好经过防霉处理后使用。用来制作防霉包装容器的材料应具有良好的阻隔性。能阻隔外界潮湿大气的侵入或具有阻隔氧气渗透的能力。利用阻隔层的这种持性,用干燥剂来控制包装内的湿度。或用除氧剂来控制容器内氧的浓度,从而使其包装的产品处在低湿度或氧浓度低的容器内达到防霉目的。

4. 防霉包装方法

防霉包装方法主要包括密封包装和非密封包装。其主要包括以下几种具体方法。

1) 密封包装

密封包装方法包括以下几种。

(1) 抽真空置换惰性气体密封包装。这种方法采用密封包装结构,在容器内抽真空,置换惰性气体。产品在惰性气体为主的微环境下,不会受到霉菌的感染,也不会萌发生长。此方法可作长期封存的包装措施。

(2) 干燥空气封存包装。选择气密性好及透湿度低的各类容器或复合材料进行密封包装。在密封容器内放干燥剂及湿度指示纸,控制包装容器内的相对湿度小于或等于60%。

(3) 脱氧包装。选择气密性好、透湿度低、透氧率低的复合材料或其他密封容器进行密封包装。在密封包装容器内放置适量的除氧剂和氧指示剂。除氧剂可把包装容器内的氧气浓度除至0.1%以下,实现除氧封存来防止商品长霉。

(4) 挥发性防霉剂防霉。根据产品的具体情况,在密封包装容器内放置具有抑菌的挥发性防霉剂进行防霉包装。

2) 非密封包装

非密封包装有两种具体方法,分别是对内装物和包装材料进行防霉处理、包装箱开通风窗。

(1) 对内装物和包装材料进行防霉处理。产品经有效防霉处理,对易长霉的产品及零件以有效防霉,外包防霉纸然后再包装。

(2) 包装箱开通风窗。对属于长霉敏感性较低或吸水率低的产品,同时包装箱的体积较大,可在包装箱两端面上部开设通风窗,以控制包装箱内的含湿量。通风窗的作用是防止和减少由于温度升降在产品上产生凝露,致使产品长霉。一般已经有效防霉处理的产品或对长霉敏感性较低的产品,可以采用非密封包装。

防霉包装方法的选择,应当根据内装产品的性质,精密度要求,储存环境条件,霉菌对产品的影响程度,包装操作的复杂程度和包装成本等综合考虑,从中选出经济性较好的方案进行包装。

8.3 商品包装标准化

8.3.1 商品包装标准化的内容与作用

1. 商品包装标准化的基本含义

商品包装标准化是指在生产技术活动中,对包装的品种、规格、尺寸、参数、工艺、成分、性能等所做的统一规定,并且按照统一的技术标准对包装过程进行管理。产品包装标准是包装设计、生产、制造和检验包装产品质量的技术依据。

2. 商品包装标准化的内容

商品包装标准化包括以下几项内容。

(1)包装基础标准化。包装基础标准化主要包括包装术语、包装尺寸、包装标志、包装基本试验、包装管理标准等标准化。

(2)包装材料标准化。包装材料标准化包括各类包装材料的标准和包装材料试验方法。包装材料主要有纸张、塑料、金属、木材、玻璃、纤维织物等。对这几大类包装材料的强度、伸长每平方米重量、耐破程度、水分等技术指标应作标准规定,以保证包装材料制成包装容器后能够承受流通过程中各损害商品的外力和其他条件。

(3)包装容器标准化。包装容器标准化包括各类容器的标准和容器试验方法。包装容器的尺寸与各种运输工具的尺寸、仓库空间的利用状况等直接有关,因此,应使包装容器标准化,以充分利用运输工具和仓库的有效空间。

(4)包装工艺标准化。包装工艺标准化主要包括包装专用技术、专用机械以及各种包装技术方法的标准。对于包装容器中内装商品数量、排列顺序、衬垫材料等都必须有明确的技术要求。例如木质包装箱,必须规定箱板的木质、箱板的厚度、装箱钉子的规格、相邻钉子距离,包角的技术要求及钉子不得钉在夹缝里等。纸箱必须规定如何封口、腰箍的材料、腰箍的松紧及牢固度等。布包则要规定针距及捆绳的松紧度等。回收复用的木箱、纸箱及其他包装箱也都必须制定标准。

(5)产品包装标准化。产品包装标准化主要包括建材、机械、电工、轻工、医疗器械、仪器仪表、中西药、食品、农畜水产、邮电、军工等14大类500项。

(6)集合包装标准化。集合包装标准化主要指集装箱技术条件、尺寸,托盘技术条件、尺寸,叉车规格等的标准化工作。

3. 商品包装标准化的作用

包装标准化工作是提高产品包装质量、减少消耗和降低成本的重要手段，也是加快包装工业发展、提高产品国际竞争力的有力保障。其主要作用表现在以下几个方面。

1）商品包装标准化有利于包装工业的发展

商品质量与包装设计、包装材料、包装工艺等有着密切关系。由于商品种类繁多，形状各一，为了保证商品质量，减少事故的发生，根据各方面的需要，制定出行业标准及互相衔接标准，逐步形成包装标准化体系，有利于商品运输、装卸和储存；有利于各部门、各生产单位有机地联系起来，协调相互关系，促进包装工业的发展。

2）商品包装标准化有利于保护商品安全

根据不同商品的特点，制定出相应的标准，使商品包装在尺寸、重量、结构、用材等方面都有统一的标准，有利于在物流过程中保护商品的安全。同时，统一的标准也可以大大提高生产效率和流通效率。

3）商品包装标准化有利于合理利用资源

包装标准化可使包装设计科学合理，包装型号规格统一，从而可以减少材料浪费，降低商品包装成本。

4）包装标准化有利于包装的回收复用

商品包装标准的统一，使包装容器的通用性明显提高，便于包装容器的回收再利用，也节省了包装容器回空的运输费用，降低企业的物流费用。

5）商品包装标准化有利于商品的识别和计量

商品包装的标准化，统一了包装容器的规格、容量等，使商品的计量工作更加便利。同时统一的包装标识也有利于物流人员对商品的识别和分类，提高了工作效率。

8.3.2 包装尺寸标准化

包装尺寸标准化就是把各种包装件的尺寸，用标准化的手段予以简化，使之统一起来，形成包装尺寸系列。包装尺寸标准化是商品包装标准化的重要构成部分，是包装标准化工作的基础性工作。包装尺寸标准化，方便商品的集合包装，有利于装卸效率的提高。包装尺寸标准化，便于商品在运输工具或仓库内的堆码、排列，有利于运输工具和仓库空间的合理利用。

1. 硬质直方体的运输包装尺寸

国际标准规定的硬质直方体运输包装平面尺寸有25个，属于1200系列，是在欧洲大陆国家采用的1 200mm×800mm 托盘尺寸基础上形成 600mm×400mm 包装模数，包装模数是计算内外包装平面尺寸的共同基数，其倍数和约数构成包装平面尺寸系列。

平面尺寸是指正六面体的运输包装件自由放置在水平面上的底部矩形尺寸。高度尺寸可自行确定。

国家标准规定包装的单元尺寸系列也属于1200系列，即 1 200mm×1 000mm，1 200mm×800mm。包装单元尺寸即托盘尺寸。包装模数同国际标准。

2. 圆柱体运输包装尺寸

纸质、木质、塑料和金属等硬质圆柱体运输包装的底平面尺寸,用直径表示。圆柱体的高度按产品特点和有关标准确定。

国家标准《圆柱体运输包装尺寸系列》(GB/T 13201—1997)规定了圆柱体运输包装的外廓直径。

1) 包装单元尺寸

共有1 200 mm×1 000 mm、1 200 mm×800 mm和1 140 mm×1 140 mm三种单元尺寸。

2) 包装尺寸系列

包装尺寸系列是以包装单元尺寸为基础,经计算得出的,国家标准规定的圆柱体包装尺寸共26个。

3. 袋类运输包装尺寸

国家标准《袋类运输包装尺寸系列》(GB/T 13757—92)是参照国际标准制定的。它规定了纸、塑、麻、布等材质的满装袋平卧时的平面最大外廓尺寸,共规定了20个包装尺寸。包装单元尺寸同圆柱体运输包装用的单元尺寸。

8.4 集合包装

集合包装,是20世纪50年代发展起来的一种新型包装形式,是现代运输包装的新发展。集合包装,是指将一定数量的产品或包装件组合在一起,形成一个合适的运输单元,以便于装卸、储存和运输。集合包装又称组合包装或集装单元。

集合包装容器一般应当具有足够的强度,具有固定的规格,能够长期使用。目前主要有托盘、集装箱和集装袋三种。

8.4.1 托盘

1. 托盘的概念

中华人民共和国国家标准《物流术语》(GB/T 18354—2021)对托盘(pallet)的定义是:在运输、搬运和存储过程中,将物品规整为货物单元时,作为承载面并包括承载面上辅助结构件的装置。

为了防止托盘上面的货物松散和散落,一般采用安全加固措施,如用收缩薄膜、拉伸薄膜或其他方法将货物固定在托盘上,组成一个包装单元。托盘作为物流运作过程中重要的装卸、储存和运输设备,与叉车配套使用在现代物流中发挥着巨大的作用。托盘具有保护商品、减少损耗、便于装卸与运输、提高劳动效率等优点。托盘示意图如图8.1所示。

2. 托盘的种类

托盘的种类很多,可以按照不同的划分标准对托盘进行分类,常用的分类方法如下。

(1) 按使用价值,托盘有两种:一种是可复用的托盘,其结构比较牢固,可反复多次使

图 8.1 托盘示意图

用,材质主要有木材、金属和塑料;另一种是一次性使用的托盘,材质大部分为纸板。

(2) 按材质分,托盘有木托盘、金属托盘、塑料托盘、纤维板托盘、钢托盘、铝合金托盘、纸托盘、纸与塑料复合材料制成的托盘等。

(3) 按结构形式,托盘可分为平面托盘和非平面托盘两大类。平面托盘可分为单面使用式、四向进叉式、双面使用式等。非平面托盘有箱式托盘、立柱式托盘和框架式托盘三种。

(4) 按载重量,托盘一般有 0.5 吨、1 吨、2 吨托盘三种,国家标准规定的木制平托盘载重量为 1 吨。

3. 平托盘尺寸

用于集合包装的托盘,除了本身是一个集合包装单元外,又是集装箱等大型包装的单元体,用托盘包装后,再进行集装箱运输,则托盘尺寸就成为单元尺寸的基础。因此,必须以托盘尺寸为基础,首先使托盘尺寸标准化,进而使包装尺寸与托盘尺寸配合,形成包装尺寸系列。

国家标准规定的平托盘尺寸系列有三种:800 毫米×1 000 毫米、800 毫米×1 200 毫米、1 000 毫米×1 200 毫米。

托盘规格标准化不仅适应了运输和储存的需要,也为托盘的交换使用、节省托盘回空费用提供了有利的条件。

国际标准组织推荐装货尺寸允许比托盘尺寸大 40 毫米×40 毫米,例如 1 200 毫米×800 毫米的托盘,载货面积可以为 1 240 毫米×840 毫米。

8.4.2 集装箱

1. 集装箱的定义

关于集装箱的定义,国内外专家学者存在着意见分歧。因此,许多国际组织都给出了自己的定义,如国际标准化组织、《1972 年集装箱关务公约》(CCC)、《1972 年国际集装箱安全公约》(CSC)、英国国家标准和北美太平洋班轮公会等,这些国际组织给出的定义,在内容上基本大同小异。其中国际标准化组织对集装箱的定义已得到了许多国家的认可,我国的国家标准《集装箱术语标准》(GB/T 1992—2006)中也引用了此定义。

国际标准化组织(International Organization for Standardization,ISO)第 104 技术委

员会给出的定义:集装箱是一种运输工具,集装箱应具备下列条件:①能长期地反复使用,具有足够的强度;②途中转运不用移动箱内货物,就可以直接换装;③可以进行快速装卸,并可从一种运输工具直接方便地换装到另一种运输工具;④便于货物的装满和卸空;⑤ 具有1立方米(即35.32立方英尺)或以上的容积。满足上述5个条件的大型装货容器才能称为集装箱。集装箱示意图如图8.2所示。

图8.2 集装箱示意图

2. 集装箱的类型

为适应装载不同种类货物的需要,集装箱也有不同的类型。这些集装箱不仅外观不同,而且结构、强度、尺寸等也不相同。

(1) 按照集装箱内所装货物的种类不同,集装箱包括杂货集装箱、散货集装箱、液体集装箱和冷藏集装箱等。

(2) 按照集装箱的制造材料不同,集装箱包括木质集装箱、钢集装箱、铝合金集装箱、玻璃钢集装箱、不锈钢集装箱等。

(3) 按照集装箱的结构不同,集装箱包括折叠式集装箱、固定式集装箱等,在固定式集装箱中还可分密闭集装箱、开顶集装箱、板架集装箱等。

(4) 按照集装箱的总重不同,集装箱包括 30 吨集装箱、20 吨集装箱、10 吨集装箱、5 吨集装箱和2.5 吨集装箱等。

(5) 按照集装箱的用途不同,集装箱包括干货集装箱、冷冻集装箱、挂衣集装箱、开顶集装箱、框架集装箱、冷藏集装箱、罐式集装箱、平台集装箱、通风集装箱、保温集装箱等。

3. 集装箱的尺寸

集装箱尺寸包括集装箱外尺寸和集装箱内尺寸。

集装箱外尺寸(container's overall external dimensions)包括集装箱永久性附件在内的集装箱外部最大的长、宽、高尺寸。它是确定集装箱能否在船舶、底盘车、汽车、铁路车辆之间进行换装的主要参数。

目前,国际上通用集装箱的外形尺寸主要有两种,分别是:外尺寸为 20 英尺×8 英尺×8 英尺 6 寸,简称 20 尺箱;40 英尺×8 英尺×8 英尺 6 寸,简称 40 尺货柜;以及近年较多使用的 40 英尺×8 英尺×9 英尺 6 寸,简称 40 尺高柜。

集装箱内尺寸(container's internal dimensions)是集装箱内部的最大长、宽、高尺寸。同一规格的集装箱,由于结构和制造材料的不同,其内容积会有差异。国际上通常使用的干货集装箱的内尺寸如表 8.2 所示。

表 8.2 国际通用干货集装箱技术参数表

箱　　型	内尺寸/米×米×米	配货毛重/吨	体积/立方米
20 尺箱	5.69×2.13×2.18	17.5	24.0~26.0
40 尺箱	11.8×2.13×2.18	22.0	54.0
40 尺高箱	11.8×2.13×2.72	22.0	68.0
45 尺高箱	13.58×2.34×2.71	29.0	86.0
20 尺开顶箱	5.89×2.32×2.31	20.0	31.5
40 尺开顶箱	12.01×2.33×2.15	30.4	65.0
20 尺平底箱	5.85×2.23×2.15	23.0	28.0
40 尺平底箱	12.05×2.12×1.96	36.0	50.0
20 尺可折叠平台用货箱	5.946×2.216×2.233	27.1	
40 尺可折叠平台用货箱	12.080×2.126×2.043	29.2	

8.4.3　集装袋

1. 集装袋的定义

集装袋(flexible freight bags,FIBC)又称柔性集装袋、吨袋、太空袋,是集合包装的一种,主要配合起重机或叉车使用,适用于装运大宗散状粉粒状物料,具有容积大、重量轻、便于装卸等特点。

集装袋是以聚丙烯为主要原料,加入少量的稳定性佐料均匀混合后,经挤出机熔融挤出塑料薄膜,切割成丝,然后进行拉伸,通过热定型制成高强度低延伸率的 PP(聚丙烯)原丝,再经纺织、淋膜制成塑料编织布的基布,与吊带等配件缝合后制成吨袋。集装袋示意图如图 8.3 所示。

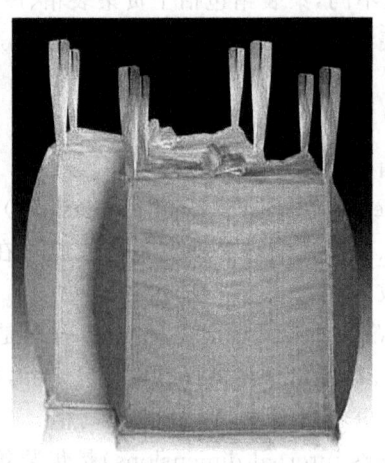

图 8.3　集装袋示意图

2. 集装袋的分类

集装袋可以根据不同的分类标准进行分类,常见的分类方法有以下几种。

(1) 按照制作材料,集装袋可分为涂胶布袋、树脂布袋、化纤编织袋、复合材料集装袋等。

(2) 按照形状,集装袋可分为圆形集装袋和方形集装袋,其中圆形集装袋占多数。

(3) 按照吊装位置,集装袋可分为顶部吊装袋、底部吊装袋、侧面吊装袋和无吊带集装袋等。

(4) 按照制作方法,集装袋可分为使用黏合剂黏合的集装袋和使用工业缝纫机缝制成的集装袋等。

(5) 按照有无卸料口,集装袋可分为有卸料口集装袋和无卸装口集装袋。

3. 集装袋的尺寸

集装袋的容积一般在 500～2 300 升,载重量在 0.5～3 吨。

8.5 运输包装标识

运输包装标识是判别商品特征、保护商品质量和组织商品流通的依据,对保障商品安全、提高物流效率、防止差错等有着重要作用。

8.5.1 运输包装标识的内容

运输包装标识包括运输包装标记和运输包装标志。

1. 运输包装标记

运输包装标记又称唛头,是指根据包袋内装物商品的特征和商品收发事项,在外包装明显位置用文字和阿拉伯数字标明的规定记号。一般由商品分类图示和字母、数字、文字等组成,内容包括商品名称、牌号、规格、等级、计量单位、数量、重量、体积、收货单位、发货单位、生产国家或地区等。其主要作用是为了在物流过程中辨别包装的内装物,运输包装标记共有 20 项,出口商品按国际惯例执行。

2. 运输包装标志

运输包装标志是用来指明包装内容物的性质,为了物流作业的需要而在外包装上用图像或文字标明的规定记号。它包括指示标志、危险货物包装标志两类。

(1) 指示标志。对那些怕湿、怕热、怕震、怕冻等有特殊要求的产品,为了在货物运输、装卸和储存过程中,引起作业人员的注意,并正确操作,需要制作各种图示标志,以保证产品在流通中的安全。根据中华人民共和国国家标准《包装储运图示标志》(GB/T 191—2008)的规定,包装指示标志有图形符号、名称及外框线组成,共 17 种,可根据商品性能进行选用。具体内容如表 8.3 所示。

表 8.3　包装标志名称和图形

序号	标志名称	标志图形	含义	备注/示例
1	易碎物品	 (高脚杯图形)	运输包装件内装易碎品，因此搬运时应小心轻放	使用示例： 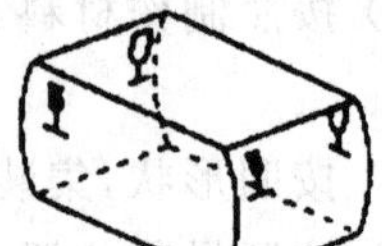
2	禁用手钩	 (禁用手钩图形)	搬运运输包装件时禁用手钩	
3	向上	 (双箭头向上图形)	表明运输包装件的正确位置是竖直向上	使用示例：(a) (b) (c) 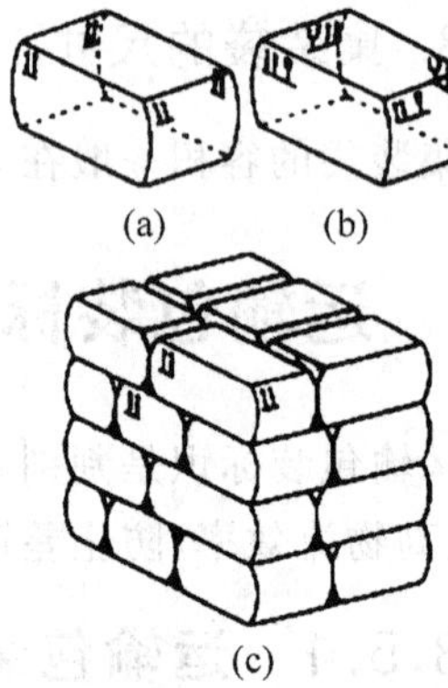
4	怕晒	 (太阳图形)	表明运输包装件不能直接照晒	
5	怕辐射	 (辐射图形)	包装物品一旦受辐射便会完全变质或损坏	
6	怕雨	 (伞图形)	包装件怕雨淋	
7	重心	 (重心图形)	表明一个单元货物的重心	使用示例：本标志应标在实际的重心位置上 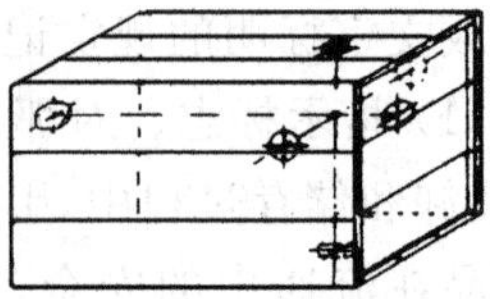

续表

序号	标志名称	标志图形	含 义	备注/示例
8	禁止翻滚		不能翻滚运输包装	
9	此面禁用手推车		搬运货物时此面禁放手推车	
10	禁用叉车		不能用升降叉车搬运的包装件	
11	由此夹起		表明装运货物时夹钳放置的位置	
12	此处不能卡夹		表明装卸货物时此处不能用夹钳夹持	
13	堆码重量极限		表明该运输包装件所能承受的最大重量极限	
14	堆码层数极限		相同包装的最大堆码层数，n 表示层数极限	
15	禁止堆码		该包装件不能堆码并且其上也不能放置其他负载	

续表

序号	标志名称	标志图形	含义	备注/示例
16	由此吊起		起吊货物时挂链条的位置	使用示例： 本标志应标在实际的起吊位置上。
17	温度极限		表明运输包装件应该保持的温度极限	(a) $+℃max$ / $-℃min$ (b) $+℃max$ / $-℃min$

（2）危险货物包装标志。危险货物包装标志在世界各国是统一的，是对危险货物所做的记号。危险货物的包装标志为引起人们特别警惕，需采用特殊的色彩或黑白菱形图块。危险货物包装标志分为标志和标签，标志4个，标签26个，其图形分别表示9类危险货物的主要特征。（详见中华人民共和国国家标准《危险货物包装标志》，GB/T 190—2009）

8.5.2 运输包装标识的使用要求

1. 运输包装标识必须符合国家有关部门的规定

我国对运输包装标记和标志所使用的文字、符号、图形以及使用方法，都有统一的规定。

2. 运输包装标识必须简明清晰、易于辨认

包装标记和标志要文字少，图案清楚，易于制作，一目了然，方便查对。标记和标志的文字、字母及数字号码的大小应和包装件的标记与标志的尺寸相称，笔画粗细要适当。

3. 涂刷、拴挂、粘贴标记和标志的部位要适当

所有的标记和标志，都应位于搬运、装卸作业时容易看得见的地方。为防止在物流过程中某些标志和标记被抹掉或不清楚而难以辨认，应尽可能在同一包装物的不同部位制作两个相同的标记和标志。例如：箱状包装：位于包装端面或侧面；袋、捆包装：位于包装明显处；桶形包装：位于桶身或桶盖；集装箱、成组货物：应位于四个侧面。

一些有特殊要求的包装标志，必须按照国际制定的相关规定使用。"由此吊起"标志应标打在包装件两个相对侧面的实际起吊位置上。"重心点"标志应标打在能正确标示出包装件实际重心位置的四个面上。

4. 运输包装标识要选用明显的颜色

制作标记和标志的颜料应具备耐温、耐晒、耐摩擦等性能,以致不发生褪色、脱落等现象。

5. 运输包装标识的尺寸要符合相关规定

运输包装标识的尺寸一般分为三种:用于拴挂的标志为 74 毫米×52.5 毫米;用于印刷和标打的标志为 105 毫米×74 毫米和 148 毫米×105 毫米两种。需说明特大和特效的包装不受此尺寸限制。

6. 运输包装标识的制作组织是商品的生产者

运输包装标识一般由生产单位在货物出厂前标打,出厂后如改换包装,则由改换包装单位标打。

本章小结

商品包装管理是物流运作管理的重要内容。商品包装具有保护商品、便利物流和促进销售的功能。商品包装可以按照其作用、层次、材料、技术方法、使用范围、使用次数等进行分类。商品包装技术包括防水包装技术、防潮包装技术、缓冲包装技术、防锈包装技术和防霉包装技术等。商品包装标准化是实现物流标准化的基础,是提高物流运作效率的保障。商品包装标准化涵盖包装基础标准化、包装材料标准化、包装容器标准化、包装工艺标准化、产品包装标准化和集合包装标准化。其中包装尺寸标准化又分为硬质直方体的运输包装尺寸标准、圆柱体运输包装尺寸标准和袋类运输包装尺寸标准。集合包装包括托盘、集装箱和集装袋。运输包装标识包括运输包装标记和运输包装标志。

思考题

1. 包装的功能包括哪些?
2. 包装技术方法有哪几种?
3. 包装标准化包括哪些内容?
4. 包装标准化的作用体现在哪些方面?
5. 硬质直方体的运输包装尺寸有何标准?
6. 圆柱体的运输包装尺寸有何标准?
7. 平托盘的尺寸有何标准?
8. 国际标准化组织是如何定义集装箱的?
9. 国际上常用的集装箱规格是什么?
10. 运输包装标识的内容是什么?
11. 运输包装标识的使用有哪些要求?

物流运作管理
Logistics Operation Management

 案例

宜家家居的平板包装

宜家家居(IKEA)1943年创建于瑞典,现今已成为全球最大的家居用品企业,主要销售座椅、沙发、办公用品、卧室系列、厨房系列、照明系列、纺织品、炊具系列、房屋储藏系列、儿童产品系列等约10 000个产品。宜家家居在29个国家/地区拥有300多个商场,其中26家在中国内地。

1956年,宜家开始试用平板包装。平板包装是指将家具拆分,把单个或多个板材或部件分别进行包装。平板包装能够提高车辆的装载量,降低人工成本,且避免运输过程中的损坏。对消费者来说,平板包装使得产品价格更低,而且能够方便地将货品运送回家。宜家平板包装具体实施主要体现在以下几个方面。

1. 详尽的调查研究

为了使包装更符合市场需求,宜家对其平板包装的各个方面进行了调查,如消费者对产品包装活动的认同度、产品包装的知名度、包装运输方式、企业形象变化情况等。例如为了方便消费者搬运宜家包装,宜家详细调查了所有品牌车辆的后备厢,并根据其尺寸变化调整包装大小,另外还随时更新车辆数据以增强信息储备。通过对这些项目进行调查,宜家就可以了解现有包装的实际效果,并通过调查反馈对包装作出及时调整。

2. 控制包装成本

宜家家居在其"为大多数人生产他们买得起、实用、美观的日常用品"的经营理念下,实行严格的成本控制。宜家的产品包装成本包括包装的设计、制造、运输、储存、集装和分装费用。

宜家的平板包装设计和产品模块化设计一样,所谓的模块化设计,就是将产品的某些要素组合在一起,构成一个具有特定功能的子系统,将这个子系统作为通用性的模块与其他要素进行多种组合,构成新的系统,从而产生多种不同功能或性能。这种包装设计理念减少了不必要的浪费,同时也可以实现大规模生产和大规模物流,从而将包装设计、运输、储存成本降至最低;其次,宜家为了最大限度地降低产品包装的制造成本,在全球范围内进行外包制造;最后,在包装的集装、分装上,宜家喊出"我们为您省一点,您为自己多做点"的口号,由消费者自行装运产品回家,自行组装,这不仅提高了运输效率,而且在装配环节上节省了大笔费用。

3. 包装功能完善

1) 易于识别

宜家包装使用多种形态来表现这种易于识别的设计,首先是明示产品的结构及部件,通过放大某个部分、使用对比颜色及分隔界线等方法达到这一目的;其次是包装上的标识,它除了传达品牌信息外,还为消费者在运输、开启包装过程中提示产品的功能识别,使消费者易于操作。

2) 易于陈列展示

宜家提倡自助购物,以平板包装的形式放置货物,顾客选中商品后就根据提示自行取

货。在卖场区内,产品根据各自分类、专题、特写等形式排列在货架上。这样做的好处是可以更突出、更有目的地宣传和介绍宜家家居的产品。此外,平板包装可以节省空间,区隔产品,既有利于陈列,也能带动其他商品的销售。

3) 注重细节

宜家的每款包装都会根据内容物的不同进行相应的结构调整。以巴西斯克壁式射灯为例,平板包装内另有保护灯头的方盒,将灯头牢牢地置于包装中,不必担心轻微碰撞带来的灯头破碎问题。宜家对设计的细节精益求精,既保证了产品不易受损,降低自身制造成本,也为消费者提供便利,省去了退货和换货的麻烦,提高了消费者的购物体验。

4. 包装风格独特

1) 信息载体

2010 年宜家包装上的文字由 Verdana 取代原有的 Futura 字体。Verdana 是一套无衬线字体,辨识强、字母差异大。Verdana 很好地解决了宜家产品包装上字母和数字的显示问题,加强了信息识别。此外,宜家针对各个国家的传统调整风格,使它的产品包装更容易被不同地区的消费者所接受,对宜家来说,字体的改变也是其"入乡随俗"风格变化的一部分。

2) 格调载体

宜家包装对材质的使用遵循北欧自然风貌的原则,多使用价格低、抗压性强、可降解、易加工成形的瓦楞纸板,手感平滑,感觉朴实温馨,使人联想到北欧风貌,感受到家的温暖与舒适,此外,宜家的包装色彩选用最接近自然的原色,格调柔和,增加了消费者对产品的注意时间,降低了印刷成本,突出了宜家自身的特色,自然的和谐色彩也最符合人体和色彩心理感知。

5. 包装环保化

虽然用于包装内部的聚苯乙烯泡沫具有良好的缓冲效果,但是却难以回收利用,不符合宜家"使用可持续材料"的愿景。经过多年的不懈努力,宜家找到了一系列的植物纤维和纸质替代材料,它们均可回收利用,并且保护效果与聚苯乙烯泡沫相当。投放市场使用 4 年之后,除了家电包装之外,它们已经取代聚苯乙烯泡沫塑料,成为全球宜家产品的平板包装材料。此外,宜家还将仓库和商场的废弃材料收集与回收起来,制作新的包装材料和新产品。

使用纤维材料只是宜家走环保之路的一种方法,宜家的另一项重要突破就是研发出了一种用于包装产品的新型塑料膜,此外,宜家还通过不断的努力,改进包装并寻求更加巧妙的方式,以节约材料,减少浪费。以格莱马茶烛为例,10 年前,茶烛以 100 支为单位零散地放在塑料袋中出售。后来,团队意识到,叠放且紧密包装的茶烛可以节省货盘的盛放空间,促进可持续发展,并为茶烛本身提供更好的保护。这种经过改良的全新包装有助于节省处理时间,同时也意味着每个货盘上可以额外装载 108 个包装。也就是说,用于运输格莱马茶烛的卡车将因此减少近 400 辆。

资料来源:

[1] 王安霞,魏归. 论宜家产品包装设计成功的核心要素[J]. 包装工程,2013,34(08):5-8

[2] 宜家家居官方网站: https://www.iken.cn

第 9 章

装卸搬运管理

本章将介绍装卸搬运作业的特点、方法和合理化的原则。还将介绍装卸搬运系统的设计方法、装卸搬运机械的选择和配套等内容。

通过本章的学习,读者将能够具备以下能力:
- 理解装卸和搬运作业的特点;
- 掌握装卸搬运作业的原则;
- 了解装卸搬运作业的类型;
- 了解装卸搬运系统的设计方法;
- 了解装卸搬运设备的选择及配套。

9.1 装卸搬运系统概述

装卸搬运是指在同一区域范围内,以改变物品的存放状态和空间位置为主要内容的活动,是物品的不同运动或静止阶段之间相互转换的桥梁。物流系统各个环节的先后或同一环节的不同活动之间,都必须进行装卸搬运作业。有了装卸搬运活动,才能把物品运动的各个阶段连接成连续的"流",否则会造成生产活动的停顿,或发生混乱。

习惯上人们通常把实物的垂直位移称为装卸,装卸作用的结果使物品从一种支承状态转变为另一种支承状态。实物在水平方向的位移称为搬运。无论装卸还是搬运总是在某一区域范围内进行,通常是指某一个物流结点,如仓库、车站或码头等。

装卸搬运是两种不同的作业。装卸和搬运密不可分,一般在搬运的前后,进行一次装卸。例如待运的物品先经搬运再装车运走,到达目的地后,要卸车经搬运入库。

9.1.1 装卸搬运的意义

装卸搬运是物流的主要功能之一,是伴随运输和保管而产生的物流活动,尽管本身不产生任何价值,但在物流过程中却占有重要地位。物流的主要环节如运输和储存要靠装卸搬运活动联结起来,物流活动其他各阶段的转换也要通过装卸和搬运联结起来。装卸、搬运不仅发生的次数频繁,而且作业内容复杂。它所耗费的费用在物流费用中占有相当大的比重。据统计,装卸搬运费用约占运输总费用的 20%~30%。在第五届国际物流会议上,美国产业界人士明确指出,美国生产企业在产品生产过程中,只有 5% 的时间用于加工制造,95% 的时间用于装卸搬运、储存等物流过程。在运输的全过程中,装卸搬运所占时间为全部运输时间的 50%。在生产企业物流中,装卸搬运成了各生产工序间连接的纽带,直接关系到产品的生产效率和产品的生产成本。装卸搬运活动的频繁发生,也是造成产品损坏的重要原因之一。

装卸搬运是人与机械、货物的结合,完全的人工装卸搬运在物流发展的今天,已经不复存在。只有根据装卸搬运作业对象的特点,合理配备装卸搬运的设施设备和合理安排劳动力,才能使物流各环节互相协调,紧密配合,发挥物流系统的整体效益。

9.1.2 装卸搬运作业的特点

1. 装卸搬运作业是附属性和伴生性的物流活动

装卸搬运作业是每一项物流活动开始或结束时必然会发生的,没有装卸搬运作业,整个物流活动就无法进行。例如运输活动的开展,就需要运用装卸搬运机械将货物从仓库货架上取下来,搬运到理货场所,然后再将货物装上运输车辆。同样地,运输活动结束后也需要利用装卸搬运机械将货物从运输工具上卸下,并搬运到指定的场所。其他物流活动也同样需要装卸搬运作业的配合才能完成。

2. 装卸搬运作业是支持性和保障性的物流活动

装卸搬运作业并不是被动的物流活动。实际上,装卸搬运作业对其他物流活动具有支持和保障作用,也对其他物流活动的质量和速度产生影响。例如,如果货物装车不当,会影响货物在运输过程中的安全;卸车不当,也同样会影响下一个物流业务的开展。

3. 装卸搬运作业是衔接性的物流活动

任何两个物流活动的相互过渡,都是以装卸搬运来衔接。因此,装卸搬运作业往往成为整个物流过程的"瓶颈",是物流各功能之间能否形成有机联系和紧密衔接的关键,也是整个物流系统是否有效的关键。

4. 装卸搬运作业复杂性高

装卸搬运作业具有复杂性的特点,这是因为不同的储存方法、不同的运输方式、不同的运输工具在装卸搬运方式上会有不同的选择。同时,在物流过程中,货物也多种多样,各种货物不但其性能不同,而且所采用的包装也各不相同。不同货物对装卸搬运设备的选择和作业的要求也都不同。

5. 装卸搬运作业波动性大

装卸搬运作业随车、船的到、发和货物的入库、出库进行,作业的波动性大,突击性和间歇性较多。从另一方面看,各种运输方式由于运量上的差别,运速的不同,使得港口、码头、车站等不同物流结点也会出现集中到货或停滞等待的不均衡的装卸搬运。

6. 装卸搬运对作业安全性要求较高

装卸搬运作业是耗费人力较多的作业,而且作业内容复杂,这就决定了装卸搬运作业中存在着许多不安全的因素和故障隐患。装卸搬运的安全性,一方面涉及人和机器的安全,另一方面涉及货物的安全。

9.1.3 装卸搬运作业方法的分类

1. 依据装卸搬运作业对象分类

1) 单件作业法

单件作业法是对按件计数的货物采用逐个装卸搬运的作业方法。单件作业对装卸搬运设备和条件的要求不高,可以采用人工装卸、半机械化装卸和机械化装卸。由于单件作业要接触单件货物,因此,货物的安全性不容易得到保证。另外,单价作业法的作业效率比较低。单件作业法一般适合于件杂货,特别适合体积过大,形状特殊或过于笨重货物的装卸搬运作业。

2) 集装作业法

集装作业法是将货物进行集合包装,对集装件进行装卸搬运。集装作业具有一次作业量大、装卸速度快且不接触货物的特点,因此,采取集装作业能够减少装卸过程中的货损、货差。集装作业有集装箱作业法、托盘作业法、滑板作业法、集装袋作业法及其他网装作业法。

3) 散装作业法

散装作业法是指对散装货物如煤炭、矿石、水泥、粮食等采取的作业方式。散装作业必须使用专业的装卸搬运设备,且需要在比较固定的作业场所内进行,因此,散装作业的灵活性较差。散装作业法又可具体细分为以下四种作业方法。

(1) 重力法。重力法是利用货物的重力来完成装卸作业的方法。可以采用车底开门或采用筒仓,打开车门或仓门,货物依靠重力自动流出。

(2) 倾翻法。倾翻法是将运载工具载货部分倾翻,而将货物卸出的方法。铁路敞车、自卸汽车都可以实现自动卸载。

(3) 机械法。机械法是指采用各种机械,在机械上设置抓斗等机构,通过抓、铲等作业方式,进行散装物料的装卸作业。

(4) 气力输送法。气力输送法是利用风机在管道内形成气流,利用气体的压力输送散状物料。

2. 依据作业手段分类

1) 人工作业法

人工作业法是依靠人力和无动力的搬运车辆或无动力式的输送机完成货物的装卸搬运。

2) 机械作业法

机械作业法是依靠各种装卸搬运机械完成货物装卸和搬运。

3) 综合自动化作业法

综合自动化作业法是要求机械设备、作业设施及全面组织管理相结合，采用自动化控制手段，实行高效率的自动化的装卸搬运作业。

3. 依据装卸搬运设备特点分类

1) 间歇作业法

间歇作业法是指两次作业之间存在一次间歇的作业方法，如起重机作业。

2) 连续作业法

连续作业法是指装卸搬运作业可连续不断进行的作业方法，如采用带式输送机械、气力输送机械或斗式提升机械进行的装卸作业。

9.1.4 装卸搬运设备的分类

装卸搬运设备可分为四大类：搬运车辆、输送机械、起重机械和升降机械。

搬运车辆包括无动力的各种手推车及人力搬运车、电动搬运车及其他动力搬运车、无人搬运车。

输送机械主要包括无动力的辊子输送机、电动链式输送机、带式输送机和气力输送机等。

起重机械包括一般通用起重机和堆垛机。

升降机械包括电梯、升降台和各种垂直提升机。

9.1.5 装卸搬运作业合理化的原则

1. 消除无效作业

消除和防止无效作业对减少装卸搬运费用、减少货物损失有着十分重要的作用。

消除无效作业，可以从以下几方面入手：第一，提高作业的纯度，如某些物资含杂质和水分较多，在搬运前应去掉杂质，只搬运必要的物资。物资的纯度越高，无效作业就会减少。第二，避免过度包装，减少无效的负荷。第三，提高装卸搬运设备装载效率，充分发挥机械的工作能力和装载空间。第四，减少装卸次数和搬运次数。作业次数增多，不仅浪费了人力、物力，还增加了物品损坏的可能性。第五，减少货物的搬运距离，选择最短的路线完成货物的装卸搬运作业。

2. 提高货物的搬运活性

活性是指货物的存放状态对装卸搬运作业方便性的影响。货物的存放状态可以有不同类型，货物可以散放在地面上，也可以装在箱子里放在地面上，或放在托盘上，等等。不同的存放状态，其搬运的难易程度也不一样。通常将搬运方便、消耗工时少的货物存放状态称为搬运的活性水平高；反之，则称为搬运的活性水平低。

各种状态下的物品的搬运活性可用搬运活性指数的大小表示。例如散放在地面上的货物，要经过集中（装箱）—搬起（支垫）—升起（装车）—运走（移动）四次作业才能实现货物的搬运，其活性指数最低，定为0，然后，每经过一次作业，就会使搬运方便一些，其搬运活性指数就加上1，处于运行状态的物品，活性指数最高，定为4。

货物的存在状态不同，需要进行的搬运作业次数不同。货物的活性指数越高，其搬运作业的次数就越少，搬运效率就越高。因此，提高货物的活性，是提高装卸搬运效率的重要途径。

3. 充分利用重力移动货物

在设计装卸搬运工艺时，应尽量减少人的搬运，避免反复从地面搬起重物，设法利用重力移动物品，如把物品放置在倾斜的辊道运输机上，利用物品的重力进行水平移动；或采用重力式货架，货架上每层滑道格均有一定的倾斜度，货箱或托盘可沿着倾斜的货架层板移动，从货架一端移动到另一端，减少上货时人力的搬动。

4. 提高装卸搬运的机械化水平

装卸搬运作业是由人与机械共同完成的。机械化水平越高，机械设备所花费的费用越大，而人工费用越小，在一定的技术水平下，人工费用总是占有一定的比例，这样在机械与人员的配备之间会存在一个最佳的配比。从经济角度考虑，物流企业应把装卸总费用（机械设备所花费的费用与人工费用之和）为最少时，所对应的机械化水平作为企业的近期目标。但是，从未来发展的角度，用机械代替人工进行装卸搬运作业是必然趋势。

5. 推广集装单元化装卸

将散装物料和单件包装用托盘、集装箱、集装袋组合包装后进行装卸，可以改善装卸搬运作业，提高搬运活性；由于装卸单位大，还可以发挥机械的效能，减少装卸作业的时间，提高作业效率。

9.2 装卸搬运机械化系统设计

装卸搬运机械化系统主要由装卸搬运对象、搬运路线、装卸搬运机械及装卸搬运设施组成。装卸搬运机械及其附属用具构成系统的主体，机械之间的合理组合、相互协调和配套才能提高装卸搬运效率、降低能耗，达到作业合理化、整体最优化的目的。

9.2.1 装卸搬运系统设计方法

装卸搬运系统的设计,就是对装卸搬运方案的设计,主要是根据搬运货物的类别和货物移动的路线,选择合适的装卸搬运设备,并确定设备之间的组合方式和装卸方法。

1. 货物的类别

货物是装卸搬运作业的对象,因此是装卸搬运系统设计中最具影响的因素。由于货物的种类繁多,外形和包装千差万别,为便于搬运,就必须按一定原则进行分类,使同一类的货物能采用同一种方式进行装卸搬运。

货物的分类通常是按其物理性质划分的,如货物尺寸、重量、形状、损伤的可能性等。货物的物理特征通常是影响分类的最重要因素,其次是货物的数量,批量不同的货物必然影响设备的选择。

2. 搬运路线的选择

根据现有的总平面布置制订搬运方案,搬运路线是确定的。有时为了使搬运距离更短,在可能的条件下,也可以改变设施的布置,从而改变路线的起点和终点。不同的布置,搬运的起点和终点之间的距离不同,而移动距离又是选择搬运设备的主要因素。

路面的质量也是考虑的因素。不同的运输车辆对路面质量有不同的要求。

总之,搬运路线与设备设施的布置有密切的关系,搬运路线的选择要充分考虑搬运设备、面积利用、设施布置等因素的影响。

3. 确定装卸搬运作业量

根据物流计划、经济合同、装卸作业不均衡程度,装卸次数以及对装卸快慢的要求等,确定每小时的装卸搬运作业量。装卸搬运作业量是方案设计、设备选择的依据。要合理选择装卸搬运设备,必须把计划任务量与实际作业量的差距尽量缩小,而要做到这一点,则必须注重原始数据的收集。例如货物的类型、批量大小,装卸搬运的频繁性,每条线路的距离、时间要求、环境条件,等等。根据原始数据,确定装卸搬运方式和装卸搬运流程。

4. 装卸搬运流程的设计

装卸搬运流程的设计是指对整个装卸搬运作业进行合理的安排,以减少运距和装卸搬运次数。例如集装箱在港口的装卸搬运方式一般采用吊装方式,有四种作业流程的设计。

1) 跨车方式

岸边采用集装箱起重机将船上的集装箱卸到岸上,然后用集装箱跨车进行搬运,堆码或装车运出。

2) 轮胎式起重机方式

岸边采用集装箱起重机把集装箱从船上卸到岸边的拖挂车上,用拖挂车拖到货场,再用轮胎式起重机堆码或装车运出。

3）有轨龙门起重机方式

有轨龙门起重机与岸边集装箱起重机衔接，接力式地将集装箱卸到货场堆码或装车运出。

4）拖挂车方式

岸边集装箱起重机把集装箱从船上卸到岸边的挂车上，由牵引车拖到货场或运送到目的地。

对上述四种作业流程的设计，应根据装卸作业现场的情况，如搬运距离、场内道路的情况、货位面积以及机械设备购置费用、维修费用、劳务费用等进行分析比较，从中选出运距最短、装卸次数最少、装卸成本最低的作业流程设计。

9.2.2 装卸搬运机械的选择和配套

1. 装卸搬运机械的选择和配置

1）装卸搬运机械的选择

装卸搬运机械的选择应根据作业条件、货物特性、作业量等综合考虑。选择条件有以下几方面。

（1）作业场地是室内还是室外。室内宜选用电瓶叉车或汽油内燃机叉车，也可选择桥式起重机。室外可选柴油机叉车或龙门起重机、旋转起重机。

（2）搬运距离。不同的搬运车辆其经济运距不同，如内燃机叉车的经济运距不超过50米，电瓶叉车不超过30米，若搬运距离超过100米时，可选用拖挂车。

（3）装卸搬运作业量。在选择装卸搬运机械时，应力求使机械的作业能力与作业量相适应。若机械的作业能力不能满足作业要求时，会使物流受阻；当超过作业要求时，机械的作业能力得不到发挥，造成装卸作业成本增加。一般说来，吞吐量较大的车站、码头、货场应选择起重量大、工作速度快的装卸机械，若装卸搬运的作业量较小，可选择较小起重量、工作速度较慢的装卸机械。

由于装卸搬运作业的不均衡性，这就导致了装卸搬运机械经常处于忙闲不均的状态，为了能适应装卸搬运作业的突击性，以及可能出现的高峰期，在选择机械型号时，对此应有充分的考虑。

（4）货物的外形尺寸和重量。货物的形状、尺寸、重量和性质直接影响了装卸搬运机械的选择，在选择机械时，必须考虑机械对多变的作业对象的适应性，对于长大、笨重的货物，可选择较大吨位的起重设备，对重量较轻的货物可选择较小吨位的机械，托盘单元化货物可尽量选择叉车。

（5）作业通道宽度和路面质量。例如选择堆垛机型号时，应注意使机械的外形尺寸与所需作业通道的宽度相适应，楼板与地面的强度必须能承受机械满载时的最大轮压。

（6）货物堆垛高度或货架高度。在选择堆垛机型号时，应注意使堆垛机的起升高度与堆垛高度或货架高度相适应。在选择起重机的起升高度时，应考虑起重机能顺利地将最大高度的货物，吊进敞车，用于船舶装卸的起重机还应考虑涨潮、退潮的影响。

(7) 货物品种和批量。对于货物品种复杂、批量较小的仓库,应选用一机多能的装卸搬运机械,若货物品种较少且批量较大的仓库应选用生产率较高的专用设备。

装卸搬运机械的选择,除考虑上述条件外,对所采用的机械本身,还应满足以下要求:使用方便、安全可靠性能稳定,有利于环境保护;机械本身实现了系列化、标准化;经济性能好。

2) 装卸搬运机械的配置

装卸搬运机械的配置是指在选定机械的型号后,根据机械应完成的装卸搬运作业量,以及选定的机械的作业能力,确定应配置的机械的数量。

(1) 各类机械作业能力的计算。

① 叉车的装卸搬运能力。叉车属于间歇作业的机械,其装卸搬运能力可按下式计算:

$$P = 3\,600 \cdot KQ/C \tag{9.1}$$

式中:P 为叉车每小时实际完成的作业量;K 为叉车额定起重量的利用系数;Q 为某种型号的叉车额定起重量(吨);C 为叉车的作业周期(秒)。

叉车的作业周期是指叉车完成一次作业所需的时间,即从取货点取货开始至卸货点完成卸货再返回取货点所需的时间。与搬运距离的远近和叉车的工作速度有关。

② 起重机的装卸搬运能力。起重机属于间歇作业的机械,其装卸搬运能力由下式计算:

若起吊成件货物时,其作业能力为

$$P = N \cdot Q_平 \tag{9.2}$$

式中:N 为每小时吊运货物的次数;$Q_平$ 为每次吊运货物的平均重量(吨);N 由运行距离、运行速度及所需的辅助时间决定。

$Q_平$ 与货物种类及机械类型有关,可通过实测确定。

若起吊散状物料,则起重机的作业能力为

$$P = NV\gamma\psi \tag{9.3}$$

式中:N 为每小时吊运次数;V 为抓斗容积(立方米);γ 为散状物料的容重(吨/立方米);ψ 为抓斗的满载率。

③ 输送机作业能力的计算。输送机属于连续工作的机械,装载卸载不需要停车,因而可以采用较高的运行速度。其作业能力用下式计算:

输送成件货物时,其作业能力为

$$P = 3\,600 \cdot \frac{W}{a} \cdot v \tag{9.4}$$

式中:W 为单件货物的重量(吨);a 为单件货物在输送带上的间距(米);v 为输送带的运动速度(米/秒)。

若输送散状物料,假设物料在输送带上均可分布,则输送机的作业能力为

$$P = 3\,600 \cdot F \cdot \gamma \cdot v \tag{9.5}$$

式中:F 为物料的横截面面积(米^2);γ 为物料的容重(吨/米^3);v 为输送带的运动速度(米/秒)。

④ 货梯的作业能力计算。货梯属于间歇性作业的装卸设备,其作业能力可用下式计算:

$$P = 3\,600 \times KQ/C \tag{9.6}$$

式中:KQ 为货梯的实际装载量(吨);Q 为货梯的额定载重量(吨);C 为轿箱上下一次的时间(秒)。

轿厢的作业周期 C 取决于轿箱的工作速度、库房层数层高以及装卸货时间。影响作业周期最大的因素是装卸货时间。提高货梯的作业能力,主要靠缩短装卸时间。

(2) 装卸搬运机械数量的配置。

首先应确定货物的装卸搬运总量,并根据进出的不均匀性,确定每小时最大装卸搬运量,根据机械配置系数,即要求达到的机械化作业程度,计算机械所需完成的装卸搬运量。用下式计算:

$$PC = KP_t \tag{9.7}$$

式中:PC 为机械所需完成的作业量(吨/时);K 为机械配置系数;P_t 为计划完成的总作业量(吨/时)。

当 $K > 0.7$ 时,表明机械化作业程度高;当 K 在 $0.5 \sim 0.7$ 时,表明机械化作业程度中等;当 $K < 0.5$ 时,表明机械化作业程度较低。在计算机械应完成的作业量时,可根据仓库的设计要求预先规定一个 K 值,再进行机械的配置计算。

机械的数量配置,可根据已选定的机械的作业能力以及机械所需完成的作业量确定。用下式计算:

$$Z = PC/P \tag{9.8}$$

式中:PC 为机械所需完成的装卸搬运量(吨/时);P 为某类机械的作业能力(吨/时);Z 为某类机械台数。

2. 装卸搬运机械的配套

大型货场的装卸搬运作业,往往需要数台不同类型的机械协同作业,不同类型的机械如何衔接和配套也是装卸搬运系统设计时必须考虑的问题。

1) 机械衔接需考虑作业成本

在确定衔接方式时,既要考虑减少装卸搬运次数,也要考虑装卸作业成本。例如门式起重机、岸边集装箱起重机、履带式起重机等装卸机械,由于受运行轨道的限制,其作业范围限制在一定区域,为使货物顺利地通过,就需要与叉车、拖挂车相互衔接。门式起重机与桥式起重机相互衔接,还可以完成入库作业,从而减少装卸搬运次数,缩短入库时间。在确定衔接机械时,应根据现场作业量的大小,尽量选用利于配套、成本较低的装卸机械。以集装箱装卸搬运方式为例,当年装卸集装箱数量少于 5 万箱,采用岸边集装箱起重机、拖挂车、轮胎式起重机的衔接方式装卸成本最低,而岸边集装箱起重机与有轨龙门起重机的衔接方式成本最高,原因在于有轨龙门起重机的造价高,而且货场面积利用率也较小。

2) 装卸机械在吨位和作业时间方面应利于配套

装卸机械在起重量方面相互配套,可以使不同类型的装卸机械的作业能力得到充分的发挥,还可以减少装卸次数,防止物流受阻。因此,在数台不同的装卸机械协同作业时,必须考虑机械在吨位上的协调，如果其中某个环节机械作业吨位不一致，就会增加装卸次数，延长装卸时间。

要使机械在作业时间上配套，需要合理安排机械的运行距离和正确确定机械的工作速度。这样才能使前一个装卸作业过程与后一个装卸作业过程在作业时间方面得到很好的衔接。例如使用输送机装卸作业，因输送机不能自动装货和卸货，在输送带的两端则需配置相应的机械，其速度应与输送带速度一致，否则就不能实现装卸搬运系统的高效率。

本章小结

装卸搬运作业是附属性、支持性和衔接性的物流活动，是复杂程度高、波动性大、安全性要求较高的物流活动。装卸搬运作业依据作业对象、作业手段、作业设备的不同而有不同的类别。装卸搬运作业应遵循消除无效作业、提高搬运活性、充分利用重力、提高机械化水平和推广集装化的原则。装卸搬运系统要根据货物的类别和搬运路线，选择合适的装卸搬运设备以及设备之间的组合方式。

思考题

1. 装卸搬运作业具有哪些特点？
2. 装卸搬运作业包括哪些类型？
3. 实现装卸搬运作业合理化的途径有哪些？
4. 描述装卸搬运系统设计的步骤。
5. 装卸搬运设备选择的考虑因素有哪些？
6. 装卸搬运设备数量如何确定？
7. 叉车作业能力如何计算？
8. 起重机械作业能力如何确定？
9. 输送机械作业能力如何确定？
10. 如何实现不同装卸搬运机械的配套使用？

习题

1. 某物流中心每年的货物吞吐量为 5 万吨，主要采用叉车作业方式，已知某型号叉车的额定起重量为 1.5 吨，起重量的利用系数为 0.8，叉车完成一次作业的时间是 10 分钟，每年有 250 个工作日，叉车每日的工作时间是 8 小时。试计算该物流中心应配置的叉车数量？

2. 2019 年，青岛港的集装箱吞吐量达到 2 100 万标箱。为了完成港口集装箱的装卸作业任务，青岛港配备了某种型号的桥吊。已知该型号桥吊每小时的装卸效率平均为 50 标箱，每个工作日的工作时间为 8 小时，一年工作 300 天。试计算青岛港配置的桥吊数量？

3. 某电商的配送中心平均日处理包裹 40 万件,为了提高分拣效率,降低差错率,配送中心计划投资建设一套自动化分拣系统。经过市场调研,公司选定了一种型号的自动分拣系统。该型号自动分拣系统的技术参数如下:输送带的运行速度是 2.5 米/秒,包裹之间的间距是 1 米。自动分拣系统的日工作时间为 8 小时,问:该配送中心需要配置几条自动化分拣线?

4. 某公司的物流部门正在为一座楼房库的货梯配置进行决策。该楼房库每年的货物吞吐量为 30 万吨。经过前期的市场调研,公司决定配置某型号的货梯设备。该货梯的额定载重量为 5 吨,载重量的利用系数为 0.8,货梯轿厢的作业周期为 15 分钟,每年 300 个工作日,货梯每日的工作时间为 8 小时。问:该楼房库需要配置几台此种型号的货梯,方能满足其作业要求?

 案例

上海洋山深水港的全自动化码头

上海洋山深水港四期码头于 2017 年 12 月开港运行,是目前全球最大规模、自动化程度最高的码头。洋山深水港四期码头地处洋山深水港最西侧,依托颗珠山岛及大、小乌龟岛围海填筑形成,总用地面积 223 万平方米,码头前沿自然水深大部分在 11~15 米,集装箱码头岸线总长 2 350 米,建有 7 个集装箱泊位,设计年通过能力初期为 400 万标准箱,远期为 630 万标准箱。

全自动化码头采用"远程操控双小车集装箱桥吊+AGV(自动导引车)+轨道吊(自动操控轨道式龙门起重机)"的生产方案。其主要由码头装卸、水平运输、堆场装卸的自动化装卸设备及自动化码头生产管控系统构成。首批投入 10 台桥吊、40 台轨道吊和 50 台 AGV。根据规划,最终将配置 26 台桥吊、120 台轨道吊和 130 台 AGV。

桥吊是生产装卸主力军。在中转平台安装机械臂和传送装置后,可以全自动拆装集装箱锁钮。主小车和门架小车作业,也都能稳定地自动运行。首先,岸上的桥吊从岸边的集装箱船上抓起集装箱,集装箱移动到码头后,在电脑的控制下,桥吊将集装箱放置到中转平台。然后,中转平台的门架小车再将集装箱移动到已经在地面等候的 AGV 自动导航卡车上方,当集装箱缓缓落下,箱子四角的锁扣与 AGV 自动导航卡车连接,整个过程耗时不到 2 分钟。

AGV 负责在桥吊和堆场间转运集装箱。AGV 具备无人驾驶、自动导航、路径优化、主动避障、自我故障诊断、自我电量监控等功能。借助无线通信、自动调度、精密定位系统和地面敷设的 61 483 个磁钉引导,AGV 能在繁忙的码头穿梭自如,准确到达指定位置。锂电池充满后,可持续运行 8 小时;电力不足时求助换电机器人,为一台 AGV 换一次电池,只需 6 分钟。

轨道吊主要用于堆场作业。全自动化码头采用自动堆箱技术,装在小车上的激光摄像头实时扫描,帮助轨道吊精准平稳地自动抓放集装箱。针对运量结构和装卸特点,采用了无悬臂、单悬臂、双悬臂三种轨道吊。无悬臂箱区和带悬臂箱区间隔混合布置。无悬臂轨道吊可在箱区两端与水平运输设备交互,而悬臂式轨道吊不但具备无悬臂轨道吊的所

有功能,还可以直接与位于自身悬臂下的水平运输设备交互。丰富的设备类型,带来多元的交互模式,码头现场作业的机动性和灵活性大大增强。目前,这种多元交互模式在全球的自动化码头中是独一无二的。

自动化码头有序高效运作不仅需要设备,更需要软件系统的全面配合,系统的智能化水平将直接影响码头的运行效率。由上港集团自主研发的全自动化码头智能生产管理控制系统(TOS 系统)和中国交建所属振华重工自主研发的智能控制系统(ECS 系统)组成了洋山港全自动化码头的"大脑"与"神经"。TOS 系统具备自动配载、智能调度、自动堆场管理及自动道口、业务处理等功能。首次实现桥吊"边装边卸"作业。系统覆盖码头全部业务环节,衔接业务受理、集卡预约、数据分析、统一调度等数据信息平台;提供智能的生产计划模块、实时作业调度系统及自动监控调整的过程控制系统。ECS 系统取代了传统设备上的操作人员,给港口设备赋予智能化,自动高效地完成 TOS 系统的装卸任务,从而实现整个码头智能化运作。

自动化码头采用的桥吊、AGV 和轨道吊均由电力驱动,完全不排放尾气,噪声也显著减少;装卸行程的优化及能量反馈技术,进一步降低了码头能耗;再加上第二代港口船舶岸基供电、节能新光源、水网系统远程度数流量计、办公建筑区域电能监控系统、太阳能辅助供热等技术,使全自动化码头的能源利用效率再上新台阶。

全自动化码头从码头装卸、水平运输、堆场装卸到生产管控系统,全部采用自动化设备,不仅节约了人力成本,还降低了人为因素对生产安全的影响,码头作业从传统劳动密集型向自动化、智能化转变。

(资料来源:根据公开资料整理)

第 10 章

配送作业管理

本章将介绍配送的基本概念、特征、作用和方式。介绍配送中心的功能、分类、内部作业流程及管理。还将详细分析配送成本的构成、配送合理化的实现途径以及配送方案的规划方法。

通过本章的学习,读者将能够具备以下能力:
- 理解配送的内涵和特点;
- 了解现代配送和配送中心的不同类型;
- 掌握配送中心的功能和流程;
- 掌握配送合理化的实现途径和方法。

10.1 配送概述

10.1.1 配送的概念及特点

1. 配送的基本内涵

配送是物流中一种特殊的、综合的活动形式,它既不同于物流中的"运输"活动,也与传统的"送货"活动有很大的区别。中华人民共和国国家标准《物流术语》(GB/T 18354—2021)将配送(distribution)定义为:根据客户要求,对物品进行分类、拣选、集货、包装、组配等作业,并按时送达指定地点的物流活动。

配送是物流活动的一种,在配送活动中,几乎包括了所有的物流功能要素,是物流的一个缩影或在某小范围中物流全部活动的体现。一般的配送活动集装卸、包装、保管、运输于一身,通过这一系列活动完成将货物送达的目的。特殊的配送则还要以加工活动为支撑,所以包括的方面更广。但是,配送的主体活动与一般物流却有不同,一般物流是运输及保管,而配送则是运输及分拣配货,分拣配货是配送的独特要求,也是配送中有特点的活动,以送货为目的的运输则是最后实现配送的主要手段,从这一主要手段出发,常常将配送简化地看成运输中的一种。

配送概念包含了以下五个方面的内容。

1) 配送实质是送货

配送是一种送货,但和一般送货有区别:一般送货可以是一种偶然的行为,而配送却是一种固定的形态,甚至是一种有确定组织、确定渠道,有一套装备和管理力量、技术力量,有一套制度的体制形式。所以,配送是高水平送货形式。

2) 配送是从物流据点至用户的一种特殊送货形式

在整个输送过程中是处于"二次输送""支线输送""终端输送"的位置,配送是"中转"型送货,其起止点是物流据点至用户。通常是短距离少量货物的移动。从送货功能看,从事送货的是专职流通企业,而不是生产企业;配送是"中转"型送货,而一般送货尤其从工厂至用户的送货往往是直达型;一般送货是生产什么,有什么送什么,配送则是企业需要什么送什么。所以,要做到需要什么送什么,就必须在一定中转环节筹集这种需要,从而使配送必然以中转形式出现。当然,广义上,许多人也将非中转型送货纳入配送范围,将配送外延从中转扩大到非中转。

3) 配送是"配"和"送"有机结合的形式

配送与一般送货的重要区别在于,配送利用有效的分拣、配货等理货工作,使送货达到一定的规模,以利用规模优势取得较低的送货成本。如果不进行分拣、配货,有一件运一件,需要一点送一点,这就会大大增加动力的消耗,使送货并不优于取货。所以,追求整个配送的优势,分拣、配货等项工作是必不可少的。

4) 配送以用户要求为出发点

在配送概念中特别强调了"按用户的要求"进行相应的配送业务,明确了用户的主导地位。配送是从用户利益出发、按用户要求进行的一种活动,因此,在观念上必须明确"用户第一""质量第一",配送企业的地位是服务地位而不是主导地位,因此不能从本企业利益出发而应从用户利益出发,在满足用户利益基础上取得本企业的利益。更重要的是,不能利用配送损伤或控制用户,不能利用配送作为部门分割、行业分割、割据市场的手段。

5) 配送强调合理性和时效性

配送概念强调了配送要"以最合理方式"完成相应的工作,这种提法是基于这样一种考虑:不能过分强调"按用户要求",用户要求受用户本身的局限,有时实际会损失自我或双方的利益。对于配送者讲,必须以"要求"为据,但是不能盲目,应该追求合理性,进而指导用户,实现共同受益的商业原则。另外,时效性也是配送概念中特别强调的一点。配送要按照客户的要求,及时完成配送工作。

2. 现代配送的特征

随着科学技术的发展,配送也逐渐走向现代化。现代配送除了具有传统配送的基本功能之外,在配送的内容、实现方式及手段等方面赋予了新的特征,这些新的特征主要表现在以下几方面。

1) 配送信息化

配送信息化表现为配送信息的商品化、信息收集的数据化和代码化、信息处理的电子化和计算机化、信息传递的标准化和实时化、信息储藏的数字化等。条码技术、数据库技术、电子订货系统、电子数据交换、快速反应及有效的客户反映、企业资源计划等在物流管理领域的广泛应用。没有物流的信息化,任何先进的技术设备都不可能应用于物流领域。

2) 配送自动化

自动化的基础是信息化,自动化的核心是机电一体化,自动化的外在表现是无人化。配送自动化不但能够达到省力化的效果,而且可以取得扩大物流作业能力、提高劳动生产率、减少物流作业的差错等目的。配送自动化包括条码/语音/射频自动识别系统、自动分拣系统、自动存取系统、自动导向车、货物自动跟踪系统、无人机、无人送货车等的应用。这些自动化的设备在发达国家已普遍用于配送作业流程中,而在我国由于整个物流行业起步较晚,发展水平比较低,自动化技术的普及还需相当长的时间。

3) 配送网络化

配送网络化的基础也是信息化,配送网络化包括两层含义:一是配送系统的计算机通信网络,包括配送中心与供应商或制造商的联系以及与下游顾客的联系都要通过计算机网络通信,如配送中心向供应商下订单的过程,就可以借助于增值网上的电子订货系统和电子数据交换技术来自动实现。另外,下游客户向配送中心的订货也可以通过计算机网络自动完成。二是组织网络化。例如台湾20世纪90年代创造的"全球运筹式产销模式",其基本特点是按照客户订单组织生产,生产采取分散形式,将世界的电脑资源都利用起来,采取外包的形式将一台电脑的所有零部件、元器件、芯片外包给世界各地的制造商去生产,然后通过全球的物流网络将这些零部件、元器件和芯片发往同一个物流配送中心进行组装,由该物流配送中心将组装的电脑迅速发给订户。

4) 配送智能化

这是配送自动化、信息化的一种高层次应用。配送作业过程大量的运筹和决策,如库存水平的确定、运输搬运路径的选择、自动导向车的运动轨迹和作业控制、自动分拣的运行、配送中心经营管理的决策支持等问题都需要借助于大量的知识来解决。在物流自动化的进程中,物流智能化是不可回避的技术难题。目前,专家系统、机器人等相关技术在国际上已经有比较成熟的研究成果,物流智能化已经成为物流发展的一个新趋势。

5) 配送柔性化

柔性化原是生产领域以实现"以顾客为中心"而提出的,但要真正做到柔性化,即真正根据消费者需求的变化来灵活调节生产工艺,没有配套的柔性化的配送系统是不可能实现的。20世纪90年代以来,生产领域提出的FMS(柔性制造系统)、CIMS(计算机集成制造系统)、MRP、ERP(企业资源计划)等概念和技术的实质就是将生产、流通进行集成,根据需求端的需求组织生产,安排物流活动。柔性物流正是适应生产、流通与消费的需求而发展起来的新型物流模式。它要求配送中心根据消费需求"多品种、小批量、多批次、短周期"的特点,灵活组织和实施物流作业。

10.1.2 配送的意义和作用

配送是物流的基本功能之一,配送功能的发挥对于整个物流系统的完善、客户服务水平的提高以及社会经济的可持续发展都具有不可替代的作用。配送的意义和作用具体体现在以下五个方面。

1. 配送有利于实现整个物流系统的优化

在整个物流系统中,由于高速公路、高速铁路以及管道运输等运输基础设施的发展,特别是大型运输工具的开发,使得干线运输不断得到优化,不但运输速度、运输质量得到提高,而且运输成本也不断降低。但是,与干线运输相衔接的末端运送,由于其具有批量小、批次多、灵活性要求高等不同于干线运输的特点,致使运力很难得到充分利用,运输成本也难以明显降低,影响了整个物流系统的完善。配送系统的发展,有效地解决了末端运送问题,使整个物流系统得到优化。

2. 配送有利于提高客户服务水平

配送能够按照客户的要求按时按量、品种配套齐全地送货上门,一方面保障了物资供应,保障了企业生产和流通的正常进行,满足了人们生产生活的物资需要和服务享受;另一方面降低了为客户送货的成本,减轻了客户的成本负担,提高了客户的收益水平。

3. 配送有利于实现企业的低库存或"零库存"

配送系统可以通过采用定时配送、共同配送等配送形式,使企业不必保持库存或只需保持比较低的安全库存,这样就可以实现企业的"零库存"。企业不必保持库存,可以为企业节省资本投入,使企业有更多的资金运用于企业的其他方面,从而加快了企业资金的周转,改善了企业的财务状况。同时,采用配送中心集中库存,可以利用有限仓库,使有限库存为更大范围更多客户所利用,需求更大、市场面更广,物资利用率和库存周转率必然大大提高。还可以使仓储与配送环节建立和运用规模经济优势,使单位存货管理总成本下降。

4. 配送完善了干线运输中心的社会物流功能体系

采用配送作业方式,可以在一定范围内,将干线、支线运输与仓储等环节统一起来,使干线输送过程及功能体系得以优化和完善,形成一个大范围物流与局部范围配送相结合的、完善的配送体系。

5. 配送有利于实现经济和社会的可持续发展

传统送货方式是每一具体企业的每次送货单独进行,企业之间不能实现资源共享,这种相互独立的、单独送货的方式必然需要使用大量的运输工具,以便满足客户的送货要求。配送则可以将多个客户的需求集中,实现共同配送。因此,与传统送货方式相比,配送可以节省运输车辆,缓解交通紧张状况,减少噪声和尾气排放,有利于保护生态环境,实现社会的可持续发展。

10.1.3 配送的方式

配送有多种方式,按照其组织方式、配送对象特性等特点的不同有以下几种分类方式。

1. 按实施配送的主体不同进行分类

1) 配送中心配送

配送中心配送的组织者是专职配送中心,一般规模比较大。其中有的配送中心由于需要储存各种商品,储存量也比较大;也有的配送中心专职组织配送,因此储存量较小,主要靠附近的仓库补充货源。

承担配送的配送中心,其设施和工艺流程是根据配送活动的特点和要求专门设计与设置的,因此,其专业化、现代化程度较高,设施和设备比较齐全,货物配送能力强。配送中心不仅可以远距离配送,还可以进行多品种货物配送,不仅可以配送工业企业的原材料,还可以承担向批发商进行补充性货物配送。配送中心配送是配送的主要形式。

2) 仓库配送

仓库配送是以一般仓库为据点来进行配送的。它可以是把仓库完全改造成配送中心,也可以是在保持仓库原功能前提下,以仓库原功能为主,再增加一部分配送职能。

3) 商店配送

商店配送形式的组织者是商店,商店的主要业务是商品的零售业务,通常经营规模较小,但经营品种却比较齐全。为了提高客户服务水平,有些商店在日常经营的零售业务之外,还可根据用户的要求,将商店经营的商品品种配齐,或者代用户外购一部分本商店平时不经营的商品,与商店经营的品种一起配齐运送给用户。

商店配送的组织者实力有限,所配送的商品种类繁多,规模较小,甚至有些商品只是偶尔需要。这种配送需求很难在专业的配送中心得到满足,所以常常利用小零售网点从事此项工作。由于商店数量较多,配送半径较小,所以,这种配送方式灵活机动,比较适合于承担生产企业非主要生产物资的配送以及对消费者个人的配送。

4) 生产企业配送

生产企业配送的主体是生产企业,尤其是进行多品种产品生产的企业。这些企业可以直接从本企业开始进行配送,而不需要将产品发运到配送中心进行配送,具有直接、避免中转的特点,所以在节省成本方面具有一定的优势。但这种配送方式多适用于大批量、单一产品的配送,不适用于多种产品"凑零为整"的配送方式,所以具有一定的局限性。

2. 按配送商品的种类和数量的多少进行分类

1) 单(少)品种、大批量配送

对于工业企业需要量较大的商品,由于单独一个品种或几个品种就可达到较大输送量,可以实行整车运输,这种情况下就可以由专业性很强的配送中心实行配送,往往不需要再与其他商品进行搭配。由于配送量大,可使车辆满载并使用大吨位车辆。这种情况下的配送中心的内部设置、组织、计划等工作也较为简单，因此配送成本较低。

2）多品种、少批量配送

多品种、少批量配送是根据用户的要求，将所需的各种物品（每种物品的需要量不大）配备齐全，凑整装车后由配送据点送达用户。

3）配套成套配送

配套成套配送是指根据生产企业的生产需要，尤其是装配型企业的生产需要，把生产每一件成品所需要的全部零部件配齐，按照生产节奏定时送达生产企业，生产企业随即可将此成套零部件送入生产线进行产品的装配。在这种配送方式中，配送企业承担了生产企业大部分的供应工作，使生产企业可以专心于生产，与多品种、少批量的配送效果相同。

3. 按配送时间和数量的多少进行分类

1）定时配送

定时配送是指按照规定的时间和时间间隔进行配送。定时配送的时间，由配送的供给与需求双方通过协议确认。每次配送的品种及数量可预先在协议中确定，实行计划配送；也可以在配送之前以商定的联络方式（如电话、传真、计算机网络等）通知配送品种及数量。

由于定时配送方式的配送时间是确定的，对用户而言，这种配送方式方便企业根据自己的经营情况，按照最理想时间安排进货，也易于事先做好接货计划，提高物流效率。对于配送企业而言，这种配送方式比较方便安排工作计划，有利于对多个用户实行共同配送，以减少成本的投入，也易于计划使用车辆和规划路线。当然，这种配送服务方式也存在着不足，如果配送物品种类、数量的变化较大，配货及车辆配装的难度也会比较大，且会使配送运力的安排出现困难。

2）定量配送

定量配送是指按规定的批量进行配送，但不确定严格的时间，只是规定在一个指定的时间范围内配送。这种配送方式每次配送的数量都是固定的，配送企业的备货工作比较简单。由于对配送时间没有严格限定，配送企业可以根据托盘、集装箱以及运输车辆的装载能力规定配送货物的数量，且可以通过将不同客户的货物拼凑成整车进行配送，达到充分利用运力，提高配送效率的目的。同时，定量配送方式也可以为客户带来好处：一是客户每次接货都处理同等数量的货物，有利于人力、物力的准备工作；二是为客户节省配送费用。

3）定时定量配送

定时定量配送是指按照规定的配送时间和配送数量进行配送，兼有定时、定量两种方式的优点。这种方式要求有较高的服务质量水平，组织工作难度很大，一般针对固定客户进行这项服务。由于适合采用的对象不多，很难实行共同配送等配送方式，因而成本较高，在用户有特殊要求时采用，不是一种普遍适用的方式。

4）定时定路线配送

定时定路线配送是指配送企业在确定的配送路线上，按照固定的时间表进行配送。对配送企业来讲，这种配送方式有利于配送企业计划安排车辆及驾驶人员，可以依次对多个用户实行共同配送,无须每次决定货物配装、配送路线、配车计划等问题,因此比较易于管理,配送成本也较低。在配送用户较多的地区,也可免去因过分复杂的配送要求带来的配送计划、组织工作、配货工作及车辆安排的困难。对用户来讲,既可在一定路线、一定时间内进行选择,又可有计划安排接货力量。这种配送方式可以为众多的中小型客户提供极大的方便。但它的应用领域也是有限的,不是一种可普遍采用的方式。这种配送方式特别适合对小商业集中区的商业企业的配送。商业集中区域交通较为拥挤,街道又比较狭窄,难以实现配送车辆"门到门"的配送,如果在某一站点将相当多商家的货物送达,然后再用小型人力车辆将货物运回,这项操作往往在非营业时间内完成,可以避免上述矛盾对配送造成的影响。

5)即时配送

即时配送是指完全按照用户突然提出的时间、数量方面的配送要求,随即进行配送的方式。采用这种方式,客户可以将安全储备降低为零,以即时配送代替安全储备,实现零库存经营。这种方式是以某天的任务为目标,在充分掌握了这一天货物需要地、需要量及种类的前提下,即时实施配送。为了保证即时配送方式能够有计划地进行,配送企业可以在期初时对配送需求进行预测,并根据预测的结果制订配送计划,并准备相应的配送资源。当具体的配送需求发生时,再根据事先拟订好的配送计划,制订具体的配送实施计划。

即时配送方式的优点是可以灵活高效地满足用户的临时需求,最终解决用户企业担心断供之忧,大幅度提高供应保证能力。其缺点是配送的成本较高,对配送中心的要求也比较高,特别对配送速度和配送时间要求比较严格。因此,即时配送比较适合一些零星商品、临时需要的商品或急需商品的配送。通常只有配送设施完备,具有较高的管理和服务水平,较高的组织和应变能力的专业化的配送中心才能大规模地开展即时配送业务。

4. 按经营形式不同进行分类

1)销售配送

销售配送是指配送的企业是销售性企业,或销售企业作为销售战略一环,进行的促销型配送,或者是和电子商务网站配套的销售型配送。这种配送的对象往往是不固定的,用户也往往是不固定的,配送对象和用户依据对市场的占有情况而定,配送的经营状况也取决于市场状况,配送随机性较强而计划性较差。各种类型的商店配送、电子商务网站配送一般都属于销售配送。用配送服务方式进行商品销售是扩大销售数量、扩大市场占有率、更多获得销售收益的重要方式。由于是在送货服务前提下进行的活动,所以也受到用户欢迎。

2)供应配送

供应配送往往是针对特定的用户,用配送方式满足这特定用户的供应需求的配送方式。这种方式配送的对象是确定的,用户的需求是确定的,用户的服务要求也是确定的,所以,这种配送可以形成较强的计划性、较为稳定的渠道,有利于提高配送的科学性和强化管理。

3)销售—供应一体化配送

销售—供应一体化配送是指对于基本固定的用户和基本确定的配送产品,销售企业可以在自己销售的同时,承担用户有计划供应者的职能,既是销售者同时又成为用户的供应代理人,起到用户供应代理人的作用。

10.2 配送中心

10.2.1 配送中心的概念

中华人民共和国国家标准《物流术语》(GB/T 18354—2021)对配送中心(distribution center;DC)的定义是:具有完善的配送基础设施和信息网络,可便捷地连接对外交通运输网络,并向末端客户提供短距离、小批量、多批次配送服务的专业化配送场所。配送中心应基本符合下列要求:主要为特定用户服务;配送功能健全;辐射范围小;多品种、小批量、多批次、短周期;主要为末端客户提供配送服务。

10.2.2 配送中心的类型

配送中心是从事配送业务的物流场所或组织。由于建造企业的背景不同,其配送中心的功能、构成和运营方式就有很大区别,因此,在配送中心规划时应该充分注意配送中心的类型及特点。配送中心的具体分类方式如下。

1. 根据配送中心的设立者分类

1)制造商型配送中心

制造商型配送中心是指以制造商为主体的配送中心。这种配送中心中存放的货物都是制造商自己生产制造的。制造商设立配送中心的目的是降低流通费用、提高售后服务质量和及时地将预先配齐的成组元器件运送到规定的加工和装配工位。从货物的生产、生产后的包装以及商品条码的粘贴等各个环节比较容易控制,可以实现现代化、自动化的配送。但制造商型配送中心是属于企业自营的配送中心,不能满足社会化的要求。

2)批发商型配送中心

批发商型配送中心是由批发商或代理商所成立的配送中心,以批发商为主体。批发是物品从制造商到消费者手中之间的传统流通环节之一,一般是按部门或物品类别的不同,把每个制造厂的物品集中起来,然后以单一品种或搭配向消费地零售商进行配送。这种配送中心的物品来自不同的制造商,它进行的一项重要的活动是对物品进行汇总和再销售,而它的全部进货和出货都是社会配送,社会化程度较高。

3)零售商型配送中心

零售商型配送中心是指由零售商向上整合所成立的配送中心,以零售商为主体。零售商特别是连锁零售企业发展到一定规模后,就可以考虑建立自己的配送中心,为专业物品零售商、超级市场、百货商店、建材商场、粮油食品商店、宾馆饭店等服务。

4)专业物流型配送中心

专业物流型配送中心是以第三方物流企业为主体的配送中心。这种配送中心由很强的运输配送能力,地理位置优越,可迅速将到达的货物配送给用户。它为制造商或供应商提供物流服务,而配送中心的货物仍属于制造商或供应商所有,配送中心只是提供仓储管理和运输配送服务。这种配送中心的现代化程度往往较高。

2．按服务范围分类

1) 城市配送中心

城市配送中心是以某一个城市所覆盖的区域范围为配送范围的配送中心,由于城市范围一般处于汽车运输的经济里程,这种配送中心可直接配送到最终用户,且采用汽车进行配送。所以,这种配送中心往往和零售经营相结合,由于运距短、反应能力强,因而从事多品种、少批量、多用户的配送较有优势。

2) 区域配送中心

区域配送中心以较强的辐射能力和库存准备,向省际、全国乃至全球范围的用户配送的配送中心。这种配送中心配送规模较大,一般而言,用户的配送需求也较大。这种配送中心较大比例的服务对象是下一级的城市配送中心,也可以配送给零售商店、批发商和企业用户。区域配送中心从事零星商品的配送比例较小,不是其主体形式。

3．按配送中心的功能分类

1) 储存型配送中心

储存型配送中心具有很强的存储功能,配送中心中由于商品存储的空间占比较大,用于物流作业的空间相对占比较小。储存型配送中心一般储存的商品周转率相对较低,或者主要用于储存应对季节性需求的商品。

2) 流通型配送中心

流通型配送中心包括通过型或转运型配送中心,基本上没有长期储存的功能,仅以暂存或随进随出的方式进行配货和送货的配送中心。典型方式为:大量货物整批进入,按一定批量零出。一般采用大型分货机,其进货直接进入分货机传送带,分送到各用户货位或直接分送到配送汽车上。

3) 加工型配送中心

加工型配送中心是一种根据用户需要对配送物品进行加工,而后实施配送的配送中心。加工型配送中心中所进行的加工活动主要有分装、改包装、集中下料、套裁、初级加工、组装、剪切、表层处理等。美国餐饮连锁企业——麦当劳、肯德基所建立的配送中心就是提供加工服务后向其连锁店配送的典型。在制造业、建筑业、水泥制品等领域的配送中心同样属于这种类型。加工配送中心定位于制造,通常坐落在生产工厂的附近,作为装配加工与集中运输生产材料的基地。

4．按配送货物的属性分类

根据配送货物的属性,配送中心可以分为食品配送中心、日用品配送中心、医药品配送中心、化妆品配送中心、家电配送中心、电子产品配送中心、书籍产品配送中心、服饰配送中心、汽车零部件配送中心以及生鲜处理中心等。配送的产品不同,配送中心的设计和规划的要求也不同。例如生鲜品配送中心主要处理的商品是蔬菜、水果、牛奶、鱼和肉等生鲜产品,属于低温型的配送中心。低温型配送中心是由冷冻库、冷藏库、鱼虾包装处理场、肉制品包装处理场、蔬菜包装处理场及进出货暂存区等组成的,冷冻库的温度一般在零下25摄氏度左右,而冷藏库的温度则通常是0～5摄氏度左右。而图书配送中心的规划则有不同的要求,由于图书有新出版、再版及补书等的不同类型,尤其是新出版的书籍或杂志,其中80%不上架,直接理货配送到各书店去,剩下的20%左右库存在配送中心等待客户的再订货。另外,书籍或杂志的退货率非常高,占图书总量的30%～40%,因此在图书配送中心的规划时,就必须考虑到图书物流的这些特殊要求,特别是在配送中心中需要设立较大的退货区域。服饰产品的配送中心也有淡旺季及流行性等特性,而且较高级的服饰必须使用衣架悬挂,其配送中心的规划也有其特殊性。尽管不同种类与行业形态的配送中心,其作业内容、设备类型、营运范围可能完全不同,但是其系统规划分析的方法与步骤也有其相同之处。

10.2.3 配送中心的功能

配送中心是完成配送业务的场所或组织。在配送中心中,应包括的主要作业有以下几项。

1. 采购功能

配送中心必须首先采购所要供应配送的商品,才能及时准确无误地为其用户即生产企业或商业企业供应商品。配送中心应根据市场的供求变化情况,制订并及时调整统一的、完善的采购计划,并由专门的人员与部门组织实施。

2. 储存功能

配送中心的储存功能有两个目的:一是解决商品的季节性生产与季节性消费的时间背离问题;二是解决生产与消费之间的平衡问题。为了保证满足客户的配送需要,特别是满足用户的随机需求,在配送中心中必须要保持一定量的商品储备。这些处于暂时闲置状态的商品,由于自身的性能原因或者外界环境的原因,在储存过程中可能会发生物理、化学或生化变化,影响商品的数量和质量安全。为此,配送中心中必须做好商品的保管养护工作,以确保储存商品的数量准确、质量完好。在配送中心中还有一种储存形式——暂存。暂存有两种情况:一种是指在理货区域所做的少量储备,主要目的是提高配货的效率;另一种是货物组配之后、发货之前的暂存,其主要目的是调整送货的节奏。

3. 分拣功能

作为物流节点的配送中心,其服务的客户多达几十家甚至上百家。这些客户之间的差别很大,不仅其经营性质、经营规模、经营策略等存在相当大的差距,而且不同的客户对于所配送的货物种类、规格以及数量的要求也区别很大。为了有效地进行配送,既为了同时向不同的客户进行配送,也为了向每个客户配送多种货物,配送中心必须采取适当的方式对配送中心储存的货物进行拣选,并且在此基础上,按照客户的订单要求或配送计划分装和配装货物。分拣功能是配送中心的核心功能之一。

4. 组配功能

组配功能是配送中心对分拣的货物进行合理组合，以达到提高运输车辆利用率。由于每个客户对配送商品的品种、规格、型号、数量、质量、送达时间和地点等的要求不同，配送中心为了满足客户的配送要求，合理使用运力，就必须对分拣出的商品进行合理组合、配装。组配功能也是配送中心的核心功能之一。

5. 包装功能

从配送中心的角度来看，它往往希望采用大批量的进货来降低进货价格和进货费用；但是用户企业为了降低库存、加快资金周转、减少资金占用，则往往要采用小批量进货的方法。为了满足用户的要求，即用户的小批量、多批次进货，配送中心就必须进行分装。

6. 集散功能

货物由几个公司集中到配送中心，再进行发运或向几个公司发运。凭借其特殊的地位以及拥有的各种先进的设施和设备，配送中心能够将分散在各个生产企业的产品集中到一起，然后经过分拣、配装向多家用户发运。集散功能也可以将其他公司的货物放入该配送中心来处理、发运，以提高卡车的满载率，降低费用成本。

7. 流通加工功能

配送过程中，为解决生产中大批量、少规格和消费中的小批量、多样化要求的矛盾，按照用户对货物的不同要求对商品进行分装、配装等加工活动。另外，为了促进商品销售，配送中心还需要对商品进行包装、价格标签贴附等加工活动。这也是配送中心功能之一。

8. 送货功能

将配好的货物按到达地点或到达路线进行送货。运输车辆可以租用社会运输力量或自己的专业运输车队。

9. 物流信息功能

物流信息功能为管理者提出更加准确、及时的配送信息，也是用户与配送中心联系的渠道。

10.2.4 配送中心的作业流程

不同模式的配送中心，其作业内容也会有所不同。一般来说，配送中心的作业管理主要包括进货作业管理、在库保管作业管理、加工作业管理、理货作业管理和送货作业管理。

1. 进货作业管理

进货入库作业主要包括收货、检验和入库三个流程。收货是指企业的进货指令向供货厂商发出后，配送中心对运送的货物进行接收。收货检验工作一定要慎之又慎，因为一旦商品入库,配送中心就要担负起商品完整的责任。一般来说,配送中心收货员应做好如下准备:及时掌握企业(或客户)计划中或在途中的进货量、可用的库房空储仓位、装卸人力等情况,并及时与有关部门、人员进行沟通,做好以下接货计划:①使所有货物直线移动,避免出现反方向移动;②使所有货物移动距离尽可能短,动作尽可能减少;③使机器操作最大化、手工操作最小化;④将某些特定的重复动作标准化;⑤准备必要的辅助设备。

检验活动包括核对采购订单与供货商发货单是否相符、检查商品有无损坏、商品分类、所购商品的品质与数量比较等。数量检查有四种方式:①直接检查,将运输单据与供货商发货单对比;②盲查,即直接列出所收到的商品种类与数量,待发货单到达后再做检查;③半盲查,即事先收到有关列明商品种类的单据,待货物到达时再列出商品数量;④联合检查,即将直接检查与盲查结合起来使用,如果发货单及时到达就采用直接检查法,未到达就采用盲查法。经检查准确无误后方可在厂商发货单上签字将商品入库,并及时登录有关入库信息,转达采购部,经采购部确认后开具收货单,从而使已入库的商品及时进入可配送的状态。

2. 在库保管作业管理

商品在库保管的主要目的是加强商品养护,确保商品质量安全。同时还要加强储位合理化工作和储存商品的数量管理工作。商品储位可根据商品属性、周转率、理货单位等因素来确定。储存商品的数量管理则需依靠健全的商品账务制度和盘点制度。商品储位合理与否、商品数量管理精确与否将直接影响商品配送作业效率。

3. 加工作业管理

加工作业管理主要是指对即将配送的产品或半成品按销售要求进行再加工,包括:①分割加工,如对大尺寸产品按不同用途进行切割;②分装加工,如将散装或大包装的产品按零售要求进行重新包装;③分选加工,如对农副产品按质量、规格进行分选,并分别包装;④促销包装,如促销赠品搭配;⑤贴标加工,如粘贴价格标签,打制条形码。加工作业完成后,商品即进入可配送状态。

4. 理货作业管理

理货作业是配送作业最主要的前置工作,即配送中心接到配送指示后,及时组织理货作业人员,按照出货优先顺序、储位区域别、配送车辆趟次、门店号、先进先出等方法和原则,把配货商品整理出来,经复核人员确认无误后,放置到暂存区,准备装货上车。

理货作业主要有两种方式:一是"播种方式";二是"摘果方式"。

所谓播种方式,是把所要配送的同一品种货物集中搬运到理货场所,然后按每一货位(按客户区分)所需的数量分别放置,直到配货完毕。在保管的货物较易移动、客户数量多且需要量较大时,可采用此种方法。

所谓摘果方式(挑选方式),就是搬运车辆巡回于保管场所,按理货要求取出货物,然后将配好的货物放置到配货场所指定的位置,或直接发货。在保管的商品不易移动、客户数量较少且要货比较分散的情况下,常采用此种方法。

在实际工作中,可根据具体情况来确定采用哪一种方式,有时两种方式亦可同时运用。

5. 送货作业管理

送货作业要求按照客户的要求,按时、安全地将货物送到客户手里,并快速办理商品的交接工作。为此,配送中心需要事先对配送的路线、配送车辆、配送人员等进行合理安排,并事先与客户沟通,确定配送车辆的具体到达时间,以便顺利交接货物。

10.2.5 配送中心作业过程的管理

配送中心作业过程的管理包括配送计划的制订、配送计划的实施以及配送过程的控制三个阶段。

1. 配送计划的制订

配送计划是根据配送的要求,事先做好全局筹划并对有关职能部门的任务进行安排和布置,全局筹划主要包括制订配送中心计划,规划配送区域,规定配送服务水平等。制订具体的配送计划时应考虑以下几个要素:客户的位置及订货要求,如品种、规格、数量及送货时间、地点等;配送的性质和特点以及由此决定的运输方式、车辆种类;现有库存的保证能力;现时的交通条件。从而决定配送时间,选定配送车辆,规定装车货物的比例和最佳配送路线、配送频率。

2. 配送计划的实施

配送计划制订后,需要进一步组织落实,完成配送任务。

首先应做好准备工作。配送计划确定后,将到货时间、到货品种、规格、数量以及车辆型号通知各客户做好接车准备;同时向各职能部门,如仓储、分货包装、运输及财务等部门下达配送任务,各部门做好配送准备。

然后组织配送发运。理货部门按要求将各客户所需的各种货物进行分货及配货,再进行适当的包装并详细标明客户名称、地址、送达时间以及货物明细。按计划将各客户货物组合、装车,运输部门按指定的路线运送各客户,完成配送工作。

如果客户有退货、调货的要求,则应将退调商品随车带回,并完成有关单证手续。

3. 配送过程的控制

配送计划的实施过程中,需要对整个过程进行控制,以确保配送计划的实现。

10.3 配送合理化

10.3.1 配送合理化的概念

配送合理化是指依据客户的订单要求,遵循合理使用运力的原则,合理组配货物、选择最适合的配送车辆、规划最优的配送路线、力求以最低的配送成本,安全、优质地完成配送工作。

配送的合理与否不仅直接影响到配送中心的经济效益,而且对客户的服务水平也会产生影响。

10.3.2 配送作业的成本构成

配送成本(distribution cost)是配送过程中所支付的费用总和。根据配送流程及配送环节,配送成本实际上是含运输成本、分拣成本、配装及流通加工成本等全过程的成本。配送成本的核算是多环节的核算,是各个配送环节或活动的集成。配送各个环节的成本核算都具有各自的特点,如流通加工的成本核算与运输成本的核算具有明显的区别,其成本计算的对象及计算单位都不同。

1. 运输成本

运输成本主要包括:①运输车辆成本。车辆费用是指从事配送运输生产而发生的各项费用。具体包括驾驶员及助手等工资及福利费、燃料、轮胎、修理费、折旧费、养路费、车船使用税等项目。②营运间接成本。这是指营运过程中发生的不能直接计入各成本计算对象的站、队经费。其包括站、队人员的工资及福利费、办公费、水电费、折旧费等内容,但不包括管理费用。

2. 分拣成本

分拣成本主要包括:①分拣人工成本。这是指从事分拣工作的作业人员及有关人员工资、奖金、补贴等费用的总和。②分拣设备成本。这是指分拣机械设备的折旧费用及修理费用。

3. 配装成本

配装成本主要包括:①配装材料成本。常见的配装材料有木材、纸、自然纤维和合成纤维、塑料等。这些包装材料功能不同,成本相差很大。②配装辅助成本。辅助性成本主要涉及包装标记、标志的印刷,拴挂物等的成本支出。③配装人工成本。这是指从事包装工作的工人及有关人员的工资、奖金、补贴等费用总和,即配装人工成本。

4. 流通加工成本

流通加工成本主要包括:①流通加工设备成本。流通加工设备因流通加工形式不同而不同,购置这些设备所支出的费用,以流通加工费用的形式转移到被加工产品中去。②流通加工材料成本。这是指在流通加工过程中,投入到加工过程中的一些材料消耗所需要的费用,即流通加工材料费用。③在流通加工过程中从事加工活动的管理人员、工人及有关人员工资、奖金等费用的总和。实际应用中,应该根据配送的具体流程归集成本,不同的配送模式,其成本构成差异较大。相同的配送模式下,由于配送物品的性质不同,其成本构成差异也很大。

10.3.3 配送合理化的实现途径

配送活动在满足客户需求的同时，也会消耗配送企业的资源，因此，配送合理化的目标是在顾客服务水平与配送成本之间进行权衡，即在一定的配送成本下尽量提高顾客服务水平，或在一定的顾客服务水平下使配送成本最小。配送企业可以从以下几个方面入手，实现配送合理化。

1. 选择适当的配送模式

配送模式是企业进行配送业务的运作方式。可供企业选择的配送模式包括自营配送模式、外包配送模式、共同配送模式以及混合配送模式。各种配送模式都有其特点和适用范围，各个企业应根据自身的经济实力、经营特点、经营规模及业务需要作出正确的选择。

1）自营配送模式

自营配送模式是企业根据自身的经营需要、网点布局以及发展战略等，自己投资建造配送中心，该配送中心主要负责为本企业的网点提供配送服务的模式。自营配送模式是一种自我服务型的配送模式，这种配送模式中，企业的配送业务是为企业的销售或生产业务提供服务的，配送服务的专业性、灵活性较强，但企业为此需要付出大量的投资进行配送中心的建设，配送中心的运营还需要配备相应的人力、物力和财力资源，管理工作量也比较大，分散了企业的精力，不利于企业发展其核心业务。如果企业的网点数量没有达到一定的规模，自营配送模式的成本也比较高。因此，自营配送模式适用于企业经济实力较强、网点规模或经营规模较大、物流管理水平较高的企业。

2）外包配送模式

外包配送模式是企业以合同的方式将配送业务委托给专业的社会化配送企业来完成的配送模式。社会化配送企业是专门从事配送业务的专业企业，可以为客户提供更专业化的配送服务，同时由于社会化配送企业的客户较多，有利于实现规模效益，也为客户企业节省建造配送中心的投资，并使客户企业可以专注于自己的核心业务。但外包配送模式使企业对配送业务的控制力下降，服务失败的风险加大。因此，外包配送模式适合于企业经营规模小、配送业务专业化不强、专业化配送企业经营比较规范的情况。

3）共同配送模式

共同配送模式是企业与其他企业共同投资建立配送中心，通过对共建配送中心的运作管理，完成企业所需要的配送业务。这里的"其他企业"主要包括两类：一类是第三方物流企业，企业通过与第三方物流企业合资建设配送中心，既可以利用第三方物流企业的专业化优势，又可以得到企业所需要的定制化服务。这种合作可以利用其先进的设施设备和专业优势，取得经济效益；另一类是非第三方物流企业，主要是指一些规模不大或资金有限的中小型企业，由于不具备自建配送中心的能力，但又不想失去对配送业务的控制和管理，便选择与其他同行共同建设和经营配送中心的途径。共同配送模式可以为企业节省投资、开展共同配送，降低经营风险。但是在这种模式下，由于各个企业间不可避免地存在着不统一性，在需求满足上会受到一定的限制，再加上各个企业之间的相互牵制，服务质量和服务水平较第一种模式低。此外，由于是联合经营，还存在着商业情报泄露的风险。因此,企业若决定采用此种模式,必须在配送过程中树立风险意识,做好风险防范工作。

4) 混合配送模式

混合配送模式是企业采用自建配送中心和外包配送业务相结合的方式。有些企业自身拥有一定的物流设施设备并建有一些物流网络,可以满足本企业部分物流业务需要,由于业务规模的扩大,原有的配送中心已不能满足业务增长的需要,新建配送中心又不经济,这时企业可以将部分配送业务外包给专业的第三方物流企业。另外一种情况是有些企业的经营业务季节性波动很大,完全自营配送业务很难实现经济效益。这时企业会采用部分配送业务自营,而将需求高峰时的配送业务外包给第三方物流企业的方式。混合配送模式既可以合理地利用企业的自有资源,又能够降低配送成本,提高服务质量。

2. 合理选择送货方式

直送与配送是两种不同的送货方式。直送方式是所有商品直接从供应商处运送到下游客户处,每一次的运输路线都是指定的。配送方式是所有商品先从供应商处运送到配送中心,在配送中心进行分拣、组配等作业之后再运送到下游客户处。直送方式的主要优势是无须中转,运输时间较短,操作和协调工作比较容易。如果客户的规模较大,每次的订单规模都能与运输车辆的装载量相接近,直送方式是比较合适的一种送货方式。但是,对于小规模的客户或者客户的订单规模比较小的情况,采用直送方式会花费较高的物流成本。

配送方式中,配送中心是供应商与下游客户的中间环节,发挥着货物保管和货物中转的作用。当客户的订货规模较小、货物品种较多时,利用配送方式可以显著地降低物流成本、提高服务水平。但配送方式增加了配送中心的中转环节,送货时间相对直送方式较长,操作难度较大。因此,直送与配送方式有各自自身的适用范围,企业应综合考虑企业竞争战略、客户要求、运作成本等因素,选择合适的送货方式。

3. 科学确定配送中心的数量和规模

配送中心的数量、每个配送中心的服务范围等直接影响配送工作的合理化。在企业配送网络中,配送中心的数量越多,每个配送中心的服务范围相对越小,对客户需求的反应速度也相应比较快。但企业需要投入更多的资金建立和运营配送中心,企业的物流成本会相应上升。如果配送中心的数量较少,每个配送中心的服务范围需要相应增大,配送中心的规模较大,能够获得规模优势,但由于距离客户的距离较远,对客户需求的反应速度也会相应降低。因此,企业在进行配送网络规划和建设时,需要综合权衡客户服务与物流成本,选择经济合理的配送中心数量。

4. 实行计划配送

在配送活动中,临时配送、紧急配送和无计划的随时配送等都是降低配送效率和影响配送经济效益的主要因素。临时配送是因为事前计划不周,未能提前确定正确的配装方法和配送路线,到了临近配送截止日期,匆忙安排专车,进行单线配送,造成车辆装载亏吨、延长运输路线等。紧急配送是因顾客的紧急订货而发生的。为了保证按时送到货物，来不及认真安排货物配装及规划配送路线，造成运力的浪费。随时配送是对配送业务不作计划安排，有一批送一批，灵活性大，随机性强。临时配送、紧急配送和随时配送虽然难以完全用计划加以控制，但如果能够在作业组织上保持一定的弹性并有调剂准备的余地，是完全可以将其纳入计划管理的范畴并取得相应的经济效益的。

5. 开展共同配送

共同配送是几个企业联合集小量为大量共同利用同一配送设施的配送方式。其标准运作形式是：在中心机构的统一指挥和调度下，各配送主体以经营活动（或以资产为纽带）联合行动，在较大的地域内协调运作，共同对某一个或某几个客户提供系列化的配送服务。共同配送有两种情况：一种情况是中小型生产企业、零售企业之间的共同配送，即同一行业或在同一地区的中小型生产企业或零售企业单独进行配送的运输量少、运输车辆不能满载情况下进行的共同配送，不仅可减少企业的配送费用，配送能力得到互补，而且有利于缓和城市交通拥挤，提高配送车辆的利用率；另一种情况是几个中小型配送中心之间的联合，针对某一地区的用户，由于各配送中心所配物资数量少、车辆利用率低等原因，几个配送中心将用户所需物资集中起来，实现共同配送。共同配送是配送企业间开展横向经济联合的一种形式，组织共同配送要注意处理好各企业间成本合理分摊和收益合理分配的问题。

10.4 配送合理化的数学方法

企业物流工作人员经常遇到从中心仓库向各区域分仓库送货或从配送中心向各连锁门店送货等问题。这类问题是对一系列分仓库或连锁门店规划适当的送货路线，使货运车辆有序地通过它们，在满足一定的约束条件下，如货物需求量、发送量、交发货时间、车辆载重量限制、行驶里程限制、时间限制等，实现运输距离最短、费用最少、时间最短，车队规模最少或车辆利用率高等优化目标。此类问题就是运输车辆调度问题，简称 VRP 问题(vehicle routing problem，多回路运输问题)。VRP 问题和 TSP 问题（旅行商问题）不同，VRP 问题涉及的客户群体数量较大，只有一辆车或一条路径满足不了客户的需求，必须使用多辆货运车辆，因此，VRP 问题涉及运输车辆安排和运输路线规划两个问题的求解。相对于 TSP 问题，VRP 问题更复杂，求解更困难，但也更接近实际情况。

下面介绍两种 VRP 问题的求解方法：扫描法和节约法。

10.4.1 扫描法

扫描法的规划步骤如下。

（1）在地图或方格图中确定仓库(配送中心)与各网点的位置。

（2）从仓库(配送中心)出发沿任意方向画一条直线。

（3）沿顺时针或逆时针旋转直线，直到与某网点相交，考察该网点的运输量与车辆的运输能力，确定在该车辆的运输路线上增加该网点，是否会超过该车辆的运输能力。如果没有,继续旋转直线,直到与下一个网点相交,并判断累计运输量是否超过车辆的载货能力。如果没有,则继续旋转直线;如果超过,则去掉最后一个网点。

(4) 从不包含在上一个送货路线中的下一个网点开始,旋转直线以寻找新的送货路线。继续此过程,直到所有网点都被安排在送货路线中。

(5) 合理安排各送货路线中每个网点的送货顺序,使车辆行驶距离最短。

案例 10.1 某连锁企业的配送中心及各门店的位置分布如图 10.1 所示。图中圆圈表示门店,圆圈旁边的数字表示该门店的送货量。如果该连锁企业的配送中心的运输车辆的最大载货量是 15 吨。问:需要多少辆送货车辆?每条送货路线经过哪些网点?每条路线上的网点的送货顺序怎样?

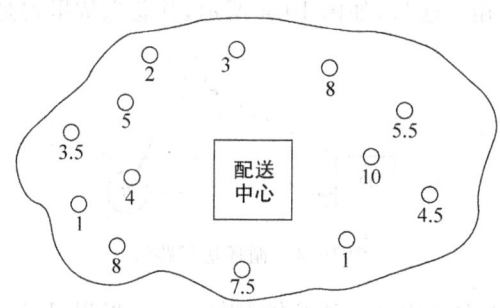

图 10.1 某连锁企业网点分布图

利用扫描法对该问题进行求解。

首先,从配送中心出发,向北画一条直线,进行顺时针方向"扫描",直到装载的货物能装上一辆载重量 15 吨货物的货车,同时又不超重。当所有的网点都已分配了线路,就可以安排经过各网点的顺序。规划结果如图 10.2 所示。

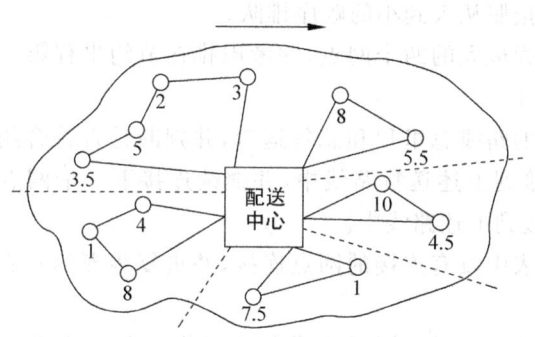

图 10.2 利用扫描法规划的送货方案

10.4.2 节约法

节约法最早是由 Clarke—Wright 提出的。该方法对于服务网点数量不太多的问题可以快速地得出结果,且结果与最优解很接近。节约法的一个主要特点是能够处理包含许多约束条件的实际问题,并且可同时确定送货路线和各网点的顺序。

节约法的目标是送货总里程最短,并且为所有网点服务的车辆数量最少。假设某配

送中心 D 派出两辆货车分别向网点 A，网点 B 送货，然后返回配送中心。如图 10.3 所示，这时的送货里程是：$2DA+2DB$。

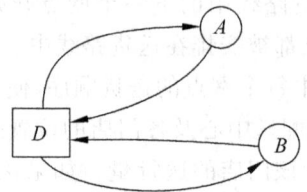

图 10.3　分别送货的路线

如果使用一辆货车循环送货，如图 10.4 所示，其总送货里程是：$DA+AB+DB$。

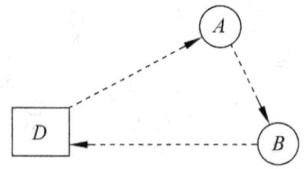

图 10.4　循环送货路线

很明显，第二种送货方案比第一种送货方案可节约里程：$DA+DB-AB$。

对每对网点都进行节约里程的计算，从中选择节约里程最大的一对网点合并在一起，进行循环送货。同时，在不超过货车载重量的条件下，考虑将节约里程次之的其他网点纳入该条送货路线中。重复此过程直到所有网点的送货路线都设计完成。

节约法的规划步骤如下。

（1）计算每对网点的节约里程。

（2）将节约里程按照从大到小的顺序排队。

（3）连接节约里程最大的两个网点，并考虑排在节约里程第二位的网点能否连接到已设计出的送货路线上。

（4）计算连接后的路线总里程和总货运量，并判断是否符合约束条件。如果符合约束条件，则将网点连接到上述送货路线中，并继续连接下一个网点。如果不符合约束条件，则该网点不能连接到上述路线中。

（5）将节约里程表中没有连接的网点连接，并重复步骤（4），直到所有网点全部包含在设计的路线中。

案例 10.2　某区域仓库每周向各销售网点送货一次，该配送中心拥有 5 吨送货车辆 10 辆。配送中心和各销售网点的位置及送货资料如图 10.5 所示，图中 W 表示仓库，方框表示各销售网点，方框旁边括号内的数字表示各网点的送货量。直线上的数字表示仓库及各销售网点之间的运输距离。问：如何规划送货线路，才能使总运输里程最短？

规划步骤如下。

（1）计算出仓库与各销售网点、各销售网点之间的最短距离。本例的计算结果如表 10.1 所示。

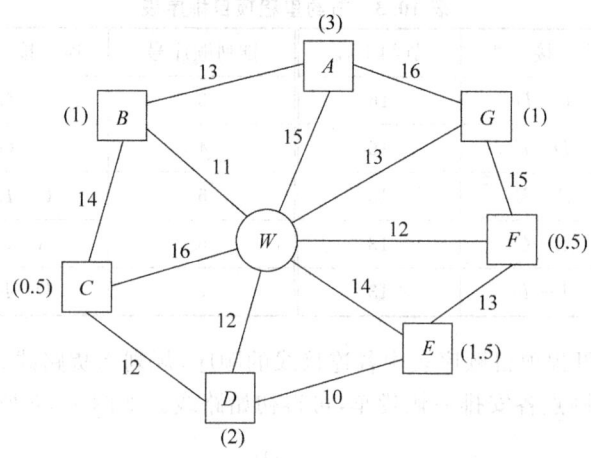

图 10.5 仓库及各销售网点的相对位置及运输量

表 10.1 仓库及各销售网点之间的最短距离

	W	A	B	C	D	E	F	G
W		15	11	16	12	14	12	13
A			13	26	27	29	27	16
B				14	23	25	23	24
C					12	22	28	29
D						10	23	25
E							13	27
F								15
G								

(2) 计算各销售网点的节约里程。计算结果如表 10.2 所示。

表 10.2 节约里程表

	A	B	C	D	E	F	G
A		13	5	0	0	0	12
B			13	0	0	0	0
C				16	8	0	0
D					16	1	0
E						13	0
F							10
G							

(3) 将节约里程项目按照从大到小的顺序排序,排列结果如表 10.3 所示。

表 10.3 节约里程项目排序表

排列顺序号	连接线	节约里程	排列顺序号	连接线	节约历程
1	C—D	16	3	A—G	12
1	D—E	16	4	F—G	10
2	A—B	13	5	C—E	8
2	B—C	13	6	A—C	5
2	E—F	13	7	D—F	1

（4）依据节约里程项目顺序表中各连接线的顺序，规划送货路线。

如果每个销售网点各安排一辆货车，可得初始路线。如图 10.6 所示。

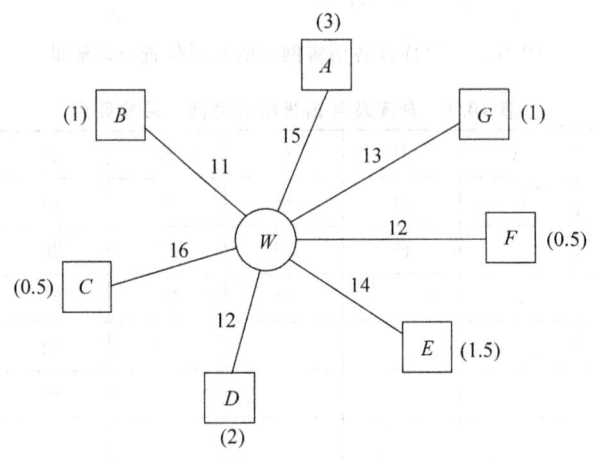

图 10.6 初始路线

依据节约里程顺序表中的顺序，连接 C—D，D—E，B—C，此时，已达到车辆的载货容量，因此，不能在增加销售网点。得优化后的第一条送货路线。如图 10.7 所示。

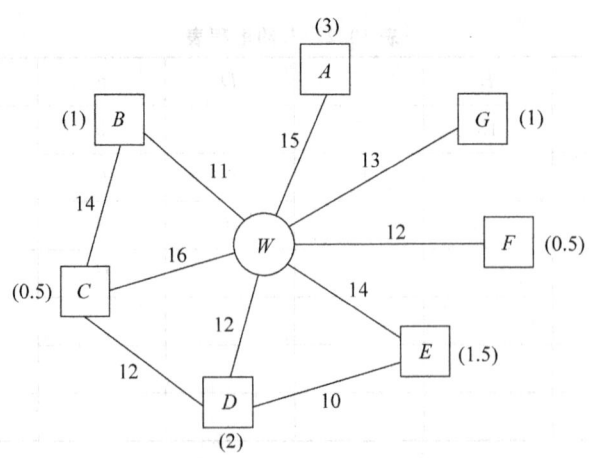

图 10.7 第一条优化后的送货路线

由于销售网点 E 已连接到第一条送货路线上,所以 E—F 不能连接。继续连接 A—G,F—G,由于 C—E,A—C,D—F,都不能连接,所以可得出第二条送货路线,如图 10.8 所示。

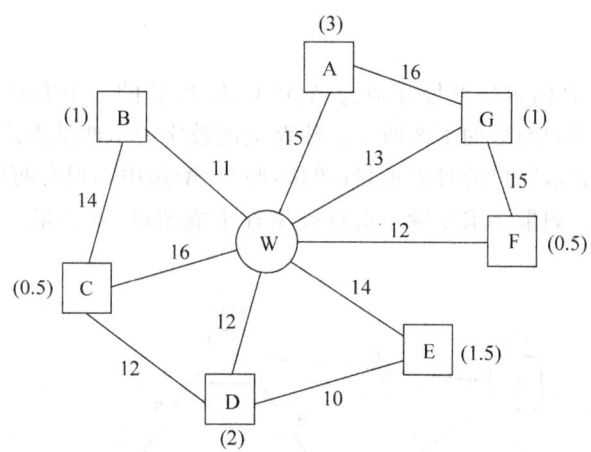

图 10.8　第一、二条送货路线

因此,该仓库应该使用两辆载重量 5 吨的货车,分别沿着图 10.8 中的两条送货路线进行送货。

配送是一种综合性的物流活动。现代配送具有信息化、自动化、网络化、智能化和柔性化的特点。配送依据其组织方式、配送对象、配送时间和数量、经营方式等不同而有不同的方式。配送中心具有采购、储存、分拣、组配、包装、集散、流通加工、送货和物流信息等功能。配送中心的作业流程是进货作业、保管作业、加工作业、理货作业和送货作业。实现配送合理化可以从配送模式、送货方式、配送中心的数量和规模及共同配送等方面入手。配送合理化的数学方法包括扫描法和节约法。

1. 什么是配送?配送、物流及运输的主要区别表现在哪里?
2. 配送包括哪些主要方式?各种配送方式具有何特点?
3. 什么是共同配送?开展共同配送有何意义?
4. 什么是配送中心?配送中心应符合哪些要求?
5. 配送中心包括哪些主要的功能活动?
6. 实现配送合理化的途径有哪些?
7. 配送成本是由哪些成本项目构成的?
8. 节约法的基本原理是什么?

9. 企业选择配送模式应考虑的因素有哪些？
10. 制造行业与零售行业的配送有何区别？请举例说明。

1. 某配送中心 P 向客户编号分别为 A、B、C、D 和 E 的 5 个客户配送货物。配送中心与这 5 个客户组成的网络如下图所示。线路上的数字表示两结点之间的距离（单位：千米），括号内的数字表示客户的日需求量（单位：吨）。配送中心现有两种货车车型：载重量分别是 2 吨和 4 吨。如果要求车辆一次行驶里程不能超过 30 千米。试用节约里程法规划配送方案。

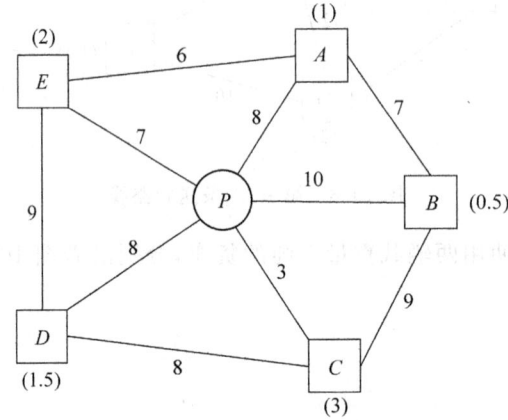

2. 某配送中心 P 向 7 个客户配送货物，其配送路线网络、配送中心与客户的距离、客户之间的距离如下图所示。图中括号内的数字表示客户的需求量（单位：吨），线路上的数字表示两结点之间的距离（单位：千米），现配送中心有 2 台 4 吨卡车和 2 台 6 吨卡车可供使用。（1）试用节约里程法制定最优的配送方案。（2）假设配送中心在向客户配送货物过程中单位时间平均支出成本为 500 元，卡车的平均行驶速度为 30 千米/小时，试比较优化后的方案比单独向各客户分送可节约多少费用？

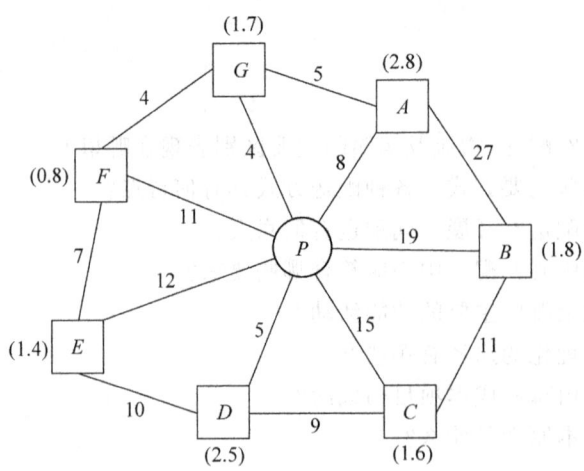

3. 某配送中心 P 要向所在城市 A、B、C、D、E、F 共 6 个客户配送商品,它们之间的距离和每一个客户的配送商品量如下表所示。该配送中心现有 2.5 吨和 4 吨两种货车。试规划最优的配送路线。

配送中心与客户的距离、客户的需求量表

地点	PA	PB	PC	PD	PE	PF
距离(千米)	9	12	12	24	20	21
配送量(吨)	0.8	0.7	1.0	1.1	1.75	1.15

客户之间的距离表

地点	AB	BC	CD	DE	EF	DF
距离(千米)	9	10	19	6	1	6

案例

7-11 公司的配送管理

1927 年创立于美国德州达拉斯的 7-Eleven,初名为南方公司,主要业务是零售冰品牛奶、鸡蛋。到了 1964 年,推出了当时便利服务的"创举",将营业时间延长为早上 7 点至晚上 11 点,自此,"7-ELEVEN"传奇性的名字诞生。美国 7-11 便利店,除经营日常必需的商品外,还协助附近社区居民收取电费、煤气费、保险费、水费、有线广播电视收视费,甚至快递费、国际通信费,对附近的生活居民切实起到了便利的作用。1973 年,日本伊藤洋华堂公司与美国南方公司签订地区性特许加盟协议,日本第一家 7-Eleven 店开业。1987 年,美国南方公司多元化扩张失败,并在 3 年后申请破产。1991 年,日本最大的零售企业伊藤洋华堂购买了这家公司 73% 的股份,成为美国南方公司最大股东。1999 年 4 月 28 日,美国南方公司正式改名为 7-ELEVEN INC.。目前,7-11 公司在全球拥有便利店、超级市场、百货公司、专卖店等 6 万家,是世界最大的连锁便利店集团,在 2018 年世界品牌 500 强排行榜中位列第 127 位。

一间普通的 7-11 连锁店的面积只有约 100 平方米,但要提供几百种食品,不同的食品有可能来自不同的供应商,运送和保存的要求也各有不同,每一种食品又不能短缺或过剩,而且还要根据顾客的不同需要随时能调整货物的品种,种种要求给连锁店的物流提出了很高的要求。

7-11 的物流管理模式先后经历了三个阶段三种方式的变革:首先为单个批发商配送,随后为集约化配送,即由一家在一定区域内的特定批发商统一管理该区域内的同类供应商,然后向 7-11 统一配货,最后发展成为共同配送中心。

共同配送中心负责在不同区域统一集货、统一配送。配送中心的物流信息系统,分别与供应商及 7-11 店铺相连。为了保证不断货,配送中心一般会根据以往的经验保留 4 天左右的库存,同时,配送中心的电脑系统每天都会定期收到各个店铺发来的库存报告和需求报告,配送中心把这些报告集中分析,最后形成一张张向不同供应商发出的订单,由电脑网络传给供应商,而供应商则会在预定时间之内向配送中心派送货物。7-11配送中心在收到所有货物后,对各个店铺所需要的货物分别打包,等待发送。配送中心不仅能够随时查看在途商品、库存货物等数据,还能掌握财务信息和供应商的其他信息。

  随着店铺的扩大和商品的增多,7-11公司根据商品类别进行配送细分。以台湾地区的7-11为例,所有商品被细分为出版物、常温食品、低温食品和鲜食食品四个类别,各区域的配送中心需要根据不同商品的特征和需求量每天作出不同频率的配送,以确保食品的新鲜度。和台湾地区的配送方式一样,日本7-11也是根据食品的保存温度来建立配送体系的。日本7-11对食品的分类是:冷冻型(零下20摄氏度)、微冷型(5摄氏度)、恒温型和暖温型(20摄氏度)。不同类型的食品会用不同的方法和设备配送,如各种保温车和冷藏车。除了配送设备,不同食品对配送时间和频率也会有不同要求。对于有特殊要求的食品,7-11公司会绕过配送中心,由配送车早中晚三次直接从生产商门口送达各个店铺。对于一般的商品,实行的一日三次的配送制度,凌晨3点到早上7点配送前一天晚上生产的一般食品,上午8点到11点配送前一天晚上生产的特殊食品,下午3点到6点配送当天上午生产的食品,在保证了商店无缺货的同时,也保证了食品的新鲜度。为了确保各店铺供货的万无一失,配送中心还建立了特别配送制度,若店铺遇到特殊情况而造成缺货,可以向配送中心打电话告急,配送中心则会用安全库存对店铺紧急配送,如果安全库存也已告终,配送中心就转而向供应商紧急要货,并且在第一时间送到订货的店铺手中。

(资料来源:根据公开资料整理)

第 11 章

物流信息管理

本章将介绍物流信息的概念、功能和特征。还将详细介绍电子数据交换、条形码、射频识别技术、云计算、大数据、物联网等物流信息技术的产生背景、特点及应用。

通过本章的学习,读者将能够具备下列能力:
- 理解物流信息的概念;
- 掌握物流信息的功能、特征和结构;
- 了解现代物流信息技术的内涵与特点。

11.1 物流信息概述

过去,由于人们总是把注意力集中在如何更有效地提高物品的流动性上,而忽视信息流动的重要性,所以信息在整个物流活动中并不能有效地发挥作用。此外,信息交换和传输速度比较缓慢,准确性也比较低。

信息在物流活动中的地位得以提高,主要源于两方面的原因:第一,客户对订单追踪的要求越来越高,及时掌握有关订单状况,如产品的可得性、发货时间、产品的运输过程、发票等信息有利于提高客户的满意度;第二,利用及时有效的信息掌握最新的产品库存需求,可以降低存货的不确定性产生的额外成本,实现库存与客户需求的匹配。

11.1.1 物流信息的概念

在管理科学中,信息是指经过加工处理了的数据。但信息又与数据不同,数据是记录客观事物的性质、形态和数量特征的抽象符号。例如:数字、图表、文字等。相比信息,数据不能直接被管理者所运用,需经过加工处理,转变为特定行业所需的报表、账册和图纸等,即形成信息。例如物流行业中的顾客或者部门的订货信息、库存数据、仓库作业命令、货运单证及各种发票等。

数据经过加工处理后就形成了信息,各类有用信息形成的信息流是物流作业的关键要素。过去的信息流主要建立在书面的基础上,导致信息传输过程中常出现信息不准确、信息不对称、信息传输缓慢,成本高,顾客满意度低等问题。现今的电子技术正在快速发展,如 EDI(电子数据交换)、个人电脑、人工智能、通信、条形码和扫描仪等。电子技术的发展和应用,可以提高信息的获取质量,增加信息的时效性,降低信息的处理成本。

中华人民共和国国家标准《物流术语》(GB/T 18354—2021)对物流信息(logistics information)的定义是:反映物流各种活动内容的知识、资料、图像、数据的总称。

物流信息是伴随着整个物流活动而产生的,是对各项物流活动过程和结果的反映。例如,运输过程中的运输量、运输距离、运输时间等数据;仓库管理中各种存货的数量、储位安排等资料。同时,物流信息还包括与物流活动相关联的其他活动状况的信息,如商品销售信息、生产计划信息等,这些信息对于物流活动会产生直接的影响,是物流信息的重要组成部分。

11.1.2 物流信息的功能

物流信息系统是把各种物流活动进行一体化的过程,其分为交易系统功能、管理控制功能、决策分析功能和制订战略计划功能四个层次。

参考金字塔形状如图 11.1 所示,可将其按照各自的功能和物流活动分层次排列。

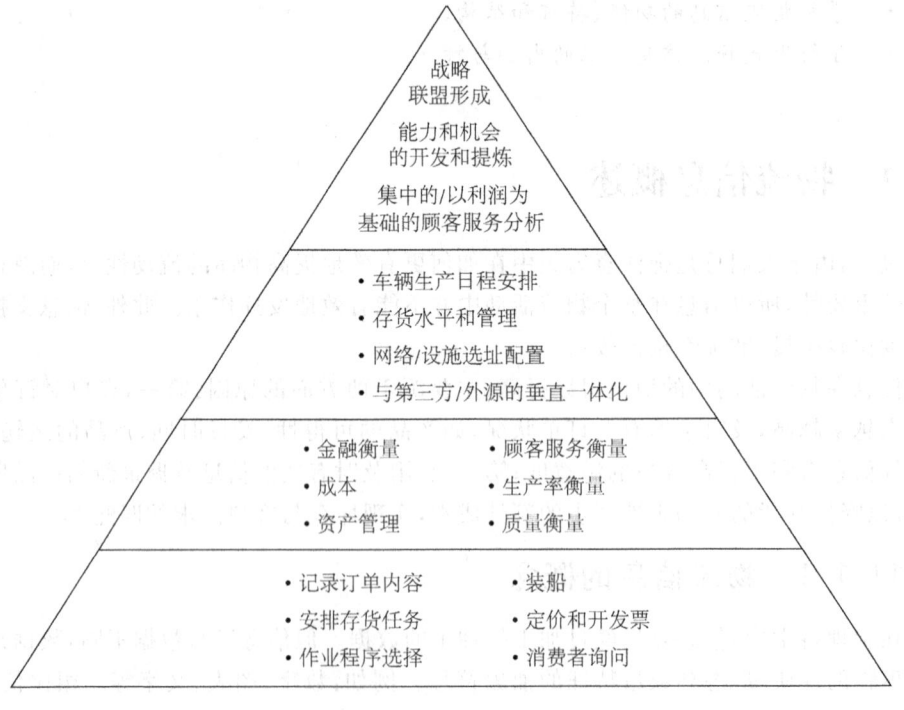

图 11.1 物流信息的功能

第一层次是交易层。正如金字塔形状所示,交易系统是物流管理控制、决策分析以及战略计划制订层活动的基础。所以交易系统必须要有强大的技术作为支持。

交易活动包括记录订货内容、安排存货入库、作业程序选择、消费者查询等,交易系统的特征是:格式规则化、通信交互化、交易批量化以及作业逐日化,交易系统中各流程节点的有效结合,将会提高物流信息系统的效率。

第二层次是管理控制层。其主要是从策略上分析并评价过去的问题,筛选并鉴别出各种可选方案。在管理控制中要及时处理出现的异常情况,如高层管理者们需要利用更新的信息鉴别出潜在的顾客,尽可能早地发现潜在的订货问题,完善的物流信息系统可以根据预测的需求量和库存量来预测未来可能出现的库存短缺情况。

第三层次是决策分析层。其主要处理的是管理层面的工作人员对物流战略、策略方案的鉴别和评估。例如,运输车辆的日常出车计划、库存管理、仓储配送、设施选址以及成本—收益分析等方面的决策分析。物流信息系统中的决策分析需要建立在数据库技术的基础上,对潜在可选方案进行分析、评估。决策分析层的关键环节在于对未来决策的评估,它需要在相对灵活的环境下进行选择,决策分析层更趋向于强调有效性而不是效率性。

第四层次是制订战略计划层。战略计划更加注重于长期,在制订战略计划层次中,必须把低层次的数据和信息与物流活动进行结合,利用各种计算战略概率和损益的决策模型评估并制订战略计划。

过去的物流信息管理人员将目光集中在如何完善交易系统的功能,以及提高物流信息系统的效率上,希望通过增加信息技术投资达到减少物流成本、提高利润的目的。然而实践证明物流收益的增加与交易层次投资的增加并不总是成正比的,所以现今的物流信息系统改变以往的做法,将绝大部分开支主要集中在管理控制、决策分析以及制订战略计划等层次上来。

11.1.3 物流信息的特征

物流信息除了具有信息的一般特征之外,还具有自己的特征。归纳起来,物流信息具有以下六方面的特征。

1. 可得性

物流系统中的信息具有容易获取的特征,现今的企业希望物流信息技术的快速发展能带动市场对产品的快速反应,提高顾客的满意度。迅速可得的信息对高层管理者来说是非常重要的,他们可以根据市场的反应速度,及时准确地更改企业的整体战略方向。因为顾客和企业之间是相互影响的,如需求量信息、库存信息、偏好的改变、产品定位等都会直接或间接地影响对方。并且考虑到物流活动具有极大的分散性,所以更需要快速可得的信息对其进行集中管理,并综合评估各项物流活动的进行程度,减少作业环节的资源浪费和战略层面上的不确定性。

2. 及时性

及时性和可得性是相辅相成的,更新及时的信息必须要在信息可得的基础上对物流系统作出反应。及时性是指一种活动的发生时间与该活动在信息系统内体现出来之间的时间间隔。例如,当市场需求发生新的变化时,系统需要某一段时间将其在实际物流活动中实现,如果这一过程的实现不及时,将会减少计划制订的时效性,增加库存的负担,进而增加物流总成本。

在产品的实物流中,信息系统中的存货量每时每刻都在更新。因此,先进的信息技术的应用,如扫描、EDI、条形码等,不仅可以减少记账工作量,而且能及时有效地记录最新信息。对信息系统进行及时的管理和控制,就是在获得及时的最新信息后采取正确的行动并使损失降到最低的行为。也就是说及时的信息能有助于识别问题中的各种不确定性,增加决策的精确性。

3. 准确性

物流信息必须精确地反映当前活动状况,其主要指系统的报告内容与实际状况的吻合度。当物流信息不准确时,其决策的正确性就会大打折扣,战略规划也失去了意义。例如当库存记录的准确性较低时,企业的订货决策就会产生很大的误差,库存满足客户需求的能力下降,库存的浪费也会增加。

4. 灵活性

物流信息系统的灵活性是指信息必须能满足供应商和顾客方面的特定需求,能对市场环境的变化迅速作出反应,找出如何应对的决策,能在范围广泛的潜在决策中选择最合适的。面对异常情况,灵活性会显得更加重要,如需要定期检查每一个产品的库存状况,根据及时有效的信息,灵活性地应对突发的订货状况和各种机会。

5. 高质量性

质量是有用信息最重要的特征,低质量信息的收集不仅浪费资源成本,还会影响高层管理者们所作决策的正确性。高质量的信息要求其必须是清楚的、有序的,信息的内容和含义对管理者来说要是可迅速理解、不会杂乱无章的,其次信息传递的媒介对质量有很重要的影响,例如给管理者一大堆宽泛且杂乱的书面材料是一种不恰当的传递方式。

6. 完整性

物流活动的有效完成,必须要建立在信息完整性的基础上。信息完整性的具体要求如下:首先,信息来源的范围必须足够广泛,从而可以使管理者较全面地了解状况,并及时采取有效措施;其次,简洁和详细是完整性的另外两个要求,呈递给管理者的信息必须是以尽可能简洁的形式,在整合了过去、现在和未来的信息情况下制订详细的计划,使管理者对现在和未来能够有足够的了解,这需要在简洁和详细中找到最佳的平衡点,能引起足够的重视却又不会浪费管理者不必要的精力。

11.2 物流信息技术

物流信息技术是物流现代化的重要标志,从数据采集的条形码系统,到办公自动化系统中的微机、互联网,各种终端设备等硬件以及计算机软件都在日新月异地发展。同时,随着物流信息技术的不断开发,产生了一系列新的物流理念和新的物流经营方式,推进了物流行业的变革。在供应链管理方面,物流信息技术的发展也改变了企业利用供应链管理来获得竞争优势的方式,成功的企业通过应用信息技术来支持它的经营战略,并选择最适合它的经营业务,通过利用信息技术来提高供应链管理的有效性,增强整个供应链的经营决策能力。

11.2.1 电子数据交换

1. EDI 的产生背景

20世纪60年代末,美国在航运业首先使用 EDI。1968年,美国运输业许多公司联合成立了一个运输业数据协调委员会(TDCC),研究开发电子通信标准的可行性。早期 EDI 是点对点,是靠计算机与计算机直接通信完成的。

20世纪70年代,随着数字通信网的出现加快了 EDI 技术的成熟和应用范围的扩大,出现了一些行业性数据传输标准并建立行业性 EDI。例如,银行业发展的电子资金汇兑系统(SWIFT);美国运输业数据协调委员会(TDCC)发展了一整套有关数据元目录、语法规则和报文格式,这就是 ANSlX.12 的前身;英国简化贸易程序委员会(SIMPRO)出版了第一部用于国际贸易的数据元目录(UN/TDED)和应用语法规则(UN/EDIFACT),即 EDIFACT 标准体系。20世纪70年代,EDI 应用集中在银行业、运输业和零售业。

20世纪80年代,EDI 应用迅速发展,美国 ANSlX.12 委员会与欧洲一些国家联合研究国际标准。1986年,欧洲和北美20多个国家代表开发了用于行政管理、商业及运输业的 EDI 国际标准(EDIFACT)。随着增值网的出现和行业性标准逐步发展成通用标准,加快了 EDI 的应用和跨行业 EDI 的发展。

20世纪90年代出现了 Internet EDI,使 EDI 从专用网扩大到因特网,降低了成本,满足了中小企业对 EDI 的需求。

2. EDI 的基本概念

EDI(electronic data interchange,电子数据交换)是指通过电子数据交换的方式,即采用标准化的格式,利用计算机网络进行数据的传输和交换。通信标准和信息标准是电子数据交换(EDI)最本质的东西,通信标准用于明确技术特性,使计算机硬件能够正确解释如何进行交换。信息标准规定传输文件的结构和内容。国际标准化组织(ISO)将 EDI 描述成"将贸易(商业)或行政事务处理按照一个公认的标准变成结构化的事务处理或信息数据格式,从计算机到计算机的电子传输"。而 ITU-T(国际电信联盟远程通信标准化组织)[原 CCITT(国际电报电话咨询委员会)]将 EDI 定义为"从计算机到计算机之间的结构化的事务数据互换"。使用 EDI 可以减少甚至消除贸易过程中的纸面文件,因此 EDI 又被人们通俗地称为"无纸贸易"或"电子贸易"。

3. EDI 的标准化

标准化是实现 EDI 互通和互联的基础与前提。EDI 的标准主要包括 EDI 网络通信标准、EDI 处理标准、EDI 联系标准和 EDI 语义语法标准等。

EDI 网络通信标准是要解决 EDI 通信网络应该建立在何种通信网络协议之上,以保证各类 EDI 用户系统的互联。

EDI 处理标准主要是解决不同地域不同行业的各种 EDI 报文。它与数据库、管理信息系统等接口有关。

EDI 联系标准解决 EDI 用户所属的其他信息管理系统或数据库与 EDI 系统之间的接口问题。

EDI 语义语法标准是解决各种报文类型格式、数据元编码、字符集和语法规则以及报表生成应用程序设计语言等。它是 EDI 技术的核心。

4. EDI 系统的功能模块

EDI 系统的功能模块主要包括用户接口模块、内部接口模块、报文生成及处理模块、格式转换模块和通信模块。

用户接口模块。业务管理人员可用此模块进行输入、查询、统计、中断、打印等,及时地了解市场变化,调整策略。

内部接口模块。内部接口模块是 EDI 系统和本组织内部其他信息系统及数据库的接口。来自组织外部的 EDI 报文,经过 EDI 系统处理之后,需要经过接口模块送往其他信息系统,或查询其他信息系统才能给对方 EDI 报文以确认的答复。

报文生成及处理模块。该模块有两个功能:一是接受来自用户接口模块和内部接口模块的命令与信息,按照 EDI 标准生成订单、发票等各种 EDI 报文和单证,经格式转换模块处理后,由通信模块经 EDI 网络发送给其他 EDI 用户;二是自动处理由其他 EDI 系统发来的报文。

格式转换模块。所有的 EDI 单证都需转换成标准的交换格式,转换过程包括语法上的压缩、代码的替换以 EDI 语法控制字符等。

通信模块。通信模块是 EDI 系统与 EDI 通信网络的接口。其包括执行呼叫、自动重发、合法性和完整性检查、出错报警、自动应答、通信记录、报文拼装和拆卸等功能。

5. EDI 在物流行业中的应用

EDI 在物流中广泛应用,被称为物流 EDI。所谓物流 EDI,是指货主、承运企业以及其他相关单位之间,通过 EDI 系统进行物流数据交换,并以此为基础实施物流作业活动的方法。物流 EDI 的应用可以从以下物流过程中体现出来。

(1) 发货单位(如生产厂家)在接到订货后制订货物运送计划,并把运送货物的清单及运送时间安排等信息通过 EDI 发送给物流企业和收货单位,以便物流企业预先制订车辆调配计划和收货企业制订货物接收计划。

（2）发货单位依据顾客订货的要求和货物运送计划下达发货指令、分拣配货、打印出物流条形码的货物标签(shipping carton marking，SCM)并贴在货物包装箱上，同时把运送货物品种、数量、包装等信息通过 EDI 发送给物流企业和收货单位。物流企业据此下达车辆调配指令。

（3）物流企业在向发货单位取运货物时，利用车载扫描读数仪读取货物标签的物流条形码，并与先前收到的货物运输数据进行核对，确认运送货物。

（4）物流企业在物流中心对货物进行整理、集装等，制成送货清单并通过 EDI 向收货单位发送发货信息。在货物运送的同时进行货物跟踪管理，并在货物交纳给收货单位之后，通过 EDI 向发货单位发送完成运送业务信息和运费请示信息。

（5）收货单位在货物到达时，利用扫描读数仪读取货物标签的物流条码，并与先前收到的货物运输数据进行核对确认，开出收货发票，货物入库。同时通过 EDI 向物流企业和发货单位发送收货确认信息。

物流 EDI 的优点在于供应链组成各方基于标准化的信息格式和处理方法通过 EDI 共同分享信息、提高流通效率、降低物流成本。

11.2.2 条形码

1. 条形码的产生背景

条形码(bar code)技术最早产生在 20 世纪 20 年代，诞生于威斯汀豪斯(Westinghouse)的实验室。一位名叫约翰·科芒德(John Kermode)的发明家想对邮政单据实现自动分拣，为此发明了最早的条码标识。科芒德的设计方案非常简单，即一个"条"表示数字"1"，二个"条"表示数字"2"，依次类推。然后，他又发明了由基本的元件组成的条码识读设备：一个能够发射光并接收反射光的扫描器、一个测定反射信号条和空的边缘定位线圈与使用测定结果的译码器。

20 世纪 40 年代，美国的乔·伍德兰德(Joe Wood Land)和伯尼·西尔沃(Berny Silver)两位工程师研究用代码表示食品项目及相应的自动识别设备，并于 1949 年获得了美国专利。

条形码得到实际应用和发展是在 20 世纪 70 年代。1970 年，Iterface Mechanisms 公司开发出"二维码"，自此才有了价格适于销售的二维矩阵条码的打印和识读设备。1973 年，美国统一编码协会(UCC)建立了 UPC 条码系统，实现了该码制标准化。同年，食品杂货业把 UPC 码作为该行业的通用标准码制，为条形码技术在流通领域的广泛应用，起到了积极的推动作用。1974 年，Intermec 公司的戴维·阿利尔(Davide Allair)博士研制出 39 码，很快被美国国防部所采纳，作为军用条码码制。39 码是第一个字母、数字式相结合的条码，后来广泛应用于工业领域。

2. 条形码符号的组成

条形码是将宽度不等的多个黑条和空白，按照一定的编码规则排列，用以表达一组信息的图形标识符。常见的条形码是由反射率相差很大的黑条(条)和白条(空)排成的平行线图案。"条"指对光线发射率较低的部分,"空"指对光线反射率较高的部分。

一个完整的条形码的组成次序依次是:静区(前)、起始符、数据符、(校验字符)、终止符、静区(后)。

(1) 静区。静区是指条码左右两端外侧与空的反射率相同的限定区域,它能使阅读器进入准备阅读的状态,当两个条码相距距离较近时,静区则有助于对它们加以区分,静区的宽度应不小于6毫米。

(2) 起始/终止符。起始/终止符是指位于条码开始和结束的若干条与空,标志条码的开始和结束,同时提供了码制识别信息和阅读方向的信息。

(3) 数据符。数据符位于条码中间的条、空结构,包含条码所表达的特定信息。

(4) 校验字符。在条码码制中定义了校验字符。有些码制的校验字符是必需的,有些码制的校验字符可选。校验字符是通过对数字符进行一种运算而确定的。

3. 条形码的识别

条形码的识别都是通过条形码阅读器来完成的。条码阅读器由扫描器和译码器组成,扫描器将条码符号转换成数字脉冲信号,译码器则将数字脉冲信息转换成条形码所表示的信息。

条形码扫描器的原理是把条形码条符宽度、间隔等信号转换成不同时间长短的输出信号,并将该信号转换为计算机可识别的二进制编码,然后输入计算机。扫描器又称光电读入器,它装有照亮被读条形码的光束检测器件,接收条形码的反射光,产生模拟信号,经放大、量化后送译码器处理。目前扫描器的种类很多,按扫描方式分类,主要有固定光束式扫描器和移动光束式扫描器两种类型。固定光束式扫面器又称接触式扫描器,是指扫描器的光束是相对固定的,靠手动和接触条形码符号才能读取条形码符号信息。激光扫描器主要用于非接触式扫描。

4. 条形码技术的优点

条形码技术有以下几个优点。

(1) 输入速度快。键盘输入,一个每分钟打90个字的打字员1.6秒可输入12个字符或字符串,而使用条形码,做同样的工作只需0.3秒。

(2) 可靠性高。键盘输入数据出错率为1/300,利用光学字符识别技术出错率为万分之一,而采用条形码技术误码率低于百万分之一。

(3) 采集信息量大。利用二维条码可以携带数千个字符的信息,并有一定的自动纠错能力。

(4) 灵活实用。条形码标识既可以作为一种识别手段单独使用,也可以和有关识别设备组成一个系统实现自动化识别,还可以和其他控制设备联结起来实现自动化管理。同时,在没有自动识别设备时,也可实现手工键盘输入。

(5) 经济便宜。与其他自动化识别技术相比,条码技术所需的费用较低。

(6) 自由度大。识别装置与条码标签相对位置的自由度大。条码通常只在一维方向上表达信息,而同一条码上所表示的信息完全相同并且连续,这样即使是标签有部分缺欠,仍可从正常部分输入正确的信息。

(7) 设备简单。条形码符号识别设备的结构简单,操作容易,无须专门训练。

(8) 易于制作。条码标签易于制作,对印刷技术设备和材料无特殊要求。

5. 条形码在物流行业的应用

1) 在包装环节的应用

在包装环节,通过使用物流条码,可以快速获取货物的有关信息,如厂家、生产时间、保质期等,提高作业效率,同时,通过结合信息系统,利用网络技术,可以实现供应链中信息实时共享。

2) 在装卸搬运环节的应用

在装卸搬运环节,装卸人员通过扫描货物包装上的条码,自动计算出采集的货物数量;在自动分拣时,固定在输送带上的扫描器将扫描货物的条码而获取信息,实现自动分拣;通过扫描条码,还可以获取货物的包装尺寸、重量等信息。

3) 在运输环节的应用

通过在运输工具上粘贴条形码,结合无线通信技术,可以对运输工具进行合理调度和管理。利用条码技术和 GPS、GIS(地理信息系统)、EDI 等技术,可以将运输货物的信息实时反馈给发货单位,实现对运输货物的实时跟踪。

4) 在仓储环节的应用

在仓储环节应用条码技术,可以及时采集入库货物的数据信息、货物在库状况的实时跟踪等,提高仓储管理效率,减少差错。

11.2.3 射频识别技术

1. RFID 的产生背景

RFID(radio frequency identification,射频识别)技术是基于雷达技术的发展而发展起来的,最早可追溯到第二次世界大战期间。当时,雷达技术在军事上已经被各国应用于预警正在接近的飞行目标。但雷达技术的致命弱点是敌我不分,这就催生了主动式和被动式 RFID 系统的诞生。德国人发现当他们返回基地时拉起飞机,就可以改变雷达反射回的信号,从而和敌军的飞机进行区别,这种简单的方式可以说是最早的被动式 RFID 系统。同时,其他国家在应用雷达技术时,也在深入研究敌我识别系统。英国人研究成功了能识别敌我飞机的敌我识别器,当接收到雷达信号后,敌我识别器会主动发出信号返回给雷达以区分敌我飞机。这种方法被认为是最早的主动式 RFID 系统。但是,最初 RFID 技术的成本很高,主要应用在军事上。斯托克曼是最早对 RFID 技术进行理论研究的,其后科学家们才在实验室广泛开展对 RFID 技术的研究。很快许多商家意识到这项新技术所潜在的巨大商机,纷纷投入到这项新技术的研究中,特别是 20 世纪 90 年代,RFID 技术得到了迅速发展。以美国为首,无论是民间还是政府都非常重视 RFID 技术的开发和应用,对 RFID 系统的标签芯片、天线、射频模块等都有较深入的探索和研究。欧洲对

RFID 技术的研发和应用也非常重视，第一个单芯片读写 RFID 系统就是菲利普半导体公司于 1990 年研发的。日本政府将 RFID 作为一项关键的技术来发展，2004 年，三菱成功开发出避免 RFID 读卡器之间干扰的新技术。相对于国外，我国对 RFID 系统开展研究比较晚。我国政府在 1993 年制订的金卡工程实施计划，是一个旨在加速推动我国国民经济信息化进程的重大国家级工程，由此射频识别技术在我国的发展及应用迅猛开展，它也是我国开展 RFID 技术研究的标志。目前，RFID 技术广泛应用于身份证件和门禁控制、供应链和库存跟踪、汽车收费、防盗、生产控制、资产管理等多个领域。

2．RFID 的概念

RFID 技术是一种无线通信技术，可以通过无线电信号识别特定目标并读写相关数据，而无须识别系统与特定目标之间建立机械或者光学接触。

从概念上来讲，RFID 类似于条码扫描，对于条码技术而言，它是将已编码的条形码附着于目标物并使用专用的扫描读写器利用光信号将信息由条形磁传送到扫描读写器；而 RFID 则使用专用的 RFID 读写器及专门的可附着于目标物的 RFID 标签，利用频率信号将信息由 RFID 标签传送至 RFID 读写器。从结构上讲，RFID 是一种简单的无线系统，只有两个基本器件，该系统用于控制、检测和跟踪物体。系统由一个询问器和很多应答器组成。

3．RFID 的特点

1) 快速扫描

RFID 阅读器利用无线电波全自动瞬间读取标签上的信息，并且可以同时识别多个 RFID 电子标签，从而能够对标签所对应的目标对象实施跟踪定位。

2) 体积小型化、形状多样化

RFID 在读取上并不受尺寸大小与形状限制，不需为了读取精确度而配合纸张的固定尺寸和印刷品质。此外，RFID 标签更可往小型化与多样形态发展，以应用于不同产品。

3) 耐久性

传统条形码的载体是纸张，因此容易受到污染，但 RFID 对水、油和化学药品等物质具有很强抵抗性。此外，由于条形码是附于塑料袋或外包装纸箱上，所以特别容易受到折损；RFID 卷标是将数据存在芯片中，因此可以免受污损。

4) 可重复使用

现今的条形码印刷上去之后就无法更改，RFID 标签则可以重复地新增、修改以及删除 RFID 卷标内储存的数据，方便信息的更新。

5) 穿透性

在被覆盖的情况下，RFID 能够穿透纸张、木材和塑料等非金属或非透明的材质，并能够进行穿透性通信。

6) 数据的记忆容量大

一维条形码的容量是 50 个字节，二维条形码最大的容量可储存 2～3 000 个字符，

RFID 最大的容量则有数兆个字符。随着记忆载体的发展,数据容量也有不断扩大的趋势。未来物品所需携带的资料量会越来越大,对卷标所能扩充容量的需求也相应增加。

7) 安全性

由于 RFID 承载的是电子式信息,其数据内容可经由密码保护,使其内容不易被改变或伪造。

4. RFID 的组成

一般而言,RFID 系统由 5 个组件构成,包括传送器、接收器、微处理器、天线和标签。传送器、接收器和微处理器都被封装在一起,统称阅读器,所以业界经常将 RFID 系统分为阅读器、天线和标签三大组件。首先阅读器通过天线发出电子信号,标签接收到信号后发射内部存储的标识信息,阅读器通过天线接受并识别标签发回的信息,最后阅读器再将识别结果发送给主机。

1) 阅读器

阅读器是 RFID 系统最重要也是最复杂的一个组件,因其工作模式一般是主动向标签询问标识信息,所以有时又被称为询问器。阅读器一方面通过标准网口、RS232 串口或 USB(通用串行总线)接口同主机相连,另一方面通过天线同 RFID 标签通信。有时为了方便,阅读器、天线及智能终端设备集成在一起形成可移动的手持阅读器。

2) 天线

天线同阅读器相连,用于在标签和阅读器之间传递射频信号。阅读器可以连接一个或多个天线,但每次使用只能激活一个天线。天线的形状和大小会随着工作频率和功能的不同而不同。RFID 系统的工作频率从低频到微波,范围很广,这使得天线与标签芯片之间的匹配问题变得非常复杂。

3) 标签

RFID 标签是由耦合元件、芯片及微型天线组成的,每个标签内部有唯一的电子编码,附着在物体上,用来识别目标对象。标签进入阅读器扫描场以后,接收到阅读器发出的射频信号,凭借感应电流获得的能量发出存储在芯片中的电子编码,或者主动发送某一频率的信号。标签根据是否内置电源可以分为被动式标签、主动式标签和半主动式标签三种类型。

5. RFID 在物流行业中的应用

1) 仓储环节

RFID 技术用于存取货物和库存盘点,实现存货取货等操作的自动化。将 RFID 技术与供应链计划系统制订的收货、取货、装运的计划相结合,能够增强作业的准确性和快捷性,提高服务质量,降低成本,节省劳动力及存储空间,同时减少整个物流过程中由于商品误置、送错、偷窃、损害、出货错误造成的损耗。RFID 有效地解决了仓库中与货物有关的信息管理。

2) 运输环节

运输管理中,将在途运输的货物和运输车辆贴上 RFID 标签,在运输线的一些检查点安装RFID接收转发装置。接受装置收到RFID标签信息后，连同接受地的位置信息上传至通信卫星，再由通信卫星传送给运输调度中心，从而进行车辆的合理调配。

3）配送分销环节

采用RFID技术能够大大加快配送的速度和提高拣选与分发过程的效率和准确率，并减少人工和配送成本。此外，系统将读取到的信息与发货记录进行核对，能够快读检测出配送错误，并将RFID标签更新为最新的商品存放地点和状态，确保对商品的实时监控。

4）销售环节

RFID能够改进零售商的库存管理，实现实施补货。同时，智能标签能够监控某些时效性较强的商品是否在有效期内，商店还能利用RFID系统在收银台进行自动扫描和付费。RFID在供应链的终端销售环节，特别是在超市中，免除了跟踪过程中的人工干预，并能够使生成的业务数据达到100%准确。

11.2.4 云计算

1. 云计算的产生背景

21世纪初期，崛起的Web2.0让网络迎来了新的发展高峰，网络业务系统所需要处理的业务量快速增长。随着移动终端的智能化、移动宽带网络的普及，越来越多的移动设备进入互联网，这意味着与移动终端相关的IT系统会承受更多的负载，对于提供数据服务的企业来讲，IT系统需要处理更多的业务量。由于资源的有限性，其电力成本、空间成本、各种设施的维护成本快速上升，直接导致数据中心的成本上升，这就面临着如何有效地、更少地利用资源解决更多的问题。同时，随着高速网络连接的衍生，芯片和磁盘驱动器产品在功能增强的同时，价格也在变得更加低廉。技术上，分布式计算的日益成熟和应用，特别是网格计算通过Internet把分散在各处的硬件、软件、信息资源连接成为一个巨大的整体，使得人们能够利用地理上分散于各处的资源，完成大规模的、复杂的计算和数据处理的任务。数据存储的快速增长产生了以GFS(google file system,谷歌文件系统)、SAN(storage area network,存储区域网)为代表的高性能存储技术。服务器整合需求的不断升温，推动了虚拟化技术的进步、Web2.0的实现、SaaS(软件即服务)观念的快速普及、多核技术的广泛应用等，所有这些技术都为产生更强大的计算能力和服务提供了可能。随着对计算能力、资源利用效率、资源集中化的迫切需求，云计算应运而生。

2006年，Google公司推出了"Google 101计划"，并正式提出了"云计算"的概念。随后亚马逊、微软、惠普、雅虎、英特尔、IBM等公司都宣布了自己的"云计划"。近年来，云安全、云存储、内部云、外部云、公共云、私有云等与"云"相关的新名词不断出现，云计算的理论逐步成熟，其应用范围得到了进一步扩大。

2. 云计算的概念

云计算(cloud computing)，分布式计算技术的一种，其最基本的概念，是透过网络将庞大的计算处理程序自动分拆成无数个较小的子程序，再交由多部服务器所组成的庞大系统经搜寻、计算分析之后将处理结果回传给用户。

美国国家标准与技术研究院(NIST)定义：云计算是一种能够通过网络以便利的、按需付费的方式获取计算资源，这些资源来自一个共享的、可配置的资源共享池（资源包括网络、服务器、存储、应用软件、服务等），能够被快速提供，并能够以最省力和无人干预的方式获取与释放。

云计算(cloud computing)是一种数据密集型的超级计算，其关键技术主要包括虚拟化技术、分布式海量数据存储、海量数据管理技术、编程方式、云计算平台管理技术等。

3. 云计算的特点

1) 超大规模

"云"具有相当大的规模，Google 云计算已经拥有 100 多万台服务器，Amazon、IBM、微软、Yahoo 等的"云"均拥有几十万台服务器。企业私有云一般拥有数百上千台服务器。"云"能赋予用户前所未有的计算能力。

2) 虚拟化

云计算支持用户在任意位置、使用各种终端获取应用服务。所请求的资源来自"云"，而不是固定的有形的实体。应用在"云"中某处运行。只需要一台笔记本或者一部手机，就可以通过网络服务来实现我们需要的一切，甚至包括超级计算这样的任务。

3) 高可靠性

"云"使用了数据多副本容错、计算节点同构可互换等措施来保障服务的高可靠性，使用云计算比使用本地计算机可靠。

4) 通用性

云计算不针对特定的应用，在"云"的支撑下可以构造出千变万化的应用，同一个"云"可以同时支撑不同的应用运行。

5) 高可扩展性

"云"的规模可以动态伸缩，可以实时将服务器加入到现有的服务器机器中，增加"云"的计算能力，满足应用和用户规模增长的需要。

6) 按需服务

"云"是一个庞大的资源池，用户运行不同的应用需要不同的资源和计算能力，云计算平台可以按照用户的需求部署资源和计算能力。

7) 价格低廉

"云"的自动化集中式管理使大量企业无须负担日益高昂的数据中心管理成本，"云"的通用性使资源的利用率较之传统系统大幅提升，因此用户可以充分享受"云"的低成本优势。

4. 云计算的结构

一般来说，目前比较公认的云架构划分为基础设施层、平台层和软件层三个层次。

1) 基础设施即服务

基础设施即服务(IaaS)主要包括计算机服务器、通信设备、存储设备等，能够按需向用户提供具有计算能力、存储能力或网络能力等IT基础设施类服务。

2）平台即服务

平台即服务(PaaS)定位于通过互联网为用户提供一整套开发、运行和运营应用软件的支撑平台。用户可以在该平台上非常方便地编写和部署应用，而且不论是在部署，还是在运行的时候，用户都无须担心服务器、操作系统、网络和存储等资源的运行，这些工作都由PaaS云供应商负责。

3）软件即服务

软件即服务(SaaS)是一种通过互联网提供软件服务的软件应用模式。在这种模式下，用户不需要再花费大量投资用于硬件、软件和开发团队的建设，只需要支付一定的租赁费用，就可以通过互联网享受到相应的服务。

5. 云计算在物流行业中的作用

1）整合物流资源

我国的物流行业还处于初级阶段，总体来说发展情况一般，物流市场也处于比较混乱的状态，许多物流企业没有一个物流系统管理的标准。导致物流效率低、效果差。云计算可以将物流企业的系统信息进行整合，加强企业对物流信息系统的利用，在一定程度上提高企业的效率。

2）提供数据共享平台

物流行业的涉及面比较广，作为物流公司在与其他物流公司或是与国外物流公司的交流中构建完善的信息网络是非常重要的，云计算为物流公司之间提供了一个相当方便的云交流平台，公司内部和外部均可以通过云交流实现信息共享，实现共赢。

3）提供储存服务

传统的物流信息储存方式需要更多地在软件设施、硬件设施上进行投入，久而久之维护成本也相应提高，不利于公司的可持续发展。云储存服务不仅可以自动重新分配数据，提高存储空间的利用率，实现规模效应和弹性扩展，降低运营成本，避免资源浪费，还可以有效保障数据安全，提供备份和恢复的功能，彻底解决物流企业的后顾之忧。

4）提高配送效率

云平台能够集中海量货单，对货单的目的路径进行整理，并进行车辆调配，最后送达收件人。在这一过程中，云物流对快递行业的收货、运输、终端配送的运作模式进行了整合，实现了批量运输，一定程度上解决了我国运输行业长期存在的空驶（或是半载）问题，提高了运输公司的效率，降低了成本。

11.2.5 大数据

1. 大数据的产生背景

1980年，美国著名未来学家阿尔文·托夫勒(Alvin Toffler)在《第三次浪潮》一书中首次提出了大数据(big data)的概念，并将其赞颂为第三次浪潮的华彩乐章。近年来，随着计算机存储能力的提升和复杂算法的发展，数据量呈指数级增长，IDC(International

Data Corporation,国际数据公司)预测,到 2020 年全球数据总量将达到 35 泽字节,来自网络、智能手机、传感器、相机、支付系统以及其他途径的数据形成了一项资产,产生了巨大的商业价值。如何将这些碎片化的数据整合、处理并服务于企业显得尤为重要。2011 年,麦肯锡全球研究院(MGI)发布了《大数据:创新、竞争和生产力的前沿》报告,系统阐述了大数据的概念,列举了大数据的核心技术,分析了大数据在不同行业的应用,提出了政府和企业决策者应对大数据发展的策略,标志着"大数据"时代的正式到来。苹果、亚马逊、Facebook、谷歌、微软以及阿里巴巴集团等企业利用大数据分析及自己的优势改变了竞争的基础,建立了全新的商业模式。梅西百货的 SAS 系统可以根据 7 300 种货品的需求和库存实现实时定价。零售业寡头沃尔玛公司通过最新的搜索引擎 Polaris,利用语义数据技术使得在线购物的完成率提升 10%~15%。稀缺数据的所有者利用数字化网络平台在一些市场近乎垄断,只需用独特方式将数据整合分析,提供有价值的数据分析,就可以获得高额收益。此外,云和虚拟存储的开发显著降低了大数据的存储成本,使得中小企业利用大数据成为可能。

2. 大数据的概念

2011 年 5 月,麦肯锡研究院发布报告,第一次给大数据作出相对清晰的定义:"大数据是指其大小超出了常规数据库工具获取、储存、管理和分析能力的数据集。"

研究机构 Gartner 认为"大数据"是需要新处理模式才能具有更强的决策力、洞察发现力和流程优化能力的海量、高增长率和多样化的信息资产。

2015 年 8 月 31 日,国务院《促进大数据发展行动纲要》指出:"大数据是以容量大、类型多、存取速度快、应用价值高为主要特征的数据集合,正快速发展为对数量巨大、来源分散、格式多样的数据进行采集、存储和关联分析,从中发现新知识、创造新价值、提升新能力的新一代信息技术和服务业态。"

《大数据白皮书(2016)》称:"大数据是新资源、新技术和新理念的混合体。从资源视角看,大数据是新资源,体现了一种全新的资源观;从技术视角看,大数据代表了新一代数据管理与分析技术;从理念的视角看,大数据打开了一种全新的思维角度。"

3. 大数据的特点

IBM 公司提出了大数据的 5V 特点:volume(大量)、velocity(高速)、variety(多样)、value(低价值密度)、veracity(真实性)。

1) 数据体量巨大

随着信息技术的高速发展,数据开始爆发性增长。社交网络、移动网络、各种智能工具等都成为数据的来源,因此迫切需要智能的算法、强大的数据处理平台和新的数据处理技术,来统计、分析、预测和实时处理如此大规模的数据。

2) 数据处理速度快

速度快是指数据处理的实时性要求高,支持交互式、准实时的数据分析。在大数据时代,数据产生速度快,产生数量大,数据的价值随着时间的流逝逐渐降低,因此对数据处理的响应速度有严格的要求,只有快速处理数据才能使得数据的价值得到充分利用。

3）数据类型多样化

大数据所处理的数据不再是单一的文本形式或结构化数据,其数据的形式是多样化的,如文字、图片、视频、音频、地理位置信息等,并且也可以有不同的来源,如传感器、互联网等。大数据环境下数据库中的结构化数据达到80%。数据类型繁多、复杂多变是大数据的重要特性。

4）数据价值密度低

现实世界所产生的数据中,有价值的数据所占比例很小。相比于传统的小数据,大数据最大的价值在于通过从大量不相关且形式多样的数据中,挖掘出有价值的数据,并通过深度分析方法,发现新规律和新知识,运用于多个领域,从而最终达到改善社会治理、提高生产效率、推进科学研究的效果。

5）数据准确和可信赖

在小数据时代,由于记录、存储和分析数据的工具不够发达完善,只能收集少量数据进行分析,且收集数据方式多为走访或问卷调查方式,受访群体可能会隐瞒自己的真实情况,数据处理结果很可能无法反映真实情况。而在大数据时代,所有产生的数据均是真实发生的,如浏览记录、消费记录等,使用大数据来评价或预测将更为准确。

4．大数据处理的基本环节

1）数据捕捉

从本地数据库、互联网、物联网的数据源导入数据,包括数据的提取、转换和加载。

2）数据存储与管理

数据的存储限制了数据分析的广度和深度,数据的管理决定了数据的存储格式。因此大数据技术除了要对大量的异构数据进行高效的存储外,还需适应多样的非结构化数据管理需求。

3）数据计算处理

根据所处理的数据类型分析目标,采用合适的算法模型进行快速处理。大数据分析要求数据的计算处理具备实时性。

4）数据挖掘分析

挖掘分析即从复杂的、非结构化的数据中发现规律并提取新的知识。对多种数据类型构成的异构数据集进行交叉分析的技术,是大数据的核心技术之一。

5）数据可视化

数据可视化主要是指借助图形、图表等工具,清晰有效地传达与沟通数据信息,以直观便于理解的方式将分析结果呈现给用户,将大数据分析结果应用到实际中去。

5．大数据在物流行业中的应用

1）市场预测

商品进入市场后,受季节、地区、竞争对手及消费者偏好的影响,其需求量是不断变化的。而大数据能够帮助企业完全勾勒出其客户的行为和需求信息,通过真实而有效的数据反映市场的需求变化,从而对产品进入市场后的各个阶段作出预测,进而合理地控制产品的生产、库存及运输各个环节。

2）科学库存布局

通过大数据可以解析出不同的季节、不同的区域，订单和商品的关联度，系统可以知道哪些商品会非常频繁地被同一个客户下单购买。通过智能算法，去形成独有的商品分类布局，帮助企业更好地实现物流服务水平和成本之间的最优。

3）物流中心的选址

物流中心的选址要求企业在充分考虑到自身的经营特点、商品特点、交通状况、商品需求量等因素的基础上，使配送成本和固定成本等之和达到最小。利用大数据可以精准洞察各备选物流中心所辐射范围的交通状况及需求情况，进而择优选择。

4）优化配送线路

配送线路的优化是一个典型的非线性规划问题，它一直影响着物流企业的配送效率和配送成本。物流企业运用大数据来分析商品的特性和规格、客户的不同需求等因素，从而用最快的速度对这些影响配送计划的因素作出反映（如运输方案、运输线路），制定最合理的配送线路。同时企业还可以通过配送过程中实时产生的数据，快速地分析出配送路线的交通状况，对事故多发路段作出提前预警，精确分析配送整个过程的信息，使物流的配送管理智能化，提高物流企业的信息化水平和可预见性。

11.2.6 物联网

1. 物联网的产生背景

1999年，美国麻省理工学院 Auto-ID 中心的凯文·阿什顿（Kevin Ashton）教授在研究射频识别时首次提出了"物联网"（internet of things, IoT）的概念。他认为基于互联网、射频识别技术、电子产品代码标准、无线数据通信技术等，构造一个实现全球物品信息实时共享的实物互联网，简称物联网。2003年，美国《技术评论》提出传感网络技术将是未来改变人们生活的十大技术之首。2005年，在突尼斯举行的信息社会世界峰会上，国际电信联盟（ITU）发布《ITU 互联网报告 2005：物联网》，引用了"物联网"的概念。但物联网的定义和范围已经发生了变化，覆盖范围有了较大的拓展，不再只是指基于 RFID 技术的物联网。报告指出，无所不在的"物联网"通信时代即将来临，世界上所有的物体都可以通过因特网进行交互，射频识别技术、传感器技术、纳米技术、智能嵌入技术将得到更加广泛的应用。2009年1月9日，IBM 全球副总裁麦特·王博士作了主题为《构建智慧的地球》的演讲，提出把感应器嵌入和装备到家居、电网、铁路、桥梁、隧道、公路、建筑、供水系统、大坝、油气管道等各种物体中，并且被普遍连接，形成"物联网"，然后将"物联网"与现有的互联网整合起来，实现人类社会与物理系统的整合。在中国，中科院早在1999年就启动了传感网的研究，是世界传感网领域标准的主导国之一，物联网也被"十二五"规划列为七大战略新兴产业之一。

2. 物联网的概念

物联网是新一代信息技术的重要组成部分，也是"信息化"时代的重要发展阶段，其英文名称是:"Internet of Things(IoT)"。顾名思义,物联网就是物物相连的互联网。

国际电信联盟(ITU)发布的互联网报告,对物联网做了如下定义:通过智能传感器、射频识别(RFID)设备、卫星定位系统等信息传感设备,按约定的协议,把任何物品与互联网相连接,进行信息交换和通信,以实现对物品的智能化识别、定位、跟踪、监控和管理的一种网络。根据ITU的定义,物联网主要解决物品与物品(thing to thing,T2T)、人与物品(human to thing,H2T)、人与人(human to human,H2H)之间的互联。

中国倪光南院士认为物联网是通过各种传感技术(RFID、传感器、GPS、摄像机、激光扫描器……)、通信手段(有线、无线、长距、短距……),将任何物体与互联网相连接,以实现远程监视、自动报警、控制、诊断和维护,进而实现"管理、控制、营运"一体化的一种网络。

物联网的关键技术包括终端技术(如RFID技术、传感器技术、嵌入式技术)、网络技术[如EPC(电子产品编码)技术]和信息服务技术(如EPCIS,电子产品码信息服务)。

3. 物联网的特点

1) 全面感知

利用无线射频识别(RFID)、传感器、定位器和二维码等手段随时随地对物体进行信息采集和获取。感知包括传感器的信息采集、协同处理、智能组网,甚至信息服务,以达到控制、指挥的目的。

2) 可靠传递

可靠传递是指通过各种电信网络和因特网融合,对接收到的感知信息进行实时远程传送,实现信息的交互和共享,并进行各种有效的处理。在这一过程中,通常需要用到现有的电信运行网络,包括无线和有线网络。由于传感器网络是一个局部的无线网,因而无线移动通信网、3G网络是作为承载物联网的一个有力的支撑。

3) 智能处理

利用云计算、模糊识别等各种智能计算技术,对随时接受到的跨地域、跨行业、跨部门的海量数据和信息进行分析处理,提升对物理世界、经济社会各种活动和变化的洞察力,实现智能化的决策和控制。

4. 物联网网络架构

1) 感知层

感知层实现对物理世界的智能感知识别、信息采集处理和自动控制,并通过通信模块将物理实体链接到网络层和应用层。

2) 网络层

实现信息的安全无障碍传递、路由和控制,包括延伸网、接入网和核心网,网络层可依托公共电信网和互联网,也可依托行业专用网络。

3) 应用层

应用层主要包含应用支撑平台子层和应用服务子层。其中应用支撑平台子层用于支撑跨行业、跨应用、跨系统之间的信息协同、共享、互通的功能。应用服务子层包括智能交通、智能医疗、智能家居、智能物流、智能电力等行业应用。

5. 物联网在物流行业中的应用

1) 产品追溯

随着人民生活水平的提高，人们对产品的源头及生产过程越来越重视，物联网可用来建立食品、药品等的可追溯系统等，这些智能的产品可追溯系统能够使得产品的生产及运输信息公开化，保障食品、药品安全，为产品召回机制提供可靠的信息平台，提高产品物流信息采集的准确性，从而有利于打造快速、高效的物流系统，实现物流管理信息化和人员配备最优化。

2) 货物仓储

在传统的仓储中，往往需要人工进行货物扫描以及数据录取，工作效率低下；同时仓储货位有时候划分不清晰，堆放混乱，缺乏流程跟踪。将物联网技术应用于传统仓储中，形成智能仓储管理系统，能提高货物进出效率、扩大存储的容量、减少人工的劳动力强度以及人工的成本，且能实时显示、监控货物进出情况，提高交货准确率，完成收货入库、盘点调拨、拣货出库以及整个系统的数据查询、备份、统计、报表生产及报表管理等任务。

3) 运输检测

通过车辆管理系统对运输的货车、货物进行实时监控，可完成车辆、货物的实时、定位跟踪，监测货物的状态及温湿度情况，同时监测运输车辆的速度、胎温胎压、油量油耗、车速等车辆行驶行为以及刹车次数等驾驶行为，在货物运输过程中，将货物、司机以及车辆驾驶情况等信息高效地结合起来，提高运输效率、降低运输成本、降低货物损耗，清楚地了解运输过程中的一切情况。

4) 智能配送

在配送环节，采用射频技术能大大加快配送的速度和提高拣选与分发过程的效率和准确率，并能减少人工、降低配送成本。此外，智能快递柜也是物联网技术的应用，其能够对物体进行识别、存储、监控和管理等功能，与PC(个人计算机)服务器一起构成了智能快递投递系统。PC服务端能够将智能快递终端采集到的信息数据进行处理，并实时在数据后台去更新，方便使用人员进行查询快递、调配快递以及快递终端维护等操作。

11.2.7 人工智能

1. 人工智能的产生背景

自古以来，人类就对以自己为模板创造人工生命并赋予其智能充满着幻想。古希腊神话中，火神赫菲斯托斯就创造了黄金机器人作为自己铁匠铺的助手。1943年，Warren McCulloc和Walter Pitts发表了关于人工智能最早的工作。1956年的达特茅斯会议标志着人工智能的诞生。1970—1990年，人工智能的发展遭遇瓶颈。2006年，Hinton提出了"深度学习"神经网络使得人工智能获得突破性进展，2016年，Google Alpha Go战胜李世石，揭开了人工智能的新篇章。目前，人工智能仍处于起步阶段，主要是在数据量和计算能力的基础上实现大规模计算，而对意识起源、人脑机理等方面的研究仍有突破的余地。当今,人工智能主要应用于计算机视觉领域、服务机器人领域、自然语言处理领域等。其中,计算机视觉技术是人工智能的重要核心技术之一,可应用到安防、金融、营销、驾驶、医疗等各个领域。

2. 人工智能的概念

人工智能(artificial intelligence,AI)是一门基于计算机科学、生物学、心理学、神经科学、数学和哲学等学科的科学与技术。人工智能之父 John McCarthy 说:人工智能就是制造智能的机器,更特指制作人工智能的程序。

尼尔逊教授对人工智能下了这样一个定义:"人工智能是关于知识的学科——怎样表示知识以及怎样获得知识并使用知识的科学。"而另一个美国麻省理工学院的温斯顿教授认为:"人工智能就是研究如何使计算机去做过去只有人才能做的智能工作。"这些说法反映了人工智能学科的基本思想和基本内容,即人工智能是研究人类智能活动的规律,构造具有一定智能的人工系统,研究如何让计算机去完成以往需要人的智力才能胜任的工作,也就是研究如何应用计算机的软硬件来模拟人类某些智能行为的基本理论、方法和技术。

3. 人工智能的特点

1)智能信息检索

人工智能的特点之一即是能够进行智能的信息检索,利用人工智能手段,运用已建立好的智能信息检索系统,能够完成人类无法完成的一些信息获取和信息精化的工作,将信息获取工作做到精细优质。

2)各种模式的识别

当代人工智能的技术特点表现在自然语言的识别、图像与图形的识别、文字声音的识别、人脸识别、指纹识别等各种模式的识别,利用这些功能,可以给人类的日常交流带来很大的方便。

3)处理复杂数据

人工智能具有强大的记忆能力和逻辑分析能力,能够代替人类处理许多复杂数据的问题。人工的神经网络结构使得它们能够像人脑一样运转,在遇到非常棘手的问题时,它们就会调动其强大的记忆力,对问题进行逻辑推理和分析,快速解决问题。

4)提高劳动者的工作效率

人工智能的引进,对于基层劳动者来说是非常有利的。在过去,机械模型、机械制造等过程全都是由劳动者手工制作的,做工效率低下,制造出来的模型误差大,耗费的劳动力也大。当将人工智能应用于大型的工业生产中时,机器就会代替人工劳动,缩短生产周期,提高生产精度,并提高劳动者的工作效率。

4. 人工智能的组成要素

1)大数据

人工智能离不开大数据的支持。日常生活中使用的语音识别、人脸识别均得益于大数据的帮助。以语音识别为例,每个用户每次输入的语音都将成为数据之一,这些语料的集合就成了一个丰富的数据库。当用户对着软件发出指令时,其将迅速在数据库出匹配出最精准的语义,更多的语料是让语音助手"理解"复杂含义的基础。

2) 深度学习能力

深度学习能力体现在知识获取能力、知识运用能力和不确定性处理能力三个方面。知识获取能力即人工智能系统需要具备从数据中或过去的经验中获得知识的能力,更进一步,系统还可以从与环境交互、用户交互过程中获得知识。知识运用能力表明智能系统能够很好地存储、运用知识,并基于知识进行归纳推理,只有将知识与数据融合,逻辑与统计结合,才能够催生真正拥有认知智能能力的智能系统。不确定性处理能力表现为处理数据中的不确定性、模型决策的不确定性,甚至模型内部参数的不确定性。

3) 高速网络

高速网络相当于数据传输的通道和路径,当前各国都在部署 5G 网络,未来它将承担数据运送的重担。数据显示,5G 网络下最高理论传输速度可达每秒数十 GB,相比当前的 4G 网络快上数百倍。未来,人们将拥有多种智能终端设备及智能家居产品,它们都需要网络的支持才能正常运转,在高速网络环境下,大数据以及深度计算能力才有意义。当网络速度有了更高的提升时,数据间的传输与互通将更加快速、高效,人工智能可帮助我们在更短的时间内找到所需数据,缩短响应时间,在医疗、教育、汽车、机器人领域将提供巨大的支持。

5. 人工智能在物流行业中的应用

1) AI 客服

过去的客户服务一般由人工来接待。现在,首先接待服务的是 AI 语音客服,并能根据所提问题进行回答,如果有必要,再转人工客服。AI 客服的加入能够提供全天 24 小时不间断的服务,降低企业人力成本和一线客服工作强度。此外,AI 客服系统可以收集信息,进行自主学习优化,不仅提升了客服效率,而且服务质量也得以提升。

2) 货物转运

目前,物流公司利用无人卡车在高速公路和港口进行货物转运。在高速公路,面对各种路况及突发状况,无人卡车通过传感器能作出相应的判断,并能即时反馈运输状态。港口通常需要 24 小时作业、对司机技术要求高、作业环境封闭,这些特殊要求让无人卡车进入港口成为可能。通过对接码头管理系统,无人卡车获得相应运输指令后,实现码头内任意两点间的自动收送货功能。每一台无人卡车通过车载网络实时与码头控制中心保持联系,实时接收每一条任务指令,并将当前车辆状态、任务执行情况实时汇报给控制中心。

3) 货物分拣

分拣中心机器人利用搜索引擎的命中算法按地区把货物进行分拣,实现智能调货。未来,面对数以百万计的货物,不再需要传送机器、扫描设备、人工处理设备和工作人员进行一道道分拣,而是可以利用机器人实现人机协作。通过 AI 引擎,不同的摄像头和传感器可以抓取实时数据,继而通过品牌标识、标签和 3D 形态来识别物品,大大提高了分拣效率。

4) 无人配送

目前无人配送主要有无人车和无人机两种方式。无人机的激光感应系统可以进行

360度环境和路况监测,即将到达目的地时,机器人后台系统将取货信息发送给用户,用户通过人脸识别、输入取货码、点击手机 APP 链接三种方式取货。机器人解决的是城市的物流,无人机拓展的就是山区和偏远乡村市场。为解决适应高频次的飞行、吊载不同形状、不同重量的物品等问题,如顺丰无人机采用"飞控算法"以达到可靠稳定的飞行来解决问题。

本章小结

新的信息技术的发展不仅降低了物流成本,减少了计划和作业的不确定性,并且有助于企业战略目标的设定。信息是极少数几种"能力正在增长而成本却在降低"的资源之一,所以信息被认为是强化物流计划、物流作业的关键竞争力。明智的物流企业认为,信息的有效管理要比处理搬运存货花费更少一些。当然,只有当信息能够支持交易、管理控制、决策分析和制订战略计划能力时,信息才能够在市场环境中作为关键的竞争要素发挥作用。

本章讨论了物流信息系统的功能、特征和结构,分别阐述了交易系统、管理控制层、决策分析层以及制订战略计划层之间的区别,包括分别论述每一个层次的特点、功能等问题,虽然过去物流行业主要将精力集中在交易层次上,但实践表明,另外三个层次的有效管理才是现今物流竞争的关键因素。

新信息技术的发展作为本章讨论的重要组成部分,是对当今物流行业中被应用较广泛技术的说明。这些新信息技术如 EDI(电子数据交换技术)、条形码、射频识别技术、云计算、大数据、物联网、人工智能等都是现今物流市场中的主要竞争力。

思考题

1. MRPⅡ相比闭环的 MRP,增加了哪些环节?这些环节对物流信息系统的影响是什么?
2. ERP 是一个以管理信息为核心,跨地区、跨部门、甚至跨公司提供整合实时信息的企业管理软件,举例说明它是怎样对实时信息进行整理的?
3. 信息独有的六个特点在物流信息系统是如何体现出它们各自的重要性的?相互之间是否有影响?
4. EDI 技术的标准化内容有哪些?EDI 技术包括哪些功能模块?
5. 条形码技术的优点表现在哪些方面?描述条形码的组成架构。
6. 射频识别技术的基本组成是什么?其特点表现在哪些方面?
7. 云计算具有哪些特点?其结构是怎样的?
8. 大数据的特点表现在哪几个方面?举例说明大数据在物流行业中的应用。
9. 物联网的特点和结构各体现在哪些方面?举例说明物联网在物流行业中的应用。
10. 人工智能的特点和组成要素各体现在哪些方面?举例说明人工智能在物流行业中的应用。

11. 为什么新信息技术对于获取竞争优势来说是很重要的？举例说明某项新技术的应用如何改变物流的竞争模式？

12. 通过对本章的总结，请定义并解释信息系统在物流中充当的角色是什么？有着怎样的作用？

 案例

亚马逊公司的物流信息管理

亚马逊公司（Amazon，简称亚马逊），成立于 1995 年，是美国最大也是最早的一家电子商务公司，总部位于华盛顿州的西雅图市。最初，亚马逊只经营书籍销售业务，现在则扩大到范围相当广的其他产品，如电子产品、婴幼儿用品、食品、服饰、鞋类和珠宝、健康和个人护理用品、体育及户外用品等。亚马逊已成为全球商品品种最多的网上零售商和全球第二大互联网企业。

亚马逊公司非常注重新技术的开发和应用。截至 2018 年，亚马逊公司已经申请专利 10 400 项，涵盖机器学习、云计算、人工智能和机器人技术等多个新兴科技领域。同时，亚马逊公司开创了一整套以信息技术和信息系统为支撑的电商物流模式，形成了覆盖全球的运营网络。

1. 智能机器人 Kiva 技术

2012 年，亚马逊以 7.75 亿美元收购 Kiva Systems，大大提升了亚马逊的物流系统。截至 2017 年，亚马逊的智能机器人已达 4.5 万台，分布于北美的 20 个运转中心。Kiva 重约 320 磅，其顶部有一个升降圆盘，可抬起重达 720 磅的物品。Kiva 机器人会扫描地上条码前进，能根据无线指令的订单将货物所在的货架从仓库搬运至员工处理区，这样工作人员每小时可挑拣、扫描 300 件商品，效率是之前的 3 倍，并且 Kiva 机器人准确率达到了 99.99%。机器人的使用，将传统电商物流中心作业"人找货、人找货位"模式转变为"货找人、货位找人"的模式，大大提升了作业效率。

2. 无人机送货

2013 年，亚马逊提出了名为"Prime Air"的无人机快递项目，初期主要是派送书籍、食品和其他小型商品，这一服务能让顾客在网购下单后 30 分钟内收到包裹，并预计将在 4~5 年内投入运营。2014 年，亚马逊的送货无人机原型 Prime Air 亮相，大约能在 20 千米的范围内送货。2016 年 12 月，亚马逊完成了商业性的无人机送货的首飞。2017 年 11 月，亚马逊获得自动拆解式无人机专利，即无人机遇到危险会自动拆解。当无人机即将碰撞或遇到危险时，会触发自动装置，组件会安全拆散，并且会让组件投向安全地点。

3. 大数据和 AI 技术应用

亚马逊是第一个将大数据推广到电商物流平台运作的企业。电商完整的端到端服务可分为五大类，即浏览、购物、仓配、送货和客户服务。

（1）用户浏览与下单：亚马逊有一套基于大数据分析的技术精准分析客户的需求，其后台系统会记录客户的浏览历史，随后会把顾客感兴趣的库存放在离他们最近的运营中心，以方便客户下单。

（2）仓储运营：在亚马逊运营中心，订单处理、商品拣选与包装、包裹分拣等一切活动都由大数据驱动，且全程可视化。此外，通过 AI 视觉检测，运用机器学习，会发现那些错误放置或跌落的库存商品，随后迅速纠正，运营流程的准确率大大提升。智能机器人的路线规划，精准避障，也通过 AI 技术来完成。人工智能技术在仓储物流领域的应用早已覆盖到了亚马逊的库存预测、供应链优化、商品调拨、机器人拣货、自动化包装等各个环节。

（3）配送：亚马逊的物流体系会根据客户的具体需求时间进行科学配载，调整配送计划，在用户规定时间范围内实现精准送达。亚马逊可以根据大数据的预测，提前发货。

（4）CRM（客户关系管理）客服：亚马逊中国提供 7×24 小时不间断的客户服务，首次实现了技术系统识别和预测客户需求，根据用户的浏览记录、订单信息、来电问题，定制化地向用户推送不同的自助服务工具，大数据还可以保证客户可以随时随地电话联系对应的客户服务团队。

4. 智能入库管理技术

在入库方面，亚马逊采用独特的采购入库监控策略。亚马逊基于历史经验和历史数据，了解什么样的品类容易坏，坏在哪里，然后进行预包装，为入库环节提供增值服务。此外，亚马逊的 Cubi Scan 仪器会对新入库的中小体积商品进行测量，根据这些商品信息优化入库。同时，这些数据信息会在不同的仓库实现共享。

5. 随机存储

与通常的仓库按照商品品类存放货物的方式不同，亚马逊会按一定的规则和商品尺寸将库存商品随机存放到货位上，不仅提高了货物上架的效率，还最大限度地利用了库内空间。所以在亚马逊运营中心的货架上，你很有可能会看见一支漱口水的旁边放着一卷纸巾，而不是像通常的你见到的库房那样，同一种商品全部存放在一起。亚马逊的随机存储核心是系统 Bin，将货品、货位、数量绑定关系发挥到极致。

6. 智能分仓和智能调拨

通过亚马逊独特的供应链智能大数据管理体系，亚马逊实现了智能分仓、就近备货和预测式调拨。这不仅用于自营电商平台，在开放的"亚马逊物流＋"平台中更体现其有用性。智能化调拨库存指全国各个省市包括各大运营中心之间有干线的运输调配，以确保库存已经提前调拨到离客户最近的运营中心。整个智能化全国调拨运输网络很好地支持了平行仓的概念，全国范围内只要有货就可以下单购买。

7. 精准预测和定位技术

亚马逊的智能仓储管理技术能够实现连续动态盘点，库存精准率达到 99.99%。亚马逊的库内操作侧重关注商品实物的位置、数据的转移和实物与数据的差异。从商品收货入库开始，在各种容器或货架之间的实物转移，都有对应的数据记录，货物从入库到出库中经历的每一个操作环节和这个环节导致的每一个位置变更，都会和系统中记录的大数据进行匹配，从而可以再次确认实物转移的数量与系统记录数量之间的差异。

在业务高峰期，亚马逊通过大数据分析可以做到对库存需求精准预测，从配货规划、运力调配，以及末端配送等方面做好准备，平衡了订单运营能力，大大降低了爆仓的风险。在亚马逊全球运营中心，每一个库位都有一个独特的二维码，据此可以在系统里查出商品定位，亚马逊精准的库位管理可以实现全球库存精准定位。

为了便于商品的管理，亚马逊还建立了一整套基于条码的库存管理体系，一个单一品类的商品基于国标条形码都有它在亚马逊运营中心里独立的编码，商品的数量、属性、生产日期等一系列的数据全部被系统记录在案，不仅可以保证商品快速入库，还可以实现对有效期和后端发货扫描的有效管控——保质期商品什么时候需要下架？给客户的商品有没有发错货？……这些有可能影响客户体验的环节，都可以通过条形码系统进行有效控制。

8. 可视化管理

亚马逊平台可以让消费者、合作商和亚马逊的工作人员全程监控货物、包裹位置和订单状态。任何客户的订单执行，从前端的预约到收货；再到内部存储管理、库存调拨，拣货、包装；最后到快递配送，送到客户手中，整个过程环环相扣，每个流程都有数据的支持，并通过系统实现全订单的可视化管理。

9. 独特的发货、拣货技术

亚马逊运营中心大量采用八爪鱼技术。八爪鱼是一个工作台，站在八爪鱼中心的员工会根据客户的送货地址，设计出不同的送货路线，分配到不同的流水线方向，站在分拣线末端的员工就可以将所有包裹通过八爪鱼工作台分配到各个路由上面。这种拣货技术非常高效，没有人员的冗余，而且八爪鱼上全部是滚珠式的琉璃架，没有任何的板台，员工的作业非常轻松。

（资料来源：根据公开资料整理）

第 12 章

物流绩效管理

本章将介绍物流绩效管理的内容、作用、基本要求和流程。还将重点分析物流绩效评价的原则、标准、方法和指标体系。并对物流绩效管理中的其他相关问题进行解释。

通过本章的学习,读者将能够具备以下能力:
- 掌握物流绩效管理的内涵及实施物流绩效管理的流程;
- 掌握物流绩效评价的各种方法及具体应用;
- 了解物流绩效管理的作用和基本要求;
- 熟悉物流绩效评价的指标体系。

12.1 物流绩效管理概述

12.1.1 物流绩效的基本内涵

1. 物流绩效的含义

绩效包括"绩"和"效",是一个组织或个人在一定时期内的投入产出情况。物流绩效是指在一定的经营期间内企业的物流经营效益和经营者的物流业绩,就是企业根据客户要求在组织物流运作过程中的劳动消耗和劳动占用与所创造的物流价值的对比关系。

2. 物流绩效的衡量

物流绩效的衡量主要分为内部绩效衡量和外部绩效衡量。内部绩效衡量着重将目前的活动和过程同以前的作业和目标相比较。由于衡量所需的相关信息基本来自企业内部,比较容易收集,所以应用比较广泛。内部绩效衡量是将注意力集中在所有服务客户的活动上,对改进绩效、报酬和激励员工都是很必要的。但内部绩效衡量仅仅是衡量企业内部经营过程的效率,效果并不是很好,所以必须考虑外部绩效衡量指标。

3. 物流绩效的外部影响要素

影响物流绩效的外部要素包括物流资源、物流产业、物流市场需求和政府四个方面,并由此构建了基本的影响框架(图 12.1)。物流需求包含需求量、需求结构与需求变化趋势所产生的导向信息,物流资源包含物流设施设备、物流人才、物流服务管理所决定的运作能力,物流产业包含物流产业的竞争程度、发展能力以及相关产业支持的基础条件,政府包含政府相关法规与政策、宏观管理体制与调控能力的制导作用。四者相互影响与相互作用,共同构成了影响企业物流绩效的外部环境。

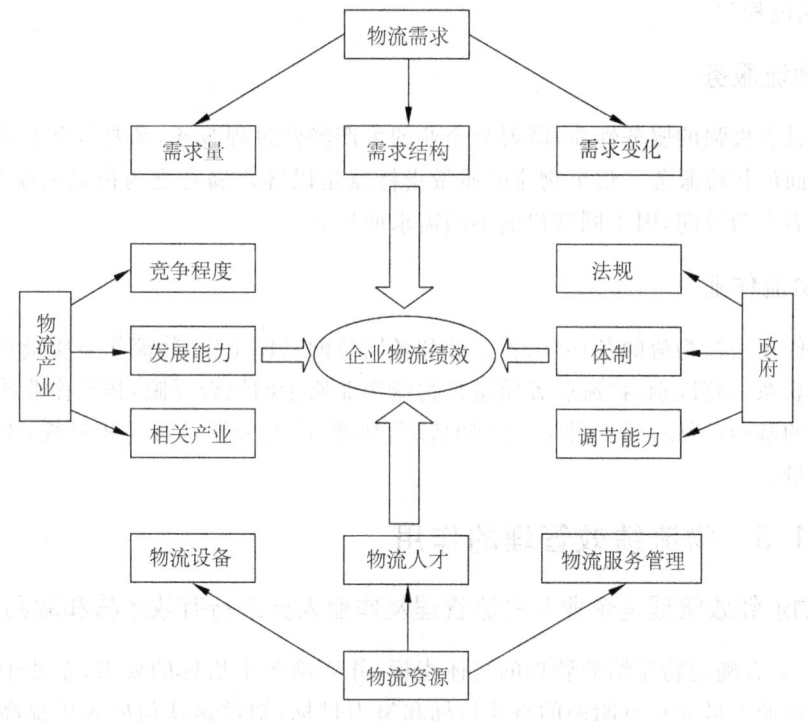

图 12.1 企业物流绩效的外部影响要素

对影响企业物流绩效的外部因素进行价值评估、价值分类和竞争权衡,以确定优势资源,并通过共享优势资源,创造更大的物流绩效。因此,可以通过对价值、吸引力、持久力的评价来完成物流绩效的整体评估。价值的分析就是分析企业物流资源与物流需求相匹配的程度和形成的竞争优势;吸引力是促进物流产业发展的企业资源力量,包括资源的独特性、传递方式和转移效用;持久力是政府的政策环境与企业优势资源积蓄和提高的速度、等级,以及增强资源可持续发展的能力。

12.1.2 物流绩效管理的内容

企业物流绩效是一个连续不断的循环过程,一个物流绩效及行为的结束,是另一个物流绩效及行为的开始。物流绩效管理就是根据物流系统运营的客观规律,为满足物流客户的服务需求,通过制定科学、合理的基本标准,运用绩效管理的理论方法对物流系统进行科学、合理的规划、组织和协调,实现优化控制的一系列活动过程。同时对物流活动质量和经济效益进行评估,从而确保物流绩效各项目标的实现,并明确物流活动未来的改进方向与改进重点。物流绩效管理主要包括以下几个方面内容。

1. 物流对象

在生产过程中,被传输的对象是已具有质量的实体,在物流过程中应保护和转移这些质量,同时为了方便运输,或者为了弥补生产过程中的加工不足,使产需双方能更好地衔接,物流对象的部分加工活动会放在物流过程中完成,即流通加工。所以物流也是商品价值的"形成过程"。

2. 物流服务

物流具有极强的服务性质,既要为企业的生产经营过程服务,又要为企业的产品和客户提供全面的物流服务。整个物流的质量指标就是以客户满意度为衡量的服务质量,坚持以客户需求为导向,因不同客户的不同需求而异。

3. 物流作业

物流作业是指物流的各环节、各工种和各岗位的具体工作,物流作业质量和物流服务质量既有联系又有区别,物流服务质量是物流作业质量的综合反映,物流作业质量是物流服务质量的基础,所以,建立科学、合理的管理制度,应充分调动员工积极性,不断提高物流作业质量。

12.1.3 物流绩效管理的作用

1. 物流绩效管理是企业对物流管理及作业人员进行有效考核和激励的基础

首先,只有确定物流绩效管理的具体指标,并明确各个指标的要求,企业中的物流管理人员及作业人员才具有明确的奋斗目标和努力目标,知道该从何处入手提高自己的工作效率。其次,企业只有制定明确的物流管理绩效指标,才能对物流管理人员及作业人员的工作成果进行有效的评价,作为对他们进行激励的基础。对优秀员工的褒奖有利于为其他员工指明行动的方向,对后进员工的惩罚则能对其他员工起到警示的作用。

2. 物流绩效管理是企业改进物流作业及管理流程的基础

通过对企业物流绩效各项指标的实施效果进行阶段性的总结与分析,能够暴露出企业物流作业及管理环节中存在的各种问题。企业应认真分析:在暴露的问题中,哪些问题对企业非常关键?哪些问题相对次要些?哪些问题是企业内部可控的?哪些问题超出了企业资源所及的范围?应根据问题的轻重缓急和企业的资源情况,首先针对重要的、资源有保障的问题对其作业流程或管理流程予以改进。

3. 物流绩效管理是企业优化供应链合作关系的基础

对于物流绩效管理中所暴露的问题,有些是由于企业的供应链合作伙伴所导致的,如由于供应商的零部件送货准时率不高,导致企业不得不增加一定数量的安全存货,使得企业存货费用提高。在这样的情况下,企业就应该与供应链合作伙伴协商解决有关问题,探讨具体的改进措施。如果供应链合作伙伴在限定期限内无法达到企业的要求,则企业就应该考虑重新选择供应链合作伙伴。

12.1.4 物流绩效管理的基本要求

为了确保物流绩效管理的有效性、经济性,物流绩效管理应该满足以下几个基本要求。

1. 以关键指标为重点进行考核

在企业绩效管理中,关键绩效指标(key performance indicator,KPI)法是近年来流行的一种方法,KPI的精髓在于企业的物流绩效管理指标的设置必须与企业的战略挂钩,围绕对企业的战略起关键作用的指标进行设置和考核。

在关键指标确定的过程中,应遵循SMART原则。在SMART原则中,S代表具体(specific),强调绩效指标的设置要明确、具体,不能笼统;M代表可度量(measurable),强调验证绩效指标的数据和信息是可以获取的;A代表可得性(attainable),强调绩效指标在付出努力的情况下可以实现,避免设置过高或过低的指标;R代表现实性(realistic),强调绩效指标是实实在在的,可以证明和观察;T代表是时限性(time-bound),强调绩效指标的实现有特定的时限要求。

2. 定量指标和定性指标相结合

在物流绩效管理的设置中,应注重定量指标和定性指标的结合,能定量的尽量定量化,但不能过分牵强,如不能过分强调定量化而放弃一些重要但又不能定量的定性指标,不然效果会适得其反。

3. 注重对例外情况的控制

物流绩效管理应该对例外情况进行格外的关注,找出其出现的真实原因,进行认真分析。对于特别重要的例外情况要及时向高层管理者报告,注重对例外情况的发生有利于企业不断改进物流工作,避免突发事件对企业造成困扰。

12.1.5 物流绩效管理理论的发展历程

物流绩效管理的理论是不断更新和发展的,在不同的时代背景下,赋予物流绩效管理的理念也是不尽相同的。我国的物流绩效管理晚于西方发达国家,但处于迅速发展的阶段。物流绩效管理的发展经历了财务导向、目标导向和战略导向三个阶段。

1. 财务导向的绩效管理

20世纪初,企业为追逐利润,实现快速的发展,把绩效管理的关注点放到了利润上,20世纪60年代时,物流绩效评估中运用得最为广泛的指标是预算、税前利润和剩余收益等,并把它们作为对企业管理者的补偿。20世纪70年代,麦尔尼斯(Melnnes)对绩效管理作出的重要贡献是将物流绩效管理的评价标准转向物流部门的投资收益率和净资产回报率方面。

2. 目标导向的绩效管理

以彼得·德鲁克(Peter F. Drucker)提出的目标管理理论为标志,绩效管理进入目标管理时代。20世纪80年代后,企业的绩效评价是以财务指标为主、非财务指标为补充的评价系统,但随后的发展证实这种行为已严重影响了企业的成长,所以企业认识到了新的企业战略和竞争环境需要新的绩效评价方法,其核心是在确定公司战略和评价经营绩效时应同等对待或者更加重视非财务标准。非财务因素在绩效管理中的作用越来越大,与如何解决运输、配送和库存问题相比较,企业更加重视过程能力、产品生产周期和客户满意度、忠诚度等方面。

3. 战略导向的绩效管理

20世纪90年代,企业的经营环境发生了很大的变化,经济全球化和竞争日益加剧,企业的生存和发展要具备战略性眼光,并保持企业的核心竞争力。在物流领域,物流绩效管理以供应链管理为导向,顾客满意度成为首要考虑要素,企业的物流绩效管理已服从于企业的战略管理,即服从企业的市场战略、过程战略和信息战略。

12.2 物流绩效管理流程

有效的物流绩效管理需要科学的管理流程予以支持和保障。本节主要介绍有效实施物流绩效管理需要遵循的相关流程。物流绩效管理流程是一个不断循环、不断修正和不断完善的过程,每个过程都是由物流绩效计划、物流绩效计划的实施、物流绩效的评价和物流绩效反馈四个阶段构成的。一个过程结束,就要根据上一过程绩效评价的结果重新设定下一个阶段的绩效计划,进而进入新绩效计划的实施、评价和反馈。如此循环,不断完善。

12.2.1 物流绩效计划

物流绩效计划是物流绩效管理循环中的第一步,这一环节需要确定本管理周期内物流绩效的目标,选择相应的行动方案,为整个周期的绩效管理工作指明方向。物流绩效计划是物流绩效管理中的重要环节,是绩效管理工作的前提。

1. 物流绩效计划的含义

物流绩效计划是指管理者制订物流绩效的目标及其实现途径或方案的过程。物流绩效计划具有两个基本特征:一是严肃性,即目标一旦制订,在条件不变的情况下,必须要严格执行;二是灵活性,计划是在权衡内外环境的情况下制订的,一旦环境发生变化,计划就必须要变更以适应新环境。

物流绩效计划是物流绩效管理流程中最重要的环节,其重要性主要表现在以下几方面。

(1)物流绩效计划为物流组织中的各个成员指明方向,是相关组织活动和成员协调的前提。

(2)物流绩效计划设立了绩效目标和标准,有利于工作过程中管理者的控制。

(3)物流绩效计划是建立在对未来预测的基础上,可减少不确定性的冲击和影响。

2．物流绩效计划的内容

物流绩效计划包括物流绩效目标和物流绩效目标的实施方案两个方面的内容。

1)物流绩效目标

物流绩效目标是物流绩效管理主体在绩效管理周期内通过努力所期望实现的物流绩效成果。

制订物流绩效目标,需要注意以下三个方面的问题。

(1)物流绩效目标的制订依据是企业的经营战略。物流活动是组织整体活动的一部分,物流活动必须服务于组织的整体战略,因此,物流绩效目标要依据组织的战略目标来制订。

(2)物流绩效目标包括定量目标和定性目标。定量目标是指能够用具体数值来表示的绩效目标,如物流成本目标、订单完成状况的目标以及顾客满意度目标等。定量目标具有客观、准确,易于考核和对比分析等优点。定性目标是指无法用具体数值来衡量的绩效目标,如衡量员工工作表现的绩效目标,其特点是无法量化,主观性较强。

(3)物流绩效目标包括长期目标和短期目标。短期目标明确具体,易于实施和衡量,通常情况下一年以内的都属于短期目标。长期目标是关于物流活动的未来发展方向。长期目标和短期目标是相互依存的关系,只有短期目标完成了,长期目标的实现才有保障。

(4)物流绩效目标包括战略目标、战术目标和作业目标。战略目标是绩效管理主体总体的目标,战术目标是实现战略的手段,战略目标要进一步细分到具体的战术目标才能得以实施。作业目标是基础的支持性目标,是属于操作层面的、常规性的目标。战略目标对应高级的管理者,战术目标对应中级的管理者,而作业目标对应的是具体操作者。

2)物流绩效目标的实施方案

物流绩效目标的实施方案是将目标转换为行动的具体措施。绩效目标要自上而下地转换为责任,建立组织与绩效目标、员工与绩效目标的对应关系,形成一个目标的层次体系,且每一层次的目标都必须有一个支持目标实现的行动方案。

一个有效支持物流绩效目标的实施方案必须达到以下基本要求。

(1)可行性。可行性是物流绩效目标实施方案的最基本要求。实施方案的可行性首先要求实施方案不损害国家利益,不触犯法律;其次,方案必须要有足够的可得性资源的保障。

（2）指导性。实施方案必须能够指导人们的行为，应该怎么做，做到什么程度，等等。

（3）预见性。实施方案要充分考虑计划周期内可能出现的问题，并就这些可能出现的问题提出相应的解决方法。

3. 物流绩效计划的制订步骤

要制订成功的物流绩效计划，必须遵循科学的步骤。尽管各种计划的内容不同，但是其制订步骤具有普遍性。一般遵循的步骤包括以下几方面。

1）明确组织的战略

物流绩效计划服从组织的整体战略计划。对于企业来说，战略是为了获得持久的竞争优势而采取的积极的应对方案，科学的物流绩效管理可以帮助企业获得竞争优势。

2）分析组织内外部环境

在制订物流绩效战略计划之前，应充分分析组织内部和外部环境，明确组织的优势和劣势。内部环境包括资金、技术、人员素质等。外部环境包括竞争对手、政府、客户等。对组织面临的环境还需要进行综合评估，并分析可能面临的机会和风险。

3）确定组织绩效目标

确切地说，以上两步是制订计划之前的准备工作，确定目标才是制订物流绩效计划的第一步。企业的物流绩效目标通常包括以下几个方面。

（1）成本目标。为追求更高的物流绩效，需要从物流总成本的角度出发，而不是只关注于某个核算部门，物流总成本主要包括运输成本、存货持有成本、仓储成本、订单处理成本和物流行政管理成本等。

（2）资产管理目标。物流资产管理是指为了实现物流目标而投入的设备和设施资本以及存货流动资本的管理。

（3）客户服务目标。客户服务主要包括时间、可靠性和有效沟通，最优的物流服务是物流绩效目标的重要内容。

（4）生产效率目标。物流的生产率主要是指物流领域的投入和产出比，投入包括人员和其他资产，如运输车队、仓储设施、存储空间、设备等，产出包括订单处理量、运输能力的利用率、物料存储等。生产率目标反映的是物流的效率。

4）拟订备选方案

物流绩效目标有不同的实现途径，同一个问题也有不同的解决方法，因此要集思广益、拓展思路，拟订尽可能多的备选方案，以便在决策和实施中有较多的可选方案。

5）评价和选择方案

在拟订备选方案后，就要根据物流绩效目标和组织的现状来评价与选择方案。在评价和选择方案的过程中，尽量避免不同部门之间的方案冲突，做好协调工作。由于物流绩效计划的灵活性，往往会确定各种情况下的最优方案，首先采用其中一个，其余的方案加以完善作为后备方案，以便应对未来的变化。

6）物流绩效计划的实施

制订物流绩效计划后，需要予以有效措施来实现预定的绩效目标。绩效管理的实施过程是通过各种管理方法和措施来确保计划按时、保质、保量完成。

12.2.2 物流绩效计划的实施

物流绩效计划的有效实施需要三个方面的支持和保障,即信息传递、有效沟通和同期控制。

1. 信息传递

物流活动过程中会有大量的物流信息产生,同时,物流作业也必须依赖于足够多的物流信息。在物流绩效管理中,管理者要进行有效的控制就必须掌握物流绩效的实施现状,并通过最快的、最有效的方式获得各种物流绩效的相关信息。

1) 物流信息系统

随着计算机技术的发展,物流信息技术也广泛地被运用在物流作业中,包括条形码技术、电子数据交换(EDI)技术、便携式数据输入技术、CD-ROM存储器、在线计算机、无线射频技术(RFID)、地理信息系统(GIS)技术、全球定位系统(GPS)技术等。这些技术相互结合形成一个物流信息系统的网络,使信息的收集、存储、处理、传输实现了自动化,消除了人为因素导致的失真,提高了物流信息的传递速度。物流技术不仅为管理者提供绩效管理所需的信息,还可以帮助管理者实时把控现状,促进管理者与员工、部门与部门之间的沟通。这对于绩效管理有着非常重要的作用。

2) 客户服务信息

物流的本质是为客户服务,客户服务水平是物流绩效的重要组成部分,获取客户的意见以便于管理者实时掌握物流服务水平。由于客户处在物流流程的终端,客户对服务的感知是对流程整体的感知,而无法辨别是物流的哪一环节出现问题,因此要真正推行绩效管理,就要真正具备获取客户服务信息,分析客户服务中存在问题的能力。

2. 有效沟通

尽管利用物流信息技术可以实时、方便地收集物流信息,并对这些物流信息进行及时分析。但是物流信息系统输出的是单项的物流信息报告,无法全面反映物流活动的实际状况。因此,除了要建立完善的物流信息系统之外,还需要与员工进行及时沟通,以起到及时反馈、指导并及时纠偏的作用。常用的沟通方式有以下几种形式。

1) 书面报告

书面报告是绩效管理中常用的一种正式沟通的方式。它是指员工使用文字或图表的形式向管理者报告工作的进度。书面报告一般是企业内部制度性的信息上传的方式,管理者设计一系列的表格定期由相关人员按实际情况填写并上报。

2) 定期面谈

管理者和员工定期进行一对一的面谈是有效沟通的一种常见方式。面谈前应明确面谈的目的和内容,面谈的目的是要让管理者和员工就某些问题达成共识并找到解决方案。

3) 管理者参与的小组会议或和团队会议

书面报告的沟通方式不能提供讨论和解决问题的手段,而一对一的面谈只局限于两个人之间,难以对公共问题达成一致意见。因此,有管理者参与的小组会议或团队会议就显出了其重要性,除了进行沟通外,管理者还可以帮助员工解决实际中的问题。

4) 非正式沟通

无论是书面报告、一对一的面谈,还是小组会议都需要事先计划并选取一个正式的时间和地点。实际上,日常工作中随时随地都会发生非正式的沟通。非正式沟通的最大优点就在于它的及时性,员工就遇到的问题和管理者进行灵活简短的沟通,以便及时解决问题。非正式性沟通可以通过书面形式或者内部网络论坛进行。

3. 同期控制

物流绩效实施需要在绩效计划执行过程中,对物流绩效的执行情况进行实时监控,即进行同期监控。在绩效管理活动中实施实时控制,管理者可以在发生重大偏差之前及时发现并加以解决。

1) 同期控制的主要内容

物流绩效的同期控制主要包括以下几点。

(1) 管理者向绩效执行者就工作方法进行指导。

(2) 获取实时物流绩效信息,了解物流绩效执行情况。

(3) 发现绩效偏差,立即采取纠正措施。

利用先进的信息技术,管理人员可以掌握更多的绩效信息,而不需要再亲临现场监督绩效执行。

2) 同期控制的步骤

物流绩效同期控制包括以下四个步骤。

(1) 确定控制标准。控制标准是衡量物流绩效是否出现偏差的尺度和准绳。若在同期监控中运用完整的指标体系进行系统的绩效衡量和评价,无疑会带来很大的工作量,因此要选择最能衡量绩效执行情况的关键点。

(2) 衡量实际绩效。获取实时的物流绩效相关数据,并将这些物流绩效数据整理为可用的物流绩效信息,然后与事先制定的相关标准进行对比,发现实际绩效与控制标准的差距。

(3) 分析偏差原因。分析实际绩效与控制标准存在的偏差,找出偏差产生的原因。利用现代技术进行数据挖掘,可以帮助管理者分析问题产生的原因。

(4) 采取纠偏措施。偏差产生有两个方面的原因,标准设立不科学或是实际物流绩效不佳。如果是控制标准不科学,则需要根据环境的变化及时调整绩效目标和标准;如果是实际执行效果不佳,则需要找出效果不佳的原因,采取相应的措施加以改进。

12.2.3 物流绩效的评价

在一个绩效周期结束时,管理者需要了解本周期内物流绩效的结果,这就需要对物流绩效进行评价。进行物流绩效评价需要构建指标体系,并运用一定的方法把日常工作中的绩效信息明确地描述和展示出来。

1. 物流绩效评价的含义及要素

物流绩效评价就是运用科学的方法,采取适当的指标体系,对照一定的标准,通过定性和定量的分析,对某一期间的物流绩效作出客观准确的综合判断。物流绩效评价包括以下六要素。

（1）评价目标。评价目标的侧重点不同,指标体系的构建也会不同,评价目标对于整个物流绩效评价来说具有导向作用。

（2）评价对象。物流绩效评价一般有两个对象:一是组织绩效,二是员工绩效。

（3）评价主体。评价主体是直接从事绩效评价的人,可以是组织内部的主体,也可以是组织外部的主体,如顾客、供应商或者专业的第三方组织,不同的评价目标应有不同的评价主体。

（4）评价指标。评价目标决定了评价指标的选择,物流绩效评价需要考虑指标间的联系,构建绩效指标体系。

（5）评价标准。评价标准用来判断评价对象绩效的优劣,可分为绝对标准和相对标准。

（6）评价方法。评价方法是指应用评价指标和标准实施评价过程的程序与办法,一般有综合评价法、层次分析法(AHP)、模糊评价法(FCA)等。

2. 物流绩效评价的步骤

物流绩效评价活动包含以下四个步骤。

1）确定评价目的,选择评价主体和评价对象

进行绩效评价前应当首先明确评价的目的,绩效评价的最终目的是实现战略目标和绩效目标,绩效评价应根据不同的评价对象设定具体目标。绩效评价主体可以根据需要选择内部或外部的评价员,对于经常性的操作层绩效,一般选择内部的管理人员,而综合性的需要全局考虑的整体性评价一般会选择专业评价团队来进行。

2）选择评价方法,构建绩效评价指标体系

绩效评价主体需要根据不同的评价目的和评价对象建立绩效评价体系,按照评价指标的内在联系搭建指标体系,选择评价方法,绩效评价体系的设计不是唯一的。

3）收集绩效信息

绩效实施阶段同时也进行着绩效信息收集工作,这包括信息系统的存档文件、与员工的沟通记录、客户反馈的信息和客户调查资料等,它们都是绩效评价比较有用的信息。

4）形成绩效判断

按照设计好的绩效评价体系,对收集的信息进行分析处理,计算各项指标,了解绩效水平,再与绩效目标进行对比,判断绩效的完成情况。

12.2.4　物流绩效反馈

在物流绩效管理全过程中,需要对绩效信息进行及时的反馈,进而对物流活动进行及时的调整,确保绩效计划和绩效目标的最终实现。

1. 物流绩效反馈的含义

物流绩效反馈是将物流系统的反馈结果反馈回系统,与物流绩效目标进行对比和分

析，找出偏差，以便改进。绩效反馈可以分为四个环节：接受反馈、对反馈信息进行加工、使用反馈和最终改变行为以提高绩效。物流绩效信息反馈给那些需要相应信息的主体（企业、管理者、员工），这些被反馈者接收到信息之后，还需要对这些信息进行加工和理解，并选择相信或不相信反馈信息。这就对反馈过程提出要求，反馈者必须能够让被反馈者理解且相信反馈信息，这样的反馈才是有效的。

2. 物流绩效反馈的目的

企业物流、供应链物流和社会物流各有特殊性，因而相关物流绩效反馈的目的也有所不同，下面就三方面进行分析。

1）企业物流绩效反馈的目的

企业内物流绩效反馈的目的就是让每个部门和员工了解自身绩效与预期目标的偏差，帮助部门员工改变行为和工作方式，使物流系统整体的绩效得以改善。具体包括以下五个方面的内容。

(1) 使员工了解自己在本绩效周期内的业绩是否达到设定标准，行为方式是否合格。

(2) 探讨绩效不合格的原因所在，并制订绩效改进计划。

(3) 管理者向员工传递组织的期望。

(4) 商定下一周期的绩效目标。

(5) 对绩效目标进行完善。

2）供应链物流绩效反馈的目的

供应链物流绩效的信息反馈不仅有助于供应链激励措施的制订，促进信息共享和提高供应链的透明度，而且可以让供应链成员企业及时了解供应链目前的绩效水平及所存在的问题，及时进行改进。此外，供应链物流绩效反馈的另一个重要目的是寻求更多的合作和保持供应链的一致性。

3）社会物流绩效反馈的目的

社会物流绩效的反馈需要借助于政府或者行业协会的力量才能得以进行。社会物流反馈是政府对社会物流进行宏观调控的手段，政府要保证规划的顺利执行，以便采取措施来调整整个社会物流系统在正确的轨道上进行，行业协会则是出于协调行业发展，实现行业自律，规范竞争，促进企业间交流和合作方面的考虑。

12.3　物流绩效评价

物流绩效评价是物流绩效管理的前提和基础。物流绩效评价是指为达到降低企业物流成本的目的，用特定的企业物流绩效评价指标，对照物流绩效评价标准，采取相应的评价模型和评价计算方法，对企业在物流系统的投入和产效（产出和效益）所作出的客观、公正和准确的评判。

12.3.1 物流绩效评价原则

1．平衡评价原则

（1）企业物流绩效评价指标的平衡。其主要包括外部评价指标和内部评价指标之间的平衡，成果评价指标和行为评价指标之间的平衡，客观评价指标和主观评价指标之间的平衡，长期评价指标和短期评价指标之间的平衡。

（2）企业物流绩效评价指标体系、评价组织体系与评价方法体系三者之间的平衡。对物流绩效的评价，不仅要有科学、合理的评价指标体系，还需要建立与之相互协调能正确理解和应用指标体系的评价组织体系，也需要建立相适应的评价方法体系。物流绩效评价是对整个供应链体系中多个群体利益的协调、平衡和兼顾。

2．战略评价原则

评价指标必须紧紧围绕企业战略需要，通过战略、任务和决策转化为具体的、系统的和可操作的指标，从而形成集评价和激励、传播和沟通、团结和学习于一体的、多功能的战略管理体系。必须根据外界环境的变化，及时调整评价指标体系，同时明确战略重点，确保物流绩效评价产生战略价值。

3．目标评价原则

企业根据发展战略需要，围绕有效提升企业物流绩效，制订明确的发展目标，并依据具体的目标要求实施物流绩效管理。企业物流绩效评价首先是追踪现行物流系统绩效，并不断与物流绩效目标进行对比，发现偏差，分析原因，并向管理者提供绩效评估报告；其次，根据物流绩效评估报告，改进物流运作程序，及时调整运作方式；最后，通过物流绩效评估来评价物流组织和物流人员的工作绩效，实现更优化的物流运作效率。

12.3.2 物流绩效评价标准

对企业的物流绩效进行评价，关键是评价标准的制定。物流绩效评价标准随系统的定义范围、不同领域的物流功能要求、定量评价及定义系统的能力不同而不同。因此，设计评价标准的第一步是对需要评价的系统及其组分进行定义；第二步是确定性能要求和系统的预期目标；第三步是确定定量评价性能要求的准则。

物流评价标准用来衡量各物流功能组织内部和外部的工作绩效，衡量标准重点在时间、质量、可得性、费用、利润和可靠性等方面。图12.2是物流绩效评价标准的分类。

12.3.3 物流绩效评价方法

物流绩效评价方法主要包括财务导向的评价方法、目标导向的评价方法和战略导向的评价方法。

1．财务导向的评价方法

财务管理是日常经营活动中至关重要的一项，财务绩效是任何组织综合绩效的最终

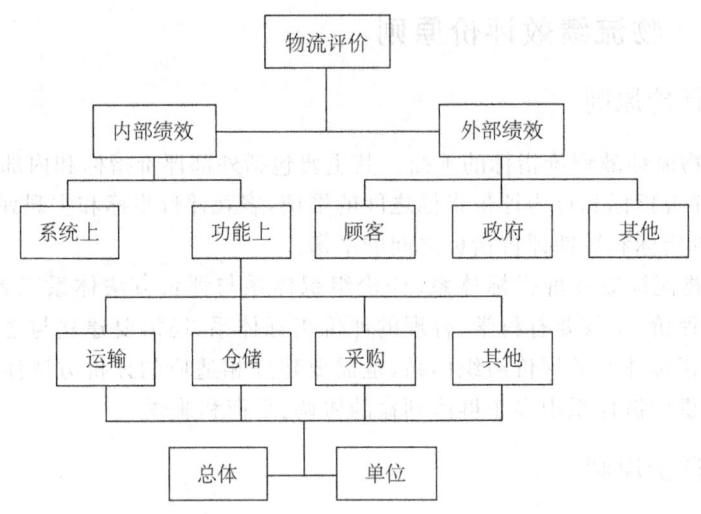

图 12.2 物流绩效评价标准的分类

表现。在进行物流绩效管理时要注意财务分析,财务分析的最终目的在于全面了解组织的财务状况,并对企业经济效益的优劣作出系统的、合理的评价。

1) 单一指标的绩效评价

单一指标一般是具有很强综合性的市场指标和会计指标,经常单独使用的绩效评价指标有股票价格、投资报酬率和剩余收益指标。

股票价格作为市场指标,其高低由外部市场机制决定,经营者不能对其进行控制和操纵,此外股票的价格不仅反映企业未来盈利能力,其作为经营绩效评价指标综合性也很强。

投资报酬率是根据现有的会计资料计算的,比较客观,经营者一般会为了使绩效获得好评,而放弃高于投资成本而低于目前企业投资报酬率的机会,但这样的行为一般会损害企业整体利益。

剩余收益指标为经营利润减去资产占有的资金成本,鼓励企业投资高于资金成本的项目。

以单一指标为主的评价方法比较简单,但在比较和沟通方面不利于指标间的相互互补作用。因此该方法一般要求外部市场(包括产品市场、资本市场、经理人市场)具有较强的约束力,同时要求企业内部的约束机制也要较为有效。

2) 多指标的绩效评价

涉及多指标的综合绩效评价可以较为全面地反映企业绩效的各个方面,利用指标之间的互补性来相互弥补,实现最终目标。多指标的评价方法也适用于物流绩效管理和评价。多指标的评价方法一般是指采用企业中财务上的多个指标,给定各指标在总评价中所占的比重,如流动比率、净资产/负债、资产/固定资产、销售成本/存货、销售额/固定资产等,或者从另一方面,如企业的偿债能力、盈利能力与成长能力等。多指标评价要考虑的因素很多,需要分不同的指标域进行分析。

2. 目标导向的评价方法

目标是物流组织在一定时期内所要达到的预期效果，目标对物流组织的作用体现在以下几方面：一是能为物流组织确定明确的方向；二是能够调动物流组织成员的积极性，具有激励作用；三是物流组织决策的依据和进行考核的标准。因此，在对物流绩效进行评价时，应当考虑到物流组织的目标。比较常用的目标导向的物流绩效评价方法是关键绩效指标法。

关键绩效指标法是通过对组织内部流程的输入端、输出端的关键参数进行设置、取样、计算和分析，衡量流程绩效的一种目标式量化管理指标，是把组织的战略目标分解为可操作的工作目标的工具，是组织绩效管理的基础。KPI 可以使部门主管明确部门的主要职责，并以此为基础明确各部门各岗位人员的业绩衡量指标。

关键绩效指标（KPI）是对组织运作过程中关键成功要素的提炼和归纳，是用来衡量工作绩效表现的量化指标，具有如下几个特征。

（1）关键绩效指标来源于对战略目标的分解，关键绩效指标使每一组织成员个人绩效、部门团队绩效与企业的整体绩效建立了有机联系，KPI 是对组织战略目标的进一步细化和延伸，关键绩效指标随组织战略目标的发展演变而调整。

（2）关键绩效指标是对绩效构成中可控部分的衡量，保证组织成员、部门的绩效与内部其他单元、外部客户的价值相连接，共同为实现客户的价值服务，最终保证组织整体价值的实现。

（3）关键绩效指标是对重点经营活动的衡量，而不是对所有操作过程的反映，但同时也需要兼顾长期和短期目标、数量和质量性指标、过程和结果性指标。

（4）关键绩效指标是组织上下认同的指标，关键绩效指标可以更加精简地反映实际的业绩，直观性和可控性更强，便于评估和管理。

3. 战略导向的评价方法

物流企业或者物流部门的绩效评价需要结合企业的战略。国内外的实践表明，平衡计分卡（the balanced score card，BSC）是一个重要的战略绩效管理工具，它为企业的战略管理活动创建了基础结构，可以在制定战略时使重点更加突出，使得企业能够追踪业务的贡献成果，有助于企业战略的实施。

平衡计分卡是 20 世纪 90 年代初由哈佛商学院的罗伯特·卡普兰（Robert Kaplan）和诺朗诺顿研究所所长、美国复兴全球战略集团创始人兼总裁戴维·诺顿（David Norton）提出的一种绩效评价体系。该评价体系打破了传统的单一使用财务指标衡量业绩的方法。而是在财务指标的基础上加入了未来驱动因素，即客户因素、内部经营管理过程和员工的学习成长因素。平衡计分卡的基本框架如图 12.3 所示。

财务角度：从股东角度来看，企业增长、利润率以及风险战略。
顾客角度：从顾客角度来看，企业创造价值和差异化的战略。
内部运作流程视角：是各种业务流程满足顾客和股东需要的优先战略。
学习和成长视角：优先创造一种支持公司变化、革新和成长的气候。

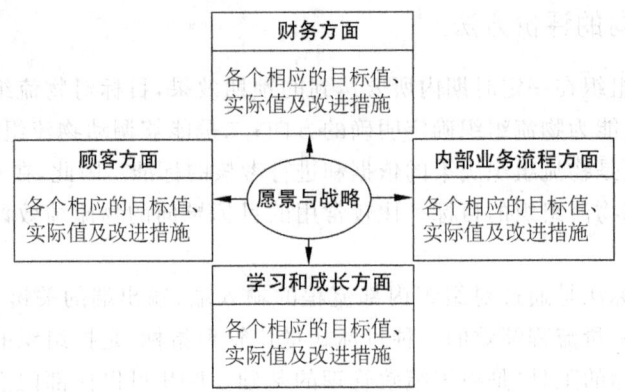

图 12.3　平衡计分卡的基本框架

平衡计分卡还要求企业保持短期指标和长期指标的平衡、财务指标和非财务指标的平衡、内部指标和外部指标的平衡、过去指标和未来指标的平衡。

利用平衡计分卡，公司的管理人员可以测量自己的公司如何为当前以及未来的顾客创造价值。在对财务绩效保持关注的同时，平衡计分卡也清楚地表明了卓越而长期的价值和竞争业绩的驱动因素。

12.3.4　物流绩效的评价指标体系

1. 物流绩效评价指标体系的构建原则

物流绩效评价指标体系的设计是进行物流绩效评价的基本前提，全面合理的指标体系是保证评价结果全面性和客观性的关键所在。物流绩效评价指标系统的建立一般应遵循以下原则。

(1) 系统全面性原则。物流绩效受到内外部各种因素的影响，所以进行评价是不能单一地考虑某一因素，必须遵循系统设计、系统评价的原则作出全面、客观的评价。

(2) 可操作性原则。可操作性原则应注意以下三方面：一是指标设计应尽可能实现与现有统计资料、财务报表的兼容；二是考虑指标的清晰度，应尽量避免产生误解和歧义；三是考虑指标数量的得当性，指标间不应该出现交叉重复。

(3) 经济性原则。经济性原则是指评价体系的构建应充分考虑操作时的成本和收益，不能以过高的操作成本来提高评价系统的全面性。

(4) 定量和定性结合的原则。由于物流绩效涉及物流风险、企业形象和信誉、供应链企业间关系以及社会物流系统中的诸多问题，很多方面难以量化，所以评价体系的构建除了要对物流管理的绩效进行量化外，还需要使用一些定性指标对定量指标进行修正和补充。

物流绩效的评价指标体系主要包括物流财务指标、物流生产力指标、物流质量衡量指标和物流时间衡量指标。

2. 物流财务指标

物流财务指标是指从财务角度对物流绩效进行评价的指标体系，主要包括物流费用、物流资产价值、物流资产周转率、物流资本支出、物流成本销售比、物流资产报酬率、物流附加价值和物流利润。

(1) 物流费用。物流费用包括人员费用、通信费用、运输费用、燃料费用、仓储费用、包装费用、装卸搬运费用以及流通加工费用等。

(2) 物流资产价值。物流资产价值包括库存商品、物流设备、运输车辆、物流处理系统及物流信息系统等资产的价值总和。

(3) 物流资产周转率。物流资产周转率是指物流收入与物流资产价值的比值。

(4) 物流资本支出。

(5) 物流成本销售比。物流成本销售比是指物流总成本与物流总收入的比值。

(6) 物流资产报酬率。物流资产报酬率是指物流利润与物流资产总价值的比值。

(7) 物流附加价值。物流附加价值是指税后利润与物流资本支出的差额。

(8) 物流利润。物流利润是指企业物流业务所创造的利润,是物流收入与物流费用的差额。

3. 物流生产力指标

物流生产力指标是用来衡量物流资源使用与产出之间的关系。其主要包括以下六个方面的指标。

(1) 物流人员生产力指标:物流人员生产力的衡量指标一般用人均订单数和单位订单时间来表示。人均订单数是出货的订单数与物流人员数量的比值,单位订单时间是指物流作业的总小时数与出货订单数量的比值。

(2) 顾客响应生产力指标:用以表示对顾客需求的反应,通常用响应时间表示。

(3) 库存管理生产力指标:用保管人员生产力和库存周转率两项指标来衡量。保管人员生产力是库存的数量与保管人员数量之比,库存周转率是商品总销售金额与平均库存投资的比率。

(4) 采购生产力指标:采购生产力通常用人小时订单数、人均库存量和人均采购价值三项指标进行衡量。

人小时订单数是指采购的订单数量与采购人员数量及时间的比值;

人均库存量是指平均库存数量与采购人员的数量;

人均采购价值是指采购的总金额与采购人员数量的比值。

(5) 运输生产力指标:运输生产力指标主要衡量所使用的运输资源的产出状况。其包括运输车辆的生产力指标和燃料的生产力指标,主要有单位时间运输量、载重量利用率、单位燃料消耗的订单数量等。

单位时间运输量是指运输总量与运输所花费的总时间的比值;

载重量利用率是运输车辆的总运输量与运输车辆的额定载重量的比值;

单位燃料消耗的订单数量是指完成的订单总数量与消耗的燃料数量的比值。

(6) 仓储运作生产力指标:包括劳动生产力指标、单位库存品的处理成本和仓库单位面积储存量三项指标。

劳动生产力指标:仓库每年处理的货物品种数量与每年投入的劳动力的数量及劳动

时间的比值；

单位库存品的处理成本：仓库年总处理成本与仓库年吞吐量的比值；

仓库单位面积储存量：仓库每日储存数量与仓库有效面积的比值。

4．物流质量衡量指标

物流质量衡量指标主要是衡量物流工作质量的完成情况的指标。其通常包括以下六个方面的指标。

（1）订单准确率指标：是指完成准确订单的数量与完成的总订单数量的比值。

（2）顾客响应质量指标：订单处理准确度、订单状态沟通准确度和收据准确度。

（3）库存管理质量指标：主要包括库存保障率和需求预测准确度两个指标。库存保障率是用来衡量库存满足订单的程度，一般用订单总量与库存总量的比值表示；需求预测准确度是用来衡量对顾客需求预测的准确程度的指标，通常用实际顾客需求量与预测的顾客需求量的比值表示。

（4）供应质量指标：包括完整订单比率和正确采购比率。

（5）运输质量指标：包括准点率、损坏率、损坏理赔比率、交通事故间隔里程数（配送总里程/发生交通事故的次数）。

（6）仓储管理质量指标：包括库存准确率、仓储作业准确率、出货准确率、货物损坏率、账货相符率等。

5．物流时间衡量指标

物流时间衡量指标主要是衡量物流作业所花费的时间长短的指标。其主要包括订单处理时间、待运期、货物在途时间等。

（1）订单处理时间。订单处理时间包括订单接收、订单处理和订单完成的时间。

（2）待运期。待运期是指货物等待运输的时间。待运期越长，运输效率越低。

（3）货物在途时间。货物在途时间是指货物装入运输工具开始到货物到达顾客手里的时间。

12.4　物流绩效管理的其他问题

如果绩效与员工的薪酬挂钩，绩效考核就会是一个很敏感的问题。保证绩效管理系统的可靠性是十分必要的，否则就会引起员工与企业之间的纠纷。因此，绩效管理的成功实施，是整个物流企业人力资源管理的重心，而科学的绩效考核又是整个绩效管理实施的重点和难点。

12.4.1　物流绩效管理和绩效考核

绩效管理是员工和管理人员就绩效问题所进行的双向沟通的一个过程，绩效管理的目的是让企业既"做正确的事"，还要"正确做事"，推动企业绩效的整体改进。绩效管理过程中的绩效考核不仅是职级升降、奖惩的依据，更重要的是绩效改进的依据。

1. 绩效管理和绩效考核的关系

绩效管理始于绩效考核,绩效管理是对绩效考核的发展与改进,正如本章前面提到的绩效管理的流程分为四部分:物流绩效计划、物流绩效实施、物流绩效评价和物流绩效反馈。绩效考核工作在整个绩效管理流程中占据较重要的位置,前者的铺垫在后者中得到结果性的呈现,绩效管理的过程并不是给绩效考核打出一个分数就够了,管理者还需要与员工进行一次甚至多次的面对面的交谈,通过绩效反馈面谈,双方可实现以下目的:第一,对被考核者的表现达成一致,使员工认识到自己的优点,并改进自己的不足;第二,协商下一个绩效期间的目标。

2. 绩效管理和绩效考核的区别

绩效考核是指一套正式的结构化的制度,用来衡量、考核员工工作上的行为,考核员工的实际绩效,了解员工的潜力,以寻求企业与员工的共同发展。绩效管理指的是为了实现组织的发展战略目标,采用科学的方法对员工的行为进行全面监控和分析,充分调动员工的积极性、主动性和创造性,提高员工和组织的整体素质的管理活动。绩效管理相比绩效考核更加人性化,崇尚的是"以人为本"的思想。

12.4.2 物流绩效评价中的政治行为监控

1. 绩效评估中的政治行为

所谓绩效评估政治,是指绩效评估者为达到个人或者公司的某些目的而有意歪曲评价结果,几乎大多数的评价结果都或多或少受到某些政治因素的影响,常出现高估或者低估的现象,管理者并不是追求精确的绩效评估,而是试图通过评估来有效地对评估者施加影响,达到管理者期望的目标。

(1) 高估现象,其主要表现在以下几方面:一是评估者充当老好人,营造和谐氛围;二是几个评估部门之间存在竞争;三是评估者以提高股份来有效地保持或激励下属;四是因为私人原因维护或鼓励表现较差的下属等现象。

(2) 低估现象,其主要表现在以下三方面:一是应用负激励,改变下属的行为模式;二是评估者由于自身利益、个人偏好的原因影响主观判断;三是树立主管权威等现象。

2. 绩效评估政治行为产生的原因

首先由于企业资源的稀缺性、内部利益分配潜在的冲突,使得评估者因为特定的企业或者个人的目的而操纵绩效评估结果;其次,中国传统文化中"人情至上"原则使得企业绩效评估制度受到一定的约束;最后组织文化也会影响到绩效评估,在一个宽容开放、求真务实、关系和谐的团体内部,绩效评估能较准确反映实际努力程度和绩效水平,相反,在内部竞争激烈、不团结的团体中,员工就会采用各种手段如讨好、贬低同事等,为了获得较高的绩效评估等级。

3. 绩效评估政治行为的防范

首先是要对评估者进行严格培训,正确实施绩效评估过程。通过培训增强评估人员的职业道德感、职业意识和大局意识,使评估者深刻理解评估工作对企业发展和员工职业规划的重大意义,从主客观两个方面有效避免绩效评估偏差的发生;其次是对考核流程要加强监督指导,人力资源要加强指导、支持和监督,在绩效评估的各关键环节,人力资源部门要对考评结果进行审核和分析,对明显的歪曲行为进行惩戒,减少人情分,维护绩效评估的准确性和严肃性。

12.4.3 物流绩效的改进计划及组织实施

物流绩效管理是一个完整的系统,各个环节环环相扣,相辅相成,缺一不可。在整个绩效管理的过程中,绩效体系的实施和管理贯穿于整个绩效期间,耗时比较长。绩效计划的实施与管理影响着绩效管理的成败,整个绩效管理体系由人力资源部门、各部门经理和所有员工共同实施。①人力资源部门:负责制定绩效考核实施细则,准备各种表单,对相关人员进行培训和沟通,确保参与绩效考核的员工和管理者明确考核的目标和意义,掌握绩效考核的标准和方法,撰写绩效考核的总结报告,就存在的问题和今后的建议向公司管理层报告。②各部门经理:负责指导下属进行自我评估,并客观公正地对下属的绩效进行考核,与下属进行沟通,帮助下属认识到工作中存在的问题,并与下属共同制订绩效改进计划和培训发展计划。③所有员工:认真进行自我评估,并与主管经理进行开放的交流沟通,主动制订个人发展规划,认真进行对相关同事、上司或者有关部门的评估。

所谓绩效改进计划,就是为保证公司目标的实现,适应当事人的职位标准和要求,设计、制订并认真落实的一系列具体行动,来改进员工的工作业绩。

企业的绩效改进计划应该弥补原有的绩效考核体系中没有与供应链相联系的缺陷。例如,企业原来只注重自身内部的一些管理指标,如生产率、效益以及成本管理等,这些指标一直是企业内部用来衡量企业自身的经营问题。但是行业的各个供应链链条企业间的联系越来越紧密,并且随着市场的变动,原有企业内部管理模式正改为供应链管理模式,以增加效率,控制成本,改善顾客的满意度。所以在设计、制订和落实具体措施时,应充分考虑供应商、分销商和客户的选择对供应链绩效管理的影响,要在供应链整体管理中获得最佳效益。企业在基于供应链管理的绩效管理中采用 KPI 绩效考核方法,因此在绩效改进计划中要善用 KPI 考核公司内部管理和外部合作伙伴,有利于压缩不必要的成本开支,精简不必要的机构、流程和系统,使得公司的管理更合理化,管理效率更加高效。

在进行物流绩效管理的改进中必须要把握以下三点:一是以满足客户的需求为出发点;二是不能只注意当前竞争者的优势,而应看得更远一些,向整个行业的佼佼者看齐;三是不仅要关注商品在公司内部过程中的绩效改进,还需要注重其在公司外部流通过程中绩效改进。

另外,为了保证绩效改进计划的贯彻落实,在达成预期目标的整个改进过程中,必须在员工和主管间建立良好、和谐的氛围,员工明确应当做什么和怎么去做,主管能尽量地给予支持和鼓励,如达到预期的目标,应给予必要的奖励。在绩效改进计划确定之后,员工及主管、人事部门应各持一份,在计划的实施过程中,如果环境发生变化,双方应当及时地进行协商,对绩效改进计划进行修改。

本章小结

随着市场竞争的加剧和全球经济一体化的发展,作为"第三利润源泉"的物流行业得到了迅速的发展,而作为企业管理中最重要的一部分,绩效管理的有效性体现在其实施企业战略性激励上,如何建立有效的物流绩效管理体系引起越来越多企业的关注。

任何一种绩效管理的方法都有它自身的优点、缺点和适用范围。在绩效管理的实施过程中,不可能只采用一种方法,也不可能用一种方法来满足绩效管理的需要,大多数情况下是几个方法的有机结合和应用。因此要根据绩效管理方法的特点及其他选择条件来选择,不但要考虑绩效管理系统本身的特点和绩效考核方法的适用性,还要考虑各自企业自身的特点、企业文化和领导管理风格等因素。

物流管理的本质在于物流系统的有效性和物流总成本最小化,物流绩效管理体系将作为评估和提升物流管理的一面镜子,反映企业多层次、全方位物流管理措施的效果状况。

思考题

1. 简述物流绩效管理的基本要求及其作用。
2. 解释物流绩效反馈的含义及目的。
3. 平衡计分卡的概念是什么?
4. 如何选择物流绩效管理考核方法?
5. 关键绩效指标法有什么特征?
6. 影响绩效评估的政治因素有哪些?对这些影响因素,如何更好地进行避免?
7. 绩效管理与绩效考核的区别是什么?二者之间有怎样的联系?
8. 物流绩效评价的步骤是什么?
9. 在物流绩效实施中如何进行有效的沟通?
10. 如何对物流绩效的实施进行同期监控?
11. 物流绩效评价指标系统的构建原则是什么?

亚马逊公司的绩效管理

作为一家全球第二大的电子商务公司,亚马逊公司一直都把客户体验放在第一位。如果顾客对亚马逊网站上卖家提供的产品和服务不满意,那么就很有可能会影响到亚马逊对卖家的评分。因此,对于卖家而言,维护好自己的亚马逊绩效是很重要的。亚马逊对卖家的绩效考核主要有以下几个方面。

(1)订单缺陷率。订单缺陷率是指收到负面反馈、亚马逊商城交易保障索赔或服务信用卡拒付的订单所占的百分比,它让亚马逊能够用单一指标来衡量整体绩效。计算方法：所有 1~2 星差评和交易纠纷的订单/总订单数。亚马逊给出的标准是，这个目标不能超过 1‰。如果超过 1‰，亚马逊就会发邮件提醒卖家需要改进。

（2）订单取消率。这个指标可以衡量在亚马逊上销售的卖家自行配送商品的有存货率。亚马逊给出的目标是不能超过 2.5%，客人必须通过站内信息与卖家沟通才能取消订单。

（3）订单迟发率。按时发货是亚马逊向所有买家所做的承诺。在预计配送日期之后确认的卖家自行配送订单将被视为迟发订单。亚马逊的目标为不能超过总订单数的 4%。

（4）有效追踪率。计算有效追踪率时，亚马逊首先会计算发货时提供了有效追踪编码的包裹数量，然后除以发货并确认的包裹总数。仅当追踪编码具有至少一次承运人扫描记录时，才被视为有效。亚马逊要求自行配送的 98% 的包裹提供有效追踪编码。

（5）准时送达率。准时送达率显示买家在预计送达时间之前收到亚马逊全球开店卖家配送包裹的百分比。基于已确认的追踪信息计算此数值。亚马逊规定准时送达率要大于 97%。

（6）退货不满意率。退货不满意率用于衡量买家对其退货处理方式的满意度。其指未在 48 小时内获得答复、被错误拒绝或是收到买家负面反馈的有效退货请求所占的百分比。

（7）客户服务不满意率。该指标用于衡量客户对于卖家提供的买家消息回复的满意度。在卖家和买家进行在线联系时，亚马逊会在买家窗口回复的下方提供面向调查："这是否解决了你的问题？"买家可以选择"是"或"否"，客户服务不满意率即是回复为"否"的票数除以回复总数所得的百分比值。

（8）联系回复时间。亚马逊要求卖家要在 24 小时内对买家的信息进行回复，这个 24 小时是不管工作日还是休息日，包括放假在内。这个指标须控制在 90% 以上。

（9）政策违反。如果在亚马逊卖仿货假货等一系列与侵犯知识产权的动作被买家或者竞争对手投诉，如果投诉成立这项指标就会受到影响，而且这种影响不像上述其他指标后期可以控制和优化。

此外，为了让卖家更好地管理库存，并清除掉那些卖不出去的产品，提高整体营收，亚马逊推出了新的库存绩效指标（IPI），并于 2018 年 7 月 1 日起开始实施。每个卖家的 IPI 分数将在每个季度重新评估一次，得分低于 350 分的卖家库存将受限，直到下一季度重新评分高于 350 分之后才能恢复。

亚马逊的库存绩效指标包括以下三方面。

（1）冗余库存比例。冗余商品为商品库存中至少有一件已存储超过 90 天，而且保留库存而不采取任何措施时的成本比对其采取相应措施（例如降低价格以提高销量或者移除冗余商品）的成本还要高；或者商品的可供货天数超过 90 天。

（2）FBA 库存销售率。FBA（由亚马逊完成）是指卖家把自己在亚马逊上销售的产品库存直接送到亚马逊当地市场的仓库中，客户下订单，就由亚马逊系统自动完成后续的发货。FBA 库存销售率也就是通过 FBA 售出的订单数量。

（3）FBA 库存在库率。检验存货是否充足的标准是对比每个 SKU 过去 60 天内的销售数量。

（资料来源：根据公开资料整理）

第 13 章

物流的新发展

近年来,物流产业作为社会经济的一个独立产业,其发展日趋庞大和复杂,且越来越受到各个企业的重视。21世纪,是一个追求可持续发展的时期,是一个经济全球化的时期,在这样一个大背景下,传统简单的物流已经不能满足企业、社会乃至全球的需要了,人们开始关注一些新的物流发展趋势。本章将介绍几种物流的最新发展,包括绿色物流、逆向物流、精益物流、全球物流、智慧物流和共享物流。

通过本章的学习,读者将能够具备下列能力:
- 了解绿色物流的产生、概念及特点;
- 了解逆向物流的概念及特点;
- 了解精益物流的特点;
- 了解全球物流的主要特征;
- 了解智慧物流的特点与功能体系;
- 了解共享物流的主要模式。

13.1 绿色物流

13.1.1 绿色物流概述

1. 绿色物流的产生和发展

随着社会经济的高速发展,生产力水平的不断提高,人类对待自然世界的态度也在发生着改变,从最初的畏惧、认识、利用及改造到后来的不断索取、肆意掠夺。虽然生产力在不断提高,但是人类在快速发展的同时也伴随着一些日趋严重的环境问题的出现,如酸雨、全球气候变暖、臭氧层破坏、土壤流失、空气污染等,这些环境问题不得不让全世界的人们重新审视人类与自然环境到底该如何相处。早在1987年,国际环境与开发委员会发表了名为《我们共有的未来》的研究报告,报告指出,为了实现长期、持续、稳定的发展,必须采取各种措施来维护我们的自然环境。报告提出了当代对资源的开发及利用必须有利于下一代环境的维护与资源的持续作用。这其实是一种人与自然和谐相处的问题,保护环境就是在保护人类自己。可持续发展强调在经济发展的同时必须要维护地球环境,这种观念深入人心,并且逐渐渗透到社会经济发展的各个方面,世界各国政府也都达成共识,必须采取各种措施来保护自然、保护环境。

物流与整个社会经济的发展互为依托,为了实现长期可持续发展,必须从环境的角度对物流系统进行改进,从而形成一种能促进经济和消费生活健康发展的现代物流系统。自20世纪90年代初期,西方国家的企业界及物流学术界的学者们就提出了绿色物流(green logistics 或 environmental logistics)的概念,此概念一提出就受到了政府、学术界及企业界的高度重视,如欧盟国家、美国、日本等国家通过严格立法来引导企业绿色物流的发展;施乐、惠普等大型跨国公司都实施了逆向物流的项目。

2. 绿色物流的定义

绿色物流的最终目标是实现可持续性发展,为了实现该目标必须保持经济利益、社会利益和环境利益的统一。到目前为止,不同的学者对绿色物流有不同的定义。A. M. 布鲁尔、K. J. 巴顿和 D. A. 亨舍尔合著的《供应链物流和物流手册》一书中认为:绿色物流代表着与环境相协调的高效运输配送系统。我国一些企业及学者认为绿色物流是指在运输、储存、包装、装卸、流通加工等物流活动中,采用先进的物流技术、物流设施,最大限度地降低对环境的污染,提高资源的利用率。中华人民共和国国家标准《物流术语》(GB/T 18354—2021)对绿色物流(green logistics)的定义是:通过充分利用物流资源、采用先进的物流技术,合理规划和实施运输、储存、装卸、搬运、包装、流通加工、配送、信息处理等物流活动,降低物流活动对环境影响的过程。

3. 绿色物流与传统物流的异同

绿色物流与传统物流的异同主要表现在以下几个方面。

(1) 从目标上来说,物流作为一个独立的产业,必然要以经济利益为目的,传统物流的目标就是最终实现某一经济主体的经济利益,但是绿色物流除此之外,还要追求节约资源、保护环境,绿色物流追求的是经济利益与环境利益的统一。

(2) 从理论基础上来说,绿色物流的理论基础更广泛,它包括可持续发展理论、生态经济学理论和生态伦理学理论。

(3) 从物流流程上来说,绿色物流在传统物流流程的基础上增加了逆向物流。传统物流只关注如何把货物运送到客户手中,而绿色物流还关注如何回收零部件、废弃物等。这是可持续发展的要求,也是绿色物流发展的重点所在。

(4) 从功能上来说,传统物流的基本功能包括运输、保管、包装、装卸、流通加工、配送以及物流信息管理等,绿色物流除此之外,还要履行一些特殊功能,如绿色产品经营、促进绿色消费、回收废弃物等。

13.1.2 绿色物流的行为主体

绿色物流的行为主体不仅包括专业的物流企业，还包括产品供应链上的制造企业和分销企业，同时还包括公众和政府，这是与绿色物流的目标相适应的。

企业是实施绿色物流的基本主体。企业物流是全社会物流系统中最重要的组成部分，企业实施绿色物流不仅能够改善企业经营活动对于环境的影响，而且能够使企业产品所在的供应链实现绿色化，从更大的层面来看，它还能带动全社会物流系统的绿色化。企业作为绿色物流的直接实施者，处于一个核心地位，没有企业的绿色行为，一切保护环境的计划都将无法实现。

公众的绿色消费观念是绿色物流发展的巨大推动力。随着人们环境意识的增强，绿色消费观念深入人心。绿色消费包括三层含义：一是人类的消费活动无害于环境，选择有助于公众健康的绿色产品；二是人类的消费活动应该做到对自然资源的适度利用和综合利用，减少资源的消耗速率，节约资源；三是消费者在消费过程中要注重垃圾回收和正确的处置，避免造成对环境的污染。为了满足公众的绿色消费需求，一方面企业会提供绿色产品、绿色服务、绿色包装；另一方面政府会立法和制定行政法规，以避免公众对非环保行为的强烈抗议。

政府必要的服务和环境监管是物流发展的保障。大多数企业都会通过自身行为自觉保护环境，但是总有一些企业为了追求经济利益而忽视其对环境的污染，这时就有必要存在一个监管者和引导者，这就是政府。政府可以充分发挥各种职能，从宏观上来保障绿色物流的发展，如向企业、广大消费者开展宣传教育，大力宣传发展绿色物流的意义；对企业的噪声污染、废气污染行为等进行惩罚；对企业自觉保护环境的行为予以鼓励和资助。

13.1.3 绿色物流的内容

绿色物流的内容主要包括以下几个方面。

1. 绿色运输

运输过程中的燃油消耗和燃油产生的污染，是物流活动造成环境污染的主要原因之一。这些污染主要包括运输工具产生的噪声污染、尾气污染、运输过程中产生的扬尘、有毒有害物质的事故性泄露等。绿色运输是指以节约资源、减少废气排放为特征的运输。物流管理人员可以从以下几方面来实施绿色运输：改进内燃机技术和使用清洁燃料；布局合理的货运网点和配送中心，避免迂回运输和重复运输；防止运输过程中有毒有害物质的泄露；等等。

2. 绿色仓储

绿色仓储一方面要求仓库布局合理，以节约运输成本；另一方面要仔细评估仓储过程中可能造成环境污染的因素，如一些易爆、易燃、化学危险品，如果存储不当可能造成爆炸或泄露，产生破坏性的环境污染。

3. 绿色包装

当今大多数包装材料都是一次性使用的,不仅造成大量自然资源的浪费,而且还导致了城市垃圾的增多,并且处理这些包装废弃物还要花费大量人力、物力、财力,因此实施绿色包装很有必要。绿色包装是指采用节约资源、降低废弃物排放为目的的包装方式,包括包装材料的绿色化、包装方式的绿色化、包装作业过程的绿色化三个方面。具体的实施途径有:使用环保材料、提高材质利用率、建立包装回用制度等。绿色包装应该符合 4R1D 的要求,即减量化(reduction)、可重复使用(reuse)、可回收(recover)、可再循环(recycle)和可降解(degradable)。

4. 绿色流通加工

由于分散的流通加工方式或者流通加工过程中产生的边角料难以有效利用,常常造成资源浪费。实施绿色流通加工,一方面要变分散加工为专业集中加工,以提高资源的利用率;另一方面要集中处理流通加工过程中产生的边角废料,降低废弃物污染。

5. 绿色装卸搬运

绿色装卸搬运是指为尽可能减少装卸搬运环节产生的粉尘烟雾等污染物而采取的现代化的装卸搬运手段及措施。可以通过以下措施来实现装卸搬运绿色化:提高装载效率、减少倒搬次数、尽量消除无效搬运;提高搬运活性,物品放置要有利于下次搬运,物品在装上时要考虑便于卸下,在入库时要考虑便于出库;注意货物集散场地的污染防治工作。

6. 绿色信息处理

任何有效的行为都需要正确信息的支撑,物流管理人员需要收集和管理绿色信息,并及时运用到物流活动中,促进物流活动绿色化,避免信息滞后或信息不正确导致的无效物流活动,避免造成人力与资源的极大浪费。

13.1.4 绿色物流的技术和方法

1. 采用绿色物流器具

绿色物流器具是指在运输、仓储、包装、装卸搬运等物流作业中使用可以重复利用的、非污染性的工具,如托盘、集装箱以及包装过程中使用的可降解的包装材料等。

2. 利用绿色汽车组织运输

使用诸如改进内燃机的一些技术对汽车进行改进或者使用清洁燃料可以使汽车实现绿色化,利用绿色汽车组织运输可以大大减少汽车尾气污染和噪声污染。

3. 建设可持续发展的仓储系统

首先仓储系统的布局一定合理,布局过于密集会增加运输的次数,增加资源消耗,布局过于松散则会降低运输效率,增加空载率;其次要注重仓储系统的安全性,谨防易燃、易爆、易漏货物对仓库及周围环境造成的不利影响。

4．处理好回收物流和废弃物物流

回收物流和废弃物物流是两种重要的逆向物流，可以大大降低企业的生产成本，但是它的实施需要物流系统中各个部门的协调与管理，也需要强大的信息系统作为支撑，因此真正实施起来具有一定的困难性，这就需要专业的物流管理人员来组织协调各部门的工作，以使回收物流和废弃物物流顺利实施。

5．加强物流企业的合理规划

根据企业战略发展要求对企业物流进行合理规划，可以从整体上提高物流效率，避免重复物流，减少物流成本，从规划上融入绿色物流观念，从而使绿色物流的观念融入整个企业中。

13.2 逆向物流

13.2.1 逆向物流的产生与发展

早在20世纪80年代，回收、再利用等名词已经被越来越多的人熟悉，这种废旧物资的回收再利用就是一种最早的、最典型的逆向物流活动。在资源紧缺和环境污染问题严重的大背景下，各个国家逐渐认识到可持续发展的重要性，逆向物流也越来越受到企业、政府及公众的关注。逆向物流主要是基于以下三个方面的原因而产生和发展的。

第一，环保意识的增强及环保法规的约束。20世纪80年代，随着产品更新换代速度的加快，被消费者淘汰、丢弃的物资越来越多，而这就带来一些问题。一方面，大量产生的废弃物使得企业处理废弃物的问题越来越严重，传统的废弃物处理方式是填埋或焚烧，但是这些方式对土壤、环境都造成破坏，焚烧又会产生有毒气体、污染空气，危害人类的生存环境，所以公众和政府对于废弃物处理的限制越来越严格，进而导致垃圾填埋的空间在缩小，成本在提高；另一方面，大量的生产、大量的消费必然使得资源和能源也大量消耗，这不仅提高了企业的经营成本，还严重威胁到了社会经济的可持续发展。因此，社会的环保意识逐渐增强，各国政府也都纷纷出台了关于废旧物资处理的政策法规，推动了逆向物流的产生与发展。

第二，经济利益的驱使。资源的紧缺使得企业的生产成本在提高，与此同时，越来越多的企业看到了实施逆向物流所能带来的巨大的经济效益，对使用过的产品及材料循环利用，逐渐成为降低企业生产成本的可行之路。

第三，客户服务理念的提升。良好的客户服务是创造需求的重要因素，消费者权益运动的兴起也使企业逐渐意识到关注客户、关注售后服务的重要性。一方面，随着电子商务的发展，客户退换货的需求越来越多，而企业能否及时处理客户的退换货的要求又会影响到客户的满意度和企业自身的形象；另一方面，企业产品召回的应急计划对企业物流部门的影响很大，主要包括设计产品逆向物流渠道、负责产品跟踪等。客户退换货的需要及产

品召回的需要又为逆向物流的发展提供了机遇。

20世纪90年代国际学术界对逆向物流管理的研究逐渐深入。我国对逆向物流研究比较晚，近年来，我国相继制定了《循环经济促进法》《缺陷汽车产品召回管理规定》《药品召回管理办法》《缺陷食品召回制度》《废旧家电及电子产品回收处理管理条例》《包装物回收利用管理办法》等专项法规，逆向物流系统的研究还需进一步深入。

13.2.2 逆向物流的定义

逆向物流自产生以来，人们对于逆向物流的认识在不断地变化、不断地发展。

1981年，美国学者Douglas Lambert和James Stock最早提出了逆向物流的概念，他们将逆向物流描述为"与大多数货物正常流动方向相反的流动"。

1992年，James Stock在给美国物流管理协会（The Council of Logistics Management，该协会2005年已经更名为"美国供应链管理专业协会"）的一份研究报告中提出，逆向物流是一种包括了产品退回、物料替代、物品再利用、产品废弃处置、再处理、维修与再制造等流程的物流活动。同年，美国物流管理协会首次正式给出了逆向物流的定义：逆向物流是指在循环利用、废弃物处置和危险物质管理方面的物流活动，它广义上包括废弃物的源头削减、循环利用、替代利用及重新利用和处置等各方面与物流相关的一切活动。

1998年，逆向物流方面的权威组织、非营利专业组织——美国逆向物流执行委员会（The Reverse Logistics Executive Council，RLEC）主席Rogers博士和Tibben-Lembke博士出版了逆向物流著作《Going Backwards：Reverse Logistics Trends and Practices》，他们这样定义逆向物流：逆向物流是对原材料、加工库存品、产成品以及相关信息从起始地到消费地的高效率、低成本的流动而进行规划、实施和控制的过程，其目的是恢复物品价值或使其得到正确处置。

1998年，欧洲逆向物流工作委员会（The European Working Group on Reverse Logistics）对逆向物流的定义是：逆向物流是对原料、在制品及成品从制造厂、配送站或消费地向回收点或其他处置场所的流动而进行的规划、实施和控制的过程。

2013年8月，美国供应链管理专业协会发布了《供应链词条术语》（*Supply Chain Management Terms and Glossary Updated February* 2010）修订版，对逆向物流进行了重新解释：逆向物流是指对售出及送达客户手中的产品和资源的回流所涉及的专业物流。它包括基于修理和信誉的产品回收。

中华人民共和国国家标准《物流术语》（GB/T 18354—2021）对逆向物流（reverse logistics）的定义是：为恢复物品价值、循环利用或合理处置，对原材料、零部件、在制品及产成品从供应链下游节点向上游节点反向流动，或按特定的渠道或方式归集到指定地点所进行的物流活动。

综上所述，不同学者对逆向物流的定义不同，但是他们的主要思想是一致的，主要体现在这几个方面：逆向物流的目的是正确处置最终废弃物或者重新获得废弃产品、退货品、回收品的使用价值；逆向物流的对象是产品、用于产品运输的容器、包装材料及相关信息，逆向物流将它们从供应链终点沿供应链渠道反向流动到上游或处理设施点；逆向物流包括对产品的回收、重用、翻新、改制、再生循环、最终处置等多种活动。

13.2.3 逆向物流的分类及特点

1. 逆向物流的分类

1)按照逆向物流形成原因进行分类

(1)投诉退货。投诉退货一般是在产品出售短期内,由于客户对于货物的质量不满意或者出现运输差错而产生这种逆向物流。通常情况下,客户服务部门会首先进行处理,确认退货的原因,作出检查,最终处理的方法有退换货、补货等。电子消费品、汽车、家用电器等通常会由于此种原因进入回流渠道。

(2)商业退回。商业退回是指未使用商品的退回,如零售商的积压库存,包括时装、化妆品、图书等,这些商品通过再使用、再生产、再循环或者处理,尽可能进行价值的回收。

(3)维修退回。这种逆向物流是指有缺陷或损坏的产品在销售出去后,根据售后服务承诺条款的要求,退回制造商,它通常发生在产品生命周期的中期。例如有缺陷的家用电器、手机等,一般由制造商进行维修处理,再通过原来的销售渠道返还用户。

(4)终端使用退回。终端使用退回主要是指使用期满后产品被收集进行重新制造、回收或焚烧。终端使用退回可以是出于经济的考虑,最大限度地进行资产恢复,如轮胎修复,也有可能是受制于法规条例的限制,对诸如超过产品生命周期的一些白色和黑色家电等产品仍具有法律责任。

(5)生产报废和副品。一般是出于经济和法规条例的原因,生产过程中的废品和副品通过再循环、再生产可以重新进入制造环节,得到再利用。生产报废和副品在药品行业和钢铁业中普遍存在。

(6)包装物。商业包装能够保护产品、促进消费;而物流包装能够提高物流效率,但是大量包装物的废弃对环境造成了严重的污染。因此包装物的回收再利用成为一种重要选择。包装物的回收主要是托盘、包装袋、条板箱、器皿,通常将这些可以重复使用的包装材料和产品载体通过检验与清洗、修复等流程进行循环利用,降低制造商的制造费用。

2)按照回流物品特征和回流流程分类

(1)低价值产品的物料回收。这种逆向物流的特点是回收的物料并不一定进入原来的生产环节,而是作为另一种产品的原材料投入到另一个供应链环节中,即它的回收市场和再使用市场通常是分离的。例如金属边角料或者副品、原材料等。

(2)高价值产品的零部件回收。这种逆向物流一般是由制造商发起,利用原来的物流网络将零部件进行回收,通过再加工重新进入原产品的制造环节,如电子电路板、手机等。

(3)可以直接再利用的产品回收。这种逆向物流一般是将可再利用的产品回收后,通过检测、清洗、修复或其他处理环节将这些产品重新投入使用。例如托盘、玻璃瓶等包装材料的回收等。

2. 逆向物流的特点

逆向物流具有以下特点。

(1)高度不确定性。逆向物流在什么地点、什么时间产生,数量、质量如何都是难以预见和不确定的,这与正向物流的定点、定时、定量是截然不同的。

(2) 分散性。逆向物流可能涉及生产领域、流通领域、生活消费领域及任何部门、任何个人。正向物流的原材料主要由供应商提供,但是逆向物流的来源来自多方,包括制造商、经销商、消费者,这种来源的多元性使其具有分散性。

(3) 混杂性。逆向物流形成的原因有很多,不同状况、不同种类的回收产品一起进入逆向物流系统,这就构成了逆向物流系统的混杂性。当回收产品经过检查、分类后,其混杂性随着废旧物资的产生而逐渐衰退。

(4) 实施的困难性。逆向物流存在于企业的各种经营活动中,从采购、配送、仓储、生产、营销到财务,需要大量的协调和管理。另外,相关领域专业技术和管理人员的匮乏,缺乏相应逆向物流网络和强大的信息系统及运营管理系统的支持,都成为有效实施逆向物流的障碍。

(5) 价值的递减性。逆向物流具有价值递减性,即产品从消费者流向经销商或生产商,其中产生的一系列运输、仓储、处理等费用都会冲减回流产品的价值,即报废产品对于消费者而言,没有什么价值。

13.3 精益物流

13.3.1 精益物流的概念及特点

1. 精益物流的基本含义

精益物流是起源于日本丰田汽车公司的一种物流管理思想,其核心是追求消灭包括库存在内的一切浪费,并围绕此目标发展的一系列具体方法。它是从精益生产的理念中蜕变而来的,是精益思想在物流管理中的应用。精益思想是以越来越少的投入——较少的人力、较少的设备、较短的时间和较小的场地创造出尽可能多的价值,同时也越来越接近用户,提供他们确实需要的东西。精确地定义价值是精益思想关键性的第一步;确定每个产品(或在某些情况下确定每一产品系列)的全部价值流是精益思想的第二步;紧接着就是要使保留下来的、创造价值的各个步骤流动起来,使需要若干天才能办完的订货手续,在几小时内办完,使传统的物资生产完成时间由几个月或几周减少到几天或几分钟;随后就要及时跟上不断变化着的顾客需求,因为一旦具备了在用户真正需要的时候就能设计、安排生产和制造出用户真正需要的产品的能力,就意味着可以抛开销售,直接按用户告知的实际要求进行生产,这就是说,可以按用户需要拉动产品,而不是把用户不想要的产品硬推给用户。

中华人民共和国国家标准《物流术语》(GB/T 18354—2021)将精益物流(lean logistics)定义为:消除物流过程中的无效和非增值作业,用尽量少的投入满足客户需求,并获得高效率、高效益的物流活动。

2. 精益物流的特点

精益物流系统具有以下四方面的特点。

(1) 拉动型的物流系统。系统的生产是通过客户需求拉动的,精益物流的价值流是靠下游顾客来拉动的,而不是依靠上游生产商或其他部分的推动,当客户有需求时,上游的任何部分要依据客户需求快速提供服务,如果客户没有需求,则不提供服务。

(2) 高质量的物流系统。一方面,精益物流系统按照整个价值流确定供应、生产和配送产品所必需的步骤与活动,并且不断消除浪费环节,追求完美;另一方面,精益物流系统中的电子化的信息流保证了信息流动的迅速、准确无误,这就使得物流服务准时、准确、快速,具有高质量的特性。

(3) 低成本的物流系统。精益物流系统依据电子化的信息流进行准时化生产,从而消除了设施设备空耗、人员冗余、操作延迟和浪费资源等现象,保证其物流服务的低成本。

(4) 不断完善的物流系统。精益物流系统要求员工理解并接受精益物流的精髓,领导者能够制定使系统实现"精益"效益的决策,并在执行过程中不断改进,从而达到全面物流管理的境界。

13.3.2 准时制运作

准时制运作(JIT)是精益物流表现之一,它的目的是减少原材料和在制品的存货,它的基本思想是企业不储备原材料库存,一旦有客户需求,立即向供应商提出,由供应商保质、保量、按时送来原材料,生产继续进行下去,生产完毕将制成品提供给客户。从准时制运作的角度来看,存货是一种资源上的浪费,因此它对各个运作环节进行有机组织,使得各个环节都能在最恰当的时间运作,从而减少浪费现象的出现。

1. 准时制运作的优缺点

1) 准时制运作的优点

(1) 加强了与供应商的合作关系。可靠的供应商能保质保量按时送来高质量的原材料,如果原材料有瑕疵将会导致生产的中断、延长订货至交货周期,因此准时制运作一般都要求有可靠的供应商。

(2) 提高了物料和产品的质量。准时制运作要求有较高质量的原材料,这对于一个周期内生产过程的连续性及交货时间的准时性非常重要,而可靠的供应商可以保障原材料的质量。

(3) 减少了原材料和在制品的存货。准时制运作是以客户需求来驱动的,把供给和需求两方面协调一致,平时基本没有存货,只有当客户有需求时才会要求供应商提供原材料,然后开始生产,因此准时制运作消除了对存货的依赖。

(4) 缩短了订货至交货周期。准时制运作是在一个稳定的运作环境下,具有可靠的生产设备,可靠的供应商,高质量的原材料,大大缩短了订货至交货的周期。

2) 准时制运作的缺点

(1) 难度大。就像日本丰田汽车公司一样,要真正意义上实现准时制运作需要花费很长的时间,投入较多的初期成本,企业往往要经过周密的计划和多年的调整才能使得作业进入正轨。

(2) 灵活性低。准时制运作具有稳定的运作环境,它的顺利实施在很大程度上要依赖于产品在很长一段时间内保持稳定,这种稳定性使得企业可以集中精力,致力于一种产品的生产,因此面对不断变化着的客户需求,其灵活性很低。

(3) 生产成本较高。准时制运作存在着频繁的开工和小批量生产的情况,这种情况将会导致生产成本的提高。

2. 拉动式和推动式运作模式

在传统的运作模式中,每一个环节都有一个相应的时间表,规定工作必须在指定的时间内完成,各个环节所完成的半成品随即被"推动"到下一个环节,组成在制品存货,这就是推动式运作模式。在这种运作模式下,下一个环节只有完成手头的工作才会针对刚刚传递来的物料进行工作,因此推动式运作模式常常产生延误及存货。

准时制运作模式所采取的则是另一种运作模式——拉动式运作模式。当一个运作环节完成了手头的工作,就会向上一个运作环节发出信息,说明需要新的物料进行工作,而上一个运作环节也只有在得到下一个环节发出的信息之后,才会向其提供新的物料,这种运作模式就是拉动式运作模式。在这种运作模式下,物料是根据实际需求提供的,不会像推动式运作模式一样有很多在制品存货,因此可以说准时制运作实现了存货的最小化。

3. 看板

拉动式运作过程中需要一个对物料的流程进行控制的方法,即采用看板(kanban,是一个从日本引进的外来语,意思是卡片或者某种形式的可见记录)来完成。

简单的看板系统如图 13.1 所示。在这个运作流程中,运作环节 B 是通过标准容器取得所需的物料。当运作环节 B 需要更多的物料时,就会把一个看板与一只空的标准容器配备在一起,发送到上一个运作环节 A。在运作环节 A,这个看板就会被与一只装满物料的容器配备在一起,返回到运作环节 B。这时,对于运作环节 A,就有了一只空的标准容器,标志着运作环节 A 需要继续工作,生产出正好可以装满这只标准容器的物料。

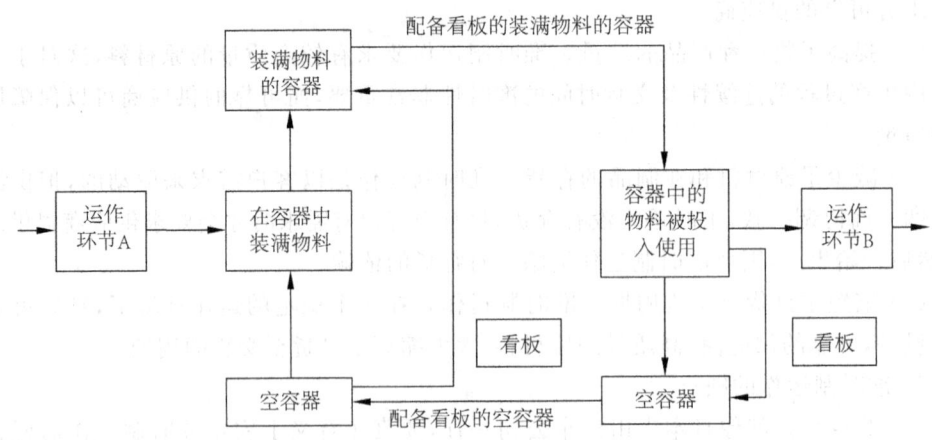

图 13.1 简单的看板系统

13.3.3 全面质量管理

全面质量管理是指在全社会的推动下,企业中所有部门、所有组织、所有人员都以产品质量为核心,把专业技术、管理技术、数理统计技术集合在一起,建立起一套科学严密高效的质量保证体系,控制生产过程中影响质量的因素,以优质的工作、最经济的办法提供满足用户需要的产品的全部活动。全面质量管理被称为"质量管理领域的革命",这主要基于以下四个方面的原因:运作的改进使得确保生产出的产品具有较高的质量成为可能;生产高质量产品的生产商拥有竞争优势;消费者已经习惯于高质量的产品,不会再接受低质量的产品;高质量导致成本的降低。

全面质量管理的出现为准时制运作在质量方面提供了绝对的保障。实现全面质量管理的方法源于一个简单的道理,即一个部件停留在操作过程中的时间越长,所耗费的资金也就越多。如果一个部件出现了问题,并且在操作过程中继续向前移动,那么后续的努力就会被浪费,因此,保证高质量工作的最为经济的手段是在问题出现之初就发现这些问题,并予以解决。准时制运作的要求则更进一步,认为明确找出问题出现的原因,并且设法阻止类似问题的再次出现,将会为商业组织节省更多的财力和物力。

13.4 全球物流

13.4.1 全球物流的产生背景及含义

20世纪以来,随着经济全球化的发展,物流管理成为跨国公司参与全球竞争的优势来源。国际间的经济往来越来越活跃,如何以合理的成本将产品送往全球不同国家的客户手中显得尤为重要,所以人们越发意识到物流全球化的重要性。20世纪80年代末90年代初至今,条形码以及卫星定位系统在物流领域得到普遍应用,而且越来越受到重视,这些高科技的应用极大地提高了物流的信息化水平和服务水平,这也使得全球物流成为可能。

根据美国物流管理协会的定义,全球物流是指为了满足全球范围内的客户需求,对商品、服务及相关信息在全球市场范围内有效率和有效益的移动与储存进行的计划、执行与控制的过程,是供应链的重要组成部分。

13.4.2 全球物流的基本活动

1. 全球运输活动

全球运输活动与国内运输活动的最大差异在于前者的运输距离长且运输方式多样。运输距离长是显然的,全球物流中的运输方式除了公路、铁路的形式,还采用了海运、空运以及多式联运方式。多式联运是指由两种及其以上的交通工具相互衔接、转运而共同完成的运输过程。

2. 全球保管和流通加工活动

全球物流存在办理进出口手续、海港码头装卸转运货物等作业,因此其保管活动要花费更多时间。另外,为了适合当地国的标准和满足销售商的要求,需要商品检验、分类、小包装作业、贴商品价格标签等流通加工活动。

3. 全球包装活动

全球运输距离长、运量大,并且要经过多次装卸,因此全球物流对包装要求非常严格,不仅要安全便利、易于统计检验,而且包装要符合进口国的要求。全球运输常常使用集装箱并且在包装物品上贴附条形码标签,从而达到以上要求。

4. 全球装卸活动

集装箱的使用使得全球物流的装卸活动更高效便利,并且全球各个港口码头装卸设备的标准化、机械化和大型化大大提高了装卸作业的效率。

5. 全球物流信息活动

与国内物流相比,全球物流需要更多、更广的信息。一方面,企业需要把分布在世界各地的生产、销售、物流等子公司连接起来,建立全球零部件采购信息系统、全球制造销售物流信息系统;另一方面,许多国家为了促进海外投资、方便全球贸易,建立了综合的报关信息系统,把与报关活动相关的货主企业、运输企业、物流服务企业、银行保险企业、商品检验部门、海关等部门紧密地联系在一起,大大提高了报关速度和全球物流活动的效率。

6. 报关和相关文书单据制成

在全球物流活动中涉及大量的贸易合同和文书,这是全球物流区别于国内物流的一个明显特征。这些贸易合同和文书涉及运输、报关、保险、结算等方面。运输单据是指证明货物已经装船或发运或已由承运人接收、监管的单据,是卖方凭以证明已履行交货责任和买方凭以支付货款的主要依据。报关文书有出口许可证、出口货物报关单、商品检验证书,包含货物名称、数量、价格、装运港、装运日期等信息的装货单、原产地证书等。

13.4.3 全球物流的特征

1. 运输方式多样化

全球物流的运输方式除了国内运输常采用的公路、铁路运输,还采用了海运、空运及现代复合运输方式。全球物流以海运为主要运输方式。海运的特点是运输时间长但运输费用低,空运的特点是运输费用高但运输时间最短,物流企业应该根据客户的需求、商品的特性及成本的预算来选择合适的运输方式。

2. 信息化、网络化、智能化

全球物流需要信息、网络的支持,只有完善的信息系统才能将全球物流系统中相关的企业联系起来,虽然全球各个地区信息水平不均衡,使得这样一个庞大的信息系统的建立稍显困难,但是随着社会经济的发展,全球物流信息化、网络化、智能化的特征已经越来越明显,信息系统的建立肯定会越来越完善。

3. 全球物流交货周期长

与国内物流相比,全球物流的运输距离远,并且装卸报关等其他的全球物流活动也需要花费时间,因此全球物流交货周期较长。这样往往造成两个后果:一是增加物流过程中的库存投资,占用大量资金;二是在迅速满足客户需求方面存在困难。所以目前为了平衡成本与及时服务之间的关系,普遍的做法是在生产厂家和客户之间建立一个中间库存。

4. 全球物流标准化要求较高

对全球物流实施标准化非常重要。如果没有统一的标准,全球物流水平将难以提高。目前,美国、欧洲基本实现了物流工具、设施的统一标准,如集装箱的几种统一规格及条码技术等,这大大降低了物流费用,降低了运转的难度。

13.5 智慧物流

13.5.1 智慧物流的产生背景

2008年,IBM公司提出"智慧地球"的概念,2009年,美国总统奥巴马公开肯定了IBM提出的"智慧地球"思路。数字化、网络化、智能化,被世界各国普遍认可,并被公认为是未来社会发展的大趋势,而与"智慧地球"密切相关的物联网、云计算等,更成为科技发达国家制定本国发展战略的重点。同年,IBM提出了建立一个面向未来的具有先进、互联和智能三大特征的供应链,通过感应器、RFID标签、制动器、GPS和其他设备及系统生成实时信息的"智慧供应链"概念。2009年12月,中国物流技术协会信息中心、华夏物联网、《物流技术与应用》编辑部联合提出"智慧物流"的概念。

13.5.2 智慧物流的内涵

智慧物流(intelligent logistics system,ILS)的形成与现代物流的发展有着密不可分的渊源,从现代物流的发展角度上看,智慧物流的发展可概括为以下五个阶段:粗放型物流—系统化物流—电子化物流—智能物流—智慧物流。与智能物流强调构建一个虚拟的物流动态信息化的互联网管理体系不同,智慧物流更重视利用集成智能化技术,使物流系统模仿人的智能,具有思维、感知、学习、推理判断和自行解决物流中的某些问题的能力,它包含了智能运输、智能仓储、智能配送、智能包装、智能装卸及智能信息的获取、加工和处理等多项基本活动,为供方提供最大的利润,为需方提供最佳的服务,同时也应消耗最少的自然资源和社会资源,最大限度地保护好生态环境,从而形成完备的智慧社会物流管理体系。

国家发展改革委综合运输研究所所长汪鸣认为,智慧物流是指在物流领域广泛应用信息化技术、物联网技术、智能技术、匹配的管理和服务技术的基础上,使物流业具有整体智能特征和服务对象之间具有紧密智能联系的发展状态。

IBM中国区副总裁王阳则从资源和成本视角指出,智慧物流是把所有物流企业的物流信息汇总到一个平台上进行集中分析,对运输车辆进行科学排序,合理调度使用,从而减少空载率,降低物流成本,提高物流企业的管理水平。

德勤中国物流与交通团队发布的《中国智慧物流发展报告》认为:智慧物流是指通过智能硬件、物联网、大数据等智慧化技术与手段,提高物流系统分析决策和智能执行的能力,提升整个物流系统的智能化、自动化水平。

13.5.3 智慧物流的特点

智慧物流的特点可以总结为智能化、一体化、柔性化和社会化。

1. 智能化

智能化是物流发展的必然趋势,是智慧物流的典型特征,它贯穿于物流活动的全过程,随着人工智能技术、自动化技术、信息技术的发展,其智能化的程度将不断提高。它不仅限于库存水平的确定、运输道路的选择、自动跟踪的控制、自动分拣的运行、物流配送中心的管理等方面,随着时代的发展,将不断地被赋予新的内容。

2. 一体化

智慧物流活动既包括企业内部生产过程中的全部物流活动,也包括企业与企业、企业与个人之间的全部物流活动等。智慧物流的一体化是指智慧物流活动的整体化和系统化,它是以智慧物流管理为核心,将物流过程中运输、存储、包装、装卸等诸环节集合成一体化系统,以最低的成本向客户提供最满意的物流服务。

3. 柔性化

柔性化是为实现"以顾客为中心"理念而在生产领域提出的,即真正地根据消费者需求的变化来灵活调节生产工艺。物流的发展也是如此,必须按照客户的需要提供高度可靠的、特殊的、额外的服务,"以顾客为中心"服务的内容将不断增多,服务的重要性也将越来越大,如果没有智慧物流系统柔性化,目的是不可能达到的。

4. 社会化

中投顾问在《2016—2020年中国智慧物流行业深度调研及投资前景预测报告》中指出,随着物流设施的国际化、物流技术的全球化和物流服务的全面化,物流活动并不仅仅局限于一个企业、一个地区或一个国家。为实现货物在国际间的流动和交换,以促进区域经济的发展和世界资源优化配置,一个社会化的智慧物流体系正在逐渐形成。构建智慧物流体系对于降低商品流通成本将起到决定性的作用,并成为智能型社会发展的基础。

13.5.4 智慧物流功能体系

1. 感知功能

运用各种先进技术(如 RFID 技术、传感器技术)获取生产、包装、仓储、装卸搬运、运输、信息服务等各个环节的大量信息,实现实时数据收集,使各方能准确掌握货物、车辆和仓库等物流信息。

2. 规整功能

感知到的信息将通过高速网络传输到数据中心,用于数据归档,建立强大的数据库。由于数据类型多样且源源不断,智慧物流能够使各类数据按要求规整,实现数据的联系性、开放性及动态性,并通过对数据和流程的标准化,推进跨网络的系统整合。

3. 智能分析功能

运用智能的模拟模型等手段分析物流问题,根据问题提出假设,并在实践过程中不断验证问题,发现新问题,做到理论实践相结合。在运行中系统会自行调用原有经验数据,随时发现物流作业活动中的漏洞或者薄弱环节。

4. 优化决策功能

结合特定需要,根据不同的情况评估成本、时间、质量、服务、碳排放和其他标准,并基于概率的风险,进行预测分析,协同制定决策,提出最合理有效的解决方案,使作出的决策更加的准确和科学,从而实现创新智慧。

5. 系统支持功能

智慧物流并不是各个环节各自独立、毫不相关的物流系统,而是每个环节都能相互联系,互通有无,共享数据,优化资源配置的系统,智慧物流为物流各个环节提供最强大的系统支持,使得各环节实现协作、协调和协同。

6. 自动修正功能

在分析、决策等功能的基础上,智慧物流系统能够按照最有效的解决方案,自动遵循快捷有效的路线运行,并在发现问题后自动修正,备用在案,方便日后查询。

7. 及时反馈功能

智慧物流系统是一个实时更新的系统。反馈是实现系统修正、完善必不可少的环节。反馈贯穿于智慧物流系统的每一个环节,为物流相关作业者了解物流运行情况,及时解决系统问题提供强大的保障。

13.6 共享物流

13.6.1 共享物流的发展背景

共享物流是共享经济背景下物流行业的商业模式。共享经济的概念最早由美国得克萨斯州立大学社会学教授马科斯·费尔逊(Marcus Felson)和伊利诺伊大学社会学教授琼·斯潘思(Joel Spaeth)于1978年发表的论文《Community Structure and Collaborative Consumption：A Routine Activity Approach》中提出。共享经济是指"社会资源"拥有者与他人共享使用权，从而优化社会资源配置，提高资源利用率，创造出更多价值的经济形态。2000年之后，随着互联网Web2.0时代的到来，各种网络虚拟社区、BBS(网络论坛)、论坛开始出现，用户在网络空间上开始向陌生人表达观点、分享信息。但分享形式主要局限在信息分享或者用户提供内容，而并不涉及任何实物的交割，大多数时候也并不带来任何金钱的报酬。2010年前后，随着Uber、Airbnb等一系列实物共享平台的出现，共享开始从纯粹的无偿分享、信息分享，走向以获得一定报酬为主要目的、基于陌生人且存在物品使用权暂时转移的"共享经济"。物流行业是一个重资源的服务行业，天然具有共享因子，物流资源共享现象也早已存在，只是受制于信息技术的不发达难以发展壮大并形成规模。而现在"互联网＋"、物联网、大数据、云计算等信息技术高速发展和高度成熟激活了物流资源共享的"神经细胞"，使共享成为物流行业发展的重点。

13.6.2　共享物流的内涵

共享物流就是指通过共享物流资源，实现物流资源优化配置，从而提高物流系统效率，降低物流成本，推动物流系统变革的物流模式。该定义具有三层意义：一是共享物流资源，提升物流资源的利用率和优化配置。这在目前车货匹配共享物流模式中有集中的体现，共享资源也是目前共享经济的主流模式。二是提高物流系统效率，降低物流成本。也就是说，不仅资源共享，优化了资源配置，还可以带来物流系统效率提升。三是层面的意义更进一步，通过共享物流资源，可以带来物流系统的巨大变革，产生很多颠覆性创新，这是共享物流创新发展的方向。

13.6.3　共享物流的模式

1．云仓资源共享

云仓系统是基于实体的仓库设施网络系统打造的在线互联网平台，通过互联网联通全国各地仓库的管理系统，实现仓库数据与云仓平台互联互通，在此基础上面向用户开放云仓资源，实现仓储资源的共享。

2．物流设备资源共享

企业共享物流设备的方式主要有借用、租赁、共用、交换等。在商品流通过程中实现单元器具(如托盘)的共享能够减少装卸、倒货、搬运等过程，避免物流作业中货物的磕碰、挤压。仓储货运设备(如输送分拣设备、货架系统、货运车辆等)的共享能够减少物流成本，节省社会资源。

3．末端网点设施资源的共享

为了提升末端配送效率，提高物流服务满意度，末端物流网点的各类设施资源共享模式逐渐成为创新热点，主要包括共享收货站点、共享智能快递柜、共享社区信报箱基础设施。该种共享模式能够减少网点的重复建设、减少二次配送。

4. 众包物流

众包物流是一种基于互联网平台的开放式配送模式,它借助于成熟的移动网络技术,将原来由专职配送员所做的任务,以自愿、有偿的方式,通过网络外包给非特定的群体,众包物流能够降低企业成本、缩短配送时间、满足公众的个性化需求。

5. 共同配送共享

共同配送也称共享第三方物流服务,是指多个客户联合起来共同由一个第三方物流公司来提供配送服务。共同配送的本质是共享物流配送资源,通过采取多种方式,进行横向联合、集约协调、求同存异以及效益共享,实现物流配送作业的规模化,提高物流资源的利用效率。

6. 运力整合服务共享

目前运力整合包括货运O2O(在线离线/线上到线下)模式、行业信息平台整合模式、专线公司联盟整合模式等。运力整合共享能够解决日常物流服务场景中"找车难"和"找货难"的问题,并解决了中小货运企业规模小、覆盖网络少、区域性特征明显、市场集中度低的难题。

7. 物流设施设备跨界共享模式

"互联网+"行动计划,推动互联网成为基础设施,不仅仅把各类物流资源连接到了一起,也把过去的客运资源、门店资源等非物流资源连接起来,直接推动了物流设施设备跨界共享模式。

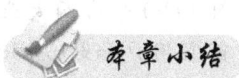
本章小结

本章主要介绍了物流的几种最新发展,包括绿色物流、逆向物流、精益物流、全球物流、智慧物流和共享物流。逆向物流是绿色物流中的一项重要内容,二者的目的都在于节约资源、保护环境,实现经济利益和环境利益的统一。精益物流在于以较少的投入产生较高的产出,反对包括库存在内的一切浪费。准时制运作是精益物流的表现之一,它采用的是一种拉动式的运作模式,以客户需求来拉动生产的进行,从而减少库存,甚至实现零库存。全球物流是应对经济全球化的必然发展趋势,它除了包含与国内物流一样的运输、保管、包装、装卸、流通加工和信息等克服时间与空间障碍的活动之外,还有全球物流所特有的报关(包含检查、检疫等活动)和相关文书单据制成等克服国界障碍的活动。智慧物流是现代先进技术与物流的结合,实现物流运作的智能化。共享物流通过物流资源的共享,实现物流资源的优化配置。

 思考题

1. 阐述绿色物流产生的背景及其含义。
2. 绿色物流系统的行为主体包括哪些？
3. 比较一下绿色物流与传统物流的异同。
4. 试介绍几种绿色物流方法和技术。
5. 阐述逆向物流的定义及特点。
6. 根据逆向物流形成的原因，对逆向物流进行分类。
7. 精益物流的核心思想是什么？
8. 什么是准时制运作，其主要特点是什么？
9. 阐述准时制运作的优缺点。
10. 准时制运作采用的是什么运作模式？试简单介绍该模式。
11. 什么是全面质量管理？
12. 全球物流的定义及特征是什么？
13. 智慧物流具有哪些特点？
14. 共享物流的模式包括哪些？

 案例

达达—京东到家

2014年，达达在上海成立，隶属上海趣盛网络科技有限公司。2014年6月初，达达平台正式上线。2016年4月15日，达达与京东旗下O2O子公司"京东到家"合并，成立达达—京东到家。达达—京东到家主要包括众包物流平台和超市生鲜O2O平台两大业务模块。目前，达达已覆盖全国450多个主要城市，服务超过120万商家用户和超5 000万个人用户，日单量峰值达到千万级；京东到家也已覆盖北京、上海、广州等近63个主要城市，注册用户7 000多万，月活跃用户超3 000万，日单量峰值突破150万单。

达达—京东到家采用基于移动端的众包物流模式，以同城寄件为例，用户首先在达达—京东到家平台发布寄件信息，随后骑士根据寄件地址抢单并反馈给用户，然后约定时间上门取件，最后送至收件人。相对于大型快递企业，众包物流模式减少了集中仓储与配送的中间环节，是直接的P2P(个人到个人)，即快递直接从寄件人手中运送给收件人，实现门到门的物流服务，同时配送时间缩短，在一定程度上还能缓解城市交通压力，减少环境污染。

与一般快递公司采用全职配送人员不同，达达—京东到家的配送员多为兼职，时间灵活，接单自由，其潜在运力大并具有较大弹性，能更好地应对订单波动。同时，达达—京东到家运用动态定价技术有效平衡运力的供给与需求，能够应对大幅波动的现象。动态定价技术将供需不平衡划分为空间、时间与订单三个维度，运用实时计算系统与信息处理技术，对包括历史数据与实时数据在内的大数据进行分析，运用价格手段来调节供给与需

求,平衡骑士利益、用户体验和平台利益。

达达—京东到家拥有先进的技术算法和强大的平台,以及严格的管理规则,能够实时动态优化每天几百万单的订单,对配送员下达就近派单的命令,并优化配送路径。达达—京东到家的订单系统,由抢单和派单两套订单分配机制组成,绝大多数的订单都能在发出后1分钟以内实现订单的合理分配。订单指派不仅需要考虑平台效率,也要考虑骑手的心理因素、运营的稳定性等。

除快件取送外,达达—京东到家已经为全国近100万家商家用户和4 000万个人用户提供服务,其中也包括京东到家平台上数以万计的超市、药店等。由于达达—京东到家配送的赋能,其与沃尔玛达成了合作协议,用户在京东自营购买的商品只要是京东与沃尔玛库存互通的,且配送范围在沃尔玛门店的覆盖范围内,达达—京东到家骑士就可以直接到就近的沃尔玛门店取货并将货物送到消费者手中。另外,永辉、欧尚等大型商超也跟达达—京东到家进行合作,使得达达—京东到家拥有了稳定的订单来源。

达达—京东到家非常注重对兼职配送员的管理。为了确保整体服务质量,达达—京东到家在选拔配送员和追踪服务上实施"5个100%"标准,即配送员100%实名认证、零案底100%调查、线上线下培训和考试100%通过、订单实时追踪100%、专业配送装备100%覆盖。另外,达达—京东到家还建立了一套针对兼职配送人员的信用机制,根据特定算法和海量数据给兼职配送员动态打分,这套体系也直接影响着配送员的奖惩,从而能够大大提升兼职配送员的服务质量。

(资料来源:根据公开资料整理)

参 考 文 献

[1] 何明珂. 物流系统论[M]. 北京:高等教育出版社,2004.
[2] 罗纳德·H. 巴罗. 企业物流管理——供应链的规划、组织和控制[M]. 王晓东,胡瑞娟,等译. 北京:机械工业出版社,2002.
[3] 刘昌祺. 物流配送中心设计[M]. 北京:机械工业出版社,2001.
[4] Jay Heizer,Barry Render. 生产与作业管理教程[M]. 4版. 潘洁夫,译. 北京:华夏出版社,1999.
[5] 日通综合研究所. 物流手册[M]. 吴润涛,靳伟,王之泰,等译. 北京:中国物资出版社,1986.
[6] 唐纳德·鲍尔索克斯,戴维·克劳斯. 物流管理:供应链过程的一体化[M]. 林国龙,宋柏,沙梅,译. 北京:机械工业出版社,1999.
[7] 唐纳德·沃尔特斯. 库存控制与管理[M]. 李习文,李斌,译. 北京:机械工业出版社,2005.
[8] 森尼尔·乔普瑞,彼得·梅因德尔. 供应链管理——战略、规划与运营[M]. 李丽萍,等译. 北京:社会科学文献出版社,2003.
[9] 宋华,胡左浩. 现代物流与供应链管理[M],北京:经济管理出版社,2000.
[10] 王之泰,现代物流学[M]. 北京:中国物资出版社,1995.
[11] 王文信. 仓储管理[M]. 厦门:厦门大学出版社,2012.
[12] 约翰·J. 科伊尔,爱德华·J. 巴蒂,罗伯特·A. 诺瓦克. 运输管理[M]. 张剑飞,袁宇,朱梓齐,等译. 北京:机械工业出版社,2004.
[13] 叶怀珍. 现代物流学[M]. 北京:高等教育出版社,2006.
[14] 詹姆斯·R. 斯托克,道格拉斯·M. 兰伯特. 战略物流管理[M]. 4版. 邵晓峰,译. 北京:中国财政经济出版社,2003.
[15] 詹姆斯·汤普金斯,约翰·怀特,亚乌兹·布泽等. 设施规划[M]. 3版. 伊俊敏,袁海波,等译. 北京:机械工业出版社,2008.
[16] 娜达·R. 桑德斯. 大数据供应链模式[M]. 丁晓松,译. 北京:中国人民大学出版社,2015.
[17] 燕鹏飞,智能物流[M]. 北京:人民邮电出版社,2017.
[18] 小保罗·R. 墨菲,唐纳德·F. 伍德. 当代物流学[M]. 9版. 陈荣秋,等译. 北京:中国人民大学出版社,2009.
[19] 刘单忠,王昌盛. 物流信息技术[M]. 上海:上海交通大学出版社,2007.
[20] 范丽君,郭淑红,王宁. 物流与供应链管理[M]. 2版. 北京:清华大学出版社,2015.
[21] 冯耕中,物流配送中心规划与设计[M]. 西安:西安交通大学出版社,2004.

教师服务

感谢您选用清华大学出版社的教材！为了更好地服务教学，我们为授课教师提供本书的教学辅助资源，以及本学科重点教材信息。请您扫码获取。

≫ 教辅获取

本书教辅资源，授课教师扫码获取

≫ 样书赠送

物流与供应链管理类重点教材，教师扫码获取样书

 清华大学出版社

E-mail: tupfuwu@163.com
电话: 010-83470332 / 83470142
地址: 北京市海淀区双清路学研大厦 B 座 509

网址: http://www.tup.com.cn/
传真: 8610-83470107
邮编: 100084

教师免费用书

感谢您使用清华大学出版社教材!为了更好地服务教学,我们为任课教师提供本书的教案、学期期末试卷,以及本学科重点教材信息。需要上述资料的教师,请扫描以下二维码重点教材信息,或与我们联系获取。

教辅获取

本书教辅资源,教师可扫码获取

样书赠送

国民学历教育及职业教育类教材,教师扫码获取样书

清华大学出版社

E-mail: tupfuwu@163.com
电话: 010-83470235 / 83470142 传真: 010-83470107
地址: 北京市海淀区双清路学研大厦 B 座 509 邮编: 100084
网址: http://www.tup.com.cn